EM 高等院校经济、管理类专业
"十一五"规划教材

International Finance

国际金融学

主　编	杨胜刚
副主编	饶育蕾　姚小义　谢罗奇
撰稿人	（按编写章节先后排序）
	邓　超　邵新力　张海燕
	袁冬梅　饶育蕾　姚小义
	杨胜刚　李勇辉　谢罗奇

中南大学出版社
www.csupress.com.cn

高等院校经济、管理类专业"十一五"规划教材编委会

总　序

　　21 世纪的中国高等教育蕴含着一系列的突破与创新，其中教材的创新即是重点之一。湖南省高等院校经济、管理类专业"十--五"规划教材，是在湖南省"九五"、"十五"规划立项教材建设的基础上，面向 21 世纪而推出的一套容量大、体例新、质量精、系统性强、适应面广的全新系列规划教材。它既汇聚了我省过去十多年来在经济管理类教材建设中所取得的主要成果，又代表了我省在新时期积极探索教材改革与创新的最新发展趋势。

　　该系列教材拟推出共 28 本，包括：政治经济学、微观经济学、宏观经济学、管理学、市场营销学、会计学、统计学、国际贸易理论与实务、国际金融学、货币金融学、财政学、管理信息系统、财务管理学、现代企业管理、技术经济学、管理经济学、国际经济学、电子商务概论、投资学、保险学、企业战略管理、生产与运作管理、人力资源管理、项目管理、现代企业物流管理、供应链管理、市场调研、组织行为学等。这套系列教材基本上涵盖了经济管理类各专业的核心课程，成为一个具有可塑性的核心教材库，可供经济管理类各专业各层次根据学生的专业培养目标进行挑选和组合。在我的印象中，如此浩大而具有系统的教材建设工程，在我省尚无先例。

　　参加该系列教材建设的单位包括中南大学、湖南大学、湘潭大学、湖南师范大学、湖南农业大学、长沙理工大学、湖南科技大学、湖南商学院、南华大学、吉首大学、湖南城市学院、长沙学院、湖南工程学院等十多所省内著名高校。编写委员会的主要成员都是来自于这些高校且在省内外有重要影响的经济学、管理学专家，他们不仅在所属学科研究领域具有权威性，而且对教学和教材编写的组织管理颇具经验。所有参编人员均有长期从事经济学和管理学教学的丰富实践基础，他们既深知我国高等教育的发展现状，又了解本学科教与学的具体要求。毫无疑问，该系列教材的面世，既是我省多所著名高校携手合作的结果，也是来自于经济学、管理学教学与科研前沿和一线的众多教授和专家集体智慧的结晶。

　　该系列教材编写的指导思想是：以培养学生的综合素质为主，贯彻经济学、管理学学科研究与教学的最新思想，遵循学科自身发展规律和教育规律，以教育部颁布的教学大纲为指导并结合学术发展的最新成果，编写出切合社会发展实际和高等教育需要的，具有科学性、前瞻性、启发性，低起点、高出点的真正好学、好教，有利于学生创造性地掌握学科知识并在此基础上形成自己创新思维的高等教育教材，以推动我省高等财经教育事业的蓬勃发展。

　　我们诚恳地希望各界同仁及省内外广大教师关注并支持这套教材的建设，及时将教材使用过程中遇到的问题和改进意见反馈给我们，以供修订时参考。

王耀中
2009 年 3 月

前　言

2007 年 8 月美国爆发的大规模"次贷危机"所引发的全球"金融海啸"给所有人敲响了警钟：世界上没有免费的午餐！经济全球化的时代，不了解与国际经济活动相关的国际金融知识，不熟悉金融资本时代国际金融活动的规律和金融创新技术与方法，盲目地开放与"走出去"，带来的教训是惨痛的！

本教材正是在新的国际金融形势下，为适应我国高等金融学教育蓬勃发展的需要和充分展示湖南省各高校国际金融学课程的教学水平而编写。它既保留了本教材第一版的特色和优势，又吸收了国际金融理论研究的最新成果和国际金融市场发展的最新变化，同时遵循教材编写的前瞻性、科学性、系统性、实用性的原则重新修订编写而成。因此，在本教材修订过程中，我们主要做了如下新的探索：(1)尽力将国际金融活动的最新数据融入到新教材之中，以充分反映本教材的时代性特征；(2)结合国际金融市场的最新变化，在每一章节都设计了与理论知识点相关的案例分析，以便提升读者分析与观察现实问题的能力；(3)将此次国际金融危机中所反映出来的重大的理论与现实问题融入到修订后的教材之中，以便读者通过本教材的学习提高对国际金融市场规律的理解和把握能力。

本教材适合作为我国高等院校金融学专业核心课程和财经类专业主干课程国际金融学的参考教材，也可以作为经济类、管理类各专业学生报考金融学专业研究生的复习参考书。

本教材由湖南省各高校具有丰富教学经验的国际金融学教师共同编写完成。主编由湖南大学金融学院杨胜刚教授担任，副主编由中南大学商学院饶育蕾教授、湖南大学金融学院姚小义教授、湘潭大学商学院谢罗奇教授担任。全书由主编分工总纂并最终审核定稿。各章编写分工如下：

第一章　邓　超(中南大学商学院)

第二章　邵新力(湖南大学金融学院)

第三章　张海燕(湖南科技大学管理学院)

第四章　袁冬梅(湖南师范大学商学院)

第五章　饶育蕾(中南大学商学院)

第六章　姚小义(湖南大学金融学院)

第七章　杨胜刚(湖南大学金融学院)

第八章　李勇辉(湘潭大学商学院)

第九章　谢罗奇(湘潭大学商学院)

　　在教材编写和出版过程中，中南大学出版社文科二编辑室谭晓萍主任、陈雪萍副编审提供了许多帮助，在此一并表示最诚挚的谢意！同时，我们也诚恳地希望广大读者特别是任课教师和使用本教材的同学们提出宝贵意见，以便今后进一步完善。

主编

2009 年 12 月

目　录

第一章　国际收支

本章重点：国际收支的概念；国际收支平衡表的构成内容及其分析；国际收支失衡的原因及其影响；国际收支失衡的市场调节机制；国际收支失衡的政策调节；国际收支失衡的国际调节；我国的国际收支状况及分析。

第一节　国际收支和国际收支平衡表

一、国际收支

国际收支（Balance of Payments）是国际金融学中重要的概念之一，它有狭义和广义两个层面的含义。狭义的国际收支概念是建立在现金基础上的，即一个国家或地区在一定时期内，由于经济、文化等各种对外交往而发生的，必须立即结清的外汇收入与支出。这一概念仅包含已实现外汇收支的交易。广义的国际收支概念是指一国或地区居民与非居民在一定时期内全部经济交易的货币价值之和，它是以交易为基础，不仅包括贸易收支和非贸易收支，而且还包括资本的输出输入，既包括已实现外汇收支的交易，也包括尚未实现外汇收支的交易。只有建立在全部经济交易基础之上的广义的国际收支概念才能较好地完整反映当今一国对外经济总量状况。

国际货币基金组织（International Monetary Fund，IMF）在其所编的《国际收支手册》中将广义的国际收支概念定义为："国际收支是一定时期的统计报表，它着重反映：①一国与其他国家之间商品、劳务和收入的交易；②该国货币、黄金、特别提款权以及对其他国家债权、债务的所有变化和其他变化；③无偿转移支付，以及根据会计处理的需要，平衡前两项没有相互抵消的交易和变化的对应记录。"目前世界各国一般都采用这一概念。

全面地准确掌握国际收支的含义，需要把握以下几方面的特征：

第一，国际收支是一个流量概念，它与一定的报告期相对应。各国一般是以一年为报告期。

第二，国际收支所反映的内容是以货币记录的经济交易。所谓经济交易是指经济价值从一个单位向另一个单位的转移，它包括四类：①交换，即一交易者向另一交易者提供一宗经济价值（如实际资源、金融资产等）并从对方得到价值相等的回报；②转移，即一交易者向另一交易者提供了经济价值，但是没有得到任何补偿；③移居，指一个人把住所从一经济体搬迁到另一经济体的行为，由此导致的对外资产、债务关系的变化均应记录在国际收支中；④其他交易，如在某些情况下可以根据推论确定交易的存在，也需记录在一国的国际收支中。

第三，国际收支记录的经济交易必须是本国居民与非居民之间发生的经济交易，居民与非居民的划分是以居住地为标准进行的。在国际收支统计中，居民是指一个国家的经济领土内具有经济利益的经济单位和自然人，在一国居住超过一年以上的法人和自然人均属该国的居民，而不管该法人和自然人的注册地和国籍。但也有例外，如一个国家的外交使节、驻外军事人员、出国留学和出国就医者，尽管在另一国居住一年以上，仍是本国居民，是居住国的非居民。此外，国际性机构(如 IMF 等)不是某一国的居民，而是任何一国的非居民。

我国自 1996 年 1 月 1 日起实施的《国际收支统计申报办法》第三条规定："中国居民，是指：(一)在中国境内居留一年以上的自然人，外国及香港、澳门、台湾地区在境内的留学生、就医人员、外国驻华使馆领馆外籍工作人员及其家属除外；(二)中国短期出国人员(在境外居留时间不满一年)、在境外留学人员、就医人员及中国驻外使馆工作人员及家属；(三)在中国境内依法成立的企业事业法人(含外商投资企业及外资金融机构)及境外法人的驻华机构(不含国际组织驻华机构、外国驻华使馆领馆)；(四)中国国家机关(含中国驻外使馆领馆)、团体、部队。"

第四，国际收支是一个事后的概念。定义中的"一定时期"一般是指过去的会计年度，显然它是对已发生事实的记录。

二、国际收支平衡表

国际收支平衡表(Balance of Payments Statement)是按照复式簿记原理，以某一特定货币为计量单位，运用简明的表格形式总括地反映一个国家或地区在特定时期内与世界其他经济体间发生的全部经济交易。各国或地区分析的目的不同，所编制的报表格式也就不一样。为使各国的国际收支平衡表具有可比性，国际货币基金组织对国际收支平衡表的概念、准则、惯例、分类方法以及标准构成等都作了统一的规定和说明。

1. 国际收支平衡表的记账原理

国际收支平衡表是根据"有借必有贷、借贷必相等"的复式簿记原理编制的，即每笔国际经济交易都是由两笔金额相等、方向相反的账目表示。根据复式记账法的惯例，无论是对实际资源还是金融资产，借方表示该经济体资产(资源)持有量的增加，贷方表示资产(资源)持有量的减少。因此记入借方的账目包括：①反映进口实际资源的经常项目；②反映资产增加或负债减少的资本与金融项目。记入贷方的账目包括：①反映出口实际资源的经常项目；②反映资产减产或负债增加的资本与金融项目。

2. 国际收支平衡表的格式

国际货币基金组织曾在 1948 年、1950 年、1961 年、1977 年和 1993 年先后五次修订其出版的《国际收支手册》，对国际收支平衡表的标准进行了统一规定。目前世界各国正在应用的是 1993 年修订的第五版，其基本格式见表 1－1。

表 1－1　国际收支平衡表(1993 年第五版)

项目	借方	贷方
一、经常账户(Current Account)		
1. 商品(Goods)		
2. 服务(Service)		
3. 收入(Income)		
4. 经常转移(Current Transfers)		
二、资本与金融账户(Capital and Financial Account)		
1. 资本账户(Capital Account)		
2. 金融账户(Financial Account)		
直接投资(Direct Investment)		
证券投资(Portfolio Investment)		
其他投资(Other Investment)		
储备资产(Reserve Assets)		
(1) 外汇储备(Foreign Currency Reserve)		
(2) 黄金储备(Gold Reserve)		
(3) 特别提款权(SDRs)		
(4) 储备头寸(Reserve Position in IMF)		
(5) 其他资产(Other Assets)		
三、错误与遗漏(Errors and Omissions Account)		

3. 国际收支平衡表的主要内容

这里我们就国际收支平衡表第五版的有关项目进行说明。

《国际收支手册》列出的国际收支平衡表的标准组成部分由两大项目组成：一是经常账户(Current Account)；二是资本与金融账户(Capital and Financial Account)。

(1) 经常账户

是指实质资源的流动，包括进出口货物、输入输出的服务、对外应收及应付的收益，以及在无同等回报的情况下，与其他国家或地区之间发生的提供或接受经济价值的经常转移。根据基金组织《国际收支手册》(第五版)的解释:"经常账户是指货物、服务、收入和经常转移。"该项目在一国的国际收支中占据最基本、最重要的地位。

①货物(Goods)。货物有5种类型:一般商品、用于加工的货物、货物修理、各种运输工具在港口购买的货物、非货币黄金。根据国际收支的一般原则,所有权的变更是决定国际货物交易的范围和记载时间的原则。通常出口货物所有权的变更时间是出口商停止在其项目上把出口货物作为自己的实际资产(即出口商在其账上记为销售),并在金融账户内记上相应的一笔账。进口货物所有权的变更时间则是进口商在自己账户上把进口货物作为自己的实际资产(即进口商在其账上记为购进),并在金融账户内记上相应的一笔账。这一习惯做法的目的是促进编制国际收支货物项目和金融项目的一致性以及出口国和进口国编制的货物项目的一致性。

②服务(Service)。相对于商品的有形贸易来说,服务贸易属于无形贸易。服务共有11种类型:运输、旅游、通讯服务、建筑服务、保险服务、金融服务、计算机和信息服务、专有权力使用费和特许费、其他商业服务、有关个人服务及文化和娱乐服务、别处未提及的政府服务。

③收入(Income)。包括居民与非居民之间的两大交易:一是职工报酬(Compensation of Employees);二是投资收入(Investment Income)。职工报酬包括个人在非居民经济体为该经济体居民工作而得到的现金或实物形式的工资、薪水和福利,职工包括季节性工作的工人和其他短期工作(不足1年)的工人。在大使馆、领事馆或国际组织机构工作的当地职工所得到的报酬也被视为这些机构驻地所在国的非居民向居民的支付。投资收入指居民与非居民之间有关金融资产与负债的收入与支出,包括有关直接投资、证券投资和其他投资所得收入与支出。

④经常转移(Current Transfer)。转移用来记载居民与非居民之间的不涉及到经济价值的回报的实际资源或金融产品的所有权变更,不管这种变更是自愿还是非自愿。经常转移不同于资本转移,资本转移列在资本与金融账户下。经常转移包括所有非资本转移的转移项目,它直接影响可支配收入的水平,影响货物和服务的消费。经常转移分为两大类:各级政府转移和其他部门转移,其中各级政府转移包括不同经济体政府间的国际合作或政府与国际组织之间的合作,如政府间的经济援助、捐赠、战争赔偿、国际组织作为一项政策向各国政府定期提供的转移;其他部门转移包括个人之间、非政府机构之间或团体之间(或这两类组织之间)的转移项目,如侨汇、继承、捐赠、资助性汇款等。

(2)资本与金融账户

资本与金融账户是指资本账户项下的资本转移、非生产/非金融资产交易以及其他所有引起一经济体对外资产和负债发生变化的金融项目。根据基金组织《国际收支手册》(第五版)的解释:"资本与金融账户是指:①资本转移和收买或放弃非生产、非金融资产;②

金融资产与负债。"该账户分两大部分：资本账户与金融账户。

①资本账户(Capital Account)。资本账户反映资产在居民与非居民之间的转移，它由资本转移和非生产、非金融资产交易两部分组成。

资本转移是指涉及固定资产所有权的变更及债权债务的减免等导致交易一方或双方资产存量发生变化的转移账户，包括三种转移：第一种，同固定资产收买或放弃(如投资赠款，以增加受援国购置固定资产的能力)相联系的或以其为条件的资本转移；第二种，固定资产所有权的转移；第三种，债权人不索取任何回报而取消的债务。其中前一种采用现金转移形式，后两种采用实物转移形式。

非生产、非金融资产交易是指非生产性有形资产(土地和地下资产)和无形资产(专利、版权、商标和经销权等)的收买与放弃。

②金融账户(Financial Account)。金融账户反映的是居民与非居民之间投资与借贷的增减变化，它由直接投资、证券投资、其他投资和储备资产等四部分构成。

直接投资(Direct Investment)是国际上长期资本流动的一种方式，是指一国的经济组织直接在国外采用各种形式，对工矿、商业、金融等企业进行的投资和利润再投资。通过这种投资方式，投资者对直接投资企业拥有经营管理的发言权。根据投资方向(即居民在国外的直接投资和非居民在报告经济体的直接投资)记录的直接投资的资本包括：股本资本、再投资利润和其他资本。

证券投资(Portfolio Investment)又称间接投资，指在证券市场上购买他国政府发行的债券、企业发行的中长期债券以及股票所进行的投资。证券投资者以取得利息或股息为目的，投资者对企业不享有经营管理权。一国买入证券，就是资本输出；一国卖出证券，就是资本输入。证券投资项下设资产和负债两个条目，这两个条目分别包括股本证券和债务证券。其中，股本证券包括一切表明在所有债权人的债权得以清偿之后对公司型企业剩余资产拥有所有权的工具和凭证，如股票、参股或其他类似文件等。债务证券包括三类：一是长期债券、无抵押品的公司债券、中期债券等；二是货币市场工具或可转让的债务工具，包括短期国库券、商业票据和融资票据、银行承兑汇票、可转让的大额定期存单等；三是衍生金融工具，包括金融期货、期权、互换等。

其他投资(Other Investment)是一个剩余项目，它包括所有直接投资、证券投资或储备资产未包括的金融交易。其资产与负债按工具进行分类，包括贸易信贷、贷款(包括使用基金组织的信贷和贷款)、货币和存款以及其他资产和负债(如各种应收款和应付款)。

储备资产(Reserve Assets)涉及的项目包括货币黄金、外汇资产、特别提款权、在基金组织中的储备头寸及其他债权。其中，货币黄金是一国货币当局作为储备而持有的黄金；外汇资产是指一国政府通过国际收支顺差或干预外汇市场等而形成的外汇储备；特别提款权是国际货币基金组织创设的记账单位，是按会员国份额比例无偿分配的"纸黄金"，它只能在基金组织范围内用于某些特定用途,如清偿与基金组织之间的债务、缴纳份额、以划账形式获取其他可兑换货币、作为本国货币汇率的基础等,未动用的特别提款权构成一国的国际储备资产;在基金组织中的储备头寸包括储备档头寸和对国际货币基金组织形成的债权头寸等。

(3)错误与遗漏

该项目是为了使国际收支平衡表借方和贷方平衡而人为设立的一种平衡项目。根据复式簿记原则,借贷总额应该相等。但是,人们在实际编制国际收支平衡表的过程中,总会出现一定的错误与遗漏,如逃避管制的非法资金流动、各部门统计口径的差异、同一笔交易发生于借方和贷方的时间差等。错误与遗漏项目的设立,可保证借方和贷方总额相等。

第二节 国际收支分析

一国的国际收支平衡表反映了该国对外经济交易的规模、结构等状况。对一国的国际收支平衡状况进行细致的分析具有非常重大的意义,可以为对外经济分析和制定对外经济政策提供依据。国际收支平衡分析,重点是分析国际收支差额,并找出原因,以便采取相应对策,扭转不平衡状况。

一、国际收支平衡的含义

在国际收支理论研究中,按发生动机将所有的交易分为自主性交易(Autonomous Transactions)和补偿性交易(或非自主性交易)(Compensatory Transactions)。自主性交易是指个人和企业为某种自主性目的(如追逐利润、旅游、汇款赡养亲友等)而从事的交易,它又称事前交易。补偿性交易是指为弥补国际收支不平衡而发生的交易,如为弥补国际收支逆差而向外国政府或国际金融机构借款、动用官方储备等,它又称事后交易。

国际收支差额指的就是自主性交易的差额。当这一差额为零时,就称为"国际收支平衡";当这一差额为正时,就称为"国际收支顺差";当这一差额为负时,就称为"国际收支逆差"。后两者统称为"国际收支不平衡"或"国际收支失衡"。因国际收支不平衡代表的是一国对外经济活动的不平衡,所以又简称"对外不平衡"或"外部不平衡"。

按交易动机识别国际收支平衡与否的方法在理论上看很有道理,但在统计上和概念上却很难精确区别自主性交易与补偿性交易。因此,该方法仅仅提供了一种思维方式,很难将这一思维付诸实践。

目前,各国政府和国际经济组织都将国际收支平衡作为金融运行良好的指标,把国际收支不平衡作为政策调整的重要对象。在当今开放经济条件下,一国的对外经济活动与国内经济活动密切相连,当把国际收支平衡同国内经济的均衡联系起来考察时,便产生了国际收支均衡这一更深刻的概念。国际收支均衡指的是国内经济处于均衡状态下的自主性国际收支平衡，即国内经济处于充分就业和物价稳定下的自主性国际收支平衡。在世界经济、金融日渐一体化的今天，国际收支的调节不仅仅要实现国际收支平衡，还要实现国际收支均衡这一目标。国际收支均衡是一国达到福利最大化的综合政策目标。

二、国际收支的失衡

按照人们的传统习惯和国际货币基金组织的做法，国际收支不平衡的衡量分为以下四种口径。

1. 贸易收支差额

贸易收支差额即商品进出口收支差额，这是传统上用得比较多的一种口径。实际上，贸易项目仅仅是国际收支的一个组成部分，可作为国际收支的代表，但绝不能代表国际收支的整体。对一些国家来说，贸易收支在全部国际收支中所占的比重比较大，如我国在上世纪 80 年代该比例约为 70%。出于简便，人们常常将贸易收支作为国际收支的近似代表。

贸易收支在国际收支中有着特殊重要性。一般来说，贸易收支即商品的进出口情况可综合反映一国的产业结构、产品质量和劳动生产率状况，反映该国产业在国际上的竞争能力。即使像美国、日本等资本与金融账户比重相当大的国家，仍然十分重视贸易收支的差额。

2. 经常账户收支差额

经常账户包括贸易收支、服务、收入和经常转移收支。前两项构成经常账户收支的主体。经常账户的收支也不能代表全部国际收支，但它综合反映了一个国家的进出口状况（包括无形进出口，如劳务、保险、运输等），可以反映一国的国际竞争能力，被当作是制定国际收支政策和产业政策的重要依据。国际货币基金组织特别重视各国经常账户的收支状况，经常采用这一指标对成员国经济进行衡量。

3. 资本与金融账户差额

资本与金融账户具有十分复杂的经济涵义，必须对它进行综合分析和谨慎运用。

第一，透过资本与金融账户余额，可以了解一个国家资本市场的开放程度和金融市场的发达程度，对一国货币政策和汇率政策的调整提供有益的借鉴。资本市场越开放、金融市场越发达的国家，其资本与金融账户的流量总额就越大。由于各国在经济发展程度、金融市场成熟度、货币价值稳定程度等方面存在较大差异，资本与金融账户差额往往会产生较大的波动。

第二，资本与金融账户和经常账户之间具有融资关系，从资本与金融账户的余额可以折射出一国经常账户的状况。根据复式簿记法原则，在国际收支中一笔贸易流量通常对应一笔金融流量，可以说，经常账户中实际资源的流动和资本与金融账户中资产所有权的流动是同一问题的两个方面。不考虑错误与遗漏因素时，经常账户中的余额必然对应着资本与金融账户在相反方向上的数量相等的余额。也就是说，经常项目的余额和资本与金融项目的余额之和等于零。经常账户出现赤字，对应着资本与金融账户有相应盈余，这意味着一国利用金融资产的净流入为经常账户赤字融资。影响金融资产流动的因素很多，包括影响国内和国外各种资产的投资收益率与风险的各种因素，如利率、各种其他投资的利润率、预期的汇率走势和政治风险等因素。

随着国际金融一体化的发展，资本与金融账户与经常账户之间的这种融资关系正逐渐发生深刻变化。一方面，资本与金融账户为经常账户提供融资受到诸多因素的制约。另一方面，资本与金融账户已经不再是被动地由经常账户决定，并为经常账户提供融资服务了。资本流动存在着独立的运动规律，其流量远远超过国际贸易流量，从根本上摆脱了与贸易的依附关系。

4. 综合项目差额

综合项目差额是指经常账户与资本与金融账户中的资本账户、直接投资、证券投资、其他投资项目所构成的余额。综合差额必然导致官方储备的反方向变动，因此可以用它来衡量国际收支对一国储备造成的压力。

当一国实行固定汇率制时，综合项目差额的分析意义尤为重要。因为，国际收支的各种行为将导致外国货币与本国货币在外汇市场上的供求变动，影响到两个币种比价的稳定性。为了保持外汇市场汇率的稳定，政府必须利用官方储备介入市场以实现供求平衡。所以，综合项目差额在政府有义务维护固定汇率制时极其重要。而在浮动汇率制度下，政府原则上可以不动用官方储备而听任汇率变动，或是动用官方储备调节市场的任务有所弹性，相应地，这一差额的分析意义略有弱化。

如果一国出现了国际收支不平衡，就必须分析国际收支不平衡的原因，并适时采取措施加以纠正。

三、国际收支不平衡的原因

一国的国际收支不平衡可能是由多种原因引起的。按照这些原因，国际收支不平衡可分为以下五种。

1. 临时性不平衡

临时性不平衡是指由短期的、非确定或偶然因素，如自然灾害、政局动荡等引起的国际收支不平衡。这种国际收支失衡程度一般较轻、持续时间不长、带有可逆性，是一种正常现象。在浮动汇率制度下，这种性质的国际收支失衡有时根本不需要政策调节，市场汇率的波动有时就能将其纠正。在固定汇率制度下，一般也不需要采用政策措施，只须动用官方储备便可加以克服。

2. 结构性不平衡

结构性不平衡是指因国内经济、产业结构不能适应世界市场的变化而发生的国际收支失衡。这种失衡通常反映在贸易项目或经常账户上。

结构性失衡有两层含义。①指因经济和产业结构变动的滞后和困难所引起的国际收支失衡。例如，一国的国际贸易在一定的生产条件和消费需求下处于均衡状态。当国际市场发生变化，新款式、高质量产品不断淘汰旧款式、低质量产品，新的替代品不断出现的时候，该国的生产结构不能及时加以调整，其原有的贸易平衡必然遭到破坏，贸易逆差就会出现。这种性质的结构性不平衡，在发达国家和发展中国家都可能发生。②指一国的产业结构单一、或其产品出口需求的价格弹性低，或虽然出口需求的价格弹性高，但进口需求的价格弹性低所引起的国际收支失衡。这种性质的结构性不平衡在发展中国家表现得尤为突出。如在 20 世纪 70 年代，石油输出国调整了石油产量，引起世界市场石油价格上涨数倍，导致部分国家国际收支出现巨额逆差。

3. 周期性不平衡

周期性不平衡是指一国经济周期波动所引起的国际收支失衡。典型的经济周期具有危机、萧条、复苏和高涨四个阶段。当一国经济处于萧条期时，社会总需求下降，进口需求也相应下降，国际收支发生盈余。反之，如果一国经济处于复苏和高涨期，国内投资与消费需求旺盛，对进口的需求也相应增加，国际收支便出现逆差。周期性不平衡在二战前的发达资本主义国家中表现得比较明显。在战后，其表现经常受到扭曲。比如，1981—1982年一些发达资本主义国家在衰退期普遍伴有巨额的贸易逆差。

4. 货币性不平衡

货币性不平衡是指在一定汇率水平下，一国的物价与商品成本高于其他国家，引起出口货物价格相对高昂、进口货物价格相对便宜，从而导致贸易收支和国际收支失衡。在这里，国内商品成本与一般物价上升的原因被认为是货币供应量的过分增加，因此国际收支失衡的原因就是货币性的。货币性失衡可以是短期的、中期的或长期的。

5. 收入性不平衡

收入性不平衡是指一国国民收入相对快速增长，导致进口需求的增长超过出口增长而引起国际收支失衡。国民收入相对快速增长的原因多种多样，如周期性的、货币性的，或经济处于高速增长阶段所引起的。

当一国国际收支出现不平衡时，该国政府往往会对其进行调节。国际收支调节的目的，从简单和直接的意义上讲是要追求国际收支的平衡；从更深一层的意义上讲，是要追求国际收支的均衡，尤其是当国内经济处于不平衡的情况下。

四、国际收支不平衡的影响

1. 国际收支逆差的影响

一国国际收支出现持续的、大规模的逆差，一般会增加对外汇的需求，而外汇供给不足，就会促使外汇汇率上升，该国货币贬值。如逆差严重，则会使该国货币汇率急剧下跌，国际地位降低，可能导致短期资本外逃，从而对该国的对外经济交往带来不利影响。若该国货币当局不愿接受这样的后果，就会对外汇市场进行干预：抛售外汇、购入本币。这样一方面会消耗外汇储备，甚至造成外汇储备的枯竭，从而严重削弱其对外支付能力。严重的话会陷入债务困境而不能自拔，又会进一步影响该国的经济和金融实力，并失去在国际间的信誉；另一方面，会形成国内的货币紧缩形势，促使利率水平上升，影响该国经济的增长，从而引致失业增加，国民收入增长率的相对与绝对下降。

20 世纪 80 年初期爆发的国际债务危机在很大程度上就是因为债务国出现长期国际收支逆差，不具备足够的偿债能力所致。

2. 国际收支顺差的影响

一国国际收支出现顺差，当然会增大其外汇储备，加强其对外支付能力，但同时也会产生一些不利影响：①一般会使该国货币汇率上升，从而不利于其出口贸易的发展，加重国内的失业问题；②将使该国货币供应量增加，加重通货膨胀；③将加剧国际摩擦，因为一国的国际收支出现顺差，意味着其他相关国家国际收支发生逆差；④若国际收支顺差形成于出口过多所形成的贸易收支顺差，意味着国内可供使用资源的减少，从而不利于该国经济的发展。

近些年我国的国际收支顺差很大，对我国并不都是好处，也有不利的影响，特别是对我国内部的宏观经济造成了一系列不良影响：①减弱了中央银行货币政策的自主性。由于人民币基础货币的供应几乎 100% 是通过央行购买外汇这一方式投放，基础货币的扩张意味着货币的供应量扩张，中央银行不得不进行大量的回购对冲操作；②金融资本大量回流到发达国家。外汇资产是优良资产，作为一个发展中国家，持续的、大量的资本回流到发达国家中去，并不一定完全合理；③会影响国内经济产业结构的调整。更多的出口企业依赖于价格竞争，而不是质量品牌这些非价格竞争手段。

一般说来，一国的国际收支越不平衡，其不利影响也越大。但相比之下，国际收支逆差所产生的影响比顺差更险恶，因而对逆差采取相应调节措施更显紧迫。

第三节 国际收支的调节

前已述及，按照贸易收支、经常账户、资本与金融账户等不同国际收支口径衡量，一国国际收支不平衡是经常发生的。巨额的、持续的国际收支逆差或顺差均不利于经济稳定和发展，政府有必要采取措施减少不平衡的程度和方向，从而产生了国际收支的调节问题。各国政府在调节本国国际收支时，一般都会遵循一些基本原则，如根据国际收支不平衡的性质来选择国际收支调节方式；尽量避免国际收支调节措施给国内经济带来消极影响；注意减少国际收支调节措施对其他国家的刺激等。这里我们主要以国际收支逆差为例来进行分析国际收支的调节机制。

一、国际收支失衡的市场调节机制

国际收支失衡会引起国内某些经济变量的变动，这些变动反过来又会影响国际收支。国际收支的自动调节，是指由国际收支失衡引起的国内经济变量变动对国际收支的反作用过程。在完全或接近完全的市场经济中，国际收支可以通过市场经济变量的调节自动恢复平衡。当然，国际收支自动调节只有在纯粹的自由经济中才能产生理论上所描述的那些作用，政府的宏观经济政策会干扰自动调节过程，使其作用下降、扭曲或根本不起作用。

1. 货币 – 价格机制

"货币 – 价格机制"是英国经济学家大卫·休谟1752年最早提出来的，其论述被称为"价格 – 现金流动机制"。"货币 – 价格机制"与"价格 – 现金流动机制"的主要区别是货币形态。在休谟的时期，金属铸币参与流通；而在当代，则完全是纸币流通。不过，这两种机制论述的国际收支自动调节原理是一样的。

在金本位条件下，当一国国际收支出现逆差时，意味着对外支付大于收入，黄金外流增加，导致货币供给下降；在其他条件既定的情况下，物价下降，该国出口商品价格也下降，出口增加，国际收支因此而得到改善。反之，当国际收支出现大量盈余时，意味着对外支付小于收入，黄金内流增加，导致货币供给增加；在其他条件既定的情况下，物价上升，该国出口商品价格也上升，出口减少，进口增加，国际收支顺差趋于消失。这一过程可用图 1 – 1 来描述。

"货币 – 价格自动调节机制"的另一种表现形式是相对价格水平变动对国际收支的影响。当一国国际收支出现逆差时，对外支出大于收入，对外币需求的增加使本国货币的汇率下降，由此引起本国出口商品价格相对下降、进口商品价格相对上升，从而出口增加、进口减少，贸易收支得到改善。这一过程可用图 1 – 2 来描述。

而国际收支顺差的情况正好相反，这里就不再说明。

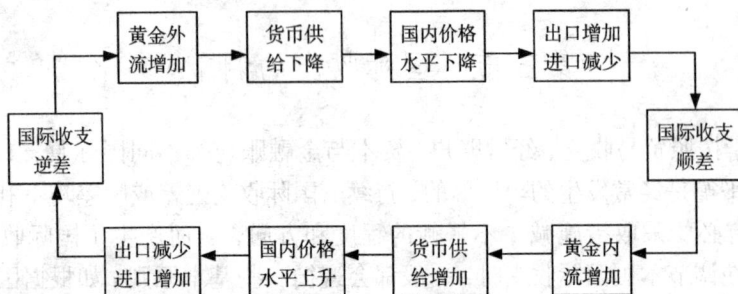

图 1-1　货币－价格自动调节机制过程图

图 1-2　货币－价格自动调节机制的另一种表现形式

2. 收入机制

收入机制是指一国国际收支不平衡时，该国的国民收入、社会总需求会发生变动，这些变动反过来又会削弱国际收支的不平衡。

当国际收支出现逆差时，表明国民收入水平下降，国民收入下降会引起社会总需求下降及进口需求下降，从而国际收支得到改善。收入机制的自动调节过程可描述如下（如图 1-3 所示）。

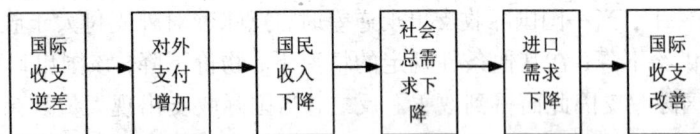

图 1-3　国民收入的自动调节机制

国民收入下降不仅能改善贸易收支，而且也能改善经常账户收支和资本与金融账户收支。国民收入下降会便对外国劳务和金融资产的需求都不同程度地下降，从而整个国际收支得到改善。

3. 利率机制

利率机制是指一国国际收支不平衡时，该国的利率水平会发生变动，利率水平的变动反过来又会对国际收支不平衡起到一定的调节作用。

当一国国际收支发生逆差时,该国的货币存量(供应量)相对减少,利率上升;而利率上升,表明本国金融资产的收益率上升,从而对本国金融资产的需求相对上升,对外国金融资产的需求相对减少,资金外流减少或资金内流增加,资本与金融项目得到改善。同时,利率上升会减少社会总需求,进口减少,出口增加,贸易收支也会得到改善。利率机制的自动调节过程可描述如图1-4所示。

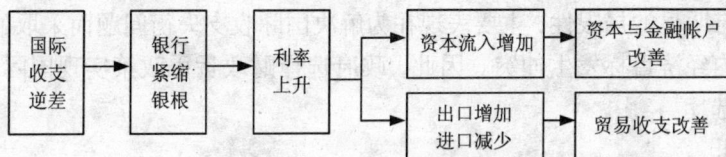

图1-4　利率的自动调节机制

二、国际收支失衡的政策调节

市场失灵时,国际收支自动调节机制的作用将被削弱或失效,需要政府对市场进行适当干预,以实现国际收支平衡。政府对国际收支进行调节的手段多种多样,各国政府根据本国的国情采取不同措施对国际收支进行调节。

1. 外汇平准基金

中央银行拨出一定数量的外汇储备,作为外汇平准基金。当国际收支发生短期不平衡时,通过中央银行在外汇市场买卖外汇来调节外汇供求,影响汇率,从而推动出口,增加外汇收入和改善国际收支。

2. 财政政策

财政政策是政府利用财政收入、财政支出对经济进行调控的经济政策,它的主要工具包括财政收入政策、财政支出政策。财政政策通常用作调节国内经济的手段,但由于总需求变动可以改变国民收入、物价和利率,启动国际收支的货币和收入调节机制,因此财政政策成为国际收支调节的手段。如当一国出现国际收支逆差时,政府可采用紧缩的财政政策,如削减政府开支,或提高税收,迫使投资和消费减少,物价相对下降,从而有利于出口,压制进口,改善贸易收支及国际收支。反之,当一国国际收支顺差很大时,政府可实行积极的财政政策,如扩大政府开支,或减少税收,以扩大总需求,增加进口及非贸易支出,从而减少贸易收支及国际收支顺差。

3. 货币政策

货币政策是中央银行通过调节货币供应量来影响宏观经济活动水平的经济政策,其主要工具是公开市场业务、调整再贴现率以及调整法定准备金率。由于货币供应量变动可以改变利率、物价和国民收入，启动国际收支的货币和收入调节机制，因此货币政策成为国际收支调节的手段。在调节国际收支失衡时，主要采用改变再贴现率以此影响市场利率的政策。如当一国出现国际收支逆差时，中央银行可提高再贴现率，市场利率也随之上升，投资和消费受到抑制，物价开始下降，从而有利于出口，压制进口，改善贸易收支。同时市场利率的提高，也有利于吸纳国外资本，从而改善国际收支。

财政政策与货币政策都可直接影响社会总需求，由此调节内部均衡，但它作为国际收支调节手段具有明显的局限性，主要表现在为解决国际收支失衡问题而采取的财政或货币政策可能同国内经济目标发生冲突。因此，政府选择财政货币政策实现国际收支平衡时，要注意时机的选择。

4. 汇率政策

汇率政策是指一国通过调整本币汇率来调节国际收支、消除国际收支不平衡的政策。如当一国发生国际收支逆差时，该国可使本国货币贬值，以增强本国商品在国外的竞争力，扩大出口；同时，国外商品的本币价格上升，竞争力下降，进口减少，国际收支逐步恢复平衡。反之，当一国长期存在国际收支顺差时，该国可使本国货币升值，本币升值刺激进口、减少出口，二者共同作用于贸易收支，使贸易顺差减少，国际收支逐步恢复平衡。当然，汇率政策除了影响国际收支外，还会影响国民经济的其他方面。

5. 直接管制政策

直接管制政策是指政府直接干预对外经济往来，以实现国际收支调节的政策措施。直接管制包括外汇管制、贸易管制和财政管制等形式。国际经济组织和经济学理论一般不赞成采用直接管制，但在国际收支发生较严重的困难时，发达国家和发展中国家都程度不同地采用过直接管制。

（1）外汇管制

主要指一国政府通过有关机构对外汇买卖和国际结算进行行政手段干预。外汇管制通常由中央银行、外汇管理部门或财政部门来执行。各国常用的外汇管制手段包括：①限制私人持有外汇，如规定出口商必须将全部或部分外汇收入按官方价格出售给国家。②限制私人购买外汇，如限制进口商购买外汇的数量。③限制资本输入，如提高非居民存款的法定准备金率，对非居民存款不付利息或倒收利息；限制非居民购买本国有价证券；限制企业利用外债等。④限制资本输出，如限制资本与金融账户下的货币可兑换性；限制居民存款项目向非居民存款账户的资金转移；征收利息平衡税等。⑤实行复汇率制，即针对国际结算的不同项目或不同商品分别采用本国货币规定不同的汇率。⑥禁止黄金输出，限制个人携带本币进出国境的数量。当然，国际货币基金组织对外汇管制原则上持否定态度。

（2）贸易管制

主要指一国政府直接限制商品进出口数量的政策手段。各国常用的贸易管制手段包括：①进口配额制，即政府规定一定时期某种进口商品的数量限制。②进口许可证制，即政府通过发放进口许可证来限制进口商品的种类和数量。③规定苛刻的进口技术标准，包括卫生检疫条件、绿色环保要求、安全性能指标、技术性能规定、包装和标签条例等。④歧视性采购政策，如要求政府部门和企业尽量采购国产商品，限制其购买进口商品。⑤歧视性税收政策，如政府对进口商品征收较高的销售税、消费税和牌照税等。

（3）财政管制

主要指一国政府通过有关机构，如财政部、海关和官方金融机构等管制进出口商品的价格和成本，从而调节国际收支的政策手段。各国常用的财政管制手段包括：①进口关税政策，如提高关税税率来限制进口数量，或降低某些进口生产资料的关税来扶植本国进口替代和出口替代产业的发展。②出口补贴政策，如对出口产品发放价格补贴和出口退税等。③出口信贷政策，如官方金融机构对本国出口商或外国进口商提供优惠贷款；以优惠利率贴现出口商的票据；政府对出口商或出口商银行提供信贷担保等。

直接管制手段成为政府调节国际收支基本手段时，优点是明显的：①见效快，较少通过市场机制的中间环节。②由于它对市场机制依赖程度较低，市场发育程度较低的发展中国家可以有效地采用这种手段，即它具有较好的可操作性。③其效力容易测定。④对国内经济的影响面较小，政府在采用这种调节手段时具有更大的灵活性。⑤使政府对经济的调节深入到微观领域，可克服财政与货币政策等宏观调节手段的某些局限性。

当然，直接管制手段作为调节国际收支基本手段也有弊端：①容易受到对方的报复，从而给国际贸易和国际金融带来消极影响。②它本身要耗费一定的行政管理费用和信息成本。③可能扭曲市场价格信号，使市场机制作用不能充分发挥，不能充分利用国际分工发挥自身优势。④在一定程度上限制了竞争，会削弱国内企业的创新动力。⑤可能产生寻租行为，助长不正之风，如配额、许可证分配中经常出现权力和金钱的交换。

6. 供给调节政策

在运用政策调节国际收支时，不应忽略社会总供给的作用。从供给角度讲，调节国际收支的政策有产业政策、科技政策和制度创新政策。这些政策旨在改善一国的经济结构和产业结构，提高劳动生产率，增加出口商品和劳务的生产，提高产品质量，降低生产成本，以此达到增加社会产品（包括出口产品和进口替代品）的供给、改善国际收支的目的。供给政策具有长期性，虽然在短期内难以有立竿见影的效果，但它可从根本上提高一国的经济实力与科技水平，从而为实现内外均衡创造条件。

（1）产业政策

产业政策的核心在于优化产业结构，根据国际市场的变化和自身的比较优势制定正确的产业结构规划，鼓励发展和扩大一部分优势产业，对一些缺乏根本竞争力的产业部门进行调整、限制，甚至于取消。政府实施产业政策的重要目的，在于克服资源在各产业部门间流动的障碍，使本国产业结构的变动能适应世界市场的情况，从而达到减少乃至消除结构型的国际收支失衡。

（2）科技政策

现代各国之间的经济竞争越来越体现为科技水平的竞争，科学技术是第一生产力、发挥知识在经济增长中的核心作用已成为各国政府和人们的共识。对于发展中国家而言，科技政策的含义包括以下三个方面。

第一，推动技术进步。从内部看，要重视和加强科学技术的研究、应用和推广，重视技术教育，鼓励技术发明和创新，使原有的传统技术不断得到改进。从外部看，要通过引进国外先进技术，在原有企业或新建企业直接采用国外先进生产方法或工艺，代替传统的生产方法和工艺技术。政府应在这两项工作中都发挥指导作用，引导企业实现技术进步。

第二，提高管理水平。现代管理是经济发展的结果，反过来它又大大促进了经济的进一步发展。提高管理水平的重点在于采用先进的管理理念、方法和管理经验，改进管理手段，培养企业家阶层。

第三，加强人力资本投资。人力资本在社会经济发展中具有十分重要的作用，它是运用科技进行管理的主体。对于发展中国家来说，真正制约其经济发展和现代化的决定因素，不只是物质资本和技术，而是缺乏人力资本优势，低下的劳动力素质是无法对现代化技术设备进行使用和管理的。增加人力资本投资主要是增加投资强度，调整教育结构，改革教育体制，鼓励国际交流，从而最终提高本国劳动力的素质。

（3）制度创新政策

制度创新政策是针对经济中存在的制度性缺陷而提出的。如不少国家都存在着大量规模庞大、效率极其低下的国有企业，因体制不合理，这些企业对市场信号反应迟缓，缺乏自我约束、自我发展的能力，经营状况极差，往往只能依靠国家的大量隐性的或显性的财政补贴予以维持。如果经济中存在的低效率有普遍的制度性原因，进行制度创新就显得非常必要。制度创新政策主要表现为企业制度改革，包括企业创立时的投资制度改革、企业产权制度改革，以及与此相适应的企业管理体制改革。富有活力的、具有较强竞争力的微观经济主体是实现国际收支均衡目标的基础。

7. 政策搭配

实际上，一国政府到底采用什么样的政策来调节国际收支，首先取决于国际收支失衡的性质，其次取决于国际收支失衡时国内社会和宏观经济结构，再次取决于内部均衡与外部平衡之间的相互关系。每一种国际收支调节政策都会对宏观经济带来或多或少的调节成本，所以必须进行相机抉择，搭配使用各种政策，以最小的经济和社会代价达到国际收支的平衡或均衡。正确的政策搭配是国际收支成功调节的核心。

三、国际收支失衡的国际调节

各国政府调节国际收支时往往以本国利益为出发点，采取的有关调节措施可能对其他国家产生不利影响，从而导致其他国家采取相应的报复措施。为了维护世界经济与金融的正常秩序与运转，各国政府之间需要加强对国际收支调节政策的国际协调。

1. 通过各种国际经济协定确定国际收支调节的一般原则

如国际货币基金组织规定了多边结算原则、消除外汇管制原则和禁止竞争性货币贬值原则等；世界贸易组织就规定了非歧视原则、关税保护和关税减让原则、取消数量限制原则、禁止倾销和限制出口贴补原则、磋商调解原则等。这些原则都是以经济和金融自由化为核心，通过限制各国采取损人利己的调节政策来缓和各国之间的矛盾。

2. 通过国际金融组织或通过国际协定向国际收支逆差国提供资金融通，以缓解其国际清偿力不足的问题

如国际货币基金组织向其会员国发放有关贷款用于解决暂时性国际收支困难，设立特别提款权用于补充会员国的国际储备资产。通过"借款总安排"或货币互换协定要求有关国家承诺提供一定的资金，由国际收支逆差国在一定条件下动用以缓和国际收支逆差问题和稳定汇率。

3. 建立区域性经济一体化集团，以促进区域内经济、金融的一体化和国际收支调节

目前国际经济中的区域性经济一体化集团主要包括优惠贸易安排、自由贸易区、关税同盟、经济共同体和统一货币区。如在欧盟，已基本实现了商品和要素国际流动的自由化，制定了共同农业政策，在货币一体化的道路上迈出了坚实的步伐，目前已有 16 个国家加入了欧元区，通过有关政策协调来缓解成员国之间国际收支不平衡状况。

第四节　我国的国际收支

一、我国国际收支及其统计的发展

1978 年以前，我国的对外经济活动基本上局限于商品进出口业务和侨汇业务，因此我国只编制外汇收支平衡表，用以反映我国的对外有形贸易、无形贸易及单方面转移的外汇收支情况。

1978 年后，我国实行改革开放政策，积极发展同世界各国各种类型的经济交往，并取得了很大成就，特别是在直接投资、证券投资、国际信贷等方面，发展速度及规模令人瞩目，单纯依靠外汇收支统计已不能全面、综合地反映我国对外经济交往情况。为加强宏观

管理，需要吸收国际上的经验，结合我国实际，建立一套适合我国实际需要的国际收支统计制度。特别是1980年4月我国恢复了在国际货币基金组织中的合法席位，作为该组织的会员国，需要报送国际收支平衡表，因此国家外汇管理局及中国银行总行1980年开始试编国际收支平衡表，1981年制定了国际收支统计制度，从1982年开始正式编制和公布国际收支平衡表，当时编制的国际收支平衡表是参照基金组织1977年第四版的标准。1985年9月，国家外汇管理局正式公布了我国1982—1984年的国际收支平衡表。为适应建设社会主义市场经济体制的需要，从1996年开始，我国推出了新的《国际收支申报办法》和《国际收支申报办法实施细则》，按照基金组织的新要求和标准编制我国国际收支统计数据，成为国际上最先采用新《国际收支手册》原则的会员国之一。表1-2为近些年我国的国际收支顺差结构统计。

表1-2　2002—2008年国际收支顺差结构　　　　　　　　单位：亿美元

项目	2002年	2003年	2004年	2005年	2006年	2007年	2008年
国际收支总顺差	677	986	1 794	2 238	2 599	4 453	4 451
经常账户差额	354	459	687	1 608	2 532	3 718	4261
占总顺差比例	52%	47%	38%	72%	97%	83%	96%
资本与金融账户差额	323	527	1107	630	67	735	190
占总顺差比例	48%	53%	62%	28%	3%	17%	4%

资料来源：2008年中国国际收支报告，国家外汇管理局国际收支分析小组

表1-3为我国2007年与2008年的国际收支平衡表简表，从该表中可基本看出这两年我国的国际收支状况。

表1-3　2007—2008年度中国国际收支平衡表简表　　　　　　单位：千美元

项目	2007年			2008年		
	差额	贷方	借方	差额	贷方	借方
一.经常账户	371 832 620	1 467 881 998	1 096 049 377	426 107 395	1 725 893 261	1 299 785 866
A.货物和服务	307 476 604	1 342 205 962	1 034 729 358	348 870 456	1 581 713 188	1 232 842 732
a.货物	315 381 397	1 219 999 629	904 618 232	360 682 094	1 434 601 241	1 073 919 146
b.服务	-7 904 793	122 206 333	130 111 126	-11 811 638	147 111 948	158 923 586
1.运输	-11 946 918	31 323 823	43 270 740	-11 911 179	38 417 556	50 328 735

续表

项目	2007 年			2008 年		
	差额	贷方	借方	差额	贷方	借方
2. 旅游	7 446 953	37 233 000	29 786 047	4 686 000	40 843 000	36 157 000
3. 通讯服务	92 886	1 174 551	1 081 665	59 585	1 569 663	1 510 079
4. 建筑服务	2 467 280	5 377 097	2 909 817	5 965 493	10 328 506	4 363 013
5. 保险服务	−9 760 431	903 696	10 664 127	−11 360 128	1 382 716	12 742 844
6. 金融服务	−326 437	230 486	556 924	−250 884	314 731	565 615
7. 计算机和信息服务	2 136 680	4 344 752	2 208 072	3 086 931	6 252 062	3 165 131
8. 专有权利使用费和特许费	−7 849 433	342 634	8 192 067	−9 748 930	570 536	10 319 466
9. 咨询	724 182	11 580 552	10 856 370	4 605 315	18 140 866	13 535 551
10. 广告、宣传	575 347	1 912 265	1 336 918	261 668	2 202 324	1 940 656
11. 电影、音像	162 569	316 285	153 716	163 322	417 943	254 622
12. 其他商业服务	8 676 788	26 914 852	18 238 064	2 885 059	26 005 857	23 120 798
13. 别处未提及的政府服务	−304 260	552 339	856 599	−253 890	666 187	920 076
B. 收益	25 688 492	83 030 308	57 341 816	31 437 960	91 614 872	60 176 912
1. 职工报酬	4 340 072	6 833 130	2 493 058	6 400 156	9 136 547	2 736 391
2. 投资收益	21 348 421	76 197 179	54 848 758	25 037 804	82 478 325	57 440 521
C. 经常转移	38 667 524	42 645 727	3 978 204	45 798 979	52 565 201	6 766 222
1. 各级政府	−165 960	34 947	200 907	−181 611	49 205	230 816
2. 其他部门	38 833 484	42 610 780	3 777 297	45 980 590	52 515 996	6 535 406
二. 资本与金融账户	73 509 250	921 960 702	848 451 452	18 964 877	769 876 094	750 911 218
A. 资本账户	3 099 075	3 314 699	215 624	3 051 448	3 319 886	268 439
B. 金融账户	70 410 175	918 646 003	848 235 828	15 913 429	766 556 208	750 642 779
1. 直接投资	121 418 332	151 553 693	30 135 361	94 320 092	163 053 964	68 733 872
1.1 我国在外直接投资	−16 994 854	1 929 982	18 924 836	−53 470 972	2 175 785	55 646 757
1.2 外国在华直接投资	138 413 185	149 623 710	11 210 525	147 791 064	160 878 179	13 087 115
2. 证券投资	18 671 987	63 969 241	45 297 254	42 660 063	67 708 045	25 047 982
2.1 资产	−2 324 017	42 643 237	44 967 254	32 749 936	57 672 404	24 922 468
2.2 负债	20 996 004	21 326 004	330 000	9 910 127	10 035 641	125 514
3. 其他投资	−69 680 144	703 123 069	772 803 213	−121 066 726	535 794 199	656 860 925

续表

项目	2007 年			2008 年		
	差额	贷方	借方	差额	贷方	借方
3.1 资产	-151 485 862	29 879 034	181 364 896	-106 074 263	32 563 248	138 637 510
3.2 负债	81 805 718	673 244 035	591 438 317	-14 992 463	503 230 952	518 223 415
三、储备资产变动	-461 744 102	239 766	461 983 869	-418 978 429	0	418 978 429
3.1 货币黄金	0	0	0	0	0	0
3.2 特别提款权	-78 869	0	78 869	-7 114	0	7 114
3.3 在基金组织的储备头寸	239 766	239 766	0	-1 190 315	0	1 190 315
3.4 外汇	-461 905 000	0	-461 905 000	-417 781 000	0	417 781 000
3.5 其他债权	0	0	0	0	0	0
四、净误差与遗漏	16 402 232	16 402 232		-26 093 843	0	26 093 843

资料来源：国家外汇管理局网站 www.safe.gov.cn

二、我国国际收支状况分析

前已述及，国际收支是一国居民在一定时期内与非居民之间全部政治、经济、文化往来所产生的全部经济交易的系统货币记录。一国的国际收支状况通过该国的国际收支平衡表来体现。国际收支平衡表反映了这些经济交易的规模、结构等状况。对一国某一年的国际收支平衡表进行细致的分析具有非常重大的意义，可以为对外经济分析和制定对外经济政策提供依据。下面以 2008 年中国国际收支平衡表为例来进行一些简要的分析。

1. 总体情况

2008 年，我国国际收支交易总规模为 4.5 万亿美元，较上年增长 5%，增幅较 2007 年回落 25 个百分点，与同期 GDP 之比为 105%，较上年下降 23 个百分点。从表 1 - 3 中2008 年我国国际收支平衡表的构成来看，可以得出这样一个初步结论：2008 年我国国际收支经常账户、资本与金融账户继续保持顺差，总顺差由快速增长转为趋于平稳，外汇储备稳步增长，国际收支总体状况良好且有所改善。

2008 年我国国际收支经常账户顺差 4 261.07 亿美元。按照国际收支统计口径计算，2008 年货物出口 14 346.01 亿美元，货物进口 10 739.19 亿美元，顺差 3 606.82 亿美元；服务项目收入 1 471.12 亿美元，支出 1 589.24 亿美元，逆差 118.12 亿美元；收入项目收入 916.15 亿美元，支出 601.77 亿美元，顺差 314.38 亿美元；经常转移收入 525.65 亿美元，支出 67.66 亿美元，顺差 457.99 亿美元。

2008 年资本与金融账户顺差 189.65 亿美元。其中资本账户顺差 30.51 亿美元，和 2007 年相比基本不变；金融账户顺差 159.13 亿美元。在金融账户中，直接投资项目顺差 943.20 亿美元；证券投资项目顺差达到 426.60 亿美元；其他投资项目逆差达到 1 210.66 亿美元。显然，直接投资仍是我国外资流入的主要形式。事实上，根据联合国贸发会议统计，我国吸引的外商直接投资自 1993 年以来始终名列发展中国家之冠。

在我国国际收支总体顺差的推动下，我国国际储备资产保持增长。2008 年我国国际储备较 2007 年末增加 4 189.78 亿美元，其中外汇储备较上年上升 4 177.81 亿美元，2008 年末外汇储备规模达到 19 460.30 亿美元，我国对外清偿能力进一步增强，人民币汇率继续保持稳定。

2. 差额分析

这里主要就经常账户差额、资本与金融账户差额以及这些差额之间的关系进行横向和纵向比较分析。

（1）横向分析

1）经常账户差额分析

经验表明，在国际经济交往中，经常账户在较大程度上决定一国的国际收支状况，而货物和服务贸易又在很大程度上决定该国的经常账户状况。在 2008 年我国的国际收支平衡表中，经常账户盈余 4 261.07 亿美元。其中货物贸易实现顺差 3 606.82 亿美元，服务贸易出现 118.12 亿美元的逆差，货物和服务贸易项目总计顺差 3 488.70 亿美元。在服务项目下面的子项目中，旅游、通讯服务、建筑服务、计算机和信息服务、咨询以及其他商业服务等八项呈现顺差状态，其中又以建筑服务、旅游、咨询、计算机信息服务和其他商业服务几个项目的顺差占绝大部分，这说明我国在这些服务方面的国际竞争力比较强；而包括运输、保险服务、金融服务、专有权利使用费和特许费等在内的其他项目均为逆差，其中又以运输、保险服务、专有权利使用费和特许费分别占逆差项目的前三位，这说明我国在这些服务项的上尚缺乏国际竞争力，有待提高。

2）资本与金融账户差额分析

资本与金融账户差额主要体现在金融账户差额上，金融账户的变化决定着资本与金融账户的变化。总体而言，2008 年我国金融账户资金流入 7 665.56 亿美元，资金流出 7 506.43 亿美元，实现顺差 159.13 亿美元。其中，我国在外直接投资净增加额 534.71 亿美元，外国在华直接投资净增加额 1477.91 亿美元，直接投资项目盈余 943.20 亿美元；证券投资净流入 426.60 亿美元，其他投资净流出 1 210.66 亿美元。显然，在金融账户中，我国在直接投资与证券投资项目方面处于顺差地位，而在其他投资方面出现逆差。也就是说，我国金融账户盈余主要来自于直接投资和证券投资项目的盈余。

（2）纵向分析

1）经常账户差额分析

必须看到，2008 年我国经常账户顺差较 2007 年增加 15%，主要来源于货物贸易项目顺差、经常转移项目顺差的增加。2008 年我国货物贸易总体上保持平稳增长。2008 年全年货物贸易出口、进口分别较上年增长 18% 和 19%，增速比 2007 年下降 8% 和 1%；货物贸易顺差增长 14%，增速比 2007 年下降了 31%。收益项目顺差增长了 22%，而服务贸易的逆差上升 49%。这主要是由于旅游和其他商业服务顺差下降，而保险服务及专有权利使用费和特许费等项目逆差增加。

2）资本与金融账户差额分析

这里重点分析金融账户。2008 年我国资本与金融账户顺差 189.65 亿美元，同比下降74%。直接投资顺差较上年下降 22%。其中，外国来华直接投资净流入增长 7%，绝对规模仍然保持在较高水平；对外直接投资净流出增长 215%，表明在国际金融危机的大背景下我国企业"走出去"步伐进一步加快。

在证券投资项目方面，受境内机构（主要是银行部门）对外证券投资回流影响，从 2007年下半年开始，我国证券投资项下呈净流入态势。2008 年延续了这一趋势，证券投资净流入较上年增长 128%。

本章小结

1. 国际收支是指一国或地区居民与非居民在一定时期内全部对外往来的系统的货币记录。它体现的是一国的对外经济交往，是货币的、流量的、事后的概念。

2. 国际收支平衡表是将国际收支根据复式记账原则和特定账户分类原则编制出来的会计报表。根据国际货币基金组织 1993 年出版的《国际收支手册》第五版，国际收支平衡表的账户可分为经常项目、资本和金融项目以及错误和遗漏项目三大类；每一类又可以分为多个二级项目和三级项目。

3. 国际收支的复式记账法是指，每笔交易都是由两笔价值相等、方向相反的账目表示。记入借方的项目包括：反映进口实际资源的经常项目，反映资产增加或负债减少的金融项目。记入贷方的项目包括：反映出口实际资源的经常项目，反映资产减少或负债增加的金融项目。国际收支平衡表的总额为零。

4. 衡量国际收支不平衡的口径有贸易项目余额、经常项目余额、资本和金融项目余额和综合项目余额，它们均具有不同的统计含义和分析意义，各国可根据自己的情况采用以上不同的口径对国际收支状况进行分析。

5. 按照国际收支不平衡的原因来分，国际收支有临时性、结构性、周期性、收入性和货币性不平衡。国际收支出现逆差或巨额顺差，对国民经济都会产生不利影响。

6.国际收支的调节机制主要包括市场调节机制、政策调节机制和国际协调机制。市场调节机制又包括"货币－价格机制"、"利率机制"和"收入机制"；政策调节机制包括外汇平准基金、财政政策、货币政策、汇率政策、管制政策和供给政策；国际协调机制包括通过各种国际经济协定、国际金融组织或区域性经济一体化集团等来协调各国政府的国际收支调节政策，以维护世界经济与金融的正常秩序与运转。

7.通过分析2008年我国国际收支平衡表，可以看出，我国经常项目、资本和金融项目继续保持顺差，外汇储备稳步增长，国际收支总体状况良好。

本章重要概念

国际收支　国际收支平衡表　经常项目　资本和金融项目　错误与遗漏项目　自主性交易　国际收支失衡　国际收支均衡

复习思考题

1.国际收支平衡表的编制原则是什么？
2.国际收支不平衡的衡量标准和口径是什么？
3.国际收支平衡表的各项目之间有什么关系？
4.请简述国际收支不平衡的几种类型。
5.国际收支平衡和国际收支均衡有什么区别和联系？
6.国际收支不平衡的政策调节措施有哪些？
7.如何看待我国近几年的国际收支平衡表的变化？它们说明了什么？

案例分析

国际收支与1997—1998年东南亚金融危机

自1997年7月起，爆发了一场始于泰国、后迅速扩散到整个东南亚并波及世界的东南亚金融危机，使许多东南亚国家和地区的汇市、股市轮番暴跌，金融系统乃至整个社会经济受到严重创伤，1997年7月至1998年1月仅半年时间，东南亚绝大多数国家和地区的货币贬值幅度高达30%~50%，最高的印尼盾贬值达70%以上。同期，这些国家和地区的股市跌幅达30%~60%。据估算、在这次金融危机中，仅汇市、股市下跌给东南亚同家和地区造成的经济损失就达1 000亿美元以上。受汇市、股市暴跌影响，这些国家和地区出现了严重的经济衰退。

（资料来源：http：//jpkc. xmu. edu. cn/gjjr/anli/anli02. doc）

思考：

表1-4摘录了发生金融危机的几个主要国家和地区在危机前的1996年底的主要国际收支数据。请你根据这些数据分析：

1. 在1996年底，这些国家和地区处于怎样的国际收支状况？

2. 阐述国际收支与金融危机的关系。

表1-4 部分国家在1996年底的主要国际收支数据

1996年12月31日	泰国	韩国	菲律宾	印度尼西亚
进出口贸易余额占GDP的%	-6.7%	-4.4%	-9.4%	-1.1%
经常项目余额占GDP的%	-8.1%	-4.8%	-4.8%	-3.4%
外汇储备（相当于进口月份数）	5.5	2.3	2.9	3.6
短期外债占外汇储备的%	169%	213%	77%	181%

资料来源：国际货币基金组织(IMF)，转引自 Corsetti G. , Pesenti P. and Roubini N. What Caused the Asian Currency and Financial Crisis? Japan and the World Economy, 1999(11)：305 - 373

第二章　外汇、汇率与外汇市场

本章重点：汇率的三种标价法及其分类；汇率的决定基础、影响汇率变动的因素；铸币平价、黄金输出入点、法定平价和国际收支等在汇率决定和变动中的作用；汇率变动对经济的影响；外汇市场的概念、构成、特征和种类；即期外汇交易、远期外汇交易、期权交易的基本定价原理。

第一节　外汇与汇率

一、外汇概述

外汇(Foreign Exchange)，即国外汇兑，是国际金融最基本的概念之一。我们可以从动态(Dynamic)和静态(Static)两个不同的角度理解外汇的含义。

动态的外汇，是指把一国货币兑换为另一国货币以清偿国际间债权债务关系的实践活动或过程。从这个意义上说，外汇等同于国际结算。

静态的外汇，是指国际间为清偿债权债务关系而进行的汇兑活动所凭借的手段和工具。静态的外汇概念是从动态的汇兑行为中衍生出来并广为运用的，它又有广义与狭义之分。各国外汇管理法令所称的外汇就是广义的外汇。如我国于2008年8月5日公布、并同日开始实施的修订后的《中华人民共和国外汇管理条例》第三条规定，外汇是指下列以外币表示的可以用做国际清偿的支付手段和资产：①外币现钞，包括纸币、铸币；②外汇支付凭证或者支付工具，包括票据、银行存款凭证、银行卡等；③外币有价证券，包括债券、股票等；④特别提款权；⑤其他外汇资产。而狭义的外汇，也就是我们通常所说的外汇，它是指外国货币或以外国货币表示的能用于国际结算的支付手段。

但是，不是所有的外国货币都能成为外汇的。一种外币成为外汇有三个前提条件：第一，自由兑换性，即这种外币能自由地兑换成本币；第二，可接受性，即这种外币在国际经济交往中被各国普遍地接受和使用；第三，可偿性，即这种外币资产是能得到补偿的债权。这三个前提条件即外汇的三大特征，只有满足这三个条件或符合这三个特征的外币及其所表示的资产才是外汇。

照此推理，以外币表示的有价证券由于不能直接用于国际间的支付，故不属于外汇；同样，外国钞票也不能算作外汇。外钞只有携带回发行国并贷记在银行账户上后，才能称做外汇。在这个意义上，只有存放在国外银行的外币资金，以及将对银行存款的索取权具体化了的外币票据，才构成外汇。具体来看，外汇主要指以外币表示的银行汇票、支票、银行存款等。其中银行存款是狭义外汇概念的主体，这不仅是因为各种外币支付凭证都是对外币存款索取权具体化了的票据，而且还因为外汇交易主要是运用国外银行的外币存款来进行的。人们通常就是在这一狭义意义上使用外汇的概念。

二、汇率及其分类

1. 汇率及其标价法

外汇汇率(Foreign Exchange Rate)又称外汇汇价，是一个国家的货币折算成另一个国家货币的比率，即两种不同货币之间的折算比率。也就是，在两国货币之间，用一国货币所表示的另一国货币的相对价格。

当一种商品参与国际交换时，就需将该种商品以本国货币所表示的价格折算成以外国货币所表示的价格，这样就产生了两种货币之间的折算。外汇作为可以在国际上自由兑换、自由买卖的资产，也是一种特殊的商品。在国际汇兑中两种货币之间是可以相互表示对方价格的。这种用一种货币所表示的另一种货币的价格就是汇率，或者说汇率就是外汇这种特殊商品的"特殊价格"。这里，本币和外币都具有同样的表示对方货币价格的功能，也就是说，外汇汇率具有双向特征：既可用本币表示外币的价格，也可以用外币表示本币的价格。确定两种不同货币之间的比价，应先确定用哪个国家的货币作为标准，由于确定的标准不同，于是便产生了不同的外汇汇率标价法。

（1）直接标价法(Direct Quotation)

直接标价法是以一定单位（1个外币单位或100个、10 000个、100 000个外币单位）的外国货币作为标准，折算为一定数额的本国货币来表示其汇率的方法。例如：2009年6月15日中国外汇交易中心受权公布的人民币汇率中间价中，1美元兑人民币6.834 3元，这一标价方法就是直接标价法。

（2）间接标价法(Indirect Quotation)

间接标价法，是以一定单位的本国货币为标准，折算为一定数额的外国货币来表示其汇率的方法。英国一直使用间接标价法。美国长期以来一直采用直接标价法，但在二战后，美元在国际支付和国际储备中逐渐取得统治地位，为了与国际外汇市场上对美元的标价一致，从1978年9月1日起，美国除对英镑继续使用直接标价法外，对其他货币一律改用间接标价法。此外，欧元区、新西兰、加拿大、澳大利亚等国家或地区也使用间接标价法。

在直接标价法下，外国货币的数额固定不变，汇率的高低或涨跌都以相对的本国货币数额的变化来表示。以一定单位的外币折算的本国货币越多，说明本国货币的币值越低，而外国货币的币值越高。反之，则本国货币币值越高，而外国货币币值越低。同理，以一定单位的外币折算的本国货币增多，说明外币汇率上涨，即外国货币币值上升或本国货币币值下降。反之，则外国货币币值下降或本国货币币值上升。在间接标价法下，本国货币的数额固定不变，汇率的高低或涨跌都以相对的外国货币数额的变化来表示。此种关系正好与直接标价法下的情形相反。

由于直接标价法下汇率涨跌的含义和间接标价法下汇率涨跌的含义正好相反，所以，在引用某种货币的汇率，说明其汇率涨跌时，必须明确来源于哪个外汇市场，即采用哪种标价法，以免混淆。

（3）美元标价法（US Dollar Quotation）

直接标价法和间接标价法都是针对本国货币和外国货币之间的关系而言的。相对于某个国家或某个外汇市场而言，本币以外其他各种货币之间的比价则无法用直接或间接标价法来表示。事实上，第二次世界大战以后，特别是欧洲货币市场兴起以来，国际金融市场之间外汇交易量迅速增长。为便于在国际间进行外汇业务交易，银行间的报价，都以美元为标准来表示各国货币的价格，至今已成习惯。例如，从瑞士苏黎世向德国法兰克福询问欧元的汇率，法兰克福经营外汇银行的报价，不是直接报瑞士法郎对欧元的汇率，而是报美元对瑞士法郎的汇率。这种非本币之间以一种国际上的主要货币或关键货币（Key Currency）来作为汇价标准的标价方法被称为"美元标价法"。这种主要货币或关键货币应具备以下特点：在本国国际收支中使用最多；在外汇储备中所占比重最大；可以自由兑换且为国际上普遍接受。世界各金融中心的国际银行所公布的外汇牌价，都是以美元对其他主要货币的汇率。非美元货币之间的汇率则通过各自对美元的汇率套算，作为报价的基础。

2. 汇率的种类

汇率的种类很多，从不同的角度，一般可将汇率进行如下分类：

（1）按银行买卖外汇的价格不同，分为买入汇率、卖出汇率和中间汇率

尽管汇率的报价方式有直接报价法和间接报价法两种形式，但两种货币之间的兑换实际上可以将之视为一种特殊的商品交易。这时的货币既是一般等价物，又是一种商品；只是其中之一是一般等价物，而另一是商品。或者说，是将其中一种货币视为"商品"，将其数量固定下来作为比较的基础，同时将另一种货币视为"一般等价物"，通过其数量的变化来说明前者价格的高低。这样就产生了被报价货币的概念。所谓被报价货币（Reference Currency），也称基础货币或基准货币、参考货币、单位货币，指的是数量固定不变，作为比较基础的货币，也就是被用来表示其他货币价格的货币。而与之相对，数量不断变化，用以说明基准货币价格高低的货币则被称为报价货币或计价货币、汇率货币。在汇率上，被报价货币与报价货币的计量关系为：

1 被报价货币 = ？（多少）报价货币

例如，在美国，英镑对美元的汇价为 GBP 1 = USD 1.499 3，在美国的民众用 1.499 3 美元可买卖 1 英镑，在此英镑是商品，它扮演的是被报价货币的角色。另一方面，在英国，美元对英镑的汇价为 USD 1 = GBP 0.666 9，在英国的民众可用 0.666 9 英镑买卖 1 美元，此时美元是商品，它所扮演的是被报价货币的角色。从这个例子可以看出，虽然是同样两种货币的兑换关系，但在不同的国家却可以有不同的汇率表现形式。此汇率虽表现形式不同，但实质上同样是表示两种货币之间的兑换率，而且此两种不同表现形式的汇率互为倒数，那是因为其中的被报价货币不同的缘故。与此同时，报价银行与询价者在汇率报价上的相对关系也告诉我们，由于外汇交易实际上是以一种货币换取另一种货币的买卖行为，因此，在买入被报价货币的同时也就卖出着报价货币，并且在报价银行买入被报价货币的同时是询价者在卖出被报价货币。

例如，某日在纽约外汇市场上，银行所挂出的瑞士法郎和英镑的牌价分别为：

USD/CHF	1.146 5/80
GBP/USD	1.495 0/60

在上述银行双向报价中，汇率中的第一个数字(1.146 5 和 1.495 0)表示报价银行愿意买入被报价货币的价格，即所谓的买价或买入汇率(Bid Rate)；第二个数字(1.148 0 和 1.496 0)表示的是报价者愿意卖出被报价货币的价格，即所谓的卖价或卖出汇率(Offer Rate)。在上述银行报价中，相对于被报价货币而言，总是买价在前、卖价在后，而且买价总是小于卖价，买卖价之间的差额就是报价银行买卖被报价货币的收益。

从前面所提及的两种标价法可知，上述报价中，纽约外汇市场英镑兑美元的报价采用的是直接标价法，英镑是被报价货币，美元是报价货币；1.495 0 是买价，它表示银行用 1.495 0 美元即可买入 1 英镑外汇，而卖出 1 英镑外汇可收回 1.496 0 美元，买价在前卖价在后，买卖之间的 10 个点的差价即为银行的兑换收益。但是，美元兑瑞士法郎所采用的是间接标价法，美元是被报价货币，瑞士法郎是报价货币；1.146 5 是报价银行给出的被报价货币美元的买价，同时也是报价货币外汇瑞士法郎的卖价；而 1.148 0 则是报价银行给出的瑞士法郎的买价或美元的卖价。或者说，1.148 0 是买价，它表示银行用 1 美元可买进 1.148 0 外汇瑞士法郎，而卖出 1.146 5 瑞士法郎即可得回 1 美元。相对于报价银行所买卖的报价货币外汇瑞士法郎而言，卖价在前买价在后，买卖之间的差价为 15 个点。从此例，我们可以得知：在直接标价法下，前一数值表示银行的买入汇率，后一数值表示卖出汇率；而在间接标价法下，前一数值表示卖出汇率，后一数值表示买入汇率。

这里，有几点值得注意：①买入或卖出都是站在报价银行的立场来说的，而不是站在进出口商或询价银行的角度。②按国际惯例，外汇交易在报价时通常可只报出小数 65/80 或 50/60，其中的大数 1.14 和 1.49 可以省略不报，在交易成交后再确定全部的汇率 1.146 5 或 1.495 0。③买价与卖价之间的差额，是银行买卖外汇的收益。如上例，英镑兑美元的买卖差价为每英镑 0.001 0 美元，通常称为卖出价高于买入价 10 点。在外汇市场上，每一"点"为百分之一的百分之一，即 0.000 1 称为 1 点。

中间汇率是指买入汇率与卖出汇率的平均数，又称中间价。其计算公式为：

$$中间汇率 = （买入汇率 + 卖出汇率）÷ 2$$

中间汇率不是外汇买卖的执行价格，它通常只用于报刊和统计报表对外报道汇率消息以及汇率的综合分析。

（2）按外汇买卖交割的期限不同，分为即期汇率和远期汇率

交割是指双方各自按照对方的要求，将卖出的货币解入对方指定的账户的处理过程。即期汇率（Spot Exchange Rate）又称现汇汇率，是指外汇买卖的双方在成交后的两个营业日内办理交割手续时所使用的汇率。远期汇率（Forward Exchange Rate）又称期汇汇率，是指外汇买卖的双方事先约定，据以在未来约定的期限办理交割时所使用的汇率。

银行一般都直接报出即期汇率，但对于远期汇率则有两种报价方法，一种方法叫完整汇率（Outright Rate），报价方法又称直接报价方法，是直接将各种不同交割期限的远期买入价、卖出价完整地表示出来，此种报价方法与即期汇率报价方法相同。

例如：某日伦敦外汇市场英镑兑美元的汇率为：

即期汇率	1 个月远期汇率	3 个月远期汇率	6 个月远期汇率
1.520 5/15	1.523 5/50	1.526 5/95	1.534 5/90

这种方法通常用于银行对客户的报价上。在银行同业交易中，瑞士、日本等也采用过这种方法。该种方法一目了然，但也有其缺陷，如改动比较费事。因此，在银行同业间往往采用另一种方法，即远期差价报价方法。

远期差价报价方法，又称掉期率（Swap Rate）或点数汇率（Points Rate）报价方法，是指不直接公布远期汇率，而只报出即期汇率与各期的远期差价，然后再根据即期汇率与远期的差价来计算远期汇率。某一时点上远期汇率与即期汇率的汇率差称为掉期率或远期价差，这种远期价差又可分为升水和贴水两种。升水（Premium）表示远期汇率比即期汇率高，或期汇比现汇贵；贴水（Discount）表示远期汇率比即期汇率低，或期汇比现汇贱。还有一种情况叫平价（At Par），表示远期汇率与即期汇率相同。升贴水的幅度一般用点数来表示。

例如，某日伦敦外汇市场英镑兑美元的远期汇率为：

即期汇率	1.520 5/15
1 个月掉期率	30/35
3 个月掉期率	60/80
6 个月掉期率	140/175

用远期差价或掉期率来表示远期汇率的方法简明扼要。因为虽然在即期汇率变动的同

时，远期汇率也进行着相应变动，但通常远期差价比较稳定，用远期差价或掉期率报价比直接报价方法要省事。

由于直接标价法和间接标价法表示汇率方法不同，升水和贴水的表示方法也就不一样。分直接标价法和间接标价法两种情况分别举例说明。

①直接标价法下升贴水的表示方法：

A．升水举例。多伦多市场即期汇率：USD 1 = CAD 1.253 0/40，1 个月远期汇率：USD 1 = CAD 1.257 0/90，说明美元的远期汇率高于即期汇率，美元升水，升水点数为 40/50。

B．贴水举例。香港市场即期汇率：USD 1 = HKD 7.752 0/25，3 个月远期汇率：USD 1 = HKD 7.746 0/75，说明美元的远期汇率低于即期汇率，美元贴水，贴水点数为 60/50。

②间接标价法下升贴水的表示方法：

A．升水举例。纽约市场即期汇率：USD 1 = CHF 1.217 0/80，1 个月远期汇率：USD 1 = CHF 1.211 0/30，说明瑞士法郎的远期汇率高于即期汇率，瑞士法郎升水，升水点数为 60/50。

B．贴水举例。伦敦市场即期汇率：GBP 1 = USD 1.530 5/15，1 个月远期汇率：GBP 1 = USD 1.532 5/50，说明美元的远期汇率低于即期汇率，美元贴水，贴水点数为 20/35。

通过以上举例可以看出，在不同的标价法下，根据即期汇率与远期差价计算远期汇率的方法不一样，可归纳为：

直接标价法下：远期汇率 = 即期汇率 + 升水点数

远期汇率 = 即期汇率 - 贴水点数

间接标价法下：远期汇率 = 即期汇率 - 升水点数

远期汇率 = 即期汇率 + 贴水点数

银行公布升贴水点数时，不必直接说明这是升水还是贴水。根据风险与收益的关系，外汇买卖成交后交割的期限越远风险越大，银行的兑换收益也就要求越高。因此，远期外汇的买卖差价总是大于即期外汇的买卖差价。根据这一原则，按照远期点数的排列关系，即可判断出这是升水还是贴水。直接标价法下，远期点数按"小/大"排列则为升水，按"大/小"排列则为贴水；间接标价法下刚好相反，按"小/大"排列为贴水，按"大/小"排列则为升水。另一方面，从上述例子我们可以总结出这样的法则，那就是：无论何种报价法，总可以根据升贴水点数排列，"左小右大往上加，左大右小往下减"；同时，远期差价点数"左小右大"说明被报价货币升水、报价货币贴水，远期差价点数"左大右小"说明被报价货币贴水、报价货币升水。

在对远期汇率进行分析时，还经常使用升（贴）水年率这一概念，即把远期差价换成年率来表示，计算时一般使用中间汇率，公式为：

基准货币的升(贴)水年率 = [(远期汇率 – 即期汇率) ÷ 即期汇率] × (12 ÷ 远期月数) × 100%

如即期汇率为 GBP 1 = USD 1.821 0，1 个月的远期汇率为 GBP 1 = USD 1.824 0，则英镑的升水年率为：

$$[(1.824\ 0 - 1.821\ 0) \div 1.821\ 0] \times (12 \div 1) \times 100\% = 1.976\ 9\%$$

该计算结果表明，如果英镑按照 1 个月升水 30 点的速度发展下去，那么英镑 1 年将会升水 1.976 9%。

本例中如果要计算美元的贴水年率，先应将汇率变形：即期汇率为 USD 1 = GBP 0.549 149，1 个月的远期汇率为 USD 1 = GBP 0.548 246，再按上述公式计算，即美元的贴水年率为：

$$[(0.548\ 246 - 0.549\ 149) \div 0.549\ 149] \times (12 \div 1) \times 100\% = -1.973\ 2\%$$

在计算报价货币的升(贴)水年率时，如果事先不将汇率变形，实际上可按如下公式计算：

报价货币的升(贴)水年率 = [(即期汇率 – 远期汇率) ÷ 远期汇率] × (12 ÷ 远期月数) × 100%

故本例中美元的贴水年率也可计算为：

$$[(1.821\ 0 - 1.824\ 0) \div 1.824\ 0 \times (12 \div 1) \times 100\% = -1.973\ 7\%$$

(3)按制订汇率的方法不同，分为基本汇率和套算汇率

由于外国货币种类繁多，而且各国货币制度不尽相同，因而在制订汇率时，本国货币不能对所有外国货币都单独制订汇率，而只能选择某一货币为关键货币，并制订出本币对关键货币的汇率，这一汇率就称为基本汇率(Basic Rate)，它是确定本币与其他外币之间的汇率的基础。

实际上，在国际外汇市场上，几乎所有的货币都与美元有一个兑换率。正因为如此，其他任何两种无直接兑换关系的货币都可以通过美元计算出它们之间的兑换比率，这种计算出来的汇率，被称作交叉汇率(Cross Rate)，或套算汇率。简言之，交叉汇率是指两种货币通过各自对第三种货币的汇率而算得的汇率。

那么，如何进行汇率的套算呢？交叉汇率的套算一般使用联算法(Chain Method)，下面用例子来说明套算汇率的运算方式。

①两种货币对第三种货币均为间接标价法(两种货币对第三种货币均为直标价法同理)。

例如：已知：

GBP 1 = USD 1.505 0/60

AUD 1 = USD 1.381 0/20

求：GBP 1 = AUD ?

买入汇率的思考过程：

此例所求的是 1 英镑对澳大利亚元的汇率，英镑是被报价货币，即需要利用已知的两个汇率套算出银行买卖此货币的价格。当报价银行从顾客手中买入英镑、付给顾客澳大利亚元时，实际上是该银行从顾客手里收进英镑后，在国际外汇市场先将英镑兑换成美元，再将美元兑换成澳大利亚元付给顾客。即：

报价银行以买入汇率买入英镑，卖出澳大利亚元

A. 报价银行在市场上用 1.505 0 的价格买入英镑而卖出美元

B. 报价银行在市场上用 1.382 0 的价格买入美元，卖出澳大利亚元

即得：GBP 1 = AUD(1.505 0 ÷ 1.382 0) = AUD 1.089 0

卖出汇率的思考过程：

同理，可知报价银行以卖出汇率卖出英镑，买入澳大利亚元

即得：GBP 1 = AUD(1.506 0 ÷ 1.381 0) = AUD 1.090 5

即：GBP 1 = AUD 1.089 0/05

②两种货币对第三种货币，一为直接标价法，一为间接标价法

例如：已知：

$$GBP\ 1 = USD\ 1.495\ 0/60$$

$$USD\ 1 = CHF\ 1.142\ 0/30$$

求：GBP 1 = CHF ?

Bid Rate 的思考过程：

此例所求的是 1 英镑对瑞士法郎的汇率，英镑是被报价货币，即需要利用已知的两个汇率套算出银行买卖此货币的价格。当报价银行从顾客手中买入英镑、付给顾客瑞士法郎时，实际上是该银行从顾客手里收进英镑后，在国际外汇市场先将英镑兑换成美元，再将美元兑换成瑞士法郎付给顾客。即：

报价银行以买入汇率买入英镑，卖出瑞士法郎

A. 报价银行在市场上用 1.495 0 的价格买入英镑而卖出美元

A. 报价银行在市场上用 1.182 0 的价格买入美元，卖出瑞士法郎

即得：GBP 1 = CHF(1.495 0 × 1.182 0) = CHF 1.767 0

卖出汇率的思考过程：

同理，可知报价银行以卖出汇率卖出英镑，买入瑞士法郎

即得：GBP 1 = CHF(1.183 0 × 1.496 0) = CHF 1.769 7

即：GBP 1 = CHF 1.767 0/97

从上述运算过程可以总结出如下套算汇率的运算规律：

第一，两种汇率的标价法相同即与其标价的被报价货币相同时，要将等号左右的相应

数字交叉相除;

第二，两种汇率的标价法不同、即其标价的被报价货币不同时，要将等号左右的数字同边相乘。

（4）按汇兑方式的不同，分为电汇汇率、信汇汇率和票汇汇率

电汇汇率（Telegraphic Transfer Rate，T/T Rate）是指以电报、电传等解付方式买卖外汇时所使用的汇率，一般说来，电汇汇率是外汇市场上的基础汇率，同时较其他汇率高，这主要是因为银行卖出外汇后用电汇方式付款，使实际付款时间缩短，银行不能利用汇款资金，加之国际电报、电传收费较高。外汇市场所公布的汇率也多为电汇汇率。

信汇汇率（Mail Transfer Rate，M/T Rate）是指以信函解付方式买卖外汇时所使用的汇率。在信汇方式下，汇出的外汇须在外汇凭证邮寄到国外后，对方银行才能在委托付款行的存款账户内支用，故委托汇出行可以在这段时间内利用客户的外汇资金。因此，信汇汇率一般低于电汇汇率。信汇方式通常在香港和东南亚地区用于邻近国家或地区之间的交易。

票汇汇率是指银行买卖外汇票据时所使用的汇率。由于票据从售出到付款也有一段间隔时间，票汇汇率自然也就比电汇汇率低。票汇汇率又可分为即期票汇汇率（Demand Draft Rate，D/D Rate）和远期票汇汇率（Long Bill Exchange Rate），即期票汇汇率差不多与信汇汇率持平；远期票汇汇率是以即期票汇汇率为基础，扣除票据远期付款的贴现利息后所得出的汇率，且远期票据的付款期限越长，汇率越低。

（5）按外汇买卖的对象不同，分为同业汇率和商人汇率

同业汇率（Inter‐Bank Rate）是银行同业之间进行外汇交易时所使用的汇率。由于银行同业间的外汇交易一般有最低交易金额的限制，故同业汇率又称外汇的批发价。同业汇率的买卖差价一般较小。

商人汇率（Merchant Rate）是银行与顾客之间进行外汇交易时所使用的汇率，又称外汇的零售价。商人汇率是根据同业汇率适当增（卖出价）、减（买入价）而形成，故其买卖差价一般较大。

（6）按外汇市场开市和收市的不同，分为开盘汇率和收盘汇率

开盘汇率（Opening Rate）也称开盘价，是指外汇市场在每个营业日刚开始时，进行首批外汇买卖的汇率。

收盘汇率（Closing Rate）也称收盘价，是指外汇市场在每个营业日即将结束时，最后一批外汇买卖的汇率。

（7）按外汇管制情况不同，分为官方汇率和市场汇率

官方汇率（Official Rate）又称法定汇率，是指一国外汇管理当局规定并予以公布的汇率。在外汇管制较严的国家，官方汇率就是实际使用的汇率，一切外汇收支、买卖均按官

方汇率进行。

市场汇率(Market Rate)是指由外汇市场供求关系决定的汇率。市场汇率随外汇的供求变化而波动，同时也受一国外汇管理当局干预外汇市场的影响。在外汇管制较松或不施行外汇管制的国家，如果也公布官方汇率的话，此时的官方汇率只起基准汇率的作用，市场汇率才是该国外汇市场上买卖外汇时实际使用的汇率。

(8)按衡量货币价值的角度不同，分为名义汇率和实际汇率

名义汇率(Nominal Exchange Rate)是指由官方公布的或在市场上通行的、没有剔除通货膨胀因素的汇率。名义汇率并不能够完全反映两种货币实际所代表的价值量的比值，它只是外汇银行进行外汇买卖时所使用的汇率。

实际汇率(Real Exchange Rate)是指将名义汇率按两国同一时期的物价变动情况进行调整后所得到的汇率。计算实际汇率主要是为了分析汇率的变动与两国通货膨胀率的偏离程度，并可进一步说明有关国家产品的国际竞争能力。设 S_r 为实际汇率，S 为间接标价法下的名义汇率，P_a 为本国的物价指数，P_b 为外国的物价指数，则：

$$S_r = S \times (P_a / P_b)$$

第二节　汇率的决定与变动

一、汇率决定的基础

货币具有的或代表的价值决定汇率水平的基础，汇率在这一基础上受其他各种因素的影响而变动，形成现实的汇率水平。另一方面，货币制度又是汇率存在的基本客观环境，决定了汇率决定的机制。纵观历史，国际货币制度的演变大致经历了以下两个历史阶段：金本位和和纸币本位制度。

1. 金本位制度下汇率的决定与变动

(1)金本位制度下汇率的决定

金本位是指以黄金为货币制度的基础，黄金直接参与流通的货币制度。它是从19世纪初到20世纪初资本主义国家实行的货币制度。从广义的角度，金本位制具体包括金币本位制、金块本位制和金汇兑本位制三种形式，其中金币本位制是典型的金本位制度，后两种是削弱了的、变形的金本位制度。在典型的金本位制下，各国货币均以黄金铸成，金铸币有一定重量和成色，有法定的含金量；金币可以自由流通、自由铸造、自由输出入，具有无限清偿；辅币和银行券可以按其票面价值自由兑换为金币。金本位发展到后期，国际货币制度从金币本位演变成为金块本位和金汇兑本位，这是因为黄金产量跟不上经济发展对货币日益增长的需求，黄金参与流通、支付的程度下降，其流通、支付手段职能逐步被

以其为基础的纸币所替代。

在典型的金本位下，金币本身在市面上流通，铸造的金币与可兑现的银行券以 1:1 的严格比例保持互换，这时两种货币之间含金量之比，即铸币平价(Mint Parity)就成为决定两种货币汇率的基础。铸币平价是金平价(Gold Parity)的一种表现形式。所谓金平价是指两种货币含金量或所代表的含金量的对比。

例如：在 1925—1931 年期间，英国规定 1 英镑的纯金量为 113.001 6 格令(Grain)，美国规定 1 美元的纯金量为 23.22 格令，这样，英镑与美元之间的汇率即为：

$$GBP\ 1 = USD(113.001\ 6 \div 23.22) = USD\ 4.866\ 5$$

即 1 英镑金币的含金量等于 1 美元金币含金量的 4.866 5 倍。这就是英镑与美元之间汇率的决定基础，它建立在两国法定的含金量基础上，因此，作为汇率基础的铸币平价是比较稳定的。

(2)金本位制度下汇率的变动

在金本位制下，汇率的决定基础是铸币平价。但在实际经济中，外汇市场上的汇率水平以铸币平价为中心，在外汇供求关系的作用下上下浮动，并且其上下浮动被界定在铸币平价上下各一定界限内，这个界限就是黄金输送点(Gold Point)。黄金输送点是指在金本位制度下外汇汇率波动引起黄金输出和输入国境的界限，它等于铸币平价加(减)运送黄金的费用。这是因为金本位制度下黄金具有自由熔化、自由铸造和自由输出入的特点，黄金可以代替货币、外汇汇票等支付手段用于国际间的债务清偿，只是黄金的运送需要一定的费用。这样，对一国来说，由于债务清偿手段选择为黄金还是外汇取决于外汇市场上外汇汇率是否上涨超过铸币平价加上向外输送黄金的各种费用(或外汇汇率是否下降超过铸币平价减去从外输送回黄金的各种费用)，因此铸币平价加(或减)黄金运送费用则构成黄金输出入点，亦即汇率波动的上下限。

例如，英镑与美元的铸币平价为 GBP 1 = USD 4.866 5，英美两国之间运送一英镑黄金的费用为 0.02 美元，则汇率变动的上下限为：

$$上限 = 铸币平价 + 运送费用$$

即：GBP 1 = USD 4.866 5 + USD 0.02 = USD 4.886 5

$$下限 = 铸币平价 - 运送费用$$

即：GBP 1 = USD 4.866 5 - USD 0.02 = USD 4.846 5

因此，GBP 1 = USD 4.846 5 称为美国的黄金输入点，英国的黄金输出点。

在金块本位和金汇兑本位制度下，由于黄金已经较少或者根本不再充当流通手段和支付手段，典型金本位制下黄金自由输出入受到程度不同的限制，此时货币的汇率由纸币所代表的含金量之比决定，即由法定金平价决定，实际汇率则因供求关系而围绕法定平价上下波动。法定平价也是金平价的一种表现形式。在上述两种金本位制下，由于黄金不能自由输出入、黄金输出入点已经不复存在，汇率决定的基础依然是金平价，但其波动幅度则是有政府来决定和维持，政府通过设立外汇平准基金来维护汇率的稳定。

2. 纸币本位制度下汇率的决定与变动

经受第一次世界大战的破坏，以及1929—1933年资本主义经济危机的冲击，金本位制宣告崩溃，开始进入纸币流通时期。到第二次世界大战后，国际货币制度过渡到布雷顿森林体系阶段。从纸币制度产生之日起，各国政府就规定了本国货币所代表的（而不是具有的）含金量，即代表的一定价值。因此，纸币本位制下，金平价不再成为汇率决定的基础，各国货币之间的汇率也就由它们各自所代表的价值之比来确定。另一方面，在纸币本位制下，汇率无论是固定的还是浮动的，由于纸币本身的特点使得汇率丧失了保持稳定的基础；同时，外汇市场上的汇率波动也不再具有黄金输送点的制约，波动可以变得无止境，任何能够引起外汇供求关系变化的因素都会造成外汇行市的波动。

纸币所代表的价值量是纸币本位制下决定汇率的基础。但是，在现实经济生活中，由于各国劳动生产率水平的差异，国际经济交往的日益密切，金融市场的一体化，信息传递技术的进步等因素，使得纸币本位制下货币汇率决定不仅受本国经济和政策等因素的影响，还会受其他诸多因素的影响。由此，在国际金本位制崩溃后，汇率动荡不已，世界各国许多的经济学家纷纷著书立说，来探讨汇率决定及变动的基础，形成了形形色色的汇率决定理论。

二、影响汇率变动的主要因素

作为一国货币对外价格的表现形式，汇率受到国内因素和国际因素等诸多因素的影响。同时，由于货币是国家主权的一种象征，因此除经济因素外它常常还会受到政治、社会等因素的影响。下面我们仅就影响汇率变动的主要因素进行分析：

1. 国际收支

通俗地说，国际收支即一国对外经济活动中所发生的收入与支出。从短期看，一国国际收支是影响该国货币对外比价的直接因素。当一国的国际收入小于支出时，即一国国际收支出现顺差时，在外汇市场上则表现为外汇（币）的供应小于需求，因而本国货币汇率上升，外国货币汇率下降。相反，当一国国际收入大于支出时，该国即出现国际收支逆差，在外汇市场上则表示为外汇（币）的供应大于需求，因而本国货币汇率下降，外国货币汇率上升。

必须指出，国际收支状况并非一定会影响到汇率变动，这主要要看国际收支顺（逆）差的性质。短期的、临时的、小规模的国际收支差额，可以轻易地被国际资本的流动、相对利率和通货膨胀率、政府在外汇市场上的干预和其他等因素所抵消。但是，长期的巨额的国际收支逆差，一般必定会导致本国货币汇率的下降。

2. 相对通货膨胀率

货币的对内价值是决定其对外价值（即汇率）的基础，货币对内价值的变化必然引起其对外价值的变化。对内价值具体体现于货币在国内的购买力高低，而通货膨胀正是纸币发行量超过商品流通所需货币量所引致的货币贬值、物价上涨现象。一国出现通货膨胀意味着该国货币代表的价值量下降。因此，国内外通货膨胀率差异就是决定汇率长期趋势的主导因素。当一国出现较他国更为高企的通货膨胀时，其商品成本加大，出口商品以外币表示的价格必然上涨，该商品在国际市场上的竞争力就会削弱，引起出口减少，同时提高外国商品在本国市场上的竞争力，造成进口增加，从而改变经常账户收支。此外，通货膨胀率差异还会通过影响人们对汇率的预期，作用于资本与金融账户收支。当一国通货膨胀率较高时，人们就会预期该国货币的汇率将趋于疲软，由此将手中的该国货币转化为其他货币，造成该国货币的汇率下跌。一般而言，相对通货膨胀率持续较高国家，其货币在外汇市场上将会趋于贬值；反之，相对通货膨胀率较低的国家其货币汇率则会趋于升值。

3. 相对利率水平

利率作为货币资产的一种"特殊价格"，是借贷资本的成本或收益，它与各种金融资产的价格、成本和利润紧密相关。一国利率水平高低反映借贷资本的供求状况。利率水平变化对汇率的影响主要是通过资本，尤其是短期资本在国际间的流动起作用的。当一国的利率水平高于其他国家时，表示使用本国货币资金的成本上升，由此外汇市场上本国货币的供应相对减少；另一方面也表示放弃使用资金的收益上升，国际短期资本由此趋利而入，外汇市场上外汇供应相对增加。本、外币资金供求的变化导致本国货币汇率的上升。反之，当一国利率水平低于其他国家时，外汇市场上本、外币资金供求的变化则会降低本国货币的汇率。

值得注意的有两点：第一，这里所说的利率对汇率的影响指的是相对利率水平。如果本国利率上升，但上升的幅度不如外国利率上升的幅度，或不如本国通货膨胀率的上升，则不会导致本国货币汇率的上升。第二，与国际收支、通货膨胀、总需求等因素不同，利率变动对汇率的影响更多的是对短期的汇率影响，利率对长期汇率的影响是十分有限的，因为利率在很大程度上属于政策工具范畴。

4. 市场预期

市场预期有时能对汇率产生重大的影响。在国际金融市场上，短期性资金达到了十分庞大的数字。这些巨额资金对世界各国的政治、经济、军事等因素都具有高度的敏感性，受着预期因素的支配，一旦出现风吹草动，就到处流动，或为保值，或为获取高额投机利润。这就常常给外汇市场带来巨大冲击，成为各国货币汇率频繁起伏的重要根源。就经济方面而言，市场预期包括对国际收支状况、相对物价水平、相对利率水平或相对资产收益率以及对汇率本身等的预期，它常常以市场信号的变化、甚至是蛛丝马迹的变化为表现。只要市场上预期某国货币不久会下跌，那么市场上立即就可能出现抛售该国货币的活动，造成该国货币的市场价格立即下降。

5. 政府的市场干预

尽管第二次世界大战后西方各国政府纷纷放松了对本国的外汇管制,但政府的市场干预仍是影响市场供求关系和汇率水平的重要因素。各国中央银行为维护经济稳定、避免汇率变动对国内经济造成不利影响,往往对外汇市场进行干预,其主要通过在外汇市场买卖外汇,改变外汇的供求,从而改变汇率走势来达到其政策目的。例如当一国货币汇率处于较高水平而影响该国国际收支改善和经济发展时,该国中央银行就会向外汇市场抛出本币而收购外汇,从而使本币汇率下跌,以达到扩大出口和推动国内经济发展的目的。相反,当一国货币汇率水平过低而影响该国货币的国际信誉时,中央银行则向市场抛出外汇而收购本币,从而使本币汇率上升。政府干预汇率往往是在特殊情况下(如市场汇率剧烈波动、本币大幅度升值或贬值等),或者为了特定的目标(如促进出口、改善贸易状况等)而进行的,因而它对汇率变化的作用一般是短期的,无法从根本上改变汇率的长期走势。

6. 经济增长率

经济增长率对汇率的影响是多方面的。当一国实际经济增长率提高时,一方面反映该国经济实力增强,其货币在外汇市场上易被依赖,货币地位提高,使该国货币汇率有上升趋势;另一方面,经济高速增长,其国民收入提高,可能加大该国对进口原料、设备等生产资料及消费品的需求,在该国出口不变的条件下,将使该国进口大量增加,导致国际收支项目逆差,造成该国货币汇率下降。但如果该国经济以出口导向为主,经济高增长则意味着出口的增加,从而使经常项目产生顺差,导致该国货币汇率上升。同时,一国经济增长势头好,一国的利润率也往往较高,由此吸引外国资金流入本国,进行直接投资,从而改善资本账户收支。一般来讲,高经济增长率在短期内不利于本国货币在外汇市场上的行市,但从长期看,却有力支持着本币的强劲势头。

综上所述,影响汇率变动的因素有很多,它们之间相互联系,相互制约,甚至相互抵消,关系相当复杂。因此,我们在分析汇率变动时,不能只从某一角度和某一因素进行,而要从不同角度全面综合剖析。同时,在众多因素中,由于国家不同、时间不同、各影响因素所占的重要程度不同,因此考虑分析汇率变动还要与一定的社会经济条件和特定的时间相联系,以保证分析的客观性和全面性。

三、汇率变动对经济的主要影响

作为一国宏观经济中的一个重要变量,汇率与多种经济因素有着密切的关系。这种关系即表现为汇率的变动受到诸多经济因素的影响,也相反的表现为汇率的变化对其他经济因素产生不同程度、不同形式的作用或影响,甚至影响整个经济的运行。汇率的变化表现为货币的升值与贬值。作为两种货币之比价,汇率的上升或下降必然是一种货币的升值,同时也是另一种货币的贬值。由于贬值与升值的方向相反,作用也正好相反,下面我们以贬值为例，分析汇率变动对经济的影响。

1. 汇率变动与进出口贸易收支

汇率变化一个最为直接也是最为重要的影响就是对贸易的影响。当一国货币汇率下降、外汇汇率上升时，其出口商品在国际市场上以外币表示的价格降低，从而刺激国外对该国商品的需求，有利于扩大出口。与此同时，一国货币汇率下跌，以本币表示的进口商品价格上涨，从而抑制本国居民对进口商品的需求，减少进口。如果一国货币汇率上涨，其结果则与上述情况相反。但是，本币贬值起到扩大出口、限制进口的作用不是在任何条件下都能实现的。一国货币贬值最终能否改善其贸易收支状况，要看其进出口弹性是否符合"马歇尔－勒纳条件"。此外，即使满足了这一条件，贬值对贸易差额的影响往往还有一个先恶化、后改善的过程，即"J－曲线效应"。汇率变动对非贸易收支的影响如同其对贸易收支的影响，在此不再赘述。

2. 汇率变动与物价水平

货币贬值的一个直接后果就是对物价的影响水平。汇率变化对物价水平的影响可以体现在两个方面：一是对贸易品价格的影响；二是对非贸易品价格的影响。以贸易品为例，当本国货币汇率下降时，以本国货币表示的进口商品价格提高，进而带动国内同类商品价格的上升。如果进口商品作为生产资料投入生产，引起生产成本提高，还会促使其他商品价格的普遍上涨。此外，在国内商品供应既定的条件下，由于本国货币汇率下降将降低出口产品的国外价格，由此刺激商品的出口，必然加剧国内商品市场的供求矛盾，从而致使物价上涨。但是，需要注意的是，传统的理论是以商品需求弹性较高为分析前提的。实际上，贬值不一定能真正产生如此理想的效果。因为，贬值还可能通过货币工资机制、生产成本机制、货币供应机制和收入机制导致国内工资和物价水平循环上升，到最后则可能抵消它所能带来的全部好处。

3. 汇率变动与资本流动

资本从一国流向他国，主要是追求利润和避免受损，资本流动不仅是影响汇率变化的重要因素，同时也受汇率变动的直接影响。汇率变化对资本流动的影响表现为两个方面：一是本币对外贬值后，单位外币能折合更多的本币，这样就会促使外国资本流入增加，国内资本流出减少；二是如果出现本币对外价值将贬未贬、外汇汇价将升未升的情况，则会通过影响人们对汇率的预期，进而引起本国资本外逃。当一国外汇市场上出现本国货币贬值的预期时，会造成大量抛售本币、抢购外汇的现象，资本加速外流（或外逃）。当然，货币贬值对资本流动的影响程度还取决于货币贬值如何影响人们对该国货币今后变动趋势的预期。如果货币贬值后人们认为贬值的幅度还不够，汇率的进一步贬值将不可避免，即贬值引起汇率进一步贬值的预期，那么人们就会将资金从该国转移到其他国家，以避免再遭损失。但如果人们认为贬值已使得本国汇率处于均衡水平，那些原先因本币定值过高而抽逃的资金就会抽回到国内。如果人们认为贬值已经过头，本币价格已低于正常的均衡水平，其后必然出现向上反弹，就会将资金从其他国家调拨到本国，以牟取收益。

4. 汇率变动与外汇储备

汇率变动对外汇储备的影响主要体现在三个方面：

(1) 货币贬值对一国外汇储备规模的影响

本国货币汇率变动，通过资本流出入和对外贸易收支影响本国外汇储备的增减。本币贬值，引起国内短期资本外流，从而导致本国国际储备的减少；但贬值同时有利于出口、抑制进口，可使经常项目收入增加，增加本国外汇储备。

(2) 储备货币的汇率变动会影响一国外汇储备的实际价值

储备实际上也是一种价值符号，其所代表的实际价值会随该种货币汇率的下降或贬值而减少，从而是持有该种储备货币的国家遭受损失，而该种储备货币发行国则因该种货币贬值而减少了债务负担。

(3) 汇率的频繁波动将影响储备货币的地位

20 世纪 70 年代以后，各国外汇储备逐渐走向多元化。由于储备货币的多元化，汇率变化对外汇储备的影响也多样化了。有时外汇市场汇率波动较大，但因储备货币中升贬值货币的力量均等，外汇储备就不会受到影响；有时虽然多种货币汇率下跌，但占比重较大的储备货币汇率上升，外汇储备总价值也能保持稳定或略有上升。

5. 汇率变动与一国国内就业、国民收入及资源配置

当一国本币汇率下降，外汇汇率上升，有利于促进该国增加出口而抑制进口，这就使得其出口工业和进口替代工业得以大力发展，在现代社会大生产条件下，就会带动国内其他行业的发展，从而使整个国民经济发展速度加快，国内就业机会因此增加，国民收入也随之增加。如果一国经济已处于充分就业，贬值只会带来物价的上升，而不会有产量的扩大，除非贬值能通过纠正原先的资源配置扭曲来提高生产效率。

当一国货币汇率下浮后，出口品本币价格由于出口数量的扩大而上升，进口替代品价格由进口品本币价格上升带动而上升，从而整个贸易品部门的价格相对于非贸易品部门的价格就会上升，由此会诱发生产资源从非贸易品部门转移到贸易品部门，这样，一国的产业结构就导向贸易部门，整个经济体系中贸易部门所占的比重就会扩大，从而提高本国的对外开放程度，即更多的产品同外国产品竞争。反之，如果一国货币汇率上升，该国出口受阻；进口因汇率刺激而大量增加，造成该国出口工业和进口替代工业萎缩，则资源就会从出口工业和进口替代工业部门转移到其他部门。

6. 汇率变动与国际经济关系

由于主要工业国的货币起储备和计价支付手段的作用，因此，在当今浮动汇率制度下，外汇市场上各主要货币频繁的、不规则的波动，不仅会对其发行国对外贸易、国内经济等造

成深刻影响，而且也影响着各国之间的经济关系。如果一国实行以促进出口、改善贸易逆差为主要目的的货币贬值，会使对方国家货币相对升值，出口竞争力下降，尤其是以外汇倾销为目的的本币贬值必然引起对方国家和其他利益相关国家的反抗甚至报复，这些国家会采取针锋相对的措施，直接地或隐蔽地抵制贬值国商品的侵入，"汇率战"、"贸易战"由此而生。"汇率战"、"贸易战"所造成的不同利益国家之间的分歧和矛盾则会层出不穷，这将加深国际经济关系的复杂化，引发国际金融领域的动荡，甚至影响世界经济的景气。

第三节 外汇市场

一、外汇市场的基本概念及构成

外汇市场(Foreign Exchange Market)，是指进行外汇买卖的场所或网络。在外汇市场上，外汇买卖有两种类型：一类是本币与外币之间的买卖；另一类是不同币种的外汇之间的买卖。例如在纽约外汇市场上，美元与各种外汇之间的交易属于前一类型，欧元与日元的兑换属于后一类型。

在外汇市场上交易的参与者主要有四类：外汇银行、外汇经纪人、顾客和中央银行。

1. 外汇银行(Appointed or Authorized Bank)

一般包括经中央银行指定或授权的专营或兼营外汇业务的本国商业银行和开设在本国的外国商业银行分支机构，它们是外汇市场的主体。

2. 外汇经纪人(Foreign Exchange Broker)

即中介于外汇银行之间或外汇银行与顾客之间，为买卖双方接洽交易而收取佣金的汇兑商，其主要功能是起联络作用。严格意义上的外汇经纪人只是代客买卖，但电讯网络技术的发展使得外汇经纪人之间的竞争日益激烈，现在越来越多的外汇经纪人也纷纷开始自营业务，同时还通过替顾客与银行间联络安排创新的外汇业务而收取佣金。

3. 顾客

一般是指外汇银行的顾客，包括：交易性的外汇买卖者，如进出口商、国际投资者、旅游者等；保值性的外汇买卖者，如套期保值者；投机性外汇买卖者，如外汇投机商。

4. 中央银行

它在外汇市场上除了担任传统市场监督者的角色外，还必须干预市场，以实现其控制货币供应、平稳利率和汇率的政策目的。

二、外汇市场的种类

1. 根据有无固定场所，分为有形市场与无形市场

(1)有形市场(Visible Market)

指有具体交易场所的市场。外汇市场的出现与证券市场相关。外汇市场产生之初,多在证券市场交易所交易大厅的一角设立外汇交易市场,称外汇交易所。外汇买卖各方在每个营业日的约定时间集中在此从事外汇交易。早期的外汇市场以有形市场为主,因该类市场最早出现在欧洲大陆,故又称"大陆式市场"。

(2)无形市场(Invisible Market)

指没有固定交易场所,所有外汇买卖均通过联结于市场参与者之间的电话、电传、电报及其他通讯工具进行的抽象交易网络。目前,无形市场是外汇市场的主要组织形式,因其最早产生于英国、美国,故又称"英美式市场"。

与有形市场相比,无形市场具有以下优势:①市场运作成本低。有形市场的建立与运作,依赖于相应的投入与费用支出,如交易场地的购置费(租金)、设备的购置费、员工的薪金等;无形市场则无需此类投入。②市场交易效率高。无形市场中的交易双方不必直接见面,仅凭交易网络便可达成交易,从而使外汇买卖的时效性大大增强。③有利于市场一体化。在无形市场,外汇交易不受空间限制,通过网络将各区域的外汇买卖连成一体,有助于市场的统一。

2. 根据外汇交易主体的不同,分为银行间市场和客户市场

(1)银行间市场(Inter - bank Market)

亦称"同业市场"。由外汇银行之间相互买卖外汇而形成的市场。银行同业市场是现今外汇市场的主体,其交易量占整个外汇市场的交易量的90%以上,又称作"外汇批发市场"。

(2)客户市场(Customer Market)

指外汇银行与一般顾客(进出口商、个人等)进行交易的市场。客户市场的交易量占外汇市场交易总量的比重不足10%,又称作"外汇零售市场"。

此外,外汇市场还有广义与狭义之分。广义外汇市场包括银行间市场与客户市场,狭义外汇市场则仅指银行间市场。

三、外汇市场的特征

1. 外汇市场全球一体化

首先,外汇市场分布呈全球化格局,以全球最主要的外汇市场为例:美洲有纽约、多伦多;欧洲有伦敦、巴黎、法兰克福、苏黎世、米兰、布鲁塞尔、阿姆斯特丹;亚洲有东京、香港、新加坡等。其次,外汇市场高度一体化,全球市场连成一体,各市场在交易规则、方式上趋同,具有较大的同质性(Homogeneity)。各市场在交易价格上相互影响,如西欧外汇市场每日的开盘价格都参照香港和新加坡外汇市场的价格来确定,当一个市场发生动荡,往往会影响到其他市场,引起连锁反应,市场汇率表现为价格均等化(Equalization)。同

时，因汇率波动和交易范围的扩大，新的交易工具和交易方式不断涌现，使得外汇市场上的交易活动越来越复杂。

2. 外汇市场全天候运行

由于时差使得世界各主要外汇市场交易或顺承相接或相互交错，从全球范围看，外汇市场是一个 24 小时全天候运行的昼夜市场。欧洲时间的 13：00 到 15：00，是世界外汇市场交易量最大、最活跃、最繁忙的时间，因为此时世界几大交易中心如伦敦、法兰克福、纽约、芝加哥均在营业，是顺利成交、巨额成交的最佳时间段，大的外汇交易商和各国的中央银行一般选择在这一时间段进行交易。如图 2-1 所示。

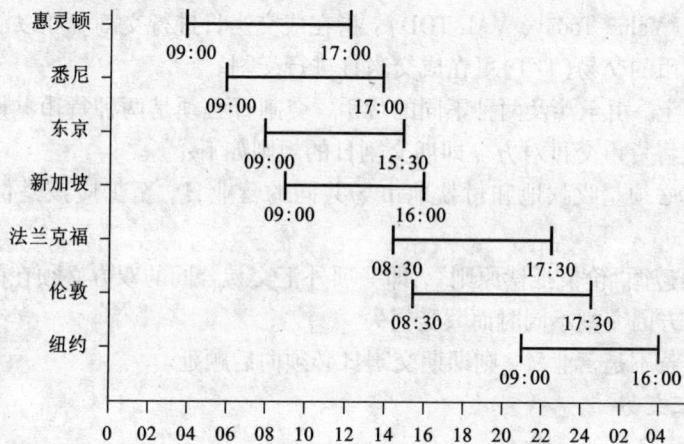

图 2-1　世界主要外汇市场的营业时间

第四节　外汇交易

一、外汇交易及其基本种类

外汇交易的类型有许多种，其交易技术也纷繁复杂。最常见的有即期交易、远期交易、换汇交易、套汇交易、套利交易。

1. 即期外汇交易

（1）即期外汇交易与即期外汇市场

即期外汇交易（Spot Exchange Transaction），又称现汇交易，是指买卖双方约定于成交后的 2 个营业日内交割的外汇交易。即期交易是外汇市场上最常见、最普遍的交易形式，其基本作用在于：满足临时性的付款需求、实现货币购买力的转移、调整货币头寸、进行外汇投机等。即期交易的汇率构成整个外汇市场汇率的基础。一般而言，在国际外汇市场上进行外汇交易时，除非特殊指定日期，一般都视为即期交易。

（2）即期交易的交割日

交割日又称结算日，也称有效起息日（Value Date），是指买卖双方将资金交与对方的日期。即期外汇交易的交割日（Spot Date），包括三种情况：

①标准交割日（Value Spot，VAL SP）：指在成交后第二个营业日交割。目前大部分的即期外汇交易都采用这种方式。

②隔日交割（Value Tomorrow，VAL TOM）：指在成交后第一个营业日交割。某些国家，如加拿大由于时差的原因采用这种方式。

③当日交割（Value Today，VAL TOD）：指在成交当日进行交割。如以前在香港外汇市场用美元兑换港币的交易（T/T）可在成交当日进行交割。

在外汇市场上，由于涉及两种不同的货币，交割日必须是两种货币共同的营业日，因为只有这样才能将货币交付对方。即期交割日的规则如下：

①此交割日必须是收款地和付款地市场共同的营业日，至少应该是付款地市场的营业日。

②交易必须遵循"价值抵偿原则"，即一项外汇交易合同的双方必须在同一时间进行交割，以免任何一方因交割不同时而蒙受损失。

③第一、二若不是营业日，则即期交割日必须向后顺延。

2. 远期外汇交易

（1）远期外汇交易的概念

远期交易（Forward Transaction），又称期汇交易，是指外汇买卖成交后并不立即办理交割，而是根据合同的规定，在约定的日期按约定的汇率办理交割的外汇交易。最常见的远期外汇交易交割期限一般有1个月、2个月、3个月、6个月，长的可达12个月，如果期限再长，则称为超远期交易。

远期外汇交易的基本动机主要是：①避险保值。在预计本国货币贬值时，对于未来支付外国货币的进口商而言，因为本币的贬值使得其必须用较多的本国货币才能换得固定数量的外国货币以便支付，这样就会增加进口商的进口成本。然而，预先购买外币的远期外汇则可以使进口商在现在即决定未来所欲购买外国货币的汇率。不论未来汇率如何波动，进口商均可根据远期外汇交易所订定的汇率、金额进行交割。②投机获利。在外汇市场上，若预期某种货币的汇率将要下跌，则预先卖出该种货币，称作抛出或做空头，待将来价格下降，再行买入以抵补空头。反之，如果预计某种货币汇率将上升，则预先买进该种货币，称作购进或做多头，待将来价格上升再行卖出。如此贱买贵卖，投机者从中便可能赢得利润。

（2）远期交易的交割日

期汇交易与即期交易的主要区别在于交割日的不同。凡交割日在两个营业日以后的外汇交易均属期汇交易。

确定期汇交易的交割日或有效起息日的一般惯例有：①任何外汇交易都以即期交易为基础，所以远期交割日是以即期交割日加上天数、星期数或月数。例如，星期三做的远期合约，合约天数为3天，则即期交割日为星期五，远期交割日是星期一（即从星期五算起，到星期一正好3天）。②远期交割日若不是营业日，则顺延至下一个营业日。若顺延之后，跨月到了下一个月份，则必须提前至当月的最后一个营业日为交割日。③远期交割日的"双底"惯例，即假定即期交割日为当月的最后一个营业日，则所有的远期交割日是相应各月的最后一个营业日。

（3）远期交易的汇价

由于远期外汇交易与即期外汇交易的交割日不同，远期汇率必须反映两种货币在一定期间的利率差。或者说，通常远期外汇价格由三个因素决定：①两种货币的即期汇率；②买入卖出货币间的利率差；③远期期限的长短。

下面以实例说明远期交易汇价的决定：

美国A公司从瑞士进口一批价值1 000万瑞士法郎商品。货款用瑞士法郎3个月后支付。该进口商计划用其销售的美元收入来完成该支付。如果在3个月当中，美元走弱，A公司则将发现其需要支付的美元比其从销售中所得的美元还要多。

A公司通常可以采用以下方法来锁定进口成本：通过货币市场操作实现成本锁定。以固定利率借入3个月期的美元，在用借到的美元在即期市场上买入瑞士法郎，并将瑞士法郎进行3个月的存款；3个月后美元借款到期时，其本息则用在美国销售商品所得支付。

此进口商将如何利用货币市场和即期外汇市场进行如下远期外汇风险规避呢？我们假定一些数据来计算一下：

即期汇率（中间价）USD/CHF 1.800

3个月美元利率为8% p. a.

3个月瑞士法郎利率为6% p. a.

美元和瑞士法郎的利率差异是2% p. a.，对3个月而言就是$(1 \div 2)\%$。对A公司来说就是其以高利率借入美元和以低利率存入瑞士法郎的成本。

所以，买入1.8瑞士法郎的实际成本则将从1美元上升至：

$$USD\ 1 + (1 \div 2)\% \times USD\ 1 = USD\ 1.005$$

因为以美元作为被报价币，所以美元兑瑞士法郎的实际汇率将是：

USD 1.005 : CHF 1.800

USD 1 : CHF 1.800/1.005

USD1：CHF 1.791 0

上述运算说明，A 公司 3 个月后实际上是付出 1 美元换得 1.791 0 瑞士法郎，而非即期可以换得的 1.800 瑞士法郎，其中 0.009 瑞士法郎即为即期汇率与远期汇率的差额，即远期汇水。

从上述运算理念，可以得出远期外汇汇水及汇率的计算公式：

远期汇水 = 即期汇率 ×（报价币利率 − 被报价币利率）× 天数/360

远期汇率 = 即期汇率 + 即期汇率 ×（报价币利率 − 被报价币利率）× 天数/360

如上例，按公式可求得远期汇水为：

$$（6\% - 8\%）× 1.800 × 90 ÷ 360 = -0.009$$

如果两种货币的利率均按每年 365 天计算，则分母将为 365 而非 360。

在上述公式中，若：报价币利率大于被报价币利率，其利率差为正数，此时远期汇率减即期汇率大于零，称为升水；报价币利率小于被报价币利率，其利率差为负数，此时远期汇率减即期汇率小于零，称为贴水。

从上述运算理念，还可以得出远期汇率的一般（精确）公式：

$$远期汇率 = 即期汇率 × \frac{1 +（天数 ÷ 360 × 报价币利率）}{1 +（天数 ÷ 360 × 被报价币利率）}$$

但是，上述公式只是对远期外汇的一种粗略计算，实际上货币市场的利率是双向利率，外汇市场的汇率也是双向报价。例如上例：

① USD/CHF 的即期汇率为 1.800 0/10；

② 3 个月美元双向利率为 8.125% − 8.25%（第一个数为借入利率，第二个数为贷出利率）；

③ 3 个月瑞士法郎双向利率为 6.125% − 6.25%。

则该美国进口商借入美元的利率为 8.25%，而存入瑞士法郎的利率为 6.125%，美元与瑞士法郎的利差为 2.125%。其远期汇率的计算公式如下：

远期外汇买入汇率 = 即期买入汇率 + 即期买入汇率 ×（报价货币借入利率 − 被报价货币贷出利率）× 天数 ÷ 360

远期外汇卖出汇率 = 即期卖出汇率 + 即期卖出汇率 ×（报价货币贷出利率 − 被报价货币借入利率）× 天数 ÷ 360

由以上计算公式可以计算出上例中 3 个月的银行远期汇率：

买入汇率 = 1.800 0 + 1.800 0 ×（6.125% − 8.25%）× 90 ÷ 360

= 1.800 0 − 0.009 56

= 1.790 4

卖出汇率 = 1.801 0 + 1.801 0 ×（6.25% − 8.125%）× 90 ÷ 360

$$= 1.801\ 0 - 0.008\ 44$$

$$= 1.792\ 6$$

银行报出的 3 个月远期汇率为 1.790 4/26，或者在报送即期汇率的同时只报出 3 个月美元的贴水总数：96/84。

（4）远期交易的分类

根据交割日的不同，期汇交易可分为固定交割日的期汇交易和选择交割日的期汇交易。

1）固定交割日的期汇交易

固定交割日的期汇交易（Fixed Forward Transaction）是指交易的交割日期是确定的，交易双方必须在约定的交割日期办理外汇的实际交割，此交割日既不能提前也不能推后。

2）选择交割日的期汇交易

选择交割日的期汇交易（Optional Forward Transaction），又称择期交易，是指交易没有固定的交割日，交易一方可在约定期限内的任何一个营业日要求交易对方按约定的远期汇率进行交割的期汇交易。这类交易在交割日期上具有较大的灵活性，通常适应于难以确定收付款日期的对外贸易。在择期交易中，询价方有权选择交割日，而且询价方也可以根据对市场的预测，选择对自身最有利的择期日期。由于报价银行必须承担汇率波动风险和资金调度的成本，因此报价银行必须报出对自己有利的价格。基本上，报价银行对于任选交割日的远期汇率的报价遵循以下两条原则：第一，报价银行买入被报价货币，若被报价货币升水，按选择期内第一天的汇率报价；若被报价货币贴水，则按选择期内最后一天的汇率报价。第二，报价银行卖出被报价货币，若被报价货币升水，按选择期内最后一天的汇率报价；若被报价货币贴水，则按选择期内第一天的汇率报价。

下面举例说明。

在苏黎世市场上

某日	USD/CHF
即期汇率	1.192 0/30
1 个月远期差价	42/50
3 个月远期差价	138/164

客户根据业务需要：

A. 买入美元，择期从即期到 1 个月；

B. 卖出美元，择期从 1 个月到 3 个月。

分析过程：

A. 从已知即期汇率和远期差价可知，1 个月美元远期亦为升水。客户买入美元，就是报价银行卖出美元。对报价银行而言，若所加的远期差价愈大，则卖出被报价货币的价格就愈高,对报价银行则愈有利。因此,由定价原则可以确定,此择期远期汇率为: USD 1 = CHF 1.198 0 (1.193 0 +0.005 0)。

B.同理,按照报价银行定价原则,可确定客户卖出美元、择期从 1 个月到 3 个月的远期汇率为: USD 1 = CHF 1.196 2 (1.192 0 +0.004 2)。

3.套汇交易

套汇交易(Arbitrage)是套汇者利用同一货币在不同外汇中心出现的汇率差异,为赚取利润而进行的外汇交易。套汇可分为直接套汇和间接套汇两种方式。

(1)直接套汇(Direct Arbitrage)

直接套汇是指利用两个外汇市场之间的汇率差异,在某一外汇市场低价买进某种货币,而在另一市场以高价出售的外汇交易方式。

例如,纽约市场和香港市场在某一时间内的汇率分别为:

纽约市场: USD 1 = HKD 7.801 0/25

香港市场: USD 1 = HKD 7.803 0/45

从上述汇率可以看出,纽约的美元比香港便宜,套汇者选择在纽约买入美元,同时在香港卖出美元。具体操作如下:在纽约市场套汇者买进 1 美元,支付 7.802 5 港币;同时在香港市场卖出 1 美元,收进 7.803 0 港币。做 1 美元的套汇业务可以赚取 0.000 5 港币。

套汇可促使不同市场汇率差异缩小,而先进的通讯与支付系统,使得各市场存在的价格偏差很快会被纠正,这也就是说当今国际外汇市场上套汇获利的机会很小。尽管如此,由于不同市场的汇率调整存在时滞,精明的套汇者仍可抓住短暂的机会获利。

(2)间接套汇(Indirect Arbitrage)

间接套汇是指利用三个或三个以上外汇市场之间出现的汇率差异,同时在这些市场贱买贵卖有关货币,从中赚取汇差的一种外汇交易方式。

例如:在某一时间,苏黎世、伦敦、纽约三地外汇市场出现下列行情:

苏黎世: GBP 1 = CHF 2.260 0/50

伦　敦: GBP 1 = USD 1.867 0/80

纽　约: USD 1 = CHF 1.180 0/30

第一步:判断三个市场是否存在套汇的机会。原理是:在其中某一个市场投入一个单位货币,经过中介市场,收入的货币不等于 1 个单位,说明三个市场汇率存在差异。判断方法为:

A.计算中间价,即

苏黎世: GBP 1 = CHF(2.260 0 +2.265 0) ÷2 = CHF 2.262 5

伦　敦: GBP 1 = USD(1.867 0 +1.868 0) ÷2 = USD 1.867 5

纽　约: USD 1 = CHF(1.180 0 +1.183 0) ÷2 = CHF 1.181 5

B. 将三个外汇市场的标价方法都变换成同一种标价法(如直接标价法)

C. 将各中间价相乘,看有无套汇机会:

$2.262\ 5 \times (1/1.867\ 5) \times (1/1.181\ 5) = 1.025 \neq 1$,说明有套汇机会。

第二步,寻找套汇的路线。如果套汇者要套取英镑可选择在苏黎世或伦敦投入,以纽约作为中介市场。如果套汇者在苏黎世投入英镑,因为:

$$2.262\ 5 \times (1/1.867\ 5) \times (1/1.181\ 5) = 1.025 > 1$$

则表明套汇的路线为:苏黎世→纽约→伦敦。

注意:如果判别式小于 1,则说明市场路线是相反的。

假设:套汇者动用 100 万英镑套汇,按上述套汇方法,即可得:

$$1\ 000\ 000 \times 2.260\ 0 \times (1/1.183\ 0) \times (1/1.868\ 0) = 1\ 022\ 696.62$$

套汇利润为:

$$1\ 022\ 696.62 - 1\ 000\ 000 = 22\ 696.62 \approx 2.27\ 万英镑$$

4. 掉期交易

(1)掉期交易的含义

掉期交易(Swap Transaction)又称外汇换汇交易或调期交易,是指将币种相同,但交易方向相反、金额相等、交割日不同的两笔或两笔以上的外汇交易结合起来进行的交易。简言之,就是以 A 货币兑换成 B 货币,并于未来某一特定时间,再以 B 货币换回 A 货币的交易。

掉期交易的主要目的是轧平各货币因到期日不同所造成的资金缺口(Cash – flow Gap)。在掉期交易中,一种货币在被买入的同时即被卖出,并且所买入的货币与所卖出的货币,在数额上总是相等,因此,掉期交易并不改变交易者的外汇净头寸,而只是由于所买卖的货币在期限上有所不同,交易的结果是导致交易者所持有的货币期限发生变化,从而达到规避汇率风险的目的。

但是,掉期交易又与一般套期保值或抵补有所不同:①掉期交易改变的是交易者手中持有外币的期限,而非其数额,因而外汇净头寸不变,不存在汇率波动风险;②掉期交易强调买入和卖出的同时性;③掉期交易绝大部分是针对同一交易对手进行的。可见,掉期交易的主要功能是保值,适应于有返回性的外汇交易。

(2)掉期交易的基本形式

掉期交易按交割日期的不同,可划分为三种类型。

1)即期对远期的掉期交易 (Spot Against Forward)

这种掉期交易是最常见的形态。即指买进(或卖出)一种货币的现汇时,卖出(或买进)该种货币的期汇,这种形态可分为:买入即期外汇/卖出远期外汇,卖出即期外汇/买入远期外汇。

在国际外汇市场，常见的即期对远期的掉期交易的有：

①即期对次日（Spot - Next，S/N）：即在即期交割日买进（或卖出），至下一个营业日做相反交易，卖出（或买进）。这种掉期一般用于外汇银行间的资金调度。

②即期对一周（Spot - Week，S/W）：即在即期交割日买进（或卖出），过一星期后作相反交割。

③即期对整数月（Spot - n Month，S/n M）即在即期交割日买进（或卖出），过几个月后作相反交割。n Months 表示 1 个月、2 个月、3 个月等。

2）即期对即期的掉期交易（Spot Against Spot）

这是一种即期交割日以前的掉期交易。在即期交易中，标准交割日之前有交易日（Cash）和第一营业日（Tom）。在外汇交易中，有的交易者要求将交割日提前，例如，客户要求在交易日的当日交割或次日交割。此类型的掉期交易常见的有：

①隔夜交易（Over - Night，O/N），即在交易日做一笔当日交割的买入（或卖出）交易，同时作一笔第一个营业日交割的卖出（或买入）的交易。

②隔日交易（Tom - Next，T/N），在交易日后的第一个营业日做买入（或卖出）的交割，第二个营业日作相反的交割。

3）远期对远期的掉期交易

所谓远期对远期的掉期交易，是指在即期交割日后某一较近日期作买入（或卖出）交割，在另一较远的日期作相反交割的外汇交易。这类交易可以理解为两笔即期对远期的掉期交易。

（3）掉期成本

掉期交易作为资金调度的工具，或作为套期保值的手段，交易者在交易过程中将承受损益，即掉期成本。在抵补套利的实例中，当远期英镑升水时，套利者买入远期英镑（或卖出远期美元）所支出的美元增加（或所收进的英镑减少）。美元支出额的增加（或英镑收进额的减少）就是套利者保值的成本，也就是掉期成本，站在银行的角度，则是利率差的收益。

为了同利率比较，需要计算掉期成本年率：

$$掉期成本年率 = \frac{升（贴）水数}{即期汇率} \times \frac{12}{远期月数} \times 100\%$$

在套利日，如果掉期成本年率大于或等于两货币市场的利率差，说明抵补套利者的保值成本太高，无利可图；如果掉期成本小于两货币市场之利率差，说明利差没有完全被掉期成本抵消，尚有套利利润。

在国际金融市场融资时，常用以上公式判断筹资方式的成本高低。

二、外汇市场的行情解读

在无形而敏感的外汇市场上，分布于不同国家和地区的外汇市场上的买卖双方的交易员必须熟悉和使用外汇交易工具，以实现交易顺利完成。目前，全世界运用最广泛的外汇交易工具有以下三种系统：路透社终端、美联社终端和得励财经终端，主要向外汇交易者提供即时信息、即时汇率等市场行情、市场趋势分析、技术图表分析、叙作外汇交易等金融服务。

要进入外汇市场进行交易，首先要了解交易的行情。交易者可以到银行的柜面上去询问报价，也可以通过银行的路透社报价系统去了解即时行情，或查询有关报刊，还可以直接上网查询。下面以伦敦金融时报(http://www.ft.com)2009 年 4 月 15 日外汇市场汇率信息(见表 2－1)来最基本地学习外汇市场行情解读。

表 2－1　国际外汇交易行情表(Data available at www. ft. com 2009－4－15)

Dollar Spot Forward Against The Dollar

Apr 15		Closing mid－point	Change on day	Bid/offer Spread	Day's Mid high	low	one month Rate	%PA	three months Rate	%PA	one year Rate	%PA
Switzerland	(CHF)	1.1472	0.0056	469－475	1.148 6	1.137 0	1.146 8	0.4	1.145 5	0.6	1.137 6	0.8
UK	(£)	1.498 2	0.008 6	980－984	1.503 7	1.484 2	1.498 1	0.0	1.498 2	0.0	1.498 5	0.0
Euro	()	1.317 8	－0.007 9	176－179	1.329 6	1.318 4	1.317 4	0.3	1.317 2	0.2	1.317 8	0.0
SDR	－	0.6700	0.0013	－	－	－	－	－	－	－	－	0.0
Canada	(CUSD)	1.208 6	－0.003 8	083－088	1.218 4	1.202 8	1.208 4	0.1	1.207 6	0.3	1.203 0	0.5
Mexico	(New Peso)	13.187 0	0.091 1	850－889	13.272 8	13.141 0	13.261 5	－6.7	13.381 5	－5.8	13.920 7	－5.3
Australia	(AUSD)	1.386 7	0.012 7	862－872	1.387 2	1.386 2	1.385 1	1.4	1.382 5	1.2	1.372 6	1.0
Hong Kong	(HKUSD)	7.750 4	0.000 2	502－506	7.750 7	7.750 0	7.749 1	0.2	7.746 6	0.2	7.738 4	0.2
Japan	(¥)	99.420 0	0.195 0	400－440	99.660 0	98.150 0	99.372 8	0.6	99.264 2	0.6	98.548 8	0.9
New Zealand	(NZUSD)	1.736 6	0.028 9	358－373	0.576 1	0.573 9	1.735 3	0.9	1.733 3	0.8	1.724 9	0.7
Singapore	(SUSD)	1.502 7	0.004 6	024－030	1.505 0	1.499 5	1.503 3	－0.5	1.503 3	－0.1	1.502 4	0.0
Taiwan	(TUSD)	33.784 0	0.040 0	900－500	35.500 0	35.400 0	35.555 0	－4.6	35.735 0	－3.5	36.345 0	－2.5

＊ The closing mid－point rates for the Euro and are shown in brackets. The figures in both rows are in the reciprocal form in line with market convention. ＊ Floating rate now show for Argentina. ＊ Official rate set by Malaysian government. The WM/Reuters rate for the valuation of capital assets is 2.80 MYR/USD. Bid / offer spreads in the Dollar Spot table show only the last three decimal places. J. P. Morgan nominal indices Dec. 12：Base average 2 000＝100, Bid, offer, mad, spot rates and forward rates in both this and the pound table are derived from the WM/REUTERS 4pm (London time). CLOSING SPOT and FORWARD RATE Services. Some Values are rounded by the F. T.

如表 2 - 1 所示，在该汇率行情表中，主要栏目有"货币名称及符号"、"收盘价（中间价）"、"日涨跌幅度"、"买入/卖出价"、"日最高、最低价（中间价）"、"1 个月、3 个月和 1 年期汇汇率及年率"等。在此外汇行情表包含了国际汇市交易的所有货币币种，其中主要有瑞士法郎（CHF），英国英镑（GBP），欧元，特别提款权（SDR），加拿大元（CUSD），墨西哥比索（New Peso），美元（USD），澳大利亚元（AUSD），港元（HKUSD），新加坡元（SUSD），新西兰元（NZUSD）等。

首先要指出的是，在表 2 - 1 中外汇行情的标价方法采用的是外汇市场上的惯例——美元标价法。美元标价法的特点是：所有在外汇市场上交易的货币均对美元报价，且除英镑、欧元、澳元和纽币（新西兰元）外的其他货币均采用以美元为外币的直接标价法。因此，在表 2 - 1 中除英镑、欧元、澳元和纽币外，其他各行数字均表示 1 美元等于若干数量该种货币，而英镑、欧元、澳元和纽币这几行数字则表示 1 单位英镑、欧元、澳元或纽币等于若干数量的美元。从美国银行的角度看，该行情表是用间接标价法来表示的各种货币（除英镑、欧元、澳元和纽币外）的汇率。

下面以美元对日元和欧元对美元的汇率行情为例进行说明。按照上述行情表栏目分布安排，在美元对日元的那行数字中，第一个项目表示的是该交易日收市时美元对日元的中间价，第二个项目为该交易日美元对日元的涨跌幅度，第三个项目为银行进行外汇买卖时所报出的买卖价，第四个项目为该交易日美元对日元的最高价和最低价。在外汇市场上，银行报价往往采用双向报价法，即同时报出外汇的买入价和卖出价。正如我们在本章第一节所介绍，双向报价就被报价币而言总是买价在前、卖价在后。也就是说，如果以美元为外币、日元为本币，那么该行买卖双向报价即表示所报出的两个汇率为直接标价法下的买卖价，前者较小（400）为买价，后者较大为卖价（440），因为银行总是遵循贱买贵卖的原则，并且这里银行报价省去了"大数"（99.2），而只报出"小数"（400，440）。400 表示银行买入 1 美元需要用去 99.240 0，440 表示银行卖出 1 美元可得到 99.244 0，贱买贵卖使得银行得到了 40 个点的买卖差价。中间价（Mid Point）为买卖价的平均值，一般情况下我们所说的某一货币的汇率往往就是指其中间价。买卖价从另一个角度理解，也就是无论何种标价法下对被报价币而言，总是买价在前、卖价在后。如在美元对日元的汇率中，美元被设定为外币，同时它又是被报价币，所以前买后卖。在美元对日元那行数字中，最后三组数字代表着不同期限的外汇远期交易所使用的汇率。如第一节所述，远期交易是外汇买卖双方成交后在约定将来时间按约定汇率交割的交易，而远期交易中事先约定的未来交割日的汇率即远期汇率。在表 2 - 1 中，远期交易的期限分别为 1 个月、3 个月和 1 年等。也就是说在第一组数字中 99.372 8 表示一个月美元对日元期汇汇率，即 1 美元等于 99.372 8 日元，0.6 表示报价币日元 1 个月期汇汇率的升贴水年率。或者说，一个月日元期汇汇率为 99.372 8，而在现汇汇率为 99.420 0 的情况下，1 个月远期日元升值、美元贬值，升贴水点数为 472，也就是说，如果按 1 个月日元升水 472 点的速度发展下去的话，日元的年升水率将为 0.6%。第二组和第三组数字分别为美元对日元 3 个月和 1 年期汇汇率及其升贴水年率。

欧元对美元的那行汇率行情所表示的含义与美元对日元的有所不同。因为欧元对美元采用的是间接标价法，被报价币是欧元，因此，其买卖价中 176 指的是银行买入欧元的汇率，而 176 是银行卖出欧元的汇率，也就是说银行买入 1 欧元所付出的美元是 1.317 6，银行卖出 1 欧元则能收回 1.317 9 美元，买卖价差为 3 个点，1.317 8 是其中间价，相对于被报价币欧元而言前买后卖。而如果假设美元为外汇、作为银行买卖的对象的话，情况就会发生变化。这是因为美元是报价币，此行汇率为间接标价法下的汇率，因此前者为卖价，后者为买价，也就是说银行买入 1.317 9 美元需要花 1 欧元，而仅需卖出 1.317 6 美元即可换回 1 欧元。需要注意的还有欧元对美元的后三组期汇汇率，其中的 0.3、0.2 和 0.0 是指报价币美元的贴水年率。当然，该行中其他各项目含义，如"收盘价（中间价）"、"日涨跌幅度"、"日最高、最低价（中间价）"等与美元对日元汇率行情中表示的相同。

三、外汇交易方式的创新

1. 外汇期货

外汇期货（Foreign Currency Futures）也称货币期货，是买卖双方通过期货交易所，按约定的价格，在约定的未来时间买卖某种外汇合约的交易方式。外汇期货是产生最早且最重要的一种金融期货。1972 年 5 月，美国芝加哥商品交易所（Chicago Mercantile Exchange）成立"国际货币市场"（International Monetary Market，IMM），首次开办了外汇期货交易业务，其主要目的是运用商品期货交易技巧，为外汇市场参与者提供一种套期保值或转移风险的工具。从此世界上许多国际金融中心相继开设了此类交易。1982 年 9 月，英国伦敦国际金融期货交易所（London International Financial Future Exchange，LIFFE）成立并正式营业，至今已开办了英镑、欧元、瑞士法郎、日元等主要国际货币期货。目前，IMM 外汇期货的成交量占全球成交量的 99% 以上。绝大多数外汇期货交易的目的不是为了获得货币在未来某日的实际交割，而是为了对汇率变动进行套期保值和投机。

（1）外汇期货的特点

外汇期货是在有组织的交易所市场上，采用公开叫价方式，竞争性地进行交易；交易者并不是直接买卖外汇，而是买卖外汇期货合约。

外汇期货交易和远期外汇交易虽然具有许多相同或相似之处：交易客体相同，都是外汇；交易原理相同；交易目的都是为了防范风险或转移风险，实现套期保值和投机获利的目的；交易的经济功能相似，都有利于国际贸易的发展，为客户提供风险转移或价格发现的机制。

　　但是，外汇期货与远期外汇交易亦存在多个方面的不同：

　　①交易的标的物不同。外汇期货交易的是标准化的合约，这种合约除价格外，在交易币种、交易时间、交易结算日期等方面都有明确、具体的规定。交易数量用合约来表示，买卖的最小单位是一份合约，每份合约的金额交易所都有规定。芝加哥"国际货币市场"上，主要西方货币期货币合约的标准买卖单位为 6.25 万英镑、10 万加元、12.5 万欧元、1 250 万日元，交易的金额是标准化合约额的整数倍数。而远期外汇交易的金额没有严格的规定，由交易者之间根据需要而定。

　　②交易方式不同。外汇期货交易是由场内经纪人或场内交易商在交易所内、并按规定的时间内以公开叫价方式进行的；这种场内交易只限于交易所会员之间进行，且交易双方不直接接触，买卖的具体执行都由经纪商代理。而远期外汇交易则通常是场外交易，没有固定的交易场所，交易时间也没有限制；交易者通过电报、电传、电话等电讯网络进行；尽管远期外汇交易有银行之间和银行与客户之间的交易两种，有时也可能出现中介，但仍通常由买卖双方直接联系，进行交易。

　　③保证金和手续费制度不同。外汇期货合约的买卖双方需交纳一定金额的保证金，而且需向中介机构交纳一定手续费；远期外汇交易一般是交易双方凭信用交易，不需存入保证金和缴纳手续费。

　　④交易清算方式不同。外汇期货与一般商品期货一样，实行每日清算，获利的部分（即超过预交保证金部分）可提取，亏损时从保证金中扣除，并要及时追加保证金，在当日营业终结时以现金结算；远期外汇交易的盈亏由双方在约定的结算日结算。

　　⑤交割方式不同。外汇期货合约一般有两种交割方式：一是等到到期日交割；一是不实行实际交割，通过随时叙做一笔相反方向但相同合约数和交割期的期货交易实现"对冲"。外汇期货交易实际交割率很低（一般只有 2% ~3%），绝大多数合约通过对冲方式予以了结；而远期外汇合约一般要按双方约定的汇率实行实际交割。

　　（2）外汇期货交易的基本程序

　　外汇期货交易都是在专营或兼营外汇期货的交易所进行的，任何企业和个人都可通过外汇期货经纪人或交易商买卖外汇期货。

　　客户欲进行外汇期货交易，首先，必须选定代理自己交易的经纪公司，开设账户存入保证金。然后，客户即可委托经纪公司办理外汇期货合约的买卖。在每一笔交易之前客户要向经纪公司发出委托指令，说明愿意买入或卖出外汇期货成交的价格，合约的种类和数量等，指令是以订单的形式发出的。经纪公司接到客户订单后，便将此指令用电话或其他通讯设备通知交易厅内的经纪人，由其执行订单。成交后，交易厅内经纪人一方面把交易结果通知经纪公司和客户，另一方面将成交的订单交给负责对期货交易所内买卖的期货合同进行统一交割和结算的独立机构——清算所（Clearing House），进行记录并最后结算。每个交易日末，清算所计算出每一个清算会员的外汇头寸(买入与卖出的差额)。

外汇期货的交易程序(以芝加哥为例)如图2-2所示。

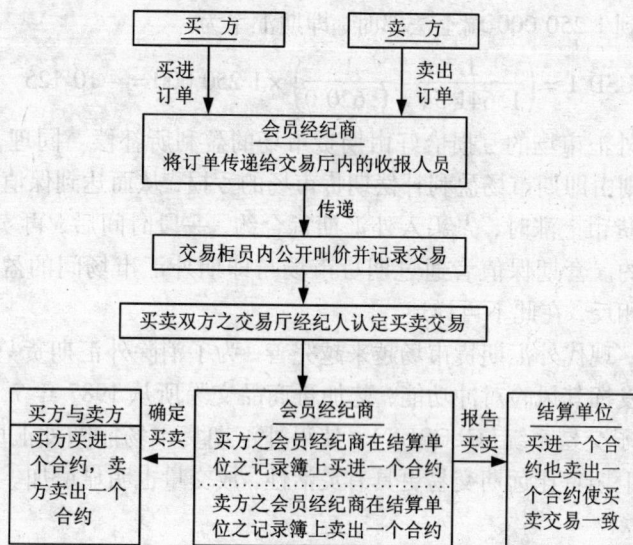

图2-2　外汇期货交易程序图

(3)外汇期货交易的目的

金融期货最原始的目的是为金融证券的持有者或使用者提供转移价格变动风险的工具。现货市场价格与期货市场价格受相同因素的影响，其价格变动呈同一趋势，即现货市场价格上涨，期货市场价格也升高或降低。这一套期保值的基本原理使得参与外汇期货市场交易的基本目的一为套期保值，二为投机。就套期保值而言，参与者不是为了赚取利润，而是希望规避汇率风险，通过外汇期货市场，用最小的成本将此风险转移出去。就投机者而言，他们愿意且有能力承担风险，他们参与交易是希望以较小金额的保证金，从事数倍或数十倍于保证金金额的交易以赚取利润。

无论是出于套期保值还是投机等交易目的，交易者在具体操作时，均可分为以下两种类型。

①当预期某一货币汇率下跌时，先卖出外汇期货合约，一段时间后，再买入相同币种、数量、期限的期货合约。

例如：某年12月10日，纽约汇市美元对瑞士法郎的即期价位为 USD 1 = CHF 1.620 0，期货市场中，3月期的瑞士法郎报价为 CHF 1 = USD 0.610 5。若投资者在3个后有1 250 000 瑞士法郎的收入，且预期瑞士法郎汇率下跌。为规避汇率风险，投资者以 CHF 1 = USD 0.610 5 的价位卖出3月份瑞士法郎合约10张。

3 个月后，若瑞士法郎汇率下跌，投资者买入 3 月份瑞士法郎合约 10 张，假设价格为 CHF 1 = USD 0.602 4，则该投资者在期货市场获利 10 125 美元，即

$$(0.610\ 5 - 0.602\ 4) \times 1\ 250\ 000 = 10\ 125。$$

又设投资者收到 1 250 000 瑞士法郎时，即期汇率为

$$USD\ 1 = \left(\frac{1}{1.641\ 54} - \frac{1}{1.620\ 0}\right) \times 1\ 250\ 000 = -10\ 125$$

投资者在即期外汇市场的亏损恰好由期货市场的盈利所补偿。同理，3 个月后，若瑞士法郎价格上涨，则由即期市场盈利补偿期货市场的亏损，从而达到保值的目的。

②当预期某一货币上涨时，先买入外汇期货合约，一段时间后，再卖出相同币种、数量、期限的期货合约。套期保值者通过期货市场与即期外汇市场间的盈亏抵补来规避风险，其操作与上例相反，在此不再详述。

需要说明的是，现代外汇期货市场越来越完善，为了消除外汇期货只以在特定时间内交易的缺陷，充分发挥其风险对冲功能，芝加哥商品交易所从 1987 年 7 月起，推出 24 小时不间断的全球电子交易系统（GLOBEX），使得外汇期货市场能随外汇即期市场 24 小时不间断交易，使外汇期货比远期交易更具有灵活性，成交量也明显增加。

2. 外汇期权

(1)外汇期权的定义

期权（Options）是一种以一定的费用（期权费）获得在一定的时刻或时期内拥有买入或卖出某种货币（或股票）的权利的合约。外汇期权（Foreign Currency Option），亦称货币期权，是指期权合约买方在有效期内能按约定汇率买入或卖出一定数额外汇的不包括相应义务在内的单纯权利，即没有必须买入或卖出外汇的义务。外汇期权交易以外汇期权合约为交易对象，合约买方拥有权利，其视汇率变动来决定是否行使权力，而合约卖方仅有义务。

在商品交易中，期权交易方式有较长的历史，早在古希腊与罗马时期，就有隐含选择权概念的使用权的运用。18—19 世纪，欧美相继出现比较有组织的选择权交易，交易标的物以农产品为主。1973 年 4 月，芝加哥期货交易所成立了世界一个选择权交易所（Chicago Board of Options Exchange，CBOE）。在 CBOE 成立初期，仅进行股票选择权的交易。自 1973 年以来，选择权以相当快的速度成长，不但各主要工业国纷纷建立选择权交易市场，而且各期货交易所陆续推出各种交易标的物的选择权交易，其中包括外汇选择权交易。1982 年 12 月，美国费城股票交易所率先推出了标准化的货币期权交易合同，随后芝加哥等交易所立即效仿，不久标准化的交易方式又传到其他西方国家。标准化货币期权交易的发展推动了外汇交易的空前活跃。

(2)外汇期权的特点

外汇期权的基本功能在于套期保值，与具有相同功能的远期外汇交易相比，外汇期权

交易有其独特之处。

①外汇期权具有更大的灵活性。外汇期权合约的买方购买的是一种权利即选择权。在合约的有效期内,或约定的到期日,如果汇率对合约买方有利,他即可行使期权,按约定汇率买进或卖出外汇。如果汇率对合约买方不利,他则可放弃期权。因此,外汇期权弥补了远期外汇交易的某些弱点,更具灵活性。

②期权费不能收回,且费率不固定。期权费亦称权利金、保险费,即外汇期权的价格。期权交易的买方获取选择权,意味着卖方出售了这种权利,所以卖方要收取一定金额作为补偿。期权费在期权交易成效时由合约买方支付给合约卖方,无论买方在有效期内是否行使期权,期权费均不能收回。

③外汇期权交易的对象是标准化合约。通常,期权交易中期权合约的内容实现标准化,如货币数量、到期日等。在费城股票交易所,每个期权合约的金额分别为 62 500 瑞士法郎、50 000 加元、31 250 英镑、50 000 澳元、6 250 000 日元。期权合约的到期日分别为每年的 3, 6, 9, 12 月份。

(3)外汇期权的类型

1)按履约方式划分为美式期权和欧式期权

①美式期权。自选择权合约成立之日算起,到期日的截止时间之前,买方可以在此期间内之任一时点,随时要求卖方依合约的内容,买入或卖出约定数量的某种货币。

②欧式期权。期权买方于到期日之前,不得要求期权卖方履行合约,仅能于到期日的截止时间,要求期权卖方履行合约。美式期权的买方可于有效期内选择有利的时点履行合约,比欧式期权更具有灵活性,对于卖方而言,所承担的汇率风险更大(期权也可以理解为买方支付一定权利金将汇率风险转嫁给卖方)。所以美式期权的权利金比欧式期权高。

2)按双方权利的内容分类划分为看涨期权和看跌期权

①看涨期权,也称择购期权、买权(Call Option),是指期权合约的买方有权在有效期内或到期日之截止时间按约定汇率从期权合约卖方处购进特定数量的货币。这种期权之所以称为看涨期权,一般是进口商或投资者预测某种货币有上涨之趋势,购买期权是为避免汇率风险。

②看跌期权,也称择售期权、卖权(Put Option),是指期权买方有权在合约的有效期内或到期日之截止时间按约定汇率卖给期权卖方特定数量的货币。这类期权之所以称为看跌期权,一般是出口商或有外汇收入的投资者,在预测某种货币有下跌趋势时,为避免收入减少,按约定汇率卖出外汇以规避风险。

3)按交易方式划分,可以分为在有组织的交易所交易期权和场外交易期权

通常情况下,期权交易是在交易所内进行的,交易的期权都是合约化的。到期日、名义本金、交割地点、交割代理人、协定价格、保证金制度、合约各方、头寸限制、交易时间

以及行使规定都是由交易所事先确定的，参与者需要的只是同意交易中合约的价格和数量。在交易所交易的期权由于已经标准化，因而可以进入二级市场买卖，具有流动性。在场外交易市场（也可称为柜台交易）交易的期权主要是适合个别客户的需要，其合约不像交易所那样标准化，通常通过协商达成，且根据客户的需要可以对期权进行特制。目前场外交易市场的期权合同也在向标准化发展，其目的是为了提高效率，节约时间。

（4）期权费及其决定因素

作为一种选择权，外汇期权对合约买方而言是非常灵活的。如果汇率对其有利，他即可行使期权，按约定汇率买进或卖出外汇；如果汇率对其不利，他则可放弃期权。期权合约这种对买方的选择权对合约卖方而言则不然，只要合约买方需要实现他的权利，合约卖方都必须按合约约定价格和数量出售或购买外汇。也就是说，期权合约买卖双方的权利于义务是不对等的。正是这种不对等使得期权合约卖方在卖出期权合约时要向期权合约买方收取取得选择权的代价，即期权费。期权费也称权利金。

期权费在期权交易中扮演着重要角色，期权费或权利金一般由以下因素决定：

①合约的有效期。合约的有效期越长，权利金越高。因为期权合约的有效期越长，期权买方从汇率变动中牟取的机会愈多，而期权卖方承担的汇率风险越大，需要收取较高的权利金作为补偿。

②期权的约定汇率。买权的约定汇率越低，对买方越利，卖方蒙受损失的可能性越大，要求较高的权利金作为补偿；反之，买权的约定汇率越高，买方获利的机会越小，所愿意支出的权利金越小。说明买权的权利金与契约价格呈反向变动。卖权的买方在约定汇率较高时，获利较大，卖方所要求的权利金也越高，所以卖权的权利金与期权约定汇率是同方向变动的。

③预期汇率的波动幅度。如果在有效期内作为标的物的货币价格越不稳定，期权卖方承担的风险越大。预期波动幅度较大时，权利金越高；当汇率相对稳定时，权利金较低。

④期权供求状况。一般而言，外汇期权市场上的供求关系对期权费也要直接影响。期权买方多卖方少，期权费自然收得高些；期权卖方多买方少，期权费就会便宜一些。

表 2－2　世界主要货币名称及代码

货币名称	缩写或沿用的符号	国际标准化组织代码	辅币及进位
美元（US. USD）	US. USD	USD	1 美元＝100 分
欧元（Euro）	E	ECU	1 欧元＝100 分
德国马克（Deutsche Mark）	DM	DEM	1 马克＝100 芬尼
日元（Yen）	￥	JPY	1 日元＝100 钱

续表

货币名称	缩写或沿用的符号	国际标准化组织代码	辅币及进位
英镑(UK Pound Sterling)	£	GBP	1 英镑 = 100 便士
法国法郎(French Franc)	FF	FRF	1 法郎 = 100 分
瑞士法郎(Swiss Franc)	CHF	CHF	1 法郎 = 100 分
荷兰盾(Florin 或 Guilder)	FLS 或 GLD	NLG	1 荷兰盾 = 100 分
意大利里拉(Lira,复数 Lire)	Lit	ITL	1 里拉 = 100 分
加拿大元(Canadian Dollar)	CanUSD	CAD	1 加元 = 100 分
澳大利亚元(Australian Dollar)	A USD	AUD	1 澳元 = 100 分
中国人民币元(Renminbi Yuan)	RMB ¥	CNY	1 元 = 100 分
中国香港元(HK Dollar)	HKUSD	HKD	1 港元 = 100 分
俄罗斯卢布(Rouble)	Rbl	SUR	1 卢布 = 100 戈比
新加坡元(Singapore Dollar)	S USD	SGD	1 新加坡元 = 100 分
韩国元(ROK Won)	W	KRW	1 韩元 = 100 钱
沙特阿拉伯里亚尔(Saudi Riyal)	SRIS	SAR	1 里亚尔 = 20 库尔什 = 100 哈拉拉

本章小结

1. 外汇的含义可以从动态和静态两个不同的角度来理解。动态的外汇,是指把一国货币兑换为另一国货币以清偿国际间债权债务关系的实践活动或过程。静态的外汇,是指国际间为清偿债权债务关系而进行的汇兑活动所凭借的手段和工具。静态的外汇概念是从动态的汇兑行为中衍生出来并广为运用的。一种外币资产成为外汇必须具备三个前提条件:第一,自由兑换性;第二,可接受性;第三,可偿性。

2. 外汇汇率又称外汇汇价,是一个国家的货币折算成另一个国家货币的比率,即在两国货币之间,用一国货币所表示的另一国货币的相对价格。汇率有三种标价方法:"外币固定本币变"为直接标价法、"本币固定外币变"为间接标价法、"美元固定其他货币变"为美元标价法。汇率可以分为多种类型,如买入汇率与卖出汇率、即期汇率与远期汇率、基本汇率与套算汇率、名义汇率与实际汇率等。

3. 金本位制下,铸币平价是决定汇率的基础,汇率围绕铸币平价在黄金输出入点内上下波动。纸币所代表的价值是决定纸币本位制下汇率的基础；外汇市场上任何能够引起外汇供求关系变化的因素都会造成外汇行市的波动。有影响汇率变动的因素主要有：国际收支、相对通货膨胀率、相对利率水平、财政和货币政策、市场预测、政府市场干预、经济增长率等。反之，汇率变动亦从以下各方面对经济产生影响：一国贸易收支、国内物价水平、资本流动、外汇储备乃至一国宏观经济活动各方面和国际经济关系等。

4.外汇市场，是进行外汇买卖的场所或网络，是一个全球一体化的无时空界限的大市场。它可以分为两个基本层面：银行同业市场和银行与客户间市场。银行同业市场是现今外汇市场的主体，它是一个无形的、庞大的市场，又称外汇批发市场。外汇市场上的交易类型有：即期外汇交易、远期外汇交易、套汇交易、换汇交易、外汇期货交易和外汇期权交易等。

本章重要概念

直接标价法　间接标价法　即期汇率　远期汇率　基本汇率　套算汇率　即期外汇交易
远期外汇交易　铸币平价　黄金输送点

复习思考题

1.试述外汇、汇率的基本含义和不同汇率标价法。
2.试述被报价货币及其在银行双向报价中的作用。
3.对于银行报出的汇率，如何来判断买卖价？
4.金本位制与纸币本位制度下汇率的决定与调整有何不同？
5.试分析影响汇率变动的因素。
6.试列举 20 世纪 90 年代的一些重大金融事件，说明汇率波动对经济的影响。
7.计算题：

(1)某银行的汇率报价如下，若询价者买入美元，汇率如何？若询价者买入被报价币，汇率如何？若询价者买入报价币，汇率又如何？

AUD/USD	0.648 0/90
USD/CAD	1.404 0/50
USD/CHF	1.273 0/40
GBP/USD	1.643 5/45

(2)2009 年 5 月 22 日，纽约外汇市场报出 GBP 1 = USD 1.584 2/52，USD 1 = JPY 94.02/89。试判断买卖价并套算出 GBP 对 JPY 的汇率。若某一出口商持有 100 万英镑，可兑换多少日元？

（3）已知：

即期汇率 GBP/USD 1.602 5/35

6 个月掉期率　　　　　　　　　　　　　　　108/115

即期汇率　　　　　　　　　　USD/JPY：101.70/80

6 个月掉期率　　　　　　　　　　　　　　　185/198

设 GBP 为被报价货币，试计算 GBP/JPY 6 个月的双向汇率。

（4）已知：某日巴黎外汇市场欧元对美元的报价为

即期汇率　　　　　　　　　　　　　　1.382 0/50

3 个月　　　　　　　　　　　　　　　　　70/20

6 个月　　　　　　　　　　　　　　　　120/50

客户根据需要，要求：

①买入美元，择期从即期到 6 个月；

②买入美元，择期从 3 个月到 6 个月；

③卖出美元，择期从即期到 3 个月；

④卖出美元，择期从 3 个月到 6 个月。

案例分析

日元汇率变化与日本经济发展

一、22 年的固定汇率保证了日本经济的稳定发展

第二次世界大战后，日本作为战败国，政治地位一落千丈，经济凋敝，民不聊生。在此背景下，日本举国上下集中精力发展经济，日本政府在战后不久就提出了贸易立国的口号。为了发展经济，扩大出口，稳定的汇率是不可缺少的。战争结束后，美国方面也作出了有必要加快日本经济复苏的决定。经过美国占领当局和日本方面的反复研究，终于决定自 1949 年 4 月 25 日开始，实行 1 美元等于 360 日元的固定汇率政策。持续、稳定的汇率水平，对保证日本经济的发展，特别是对扩大日本产品的出口，起到了极为重要的作用。从 20 世纪 50 年代后期开始，日本经济增速明显加快。特别是 60 年代的经济增长倍增计划期间，日本经济的年均增长率在 10% 以上，到 20 世纪 70 年代上半期，日本产业达到国际先进水平，日本成为世界第二经济大国。

随着日本经济实力的增强，对美出口的增加，贸易顺差和外汇储备的增长，使得长期以来一直扶植日本发展的美国，开始对咄咄逼人的日本产品出口产生越来越大的不满。从 20 世纪 50 年代开始，日美贸易就开始摩擦不断，且摩擦领域不断扩展，随之而来的是，美国方面对日本的压力也开始增大，在金融方面要求日本将日元升值。

二、史密森协议后，日元开始向浮动汇率制度过渡

在主要是来自美国的外来压力下，特别是美国政府于1971年8月单方面宣布以放弃美元兑换黄金、对进口货强制性征收10%进口关税等为主要内容的紧急经济政策，从根本上动摇了布雷顿森林体系，引起了国际金融市场和世界经济的剧烈动荡，日元汇率开始上升，且升势难抑。尽管如此，欧美国家仍在不断批评日元汇率升值幅度不够。在此背景下，1971年12月，西方十国财政部长在华盛顿史密森博物馆召开会议，达成"史密森协议"：决定将日元汇率升值16.8%，即1美元＝308日元，并以此作为标准汇率，可上下浮动2.25%。同时，当时的联邦德国政府也同意将马克对美元汇率升值13.8%。但是，由于美国的贸易逆差继续扩大，美元汇率仍在继续下滑，1973年2月13日，美国财长宣布美元对黄金贬值10%，在此情况下，日本也只好让日元向浮动汇率制过渡。

事实上，尽管实现了浮动汇率制，从1971年开始到1985年之间，日元的汇率的升值过程还是比较平稳的，中间还有反复。但是1985年的广场协议之后，日元汇率的升值速度明显加快(见表2－3)。

表2－3　1971年以来日元汇率变化(每年12月成交价/中间价)

日期	价格	日期	价格	日期	价格	日期	价格
1971	315.01	1979	240.30	1987	121.25	1995	103.51
1972	301.66	1980	203.10	1988	125.05	1996	115.70
1973	280.27	1981	203.10	1989	143.80	1997	130.58
1974	301.02	1982	234.70	1990	135.75	1998	113.60
1975	305.16	1983	231.70	1991	124.90	1999	102.51
1976	293.08	1984	251.60	1992	124.86	2000	114.41
1977	239.98	1985	200.25	1993	111.85	2001	131.66
1978	194.30	1986	158.30	1994	99.58	2002	118.79

资料来源：根据Bloomberg提供数据整理

三、广场会议后的日元急速升值破坏了日本经济结构的顺利转轨

1985年美英法日德财长和央行行长在纽约广场饭店举行会议，达成促使日元、德国马克对美元升值的协议，从此之后，日元汇率开始迅速上升，进入了长达10年之久的升值周期。到1995年，日元曾一度升至80日元等于1美元的水平。

日元的急剧升值，对日本经济最大的影响，是促进了日本企业的对外投资。其实，早

在 20 世纪 60 年代中期，日本企业就掀起了一轮对外投资的热潮。但此时的日本企业对外投资主要集中在资源开发等领域，是对日本国内经济结构的补充。20 世纪 80 年代后，尽管日本经济已经成为世界第二大经济大国，但其行业国际竞争力仍然主要集中在汽车、钢铁等传统产业方面，以信息产业、生化等为代表的新兴行业未能形成气候、发展为规模产业。20 世纪 80 年代中期以后的企业海外投资，主要是传统的制造业企业，在日元升值的背景下，为降低成本，占领海外市场，而被迫进行的海外投资。由于国内缺乏新兴的高科技产业接替出走的传统行业所造成的空白，形成了日本国内所谓的产业空洞化现象，破坏了日本经济结构的顺利转轨。

与此同时，许多为大企业提供零部件的中小企业为了能够继续向大企业提供产品，为了自己的生存，也被迫跟随大企业一起到海外投资办厂。大企业和大批中小企业到国外投资，必然使得国内就业人数下降，导致内需不足。内需不足反过来又影响企业在日本国内的投资需求，最终形成恶性循环，是致使日本经济长期陷入通货紧缩的重要原因之一。

四、再次面临升值压力，日元全力保持稳定

从 1996 年以后，美国政府开始改变汇率政策，美元汇率逐渐升值，在 1997—1998 年亚洲金融危机时，美元兑日元汇率一度升到 1 美元 = 140 日元左右的水平。进入 21 世纪以来，特别是"911 事件"以来，由于美国经济进入衰退边缘，美国政府开始调整汇率政策，有意无意促使美元贬值。但是，对于美国政府的这种政策变化，日本方面非常不安，想方设法不让日元汇率升值。仅 2003 年 4～6 月，日本政府就动用 4.6 万亿日元入市干预汇市，购买美元，阻止日元汇率升值。

日本政府干预汇市的目的，就是为了保证企业产品的出口，以外需来弥补因长期萧条带来的内需不足。另外，在通货紧缩环境下，让日元汇率贬值，还能起到缓和通货紧缩的效应。

（基本资料来源：袁跃东，中国外汇管理，2003 年第 08 期）

思考：

根据日元汇率变化对日本经济发展的影响，试分析：

1. 稳定的汇率水平对日本经济发展的作用；
2. 日元升值对日本经济的影响。

第三章 汇率制度与外汇管制

本章重点：汇率制度的含义、分类；固定与浮动汇率制度优劣的传统争论及其选择理论；货币局制度、香港联系汇率制以及美元化问题；外汇管制的历史演进、原因和目的、方式；外汇管制的经济效应；我国外汇管理体制；人民币汇率制度改革的具体情况。

第一节 汇率制度

汇率制度是指各国普遍采用的确定本国货币与其他货币汇率的体系。汇率制度在汇率的确定、汇率的变动等方面都有具体规定，因此，汇率制度对各国汇率的决定有重大影响。回顾和了解汇率制度，可以使我们对国际金融市场上汇率的波动有更深刻的理解。

一、汇率制度的分类

在国际金融史上，一共出现了三种汇率制度，即金本位体系下的固定汇率制、布雷顿森林体系下的固定汇率制和浮动汇率制。

1. 金本位体系下的固定汇率制

1880—1914 年的 35 年间，主要西方国家通行金本位制，即各国在流通中使用具有一定成色和重量的金币作为货币，金币可以自由铸造、自由兑换及自由输出入。在金本位体系下，两国之间货币的汇率由它们各自的含金量之比——金平价来决定。

只要两国货币的含金量不变，两国货币的汇率就保持稳定。当然，这种固定汇率也要受外汇供求、国际收支的影响，但是汇率的波动仅限于黄金输送点。汇率波动的最高界限是铸币平价加运金费用，即黄金输出点（Gold Export Point）；汇率波动的最低界限是铸币平价减运金费用，即黄金输入点（Gold Import Point）。

当一国国际收支发生逆差，外汇汇率上涨超过黄金输出点，将引起黄金外流，货币流通量减少，通货紧缩，物价下降，从而提高商品在国际市场上的竞争能力。输出增加，输入减少，导致国际收支恢复平衡；反之，当国际收支发生顺差时，外汇汇率下跌低于黄金输入点，将引起黄金流入，货币流通量增加，物价上涨，输出减少，输入增加，最后导致国际收支恢复平衡。由于黄金输送点和物价的机能作用，把汇率波动限制在有限的范围内，对汇率起到自动调节的作用，从而保持汇率的相对稳定。在第一次世界大战前的 35 年间，美国、英国、法国、德国等国家的汇率从未发生过升贬值波动。

1914 年第一次世界大战爆发，各国停止黄金输出入，金本位体系即告解体。第一次世界大战到第二次世界大战之间，各国货币基本上没有遵守一个普遍的汇率规则，处于混乱的各行其是的状态。金本位体系的 35 年是自由资本主义繁荣昌盛的"黄金时代"，固定汇率制保障了国际贸易和信贷的安全，方便生产成本的核算，避免了国际投资的汇率风险，推动了国际贸易和国际投资的发展。但是，严格的固定汇率制使各国难以根据本国经济发展的需要执行有利的货币政策，经济增长受到较大制约。

2. 布雷顿森林体系下的固定汇率制

布雷顿森林体系下的固定汇率制也可以说是以美元为中心的固定汇率制。1944 年 7 月，在第二次世界大战即将结束的前夕，二战中的 45 个同盟国在美国新罕布什尔州（New Hampshire）的布雷顿森林（Bretton Woods）村召开了"联合和联盟国家国际货币金融会议"，通过了以美国财长助理怀特提出的怀特计划为基础的《国际货币基金协定》和《国际复兴开发银行协定》，总称布雷顿森林协定，从此开始了布雷顿森林体系。布雷顿森林体系建立了国际货币合作机构（1945 年 12 月成立了"国际货币基金组织"和"国际复兴开发银行"又称"世界银行"），规定了各国必须遵守的汇率制度以及解决各国国际收支不平衡的措施，从而确定了以美元为中心的国际货币体系。

布雷顿森林体系下的汇率制度，概括起来就是美元与黄金挂钩，其他货币与美元挂钩的"双挂钩"制度。具体内容是：美国公布美元的含金量，1 美元的含金量为 0.888 671 克，美元与黄金的兑换比例为 1 盎司黄金 =35 美元。其他货币按各自的含金量与美元挂钩，确定其与美元的汇率。这就意味着其他国家货币都盯住美元，美元成了各国货币围绕的中心。各国货币对美元的汇率只能在平价上下各 1% 的限度内波动，1971 年 12 月后调整为平价上下 2.25% 波动，超过这个限度，各国中央银行有义务在外汇市场上进行干预，以保持汇率的稳定。只有在一国的国际收支发生"根本性不平衡"时，才允许贬值或升值。各会员国如需变更平价，必须事先通知基金组织，如果变动的幅度在旧平价的 10% 以下，基金组织应无异议；若超过 10%，须取得基金组织同意后才能变更。如果在基金组织反对的情况下，会员国擅自变更货币平价，基金组织有权停止该会员国向基金组织借款的权利。

综上所述，布雷顿森林体系下的固定汇率制，实质上是一种可调整的钉住汇率制，它兼有固定汇率与弹性汇率的特点，即在短期内汇率要保持稳定，这类似金本位制度下的固定汇率制；但它又允许在一国国际收支发生根本性不平衡时可以随时调整，这类似弹性汇率。

1971 年 8 月 15 日，美国总统尼克松宣布美元贬值和美元停兑黄金，布雷顿森林体系开始崩溃，尽管 1971 年 12 月十国集团达成了《史密森协议》，宣布美元贬值，由 1 盎司黄金等于 35 美元调整到 38 美元，汇兑平价的幅度由 1% 扩大到 2.5%，但到 1973 年 2 月，美元第二次贬值，欧洲国家及其他主要资本主义国家纷纷退出固定汇率制，固定汇率制彻底瓦解。

固定汇率制解体的原因主要是美元供求与黄金储备之间的矛盾造成的。货币间的汇兑平价只是战后初期世界经济形势的反映，美国依靠其雄厚的经济实力和黄金储备，高估美元，低估黄金，而随着日本和西欧经济复苏和迅速发展，美国的霸权地位不断下降，美元灾加剧了黄金供求状况的恶化，特别是美国为发展国内经济及对付越南战争造成的国际收支逆差，又不断增加货币发行，这使美元远远低于金平价，使黄金官价越来越成为买方一相情愿的价格。加之国际市场上投机者抓住固定汇率制的瓦解趋势推波助澜，大肆借美元对黄金下赌注，进一步增加了美元的超额供应和对黄金的超额需求，最终美国黄金储备面临枯竭的危机，不得不放弃美元金本位，导致固定汇率制彻底崩溃。

3. 浮动汇率制度

一般讲，全球金融体系自 1973 年 3 月以后，以美元为中心的固定汇率制度就不复存在，而被浮动汇率制度所代替。

实行浮动汇率制度的国家大都是世界主要工业国，如美国、英国、德国、日本等，其他大多数国家和地区仍然实行钉住的汇率制度，其货币大都盯住美元、日元、法国法郎等。在实行浮动汇率制后，各国原规定的货币法定含金量或与其他国家订立纸币的黄金平价就不起任何作用了，因此，国家汇率体系趋向复杂化、市场化。

在浮动汇率制下，各国不再规定汇率上下波动的幅度，中央银行也不再承担维持波动上下限的义务，各国汇率是根据外汇市场中的外汇供求状况自行浮动和调整的结果。同时，一国国际收支状况所引起的外汇供求变化是影响汇率变化的主要因素——国际收支顺差的国家，外汇供给增加，外国货币价格下跌、汇率下浮；国际收支逆差的国家，对外汇的需求增加，外国货币价格上涨、汇率上浮。汇率上下波动是外汇市场的正常现象，一国货币汇率上浮，就是货币升值，下浮就是贬值。

应该说，浮动汇率制是对固定汇率制的进步。随着全球国际货币制度的不断改革，国际货币基金组织于 1978 年 4 月 1 日修改"国际货币基金组织"条文并正式生效，实行所谓"有管理的浮动汇率制"。由于新的汇率协议使各国在汇率制度的选择上具有很强的自由度，所以现在各国实行的汇率制度多种多样，有单独浮动、钉住浮动、弹性浮动、联合浮动等。

①单独浮动(Single Float)。指一国货币不与其他任何货币固定汇率,其汇率根据市场外汇供求关系来决定,目前,包括美国、英国、德国、法国、日本等在内的 30 多个国家实行单独浮动。

②钉住浮动(Pegged Float)。指一国货币与另一种货币保持固定汇率,随后者的浮动而浮动。一般地,通货不稳定的国家可以通过钉住一种稳定的货币来约束本国的通货膨胀,提高货币信誉。当然,采用钉住浮动方式,也会使本国的经济发展受制于被钉住国的经济状况,从而蒙受损失。目前全世界约有 100 多个国家或地区采用钉住浮动方式。

③弹性浮动(Elastic Float)。指一国根据自身发展需要,对钉住汇率在一定弹性范围内可自由浮动,或按一整套经济指标对汇率进行调整,从而避免钉住浮动汇率的缺陷,获得外汇管理、货币政策方面更多的自主权。目前,巴西、智利、阿根廷、阿富汗、巴林等十几个国家采用弹性浮动方式。

④联合浮动(Joint Float)。指国家集团对成员国内部货币实行固定汇率,对集团外货币则实行联合的浮动汇率。欧盟(欧共体)11 国于 1979 年成立了欧洲货币体系,设立了欧洲货币单位(ECU),各国货币与之挂钩建立汇兑平价,并构成平价网,各国货币的波动必须保持在规定的幅度之内,一旦超过汇率波动预警线,有关各国要共同干预外汇市场。1991 年欧盟签订了《马斯赫特里特条约》,制定了欧洲货币一体化的进程表,1999 年 1 月 1 日,欧元正式启动,欧洲货币一体化得以实现,欧盟这样的区域性的货币集团已经出现。

在全球经济一体化进程中,过去美元在国际金融的一统天下,正在向多极化发展,国际货币体系将向各国汇率自由浮动、国际储备多元化、金融自由化、国际化的趋势发展。

二、汇率制度的选择

1. IMF 新的汇率制度

从历史发展上看,自 19 世纪末金本位制在西方各主要国家确定以来,一直到 1973 年,世界各国的汇率制度基本上属于固定汇率制,而 1973 年以后,世界主要工业国实行的是浮动汇率制,多数发展中国家则采取钉住汇率制。自 20 世纪 80 年代以来,选择具有更加灵活性的汇率制度的国家(地区)不断增加,国际汇率制度呈现弹性化趋势。国际汇率制度打破了以往固定、浮动汇率制的两分法,出现了多样化的国际汇率制度的局面。由此,国际货币基金组织(IMF)对汇率制度进行了重新分类(见表 3 – 1)。

表 3 – 1　国际货币基金组织新的汇率制度分类(2000 年底情况)

汇率制度	国家数
1. 无独立法定货币的汇率安排	38
2. 货币局制度	8
3. 其他传统的固定钉住制(包括管理浮动下的实际钉住制)	44
4. 水平(上下 1%)调整的钉住(平行钉住)	7
5. 爬行钉住	5
6. 爬行带内浮动(爬行区间浮动)	6
7. 不事先公布干预方式的管理浮动(无区间的有管理浮动)	32
8. 单独浮动(自由浮动)	46

资料来源:IMF, International financial statistics, 2001.5

　　按照目前国际上比较流行的观点,我们可将上述汇率制度进一步归类,得到三种类型:第一种为固定汇率制度。它包括新分类法中的无独立法定货币的汇率安排和货币局制度两种。前者主要是指美元化制度,即国家完全放弃了自己的货币,直接使用美元,如拉美的巴拿马。后者是指在法律中明确规定本国货币与某一外国可兑换货币保持固定的交换率,并且对本国货币的发行作特殊限制以保证履行这一法定义务的汇率制度。实行这种制度的国家和地区,主要包括中国香港、阿根廷以及一些东欧国家。这两种汇率制度的共同特点是:汇率相对固定,但在无独立法定货币的汇率安排中,汇率对内绝对固定,对外浮动。在货币局制度下,汇率是完全固定的。第二种为自由浮动汇率制。它是指新分类法中的单独浮动。在这种汇率制度下,货币当局对汇率只是偶尔进行干预,但不加以控制,汇率完全浮动。第三种是中间汇率制(Intermediate Exchange Rate Regimes)。这些汇率制度介于完全固定汇率和完全浮动汇率之间,因此,它们被统称为“中间汇率制”。它们包括新分类法中的其他传统的固定钉住制、水平调整的钉住、爬行钉住、爬行区间浮动和不事先公布干预方式的管理浮动等。这些汇率制度的共性是:在政府控制下,汇率在一个或大或小的范围之内变化,它们并没有质的区别。目前,国际社会把第一、二种汇率制度习惯地称为两极汇率制(Bipolar Exchange Rate Regimes)或角点汇率制。

　　2. 汇率制度评价

　　根据国际货币基金组织对汇率制度的最新分类,下面进一步来研究现行的各种汇率制度。

（1）管理浮动（Managed Floating）

管理浮动意味着对外汇市场进行一定的干预以减少汇率的波动。在理想的情况下，凭借经验和智慧，汇率管理者可以知道理想的汇率是什么，从而可以让汇率对经济中的基础因素的变动作出调整，同时又能避免噪声或非自愿的波动。管理浮动制的特征是对汇率波动进行某种干预，但如何干预由货币当局自由决定。换句话说，货币当局不宣布干预的指导方针或是干预的标准，也没有平价汇率或宣布目标水平，也不公布汇率波动的界限。

管理浮动制很普遍，但一个严重的事实是：管理浮动制的国家越来越多地进行干预以维持汇率。更糟的是，政府往往将汇率变化的幅度近似公式化，今年5%，明年4%。这种公式化可能会导致汇率永远达不到均衡水平，因为汇率从错误水平出发，又沿错误的速度调整，经济可能会走向储备的耗尽以及最终的经济危机。因此，管理浮动制可能在某些时候起作用，但不是一个持久稳定的制度。

引用来支持管理浮动的一个论点就是，一国不会被禁锢在那些被正式的准则和某些宣言所预先安排好的行为模式中。这种较大的自由度可使政府能依据现有的经济情况来量体裁衣地制定政策，与那种政策决策只能遵循一套在过去的、再也不会重复出现的某段时期中制定出来的行为准则相比，管理浮动制可以被认为是优越得多了。另外，与固定汇率制相比，在管理浮动下允许汇率具有一定程度的调节对外部门的功能，而且国内经济政策也不会受到固定汇率制下的那种程度的约束。

反对管理浮动制的人认为，没有了针对各国的行为准则和指导方针，不同国家的经济行为就可能相互矛盾，相互冲突。而且在管理浮动制下汇率可以大幅度波动，就依然存在这样的可能——考虑到汇率波动的风险，贸易双方都会有所节制地参与国际贸易。

（2）爬行钉住制（Crawling Peg）

爬行钉住制是指汇率可以作经常的小幅度调整的固定汇率制。这一汇率制有两大特征：其一，该国负有维持某种平价的义务；其二，这一平价可以经常地、小幅度地调整（例如调整2%~3%）。提倡爬行钉住制的学者认为，货币当局在进行汇率调整时，可以规定汇率调整的上下限值。有了上限值和下限值的存在，至少在理论上可以给货币当局提供某些纪律性要求。另外，他们还认为，在爬行钉住制下，汇率定期地调整这一事实也意味着汇率还是具有调整国际收支作用。而且，由于每一次调整的幅度都很小，因此，对货币大规模投机的危险性就较弱。

但是，爬行钉住制的缺点也很明显。由于内部或外部的经济冲击所引起的一国国际收支状况的严重变化可能需要汇率有较大幅度的改变才能恢复国际收支的平衡。如果拘泥于严格的爬行钉住的调整，由于汇率不可能大幅度改变，因而就可能需要一国政府放弃一些内部目标的实现。进一步说，如果平价值的小额变化频繁发生（且是不可预测的），那对于国际贸易和投资就依然存在某些附加的风险。最后，如果经验是一切的指导，那么，在一个内部经济条件不稳定的经济中(如通胀水平极其快速地增长)实行爬行钉住制,可能本质上就等同于浮动汇率制。

爬行钉住制在20世纪60年代以后引起了国际社会的广泛重视,自那时起,一些国家相继采用了这一制度,例如,智利(1965—1970年,1973—1979年),韩国(1968—1972年),秘鲁(1976—1977年,1978年至今)等。目前(截至2000年12月31日),实行爬行钉住制的有哥斯达黎加、尼加拉瓜、玻利维亚、津巴布韦和土耳其五个国家。

(3)货币局制度(Currency Board Arrangements)

货币局制度通常要求货币发行必须以一定的(通常是百分之百)某外国货币作为准备金,并且要求在货币流通中始终满足这一准备金的要求。这一制度中的货币当局被称为货币局,而不是中央银行。货币局制度中,除了有政府承诺外,还有一个机制来维持固定汇率。目前,实行货币局制的有中国香港、阿根廷、波黑、文莱、保加利亚、爱沙尼亚、立陶宛和吉布提等八个国家和地区。

(4)货币联盟(Monetary Union)

货币联盟比货币局制度更进一步。在货币联盟内的国家放弃了自己的货币,并创造了新的货币联盟内通用的货币,这样,在联盟内再无汇率的问题,但对外仍有汇率。同时,他们还限制了利率的差异。这种制度的优点在于减少了交易成本,促进了联盟内的资本流动。缺点是在有冲击或周期变化时,限制了国家采取有益的利率和汇率调整政策。因此,只有当放弃独立的利率和汇率的代价不高时,货币联盟才是有利的。这个条件的满足要求有灵活可变的工作,有移民自由,有可扩展的财政平衡,但事实上这些条件美国比欧洲联盟反而要好。

(5)美元化制度(Dollarization)

美元化制度是一个极端的、比货币联盟还要强的制度。在这种制度下,国家完全放弃了自己的货币,而且他们不是和亲密的贸易伙伴共同使用一种货币,而是直接使用美元。这种制度的缺点也是没有了自己独立的利率和汇率政策来适应国内情况。美元化制度一般都是在公民对中央银行完全失去信心,也不期望中央银行将来会变好的情况下才实行的。巴拿马、萨尔瓦多和厄瓜多尔实行了美元化制度。

(6)汇率目标区制(Exchange Rate Target Zone)

它可以分为广义和狭义两种。广义的汇率目标区是泛指将汇率浮动限制在一定区域内(例如,中心汇率的上下各10%)的汇率制度;狭义的汇率目标区是特指美国学者威廉姆森于20世纪80年代初提出的以限制汇率波动范围为核心的,包括中心汇率及变动幅度的确定方法,维系目标区的国内经济政策搭配,实施目标区的国际政策协调一整套内容的国际政策协调方案。

3. 汇率制度选择的理论

汇率是联系国内外商品市场和金融市场的一条纽带，汇率的变动会直接影响一国的国内经济和对外经贸往来，主要国家的货币汇率还会直接影响世界经济的发展。因此，汇率制度的选择是国际金融领域中一个非常重要的问题。有关汇率制度选择的理论主要有：经济结构决定论和依附论。

（1）经济结构决定论

在汇率制度的选择上，美国经济学家罗伯特·赫勒提出了"经济论"。这一理论认为，一国汇率制度的选择主要是由经济方面的因素决定的。这些因素有：经济开发程度、经济规模、进出口贸易的商品结构和地区分布、国内金融市场的发达程度及其与国际金融市场的联系程度、相对的通货膨胀率等。如果一国的对外开放程度高，经济规模小，进出口的商品结构单一（集中在某几种商品）或进出口的地区相对集中，则该国倾向于实行固定汇率制度或钉住汇率制度。相反，对外开放程度低，进出口商品多样化或进出口的地区分布多元化，国内通货膨胀率较高的国家，则倾向于实行浮动汇率制度。

（2）依附论

发展中国家的经济学家也集中讨论了发展中国家的汇率制度选择问题，提出了汇率选择的"依附论"。这一理论认为，发展中国家的汇率制度的选择，主要取决于他们在经济、政治、军事等方面的对外联系特征。发展中国家在实行钉住汇率制度时，采用哪一种货币作为"参考货币"（被钉住的货币），主要取决于他们在经济、政治、军事等方面的对外依附关系。如从美国的进口在其进口总额中占很大比重的国家，或从美国得到大量军事赠予的国家，或从美国大量购买军需物资的国家，或同美国有复杂的条约关系的国家，往往将本国货币钉住美元；同法国有传统殖民地联系的非洲国家，则倾向于钉住法国法郎；同美国等主要工业国家的政治经济关系较为"温和"的国家，则选择钉住其他货币。

4. 汇率制度的选择因素

汇率制度的选择是一个非常复杂的问题，是一国政府的政策行为。它首先建立在一国所具有的特殊的经济特征的基础之上；并且在不同的时期，由于政府所追求的政策目的不同，政府所选择的汇率制度也不同；在世界经济一体化的趋势下，一国汇率制度的选择还受其对外经济贸易关系的影响，受国际经济和金融大环境的制约。

（1）一国经济的结构性特征是汇率制度选择的基础

小国比较适宜于实行固定汇率制度，因为它一般与少数几个国家的贸易依存度较高，汇率的浮动会给它的对外贸易带来不利影响。此外，小国经济内部的结构调整成本较低。相反，大国由于对外贸易的商品构成多样化及贸易的地区分布多元化，就很难选择一种货币作为参照货币实行固定汇率，加之大国经济内部的结构调整的成本较高，并且往往倾向于追求独立的经济政策。因此，大国一般比较适宜于实行浮动汇率制度。

（2）特定的政策意图是汇率制度选择的政策目的

在一国政府面临较高的国内通货膨胀率时，政府的政策意图是控制国内的通货膨胀，固定汇率制度就比较受青睐。这时候若采取浮动汇率制度则本国的高通货膨胀使本国货币贬值，本国货币贬值又通过成本、工资收入机制等进一步加剧国内的通货膨胀。若一国政府的政策意图是为了防止从国外输入通货膨胀，则应该选择浮动汇率制度。因为在浮动汇率制度下，一国货币政策的自主性较强。

（3）一国与其他国家的经济合作情况对汇率制度的选择有着重要的影响

当两国之间存在非常密切的经济贸易往来时，两国货币保持固定比价较有利于各自的经济发展。区域经济合作关系比较密切的国家之间，也适宜于实行固定汇率制度，如欧洲货币体系的汇率机制。

（4）国际经济和环境制约着一国的汇率制度选择

在国际资本流动日益频繁并且资本流动规模日益庞大的背景下，一国国内金融市场与国际金融市场联系越是密切，本国政府对外汇市场的干预能力越有限，则该国实行固定汇率制度的难度很大。

第二节　外汇管制

外汇管制（Exchange Control or Exchange Restriction），又称外汇管理（Exchange Management），是指一国政府通过法律、法令以及行政措施对外汇的收支、买卖、借贷、转移以及国际间结算、外汇汇率、外汇市场和外汇资金来源与应用所进行的干预和控制。外汇管制的目的是为了平衡国际收支、维持汇率以及集中外汇资金，根据政策需要对外汇加以分配。简单地说，外汇管制就是一国政府对外汇的收支、结算买卖与使用等各个环节所采取的一系列限制性措施。外汇管制的主体是由政府机构授权的货币金融当局或其他政府机构，在我国是国家外汇管理局。外汇管制体现的都是政府的意图，并且具有浓厚的时代背景和历史成因，其整体趋势是趋于放松的，我国也不例外。

一、外汇管制的历史演进

外汇管制是从第一次世界大战出现的。一战前的金本位制下，黄金可以自由输出入，汇率在黄金输送点制约下保持稳定，各国的国际收支在"物价与现金流动机制"的调节下可以自动达到平衡，因而外汇管制没有必要。一战爆发后，各参战国为了筹集参战经费，放弃了金本位制度，禁止黄金外流，使外汇成为国际支付的唯一手段。各国为了防止资本外流，稳定外汇汇率，改善国际收支，先后采取了不同程度的外汇管制措施。第一次世界大战结束后，特别是1924—1929年期间，资本主义世界经济和政治处于相对稳定时期，为了刺激生产的发展，扩大国际贸易，融通国际资金，实行了金块本位制和金汇兑本位制，各资本主义国家相继放松或放弃了外汇管制。

1929—1933 年，资本主义世界爆发了严重的经济危机，导致了金本位制度的崩溃，主要资本主义国家的国际收支和汇率极不稳定，货币信用危机发展到极其严重的境地。这样，许多国家，特别是一些国际收支严重逆差的国家，又开始了外汇管制。

在第二次世界大战前夕和战争期间，许多国家实施战时经济体制，把外汇管制作为主要的经济调节措施，据统计 1940 年约有 100 个国家正式实施外汇管制。二战结束初期，各国的战后重建面临重重困难，货币信用危机和国际收支危机更加恶化，只得继续实行外汇管制。至 20 世纪 60 年代以后，发达国家的经济实力不断增强，外汇储备逐渐增加，外汇管制也随之逐步放宽。20 世纪 80 年代以后，国际上贸易自由化和贸易保护主义并存，汇兑自由化和外汇管制也形成了此消彼长、错综复杂的局面。随着世界经济的发展，特别是金融全球化的发展，各国经济的相互依赖越来越强，所有这些都要求世界范围内的外汇管制进一步放松。事实上，不仅发达国家，许多发展中国家在外汇管制方面都呈现出逐步放宽的趋势。

二、外汇管制的原因和目的

1. 外汇管制的原因

从外汇管制的历史演进中，可以发现：每当战争爆发，参战国为了适应战争的需要，都要积极筹集资金，同时防止资金外逃，挖掘外汇资源，弥补国际收支逆差，必定实行严格的外汇管制。在经济危机期间，由于生产猛降，失业人数增加，国内经济困难，国际收支严重失衡，一国也会实行严格的外汇管制。而当战争结束或经济危机缓和的时候，为了促进国内经济的发展，推动对外经贸的发展，一国往往会采取逐渐放松外汇管制。

综观世界上实行外汇管制的国家和地区，不难发现：对贸易收支、非贸易收支和资本项目的收支都实行严格外汇管制的，往往是经济不发达、国民生产总值低、出口创汇有限以及外汇资金匮乏的国家和地区，共有 90 多个。另有 30 多个经济比较发达，国民生产总值较高，贸易和非贸易状况良好，有一定的外汇储备的国家和地区，原则上对贸易和非贸易收支不实行外汇管制，只是对资本项目的收支加以程度不等的管制。放松外汇管制的国家和地区有 20 多个，其共同的特点是经济发达，国民生产总值高，贸易和非贸易出口在国际市场上占的份额较大，有丰富的外汇储备，对贸易、非贸易和资本项目的收支基本不加以限制。

由此可见，实行外汇管制的原因主要是经济上落后，贸易和金融的不发达，外汇储备不足和国际收支状况不理想。具体有：①外汇短缺。外汇短缺是指外汇供给小于外汇需求的趋势。战争、经济危机、经济落后都可能导致外汇短缺。②金融秩序混乱或失控。金融秩序混乱或失控可以是由多种原因引起的，既可以是由战争、暴乱引起，也可以是因投机行为诱发，如1997年的亚洲金融危机爆发后，受到危机袭击的国家大多实行了较危机前严格的外汇管制。③国内经济体制和价格体系的差异。如果一国国内经济体制和价格体系与国外相差较大，为避免国际市场特别是国际金融市场对国内经济造成冲击，一国通常会实行较严格的外汇管制。

2. 外汇管制的目的

外汇管制的主要目的是维持本国国际收支的平衡，保持汇率的稳定，促进本国的竞争力和经济的发展，具体有：①根据需要限制外国某些商品和劳务的输入，促进本国商品和劳务的输出，以保护和扩大本国的生产和经济的发展。②限制资本的输出输入和外汇投机，以稳定汇率。③增加外汇储备，便于国际掌握一定数量的外汇，用于平衡国际收支。④维持本国物价的稳定，避免国际市场价格波动对本国市场的冲击，抑制通货膨胀；⑤以外汇管制为手段，要求其他国家开放市场，以利本国对外贸易的发展。

三、外汇管制的主要内容

1. 外汇管制的主体

外汇管制的主体就是由一国政府授权进行外汇管制的机构，有四类：①中央银行。这是最常见的一类，如英国的外汇管制就是由英国的中央银行——英格兰银行来实行的。②财政部。如美国已经基本上取消了外汇管制，但对与某些国家的商贸金融往来仍实行一些限制，这种限制就是由财政部来完成的。③专门机构。如法国、意大利等国的外汇管理局就是按照政府的指令，在中央银行的领导下专门实行外汇管理的机构。④几个机构共同管理。由政府的机个部门共同行驶外汇管制的权利，如挪威，由商业运输部和挪威银行共同进行外汇管制；日本由大藏省、通产省和日本银行共同行驶外汇管理权利。这些外汇管理机构，负责制定和监督执行外汇管制政策、法令和规章条例，并随时根据情况变化和政策需要，采取各种措施，控制外汇收支和汇率变化趋势。

2. 外汇管制的客体

外汇管制的客体就是外汇管制作用的对象，分为对人、对物和对地区三种对象进行外汇管制。

(1) 对人的外汇管制

对人的外汇管制是指什么人要受外汇管制法律的约束。这里的人包括自然人和法人，实行外汇管制的国家根据自然人和法人居住地点和期限的不同，将其分为居民和非居民。由于居民的外汇收支对本国的国际收支影响较大，所以大多数国家对居民的外汇管制较严，对非居民的外汇管制则较松。

（2）对物的外汇管制

对物的外汇管制是指对国际收支中的各种支付手段、结算工具和外汇资产的管制。主要包括外国货币、外币支付凭证、外币有价证券和贵金属，如黄金、白银等，被携带出入境的本国货币也是外汇管制的对象。

（3）对地区的外汇管制

对地区的外汇管制是指外汇管理的法令、法规、条例所能生效的地区。通常，生效的区域与一国的国界是一致的，即以本国为限，但也有小于国界和超出国界的情形，如为了吸引外资，有的国家设立出口加工区、自由贸易区、自由港等，在这些地方基本不实行外汇管制，因而外汇管制的区域就小于国界。又如，历史上英法等国将其外汇管制的区域扩大到所属的殖民地或货币区。

（4）对行业的外汇管制

这是拉美地区一些新兴工业化国家通常采用的一种方法，我国也是这样。对传统出口行业采取比较严的管制，对高新技术和生活必需品的进口采取优惠的政策，对奢侈品的进口则采取更严的管制措施。我国曾使用过的外汇留成制度，就是一种典型的行业差别政策。

（5）对国别的外汇管制

对国别的外汇管制是指一国针对不同的国家、不同地区的情况采取不同的外汇管制政策。

3. 外汇管制的方式

外汇管制的方式是多种多样的，但都可以划分成两类，一类是直接外汇管制，即政府以行政手段对外汇买卖和汇率实行直接的干预或控制；另一类是间接外汇管制，即政府通过对进出口贸易及资本输出入进行管制，从而间接影响外汇收支和汇率。具体措施不外乎价格管制和数量管制两类。

（1）价格管制

价格管制就是对汇率水平的管制，具体方法有：本币高定值和复汇率制。

本币高定值的方法常见于外汇短缺的国家。由于外汇短缺，为了鼓励先进机器设备的进口，促进经济的发展，或者为了维持本国的物价稳定，控制通货膨胀，或者为了减轻政府的外债负担，就会有意识地实行本币高定值，尤其是发展中国家。本币定值过高，外汇需求被人为压制，这样，无法从官方渠道获得的外汇需求就会经外汇黑市获得，并由此形成较官方汇率高的外汇黑市汇率。官方汇率和黑市汇率的并存，实际上就是一种客观上的复汇率制，但由于不是人为规定的多种汇率，所以不划入复汇率制这一外汇管制方法中。

复汇率制是指一国实行两种或两种以上的汇率，最常见的是双重汇率。复汇率按其表现形式有公开和隐蔽的两种，公开的复汇率有多种表现形式，如法定的差别汇率、官方汇率与市场汇率混合使用等。

隐蔽的复汇率主要有三种表现形式：①对出口商品按不同类别给予不同的财政补贴（或税收减免），由此导致不同的实际汇率。②采用影子汇率，影子汇率实际上是附在不同种类商品之后的一个不同折算系数。如某类商品的国内平均单位生产成本是 8 元人民币，国外售价 1 美元，官方汇率为 5.8，通过官方汇率只能弥补该单位产品的 5.8 元人民币生产成本。为鼓励出口，就在该类商品的官方汇率之后附加上一个 1.5 的折算系数（1.5 × 5.8 ＝8.7），这样该商品出口后，1 美元便可换到 8.7 元人民币，由此达到鼓励出口的目的。不同种类的进出口商品成本不同，往往有不同的影子汇率，影子汇率就形成实际上的复汇率。③在一国已存在官方汇率和市场汇率两种汇率的前提下，对不同的企业或不同的出口商品实行不同的收汇留成比例，并允许企业将留成的外汇在市场上按市场汇率换成本国货币，由于市场汇率往往高于官方汇率，所以这种做法的结果，实际上是政府机构给企业一种变相的补贴。另一方面，对某些进口商品和非贸易业务的一部分或全部的外汇支出，不能按官方汇率向指定银行购买，企业只得按较高的汇率（市场汇率）在外汇市场上购买，从而增大了企业的进口成本，客观上是对进口商实行另一种汇率，达到政府奖出限入的目的。

在复汇率的使用中，由于汇率种类多，需要大量的人力资源从事外汇管理，使外汇管理的成本增高，而且复汇率的制定和实施中易诱发寻租行为的产生，影响经济运行的效益。汇率是货币的价格表现，复汇率导致多种价格，使价格关系变得复杂和扭曲。复汇率实际上又是一种变相的财政补贴，客观上使企业处于不同的竞争地位，不利于公平竞争关系的建立和市场透明度的提高，而且复汇率容易引起贸易伙伴国的非议和报复，不利于对外经贸的发展。因此，复汇率经常是作为一种权宜之计或过渡措施。

（2）数量管制

数量管制是指对外汇数量统筹统配，具体方法有：外汇配给控制和外汇结汇控制。

在进出口贸易方面，一般采取颁发进出口许可证的办法。具体对出口外汇收入的管制，通常是规定出口商必须将外汇收入的一部分或全部结售给指定银行。对进口外汇支付的管制，通常最常用的就是在考虑进口总量、进口商品结构、进口商品的生产国别、进口支付条件的基础上，由国家有关当局签发进口许可证，进口商只有获得进口许可证后才能购买进口所需的外汇。基于保护本国经济的考虑，一般都限制与国内生产相竞争的商品进口，并且严格控制某些奢侈品和非必需品的进口。控制进口的方法除了颁发进口许可证以外，常用的还有：实行限量进口；征收进口税和进口附加税；对进口规定预存保证金；规定进口支付条件；对某些进口产品实行专营等措施。

在非贸易方面，基本按进出口贸易外汇管理办法处理。一般发展中国家对非贸易外汇支付都严加控制，但为了更好地引进国外的先进技术，吸引外国投资，促进本国经济的发展，对外国的投资收入和引进技术的费用支出，在一定程度上予以放宽。

在资本项目方面，由于资本的输出入直接影响一国的国际收支，因此无论是发展中国家还是发达国家，都很重视资本的输出入，只是根据不同的需要，实行不同程度的管制。发展中国家由于外汇资金紧缺，一般对资本的输出限制较严；对有利于发展本国经济的外国资本的流入，则实行各种优惠措施，积极引进。例如，对外商投资企业给予减免税优惠，允许外商投资企业的利润用外汇汇出等。此外，有些国家根据本国外汇收支的具体情况，对外国资本的输出入采取一些措施，如：规定资本输出入的额度、期限与投资部门；从国外借款的一定比例在一定期限要存在管汇银行；银行从国外借款不得超过其资本与准备金的一定比例；规定借款部门的利率和附加利率的水平；规定接受外国投资的最低额度等。发达国家通常对资本项目的管制较松，其特点是：自二战后，从一般的限制资本输出以减缓和防止本国货币汇率的下跌，发展到一些发达国家限制资本流入，以防止本国货币过度上浮。

总之，对资本输入的管制，主要集中在两个方面：一是对长期资本输入实施期限结构、投入方向等输入条件的管理；另一方面是对短期资本输入的管理，这方面各国大多采取比较严厉的管制措施。在资本输出的管制方面，发展中国家大都实施严格的管制，一般不允许个人和企业自由输出（或汇出）外汇资金。

第三节　我国的外汇管制

新中国成立以来，我国一直实行严格的外汇管理。改革开放以后，我国的外汇管理体制进行了一系列改革。汇率管理是我国外汇管理的前提和基础性内容，外汇制度改革的目标是逐步实现人民币的完全可自由兑换。

一、我国外汇管理体制改革的历史与现状

1. 计划管理向市场调节转轨的外汇管理体制时期

1979 年开始至 1993 年底，与传统的计划经济体制向有计划的商品经济体制转变相适应，人民币汇率不断进行着改革，市场化程度逐步提高。外汇管理体制改革主要是围绕着外汇分配制度进行，逐渐摒弃了高度集中、统收统支的外汇管理制度，引入市场机制，实行外汇留成与上缴制度，建立起计划管理与市场调节相结合的外汇管理模式。

（1）实行外汇上缴与留成制度

为了调动创汇企业的积极性，扩大外汇收入，从 1979 年开始，我国实行外汇留成制度，坚持"先上缴，后分成"两步走的程序，即各地方和中央承包单位每月的出口收汇，必须先按规定如数完成上缴中央外汇的任务，剩余部分再办理留成外汇的再分配。外汇上缴

与留成制度实施后，极大地调动了企业和地方出口创汇的积极性，解决了发展生产、扩大业务所需物资的进口，促进了对外贸易发展。但也出现了一些问题，如外汇额度和外汇实体的分离，外汇资源超分配等。

（2）建立外汇调剂市场

随着外汇留成办法的实施，有些单位保有留成外汇，但本身暂不需要，形成闲置；而有些单位，本身不创汇，或创汇能力很低，又急需外汇，用于进口设备器材等物资。这种情况的出现，形成外汇供求之间的矛盾。因此，中国银行于1980年10月开始在北京、上海等12个大中城市办理外汇调剂业务，即允许留成单位将闲置的外汇按国家规定的价格卖给或借给需要外汇的单位，实现余额调剂。1985年末，深圳经济特区设立了外汇调剂中心。随后，其他经济特区也相继设立了外汇调剂中心。1986年2月起，外汇调剂业务由中国银行办理移交给国家外汇管理局办理。

随着改革开放的逐步深化，参加调剂外汇市场的对象与业务范围不断扩大。在业务范围上，所有创汇单位的留成外汇，各级地方政府统一分配的留成外汇，居民个人汇入的外汇，持有的外钞和外汇存款，外商投资企业投资外汇，外汇贷款和业务经营过程中所收入的外汇都可参加调剂。这是调剂外汇市场外汇资金的主要来源。与此同时，境内机构的贸易与非贸易用汇以及个人用汇一般均可从调剂市场购买。

从1988年起，除了原来允许的外汇调剂范围外，又允许地方政府的留成外汇、华侨、港澳台同胞的捐赠外汇进入外汇调剂市场，并在部分地区试办了国内居民个人外汇调剂业务。1988年9月，上海开办了国内居民个人外汇调剂业务。1991年外商投资企业被允许参加调剂市场。1988年9月，上海开办了我国第一家外汇调剂公开市场，实行会员制，竞价成交和集中清算。随后，其他城市也相继开办。到1993年，全国有18个城市开办了外汇调剂公开市场，外汇调剂成交额也逐年增加。1987年，全国外汇调剂成交额累计42亿美元。1988年，增加到62.6亿美元。1990年和1991年，又分别增加到131.64亿美元和204亿美元。

经过20世纪80年代的发展，外汇调剂市场已形成初具规模、具有一定开放性和网络化的市场体系，但它仅仅是一个初级形式的外汇市场，而且各地外汇调剂市场基本上是按照行政区划设置的，存在着地区分割，外汇资金横向流通不畅，汇率不统一等问题。

（3）改革外汇经营体制，允许多种金融机构经营外汇业务

1979年以前，我国外汇管理规定外汇业务由中国银行统一经营。为了适应改革开放后的新形势，1979年，开始允许国家专业银行业务交叉、经营公司、租赁公司经营外汇业务，批准外资金融机构在国内设立营业机构，逐步形成了多种金融机构并存的外汇金融体系。与此同时，制定了对各类金融机构的外汇管理办法和制度，加强对金融机构外汇业务的监督和管理。

（4）建立对资本输出入的管理制度

主要有：①对外商投资企业外汇管理。为了鼓励外商来华投资，对外商投资企业外汇收支采取比较宽松的政策，允许其保留外汇收入，自行支配使用；允许其向境内外银行借款，自借自还，事后办理登记；允许其通过外汇市场调剂外汇余缺；投资者所得利润、依法停业清算后所分得的资金、外籍职工的工资收入，均可申请汇出；投资者的人民币利润进行再投资享受外资待遇等。②对外债的管理。1986 年 4 月开始，国家外汇管理局统一管理全国外债，掌握全国外汇、外债的信息和数额，监督和管理对外借债和境外发行债券。对外债实行计划管理和审批制度，借用外债必须纳入国家计划，对中长期外债实行年度指标控制，对短期外债实行余额管理。对外借款和在境外发行债券必须逐笔报国家外汇管理局审批，国家外汇管理局监督其还本付息。实行外债登记制度，建立全国外债统计监测系统，定期对外公布外债数字。③对境外投资的外汇管理。对境外投资实行事前审查和事后监督相结合的管理制度。国内企业向境外投资必须凭计划部门批准的项目计划，向外经贸部申请批准。在申请前，须经外汇管理局审查外汇资金来源和外汇风险，并由外汇管理局监督其投资回收和利润调回。

（5）发行外汇兑换券，放宽对境内居民个人外汇管理

主要体现在：①发行外汇兑换券。1980 年 4 月 1 日，经国务院批准，中国银行开始发行外汇兑换券，简称"外汇券"。②逐步放宽了对境内居民个人外汇管理。允许境内居民和外国侨民留存外汇，在银行开立外汇账户，在规定范围内可以汇出境外，也可以凭银行证明携出境外；如兑换人民币，可以享受优惠侨汇的有关待遇。

2. 初步确立市场配置外汇资源基础地位时期

为了促进我国市场经济体制的建立和进一步对外开放，克服双重汇率带来的不利影响，从 1994 年 1 月 1 日起，我国的外汇管理体制进行了重大改革。这一时期外汇管理体制改革，围绕人民币经常项目可兑换的改革目标，相继推出了一系列改革措施，我国《外汇管理条例》制定于 1996 年；1997 年增加了现行条例第五条，确定了经常项目可兑换的基本原则。

（1）人民币汇率实行以市场供求为基础的、有管理的浮动汇率制度

完善人民币汇率形成机制及金融机构外汇业务管理，进一步强调发挥市场在汇率形成中的基础性作用，我国规定经营结汇、售汇业务的金融机构和符合规定条件的其他机构，按照国务院外汇管理部门的规定在银行间外汇市场进行外汇交易；调整外汇头寸管理方式，对金融机构经营外汇业务实行综合头寸管理。我国自 2005 年 7 月 1 日启动了人民币汇率形成机制改革，实行以市场供求为基础、参考一篮子货币进行调节、有管理的浮动汇率制度。人民币汇率不再盯住单一美元，形成更富弹性的人民币汇率机制。

依据国际上通用的分类方式，按政府是否进行干预，浮动汇率制可分为自由浮动和管

理浮动两种类型。我国即属于管理浮动这一类型，人民币对美元及其他外币的比价不是固定不变的，而是中国人民银行根据外汇市场的供求情况，采用经济手段、法律手段，必要时进行宏观调控，对市场进行干预，避免短期的投机性波动，以保证汇率在宏观经济目标范围内平滑运行，促进国际收支的中长期平衡。这种干预是顺势干预，并不改变外汇供求方向和影响外汇市场的正常运行。中国人民银行通过规定银行挂牌汇率浮动幅度、进入银行间外汇市场吞吐外汇等办法，对汇率波动进行调控，以维护相对稳定金融环境，支持国民经济的健康发展。

（2）实行银行结售汇制度和进出口收付汇核销制度

经常项目外汇支出，应当按照国务院外汇管理部门关于付汇与购汇的管理规定，凭有效单证以自有外汇支付或者向经营结汇、售汇业务的金融机构购汇支付。经常项目外汇收入，可以按照国家有关规定保留或者卖给经营结汇、售汇业务的金融机构。经常项目外汇收支应当具有真实、合法的交易基础。经营结汇、售汇业务的金融机构应当按照国务院外汇管理部门的规定，对交易单证的真实性及其与外汇收支的一致性进行合理审查。

在非贸易外汇管理方面，主要坚持以下管理原则：一是非贸易项下的外汇收入（除了规定以外）必须及时调回境内办理结汇，或存入其外汇账户。对非贸易项下的汇兑行为进行真实性审核，交易主体只要能够提供有关商业单据和凭证，经过银行或外汇局真实性审核后，即可办理购付汇手续。二是禁止境内外币计价结算和外汇划转。除了法规明确规定外，境内非贸易项下的交易活动只能以人民币计价结算，不得以外币计价结算，同时规定，在境内不得以外汇形式进行划转（除明确规定外）。三是借助行业主管部门对非贸易外汇收支进行管理。具体到非贸易购付汇真实性审核，除了要审核客户所提供的有效商业单据和凭证外，还必须审核有关行业主管部门的批准文件和税务凭证。

（3）建立银行间外汇市场

1994年4月1日，在上海成立中国外汇交易中心，形成统一的外汇市场——银行间外汇市场，同年4月4日正式运行。它无论从结构、组织形式，还是交易内容和交易方式，以及管理和调控等方面都较外汇调剂市场大大向前迈进了一步，具体地说：①运用现代化的通讯网络和电子计算机联网，为各金融机构包括中资、外资以及中外合资金融机构提供外汇交易与清算服务。②市场结构上，银行间外汇市场分为以下两个层次：一是外汇指定银行和企业之间进行外汇买卖的市场；二是银行间外汇市场，包括外汇指定银行相互之间以及外汇指定银行与中央银行之间的外汇交易。外汇指定银行在办理结售汇业务的过程中出现的买超或卖超的现象就可以通过银行间外汇市场进行外汇交易，平衡其外汇头寸。③市场组织形式上，银行间外汇市场通过中国外汇交易中心的市场网络进行交易。交易中心以上海为中心，采取会员制的形式，通过交易网络，实行同步即时交易，形成全国统一的市场汇率，消除了原来的供求分割和地区差价，使得外汇资源在全国得到更为有效的配置。

④在交易方式和内容上，采取由会员随时报价，公开竞价，按照价格优先和时间优先的原则。

（4）取消外汇券，放宽境内居民个人外汇管理

1994 年决定停止发行外汇券，已发行的外汇券仍可继续流通，逐步兑回。1995 年 1 月 1 日起，停止外汇券流通，并限期于 1995 年 6 月 30 日前兑回。1994 年 1 月 1 日，重申禁止外币境内流通和私自买卖外汇，取消境内外币计价结算。提高个人因私用汇的供汇标准，扩大供汇范围，并对超标准和超范围的用汇经外汇局审核其真实性后，可以给予供汇。

（5）建立国际收支统计申报体系

1996 年初，国家外汇管理局推出了新的《国际收支申报统计办法》，引入了新的数据采集方法，采用交易主体申报制度，将直接申报与间接申报、逐笔申报与定期申报有机结合起来。对应于整个国际收支体系中的不同子系统，交易主体分别采用逐笔或定期（如月报或季报）的申报形式。这种国际收支统计方法改变了以往行业统计的弊端，保证了国际收支统计数据的完整性、准确性和及时性，为宏观经济决策提供了重要参考依据。而且，新的国际收支统计申报办法基本上依据的是国际货币基金组织《国际收支手册》（第五版）的原则，使得我国国际收支统计体系逐步向国际接轨。

（6）加强对资本项目的管理

人民币经常项目可兑换后，为了防止违规资金流入冲击我国经济和资本外逃，我国对资本项目加强了管理：

①长期外债管理。实行全口径计划管理，根据不同的借款方式和偿还责任，分别列入指令性计划和指导性计划管理，把项目融资纳入国家借用商业贷款的计划。国家外汇管理局负责审批中长期国际商业贷款的借款条件，即贷款协议的核心条款内容，并负责根据各金融机构的资产负债状况提出分配意见、确定下达金融机构的借款控制指标。

②短期外债管理。对短期国际商业贷款（1 年以下，含 1 年）实行余额管理。国家外汇管理局于每年计划年度开始时，给各金融机构和企业下达短期外债余额控制指标，由各外汇局分局负责具体核转。境内经批准有权对外借款的金融机构在核定的余额控制指标内负责筹措短期对外借款，其对外签约、或在指标内提款不必逐笔审批。

③发行境外债券管理。在国外发行债券（包括项目融资）必须列入国家利用外资计划内，由中国人民银行批准发行债券的金融机构办理。发行主体仅限于借用国际商业贷款的窗口机构、财政部及国家政策性银行。

④对外担保管理。境内机构对外提供的融资担保、融资租赁担保、补偿贸易项下的履约担保以及境外工程承包中的债务担保等，均需国家外汇管理局及其分局审批、管理和登记。目前，允许提供外汇担保的机构和单位（担保人）仅限于：一是经批准有权经营外汇担保业务的金融机构（不含外资金融机构）；二是具有代位清偿债务能力的非金融企业法人，

包括中资企业和外商投资企业。

⑤境外投资管理。境内机构向境外投资，在向审批主管部门申请前，由外汇局审查其投资外汇风险和外汇资产来源；经批准后，境内机构应持有关材料向外汇局办理登记和投资外汇资金汇出手续。

（7）建立外汇储备经营管理制度

1994 年起，外汇储备完全集中到中国人民银行管理，逐步建立起比较规范的外汇储备管理制度。按照"安全性、流动性和收益性"储备管理目标，国家外汇管理局代表中央银行在国际市场上直接经营其掌握的绝大部分国家外汇储备，根据国民经济发展的实际需要和对外经济发展的具体情况，统一安排外汇储备资产结构，调整外汇储备的货币结构。

在集中管理国家外汇储备的同时，还委托个别条件较好的商业银行代理国家经营部分外汇储备资金，以合同方式确定委托与被委托之间的责任和义务，明确了国家外汇储备资金所有权和经营权的关系。在外汇储备经营过程中，根据国际金融市场的行情，综合考虑了利率、汇率以及其他各经济金融指标，及时调整了外汇储备货币结构和资产结构，有效地控制了外汇储备风险，保证国家外汇储备收益的增加。

3. 现行的外汇体制的建立

进入 21 世纪以来，市场体制进一步完善，中国加速融入经济全球化，对外开放进一步扩大，外汇形势发生了根本性变化。外汇管理从"宽进严出"向均衡管理转变，资本项目可兑换有序推进，进一步发挥利率、汇率的作用，促进了国际收支平衡，注重了国际经济风险的防范。外汇管理体制的变化有：

①人民币经常项目分步实现了可兑换。改革开放之前，外汇统收统支，实行高度集中的计划管理。此后，随着一系列改革，中国不断简化经常项目真实性审核程序和凭证，逐步允许企业按需保留经常项目外汇，对个人购汇实行年度总额管理，全面推进进出口核销制度和服务贸易外汇管理改革。

②人民币资本项目可兑换程度逐步提高。目前，在国际货币基金组织划分的 7 大类 43 项资本项目交易中，我们严格管制的主要是针对非居民在境内自由发行或买卖金融工具、非居民在境内自由发行或买卖金融衍生工具、居民对外借款和放贷等几项，限制较少或实现一定程度可兑换的共计 20 多项。开放部分资本项目下的交易，比如投资我国的股票、债券等，外资可以通过境外投资基金 QDII（合格境外机构投资者）这一途径进入。

③人民币汇率形成机制日益市场化。改革开放之前，人民币汇率水平由官方确定，实行固定汇率。改革开放之初，形成官定汇率和调剂市场汇率并存的双重汇率制度。1994 年初，官方汇率与市场汇率并轨，实行以市场供求为基础的、单一的、有管理的浮动汇率制，汇率转向由市场决定。2005 年 7 月，进一步改进汇率形成机制，人民币汇率不再单一盯住美元，实行以市场供求为基础、参考一篮子货币进行调节、有管理的浮动汇率制度，市场

在汇率形成中的基础作用进一步加强，汇率弹性进一步扩大，对国际收支的调节作用得到进一步发挥。自2005年7月汇改以来，人民币汇率市场程度大幅提高。2005年7月21日实行浮动汇率制，人民币兑美元一次性升值2%；2005年8月2日外汇管理局对经常项目外汇管理开闸；2005年9月23日非美对人民币交易浮动幅度扩至3%；2006年1月4日银行间外汇市场推出做市商制度；2006年3月6日人民币汇率呈现双向浮动特征；2007年4月6日人民币对美元持续走高，汇改以来升值近5%；2007年5月21日央行扩大人民币兑美元日波动区间上限至0.5%。

④外汇市场建立并获得长足发展。1994年，实行银行结售汇，建立全国统一的银行间外汇市场和银行对客户的结售汇市场。2005年7月汇率形成机制改革以后，银行间外汇市场交易机制改进，扩大市场主体，增加市场交易工具，进一步理顺了供求关系。2006年1月，引入做市商制度。目前，初步形成了外汇零售和银行间批发市场相结合，竞价和询价交易方式相补充，覆盖即期、远期和掉期等类型外汇交易工具的市场体系。

⑤外汇统计监测体系不断健全。目前，已建立起符合国际惯例和要求、适合国情的跨境资金流动监测预警制度。

⑥外汇储备经营管理体制日益完善。1994年以后，适应外汇储备持续较快增长的需要，以规范化、专业化和国际化为目标，完善储备经营管理制度和操作程序，有效控制各类风险。建立以投资基准为核心的管理模式，逐渐从侧重短期流动性管理转向长期多元化投资管理，建立较成熟的策略研究、投资决策和交易执行体系，形成较完善的业绩评价、风险管理和内部控制架构。通过积极专业的投资，实现了国家外汇储备资产的保值增值。

外汇管理体制改革大大促进了中国经济特别是涉外经济的发展。国际收支与经济总量之比从1982年的19%提高到2006年的126%，年进出口总额排名世界前三位，年利用外商直接投资在发展中国家里位于前列，外贸外资对经济增长和增加就业的拉动作用明显。中国外汇资源配置已经实现由计划分配到市场配置、由稀缺到相对充裕的飞跃。1994年以来，除1998年外，中国国际收支持续"双顺差"。2008年末外汇储备增至1.95万亿美元，储备规模排名世界第一。从2003年起，中国由对外净债务国转为净债权国，2007年末对外金融净债权达10 220亿美元。外汇管理方式则逐渐由事前审批转向事后监督，由直接管理转向间接管理，在促进对外经济发展的同时，更加注重国际经济风险的防范。

4. 我国外汇管理体制的特点

首先，外汇管理法规有较强的可操作性。这主要表现在：①我国外汇管理体制协调，管理权力集中有效。外汇管理局是我国唯一的外汇管理部门。它克服了其他国家在外汇管理中存在的由中央银行、财政部、外汇管理局多头管汇、多头批汇、职责不清的局面。②我国外汇管理法规不同程度地订有定义条款，它们对相应法律关系的主体和客体的内涵和外延都作出明确规定，使有关规定的使用不易发生偏差。而且法律条文规定逐步具体，语义相对明确，可操作性不断加强，外汇业务是否违规容易界定。③相关法规的罚则十分明确。1996 年的新条例增加到十三条，并且出现了大量援引性条文（刑事责任部分）。起初，新刑法颁布后，因为没有规定相关的刑事责任，造成了刑事处罚的真空，1998 年 12 月 29 日全国人大常委会通过了《关于惩治骗购外汇，逃汇和非法买卖外汇犯罪的决定》这一法律性文件后，问题得到了彻底地解决。

其次，我国外汇管理法规从一开始就以国家行政管理机关（包括国务院、中国人民银行、国家外汇管理局）制定的行政法规和部门规章的形式出现，而不像日本、韩国等国家那样以国家立法机关通过法律的形式出现。这是由于我国的外汇管理体制改革必然随着经济体制改革而不断深化。过早地由人大制定法律，法律就会被频频突破，最终会破坏其自身的权威性。在此之前，我们要极力维护《条例》的权威，一切外汇管理活动都以它为准则。

再次，外汇管理法规与国际惯例逐渐接轨。多年来我国一直致力于"入世"的谈判活动，其中汇率"双轨制"经常受到世贸组织、国际货币基金组织的质疑。1994 年，我国统一了汇率，满足了世贸组织和国际货币基金组织关于对外汇安排的要求，为"入世"创造了有利条件。这表明了我国外汇管理正在向国际惯例靠拢。但是与国际惯例相比还有差距。首先，我国现行外汇管理法规中，若干概念与国际通行概念不统一，若干交易类别划分也与国际标准不一致；其次，在管理范围上，我国目前资本项目管理范围主要集中于对资本流入的管理，对资本流出的管理尚不足；再次，在管理手段上，国家以事前审批为主，事中监控能力较弱，事后处罚制度也不完善。

二、人民币汇率制度及其改革

1. 人民币汇率制度的基本内容

人民币汇率采用直接标价法。在人民币汇率的牌价表中，外币一般是以 100 为单位在使用电汇、信汇和票汇卖出外汇时，采用同一人民币汇率。目前对人民币对 17 种外币订有汇率。

人民币汇率的决定因素主要是外汇市场的供求关系。中国人民银行根据前一日全国银行间外汇交易市场形成的外汇收盘价，参照国际金融市场上西方主要货币汇率的变动情况，每日公布人民币对美元及其他主要货币的汇率。各外汇指定银行和经营外汇业务的其他金融机构以此为依据，在中国人民银行规定的浮动范围内自行确定挂牌汇率，对客户买卖外汇。为保持各银行挂牌汇率的基本一致和相对稳定，人民银行通过在银行间外汇交易市场买卖外汇来实施公开市场业务操作。

外汇指定银行对外挂牌的汇价实行双向报价，即标出银行的买入价和卖出价。此外还挂有外币现钞买卖价，外汇银行买入外币现钞价比买入外汇价一般低 0.2% ~ 0.3%，外币现钞卖出价与外汇卖出价相同。中国银行于 1997 年开办了远期人民币业务，规定企业可用 15 种外币向中国银行办理远期人民币买卖业务，远期人民币的交割期限有 1、2、3、4、5、6 个月 6 种。

2. 人民币汇率的制定依据

人民币汇率是根据我国经济制度改革和经济发展的需要制定的，受国际货币制度变动的影响。新中国成立后，我国政府宣布人民币是独立自主的货币，不参与任何外币集团，不规定含金量，不实行贵金属准备制。在 20 世纪 50～70 年代，我国的外汇来源主要是出口收入和侨汇收入，因此这段时期人民币汇率是以人民币对内对外购买力状况为基础，参照出口商品理论比价、进口商品理论比价、侨汇购买力比价三个指标计算出来的，又称为"物价对比法"，并长期钉住英镑实行固定汇率制。

(1) 出口物资理论比价

其计算方法是以我国当时大宗出口物资中的每一种商品的国内人民币成本与出口价格（均以 FOB 价格为准）相比，即为每一种大宗商品的人民币比价。用公式表示为：

出口商品理论比价 = 出口商品国内总成本 ÷ 出口商品的国外价格（FOB）

由于这个比价是以出口商品的成本计算的，为鼓励出口，当时曾经对不同的出口商品规定了 5%～15% 的出口利润率。加上利润因素后：

出口物资理论比价 = 出口商品国内总成本 ×（1 + 利润率）÷ 出口商品的国外价格（FOB）

有了各种商品的理论比价后，可以用简单算术平均数的方法，也可以用加权算术求平均数的方法求出人民币对美元的比价。

(2) 进口商品理论比价

类似于出口商品理论比价计算方法，不同的是进口商品是以 CIF 价格为计算标准，其公式是：

进口商品理论比价 = 进口商品国内市场价格 ÷ 进口商品的国外市场价格（CIF）

(3) 侨汇购买力比价

用于测定进出口商品理论比价是否有利于侨汇的比价，计算方法分为两个步骤：

首先是生活费指数的计算。以一个华侨眷属 5 口之家，中等生活水平为准，定出 1 个月其在国内日常所必需的消费品种类和数量，然后再按香港和广州两地的零售物价编出国内外加权的生活费指数。生活费指数计算公式：

生活费指数 = 计算期价格 × 消费量 ÷（基期价格 × 消费量）

则国内外侨眷生活费指数之比为：国内侨眷生活费指数 ÷ 国外侨眷生活费指数

其次是侨汇购买力比价的计算：

侨汇购买力比价 = 外汇牌价 × 国内侨眷生活费指数 ÷ 国外侨眷生活费指数

计算后所得到的比价，如果低于外汇牌价，汇价就有利于侨汇；反之就不利于侨汇。

从以上三个方面可以看出，人民币对外汇率的确定是以贸易和非贸易的国内外商品与劳务价格对比为基础，经过综合加权平均计算出来的，它能比较真实地反映人民币对外的价值。

1991 年 4 月 9 日起，官方汇率改为小步缓慢调整，至 1993 年底调至 5.22 元人民币，下调 9.57%。调剂市场汇率放开后，1988 年至 1993 年由于经济过热，物价上涨，进口需求激增，曾由 1988 年 3 月的 1 美元兑 5.70 元人民币下降至 1993 年 2 月的 8.2 元人民币。1993 年 5 月贬值至 11.20 元人民币。1993 年 7 月后在中国人民银行入市干预下，到 1993 年底市场汇率回升到 8.72 元人民币。

1994 年 1 月 1 日实现了人民币官方汇率和外汇调剂市场汇率的并轨。人民币开始实行以市场供求为基础的、单一的、有管理的浮动汇率制。

1996 年 12 月 1 日，我国接受了国际货币基金组织第八条款，实现了人民币经常项目可兑换。通过强制结售汇、外汇指定银行的头寸上限管理、外汇市场上严格的浮动区间限制，以及资本账户的严格管制，有效地控制了企业、银行和个人对于外汇的供给和需求，保证中国人民银行对汇率波动的有效控制。

3. 人民币汇率制度的历史演变

人民币对西方国家的汇率于 1949 年 1 月 18 日首先在天津产生，全国各地区以天津口岸的汇率为标准，根据当地的具体情况，公布各自的人民币汇率。1950 年全国财经工作会议后，于同年 7 月 8 日开始实行全国统一的人民币汇率，并由中国人民银行公布。1979 年 3 月 13 日，国务院批准设立国家外汇管理总局，统一管理国家外汇，公布人民币汇率。我国现有汇率制度的形成主要经历了四个阶段。

(1) 新中国成立以来至改革开放前的浓厚计划色彩时期

在传统的计划经济体制下，人民币汇率由国家实行严格的管理和控制。这一时期我国汇率体制大体经历了三个阶段：即新中国成立初期的单一浮动汇率制(1949—1952 年)、五六十年代的单一固定汇率制(1953—1972 年)和布雷顿森林体系后以"一篮子货币"计算的单一浮动汇率制(1973—1980 年)。

(2) 党的十一届三中全会以后，我国进入了向社会主义市场经济过渡的改革开放时期

为了鼓励外贸企业出口的积极性，我国的汇率体制从单一汇率制转为双重汇率制，经历了官方汇率与贸易外汇内部结算价并存(1981—1984 年)和官方汇率与外汇调剂价格并存(1985—1993 年)两个汇率双轨制时期。但随着我国改革开放的不断深入，官方汇率与外汇调剂价格并存的人民币双轨制的弊端逐渐显现出来：多种汇率的并存，一方面造成了外汇市场秩序的混乱，助长了投机氛围；另一方面，长期外汇黑市的存在不利于人民币汇率的稳定和人民币的国际信誉。因此，外汇体制改革的迫切性日益突出。

(3) 传统计划经济下的汇率定价到逐步市场化时期

1993 年 11 月，党的十四届三中全会通过的《中共中央关于建立社会主义市场经济体

制若干问题的决定》要求："改革外汇体制，建立以市场供求为基础的、有管理的浮动汇率制度和统一规范的外汇市场，逐步使人民币成为可兑换货币。"1993 年 12 月，国务院正式颁布了《关于进一步改革外汇管理体制的通知》，采取了一系列重要措施，具体包括：实现人民币官方汇率和外汇调剂价格并轨；建立以市场供求为基础的、单一的、有管理的浮动汇率制；取消外汇留成，实行结售汇制度；建立全国统一的外汇交易市场等。

　　1994 年 1 月 1 日，人民币官方汇率与外汇调剂价格正式并轨，我国开始实行以市场供求为基础的、单一的、有管理的浮动汇率制。企业和个人按规定向银行买卖外汇，银行进入银行间外汇市场进行交易，形成市场汇率。中央银行设定一定的汇率浮动范围，并通过调控市场保持人民币汇率稳定。实践证明，这一汇率制度符合中国国情，为中国经济的持续、快速发展，为维护地区乃至世界经济金融的稳定做出了积极贡献。

　　（4）国际和国内经济面临升值压力下的汇率改革加速时期

　　1997 年以前，人民币汇率稳中有升，海内外对人民币的信心不断增强。但此后由于亚洲金融危机爆发，为防止亚洲周边国家和地区货币轮番贬值使危机深化，中国作为一个负责任的大国，主动收窄了人民币汇率浮动区间。随着亚洲金融危机的影响逐步减弱，近年来我国经济持续、平稳较快发展，经济体制改革不断深化，金融领域改革取得了新的进展，外汇管制进一步放宽，外汇市场建设的深度和广度不断拓展，为完善人民币汇率形成机制创造了条件。

　　4.我国现行汇率制度及其特点

　　自 2005 年 7 月 21 日起，我国开始实行以市场供求为基础、参考一篮子货币进行调节、有管理的浮动汇率制度。自此，人民币汇率不再盯住单一美元，浮动区间放宽，形成更富有弹性的人民币汇率制度。

　　一是汇率调控的方式。实行以市场供求为基础、参考一篮子货币进行调节、有管理的浮动汇率制度。人民币汇率不再盯住单一美元，而是参照一篮子货币、根据市场供求关系来进行浮动。这里的"一篮子货币"，是指按照我国对外经济发展的实际情况，选择若干种主要货币，赋予相应的权重，组成一个货币篮子。同时，根据国内外经济金融形势，以市场供求为基础，参考一篮子货币计算人民币多边汇率指数的变化，对人民币汇率进行管理和调节，维护人民币汇率在合理均衡水平上的基本稳定。篮子内的货币构成，将综合考虑在我国对外贸易、外债、外商直接投资等外经贸活动占较大比重的主要国家、地区及其货币。参考一篮子表明外币之间的汇率变化会影响人民币汇率，但参考一篮子货币不等于盯住一篮子货币，它还需要将市场供求关系作为另一重要依据，据此形成有管理的浮动汇率。这将有利于增加汇率弹性，抑制单边投机，维护多边汇率。

　　二是中间价的确定和日浮动区间。中国人民银行于每个工作日闭市后公布当日银行间外汇市场美元等交易货币对人民币汇率的收盘价，作为下一个工作日该货币对人民币交易的中间价格。每日银行间即期外汇市场非美元货币对人民币的交易价在中国人民银行公布的该货币当日交易中间价上下3%的幅度内浮动。外汇指定银行对客户挂牌的美元对人民币现汇卖出价与买入价之差不得超过中国人民银行公布的美元交易中间价(上一日银行间市场美元收盘价,下同)的1%[(现汇卖出价－现汇买入价)÷美元交易中间价×100%≤1%],现钞卖出价与买入价之差不得超过美元交易中间价的4%[(现钞卖出价－现钞买入价)÷美元交易中间价×100%≤4%]。在上述规定的价差幅度范围内,外汇指定银行可自行调整当日美元现汇和现钞买卖价。取消非美元货币对人民币现汇和现钞挂牌买卖价差幅度的限制,外汇指定银行可自行决定对客户挂牌的非美元货币对人民币现汇和现钞买卖价。外汇指定银行可与客户议定现汇和现钞的买卖价。美元对人民币现汇和现钞的议定价格不得超过规定的价差范围。2007年5月21日起,人民币浮动范围由0.3%扩大到0.5%。

2005年7月21日,美元对人民币交易价格调整为1美元兑8.11元人民币,作为次日银行间外汇市场上外汇指定银行之间交易的中间价,外汇指定银行可自此时起调整对客户的挂牌汇价。这是一次性地小幅升值2%,并不是指人民币汇率第一步调整2%,事后还会有进一步的调整。因为人民币汇率制度改革重在人民币汇率形成机制的改革,而非人民币汇率水平在数量上的增减。这一调整幅度主要是根据我国贸易顺差程度和结构调整的需要来确定的,同时也考虑了国内企业进行结构调整的适应能力。

2005年改制后的人民币汇率制度既借鉴了发达国家的成功经验,又与社会主义市场经济体制基本相适应,同时也符合国际货币基金组织对成员国汇率的基本要求。其主要特点为:

(1)人民币汇率的决定基础是外汇市场的供求状况

外汇指定银行根据每个营业日企业在银行结售汇情况和中国人民银行对其核定的结售周转外汇头寸限额,在银行间外汇市场买卖外汇,平补头寸,形成外汇供求,通过市场交易形成人民币对外币(美元、日元、港币)的市场价格。中央银行对汇率的调控由以往的行政手段转向市场调节,通过外汇公开市场操作吞吐外汇,平抑供求。因此外汇市场的供求关系成为决定人民币汇率的基础。外汇供大于求,则人民币汇率趋升,反之则趋跌。

(2)人民币实行的是单一汇率

外汇市场改革以来经过了由调剂业务到调剂市场到公开调剂市场几个阶段的发展历程,外汇市场打破了地区分割,走向全国范围的统一,这意味着人民币向单一汇率迈出了第一步。人民币汇率有现汇价和现钞价两种,每天早晨由中国人民银行根据前一日外汇市场形成的加权平均汇率并考虑国际外汇市场变化情况公布交易中心当日所交易货币(美元、港币和日元)的市场交易中间价。2002年4月1日,增加了欧元的市场交易中间价。这一汇价是当日各外汇指定银行之间以及外汇指定银行与客户之间进行外汇与人民币买卖的交易基准汇价,各外汇指定银行可在此基础上在规定的幅度内自行确定对客户的外汇买卖价,对美元、日元、港币以外的各种可自由兑换货币,以美元交易基准汇价为依据,根据国际外汇市场自行套算。

(3)人民币实行的是有管理的浮动汇率

对人民币汇率的管理主要表现为作为中央银行的中国人民银行对汇率的适时干预。当人民币汇率出现较大幅度波动时,中国人民银行通过实施货币政策影响外汇市场和通过设在中国外汇交易中心的中央银行操作室来直接入市干预,以保持人民币汇率在合理水平上的基本稳定。由于交易的基准汇价是由中央银行每日公布的,因此人民币汇率自身每天都处于变动中,加之允许各外汇指定银行在规定浮动范围内自行挂牌,使人民币对外币的交易的每笔汇率同样处于变动中。

(4)央行操作行为是人民币汇率形成的决定性因素

通常央行只在汇率出现突发性的大幅度波动时才对外汇市场进行干预。但在我国,中国人民银行对外汇市场的干预却是一种经常性的被动行为,并成为决定人民币汇率的主要因素。自 1994 年汇率并轨以来我国国际收支持续顺差,使外汇市场中的外汇供给远大于需求,而外汇指定银行受持汇周转额度的限制,对缓解外汇供求矛盾不能发挥有效作用,为维护人民币汇率的稳定和市场的流动性,央行必须被动大量收购外汇,成为市场最大的买主,对市场上汇率的形成起着举足轻重的作用。

5.我国现行汇率制度存在的问题及其改革方向

(1)现行汇率制度存在的问题

从人民币汇率机制的特点不难分析出现行汇率制度所存在的问题。首先,从人民币汇率的生成机制看,中国人民银行公布的基准汇率是前一营业日银行间外汇市场的加权平均价,当日买卖外汇的汇率限制在 0.5% 的幅度内上下波动。由于公布的基准汇率是以前一营业日外汇市场的行情为基础的,它并不反映当日外汇市场的行情,因此,以前一营业日的加权平均价所得的当日的基准汇率也就不能代表计算日的外汇市场行情。其次,相对合理的人民币汇率是中央银行外汇干预政策的重要参数。目前中央银行外汇干预对人民币基准汇率的形成产生了重要影响,而中央银行为稳定汇率,在干预外汇市场时,也正是以公布的基准汇率作为干预的参考价格,这样,人民币汇率运行机制的不合理性对中央银行外汇干预也产生了一定的压力。

从现行汇率机制的特点可知,在外汇市场的实际运行过程中,中央银行基于调节供需、稳定汇率、维持有序市场等法定责任,只得被动性地入市干预,以调节外汇供求关系,保持汇率稳定。但实际上,中央银行的干预却使中央银行成为银行间外汇市场交易的一部分。目前中央银行在银行间外汇市场买卖外汇的数额约占整个外汇交易总额的 60%,左右着银行间外汇市场供求关系的基本格局。这样,中央银行外汇干预的金额和数量直接影响到银行间外汇市场基准汇率的形成。中央银行外汇干预力度过大，不仅影响到人民币汇率水平，而且也影响中央银行货币政策的有效性。以1994—1997年为例，由于这几年我国国际收支持续较大顺差，增加了国内外汇供给。与此同时，为加强宏观调控国内实施适度从紧的财政政策和货币政策，严格控制信贷规模，抑制了外汇需求。由于中央银行长期大量买入外汇，国家外汇储备迅速增加，通过外汇占款形式投放的基础货币也日益增大，使货币政策的有效性受到影响。在外汇占款大幅度增加，中央银行缺乏必要的货币调节工具的情况下，中央银行只得通过改变基础货币投放渠道的方式，控制基础货币的超规模发行，如：加强对金融机构再贷款的管理；加大金融机构开办特种存款的数量；通过停止财政透支和调整外汇指定银行结售汇周转外汇头寸限额，增大其法定头寸，以图在中央银行和外汇市场之间建立起某种风险缓冲带，以减轻中央银行外汇干预的压力。

（2）现行汇率制度的改革方向

1）改变汇率过于固定的现状，扩大人民币汇率的浮动区间

在自由浮动汇率制下，汇率容易受短期的市场预期因素影响，形成过度的汇率波动，从而无法有效地保证贸易和实际经济的有效运行，而且实行浮动汇率制要求具有良好的金融市场，这样微观经济主体才能根据价格信号调整自己的资产。我国目前的金融市场尚不发达，宏观调控能力相对较弱，很难实施自由度较大的浮动汇率制。虽然目前对政府主动干预外汇市场还存在很大的争议，但是为了避免投机资本在汇市和股市的投机活动造成市场与经济的剧烈波动，或者为了达到本国宏观调控的目的，一些国家与政府常常主动进行干预。因此，从汇率制度的选择来讲，目前我国采取有管理的浮动汇率制度是较为适宜的。但合理的汇率浮动区间应主要着眼于保持经常账户的平衡，以能够维持进出口基本平衡状态。当经常账户出现持续性不平衡时，应对浮动区间加以调整。在经常账户盈余增长较快时，应当允许汇率上浮，以促进本国的产业升级，同时抑制国内的通货膨胀。而当经常账户开始出现赤字时，则应当让汇率下浮，促进出口，以防止国际收支恶化，使我国的人民币汇率政策有效地保证贸易和实际经济的健康运行。

在外汇市场供求逐步反映真实、全面的外汇供求关系的情况下，可以改变目前中央银行根据银行间外汇市场前一营业日交易的加权平均价，公布基准汇率的做法，改由中央银行根据外汇供求状况和宏观调控目标，确立每日中心汇率为参考汇率，并放宽当日汇率的波动幅度；在条件成熟时，改由几家主要的外汇指定银行根据当日的外汇市场供求状况，参考前一营业日银行间外汇市场的加权平均价，公布当日银行间外汇市场外汇买卖的即期汇率，同时扩大银行间外汇买卖的汇率浮动幅度；银行与客户之间的即期买卖汇率可在公布的市场即期汇率一定幅度内由银行直接确定；银行与客户之间的大额即期买卖可由客户根据公布的市场汇率与银行自由议定。

2）完善中央银行的外汇干预机制

中央银行应建立一套监测人民币汇率合理性的指标，用以测算人民币汇率水平是否符合实际，是否符合国家的中长期国际收支平衡的目标。对汇率实行目标管理，在确定目标汇率地范围或波动幅度时，须考虑以下几个因素：①国内进出口商品的物价水平相对于主要贸易伙伴国的物价变化情况；②出口状况；③外汇储备状况；④国际收支状况；⑤宏观经济政策。

如果汇率在目标范围内波动，中央银行就不介入外汇市场，干预汇率。只有当汇率超越了目标汇率范围或波动幅度时，中央银行才入市进行干预，制止短期的投机性的汇率波动，这种干预应该是突发的、大力度的，能够让汇率迅速恢复到目标水平，而且不能让市场事先有预期，否则市场主体的冲销性行为容易使中央银行的干预失效。中央银行干预的方式要多样化，可以直接进场或通过外汇指定银行进行间接干预。干预时选择有利的干预时机，尊重市场法则，注重实效，可以通过媒体和官方谈话，以增强干预的力度和权威性。除了提高人民币公开市场操作水平和技巧外，还应该处理好货币政策工具之间的关系，尤其需要处理好再贴现、再贷款和公开市场业务这三种货币政策工具之间的配合与协调，提高政策工具的实施效应。

三、香港的联系汇率制度

联系汇率制度是从货币局制度派生出来的。其特点是：一国或地区流通的法定货币不是由中央银行发行，而是由货币发行局或指定的商业银行发行。这种货币的发行有完全的资金保证，即必须有一个可以作为国际储备的货币，按照一个事先预定的比价进行无条件的兑换。因此，联系汇率制的物质储备是外汇储备。

1. 香港联系汇率制的内容与运作机制

香港 1983 年实行联系汇率制度，最初的主要内容是将港元和美元的汇率固定于7.8∶1的水平，使市场汇率在预定官价的上下 2% 范围内浮动。在此制度下，香港存在两个平行的外汇市场，即由外汇基金，发钞银行与其他持牌银行因发钞关系而形成的公开外汇市场和发钞银行与其他持牌银行因货币兑换而形成的同业现钞外汇市场。相应地，存在官方固定汇率和市场汇率两种平行的汇率。而联系汇率制的运作，正是利用银行在上述平行市场上的竞争和套利活动进行的，也即政府通过对发钞银行的汇率控制，维持整个港元体系对美元的联系汇率；通过银行间的套利活动，市场汇率围绕着联系汇率波动并向后者趋近。

联系汇率制度建立之初，香港的经济传统上与美国经济联系紧密，将居民对港元的信心建立在对美元的信心的基础上，这种制度安排使得汇率制度的经济基础与信心基础相统一：但历史发展到今天，这种统一是否依然存在？

从目前的情况看，美国与香港经济联系程度总体呈下降趋势，两地经济增长的相关系数由 20 世纪 70 年代的平均 0.75 逐步下降到 80 年代的 0.5，并于 90 年代进一步下滑接近于零。相比较而言，中国内地与香港经济的联系程度不断加深，两者经济增长相关系数在 1990—1997 年间上升到 0.76，虽然这个趋势在 1998 年金融危机以后反转，但总的来说，香港经济与中国内地经济的联系越来越紧，香港的经济越来越依赖于中国内地经济。（注：数据来源：香港政府统计处，国家统计局，美国商业部，中银国际预测。）

2. 联系汇率制度利弊分析

由于政治因素的影响，人们对香港的未来不确定，港元汇价曾在 1983 年秋天出现暴跌。为了恢复居民对港币的信心，稳定香港局势，联系汇率制度诞生。这种将港币同美元挂钩的汇率制度极大地增强了香港居民对港币的信心。联系汇率制度的优点主要表现在：①固定汇率制度适合小型开放经济体。②联系汇率制度下采取港元盯住美元这一国际货币的手段，增强了人们对港币的信心，减少了因投机而引起的汇率波动，降低了经济活动的不确定性，使个人、企业、政府都有稳定的预期，从而有利于降低交易成本。此外，它还可以束缚政府，使其理财小心谨慎。③联系汇率制度非常简单，与其他汇率制度相比，具有更强的可操作性。同时，联系汇率制度是高度规则化的金融制度，它的运行规则可以为普通公众所监督。

但是，联系汇率制给香港带来巨大收益的同时，也让香港付出了高昂的成本。联系汇率使香港的经济行为以及利率货币供应量等指标过分依赖和受制于美国，从而严重削弱了运用利率和货币供应量杠杆调节本地区经济的能力。同时，联系汇率也使通过汇率调节国际收支的功能无从发挥。具体分析如下：①港币的发行是以 100% 的美元现钞为储备金的，而现钞只是最狭义的货币。除现钞之外，还有各种存款，共同构成广义货币。如果有某种强大的外来冲击使公众信心动摇，从而有相当比例的港币存款要挤兑美元的话，香港就有可能发生信用危机。②在联系汇率制度下，香港货币当局货币政策独立性丧失。由于实行联系汇率制度，香港金融管理局（1993 年 4 月以来的香港货币当局）在相当大的程度上就丧失了运用货币政策调整经济的能力。由于港币与美元是固定汇率，港币的利率只能大体等于美元利率，否则套利行为将发生，迫使港币利率回到美元利率水平。因此，当外部环境发生变化时，联系汇率制度的薄弱环节就会变得明显起来，也就容易成为投机者攻击的对象。以 1991—1992 年为例，当时香港为高通胀所困扰，本应以加息来抑制通胀率，但此时美国经济疲弱，美联储不断减息，香港只好紧随其后，从 1991 年初到 1992 年底共减息 9 次，普通居民饱受负利率之苦，1991 年和 1992 年以加权消费指数计算的物价上涨水平更是达到 11.7% 和 9.6% 的高水平。③财政政策工具运用受到限制，不利于政府对经济的宏观调控。固定汇率是向公众清楚地表明政府的意向，为了维持这种信誉，政府的财政政策就受到限制，而不能使用财政赤字政策调节经济发展，因为财政赤字使维持联系汇率制的基础——外汇储备减少，而外汇储备的减少使联系汇率制备受质疑和担心。但事实是，香港政府为了加快香港经济的复苏,已经连续 3 年出现结构性财政赤字,这在客观上动摇了联系汇率制度的基础。④在联系汇率制度下不能通过汇率变动来调节国际收支状况,汇率杠杆功能丧失,而均衡的国际收支却是维系联系汇率制必不可少的条件。固守联系汇率不利于香港对复杂多变的经济情况做出调整。香港的有形贸易在过去一段时期一直处于逆差状态,由于得益于无形贸易的发展才使得整个国际收支呈顺差状态。而且进入 20 世纪 90 年代以来,香港对外贸易盈余有减少的趋势,这与多年来香港的对外竞争力削弱,出口增长乏力有关。根据马歇尔 - 勒纳条件,香港可以通过贬值来改善国际收支状况。但是,在联系汇率制度下,汇率固定,香港无法对之进行调整以适应变化的经济情况。⑤金融系统脆弱。主要体现在两个方面:一是联系汇率制度下发行基础货币是有相应的美元外汇作为后盾的。但是这一基础货币经过商业银行体系的乘数信用扩张后,流通中的现金与存款数额就会大大超过外汇储备。如果有某种外来冲击使公众信心动摇的情况,香港就有可能发生信用危机。二是香港在联系汇率制度下,没有真正意义上的中央银行。一旦出现银行危机,没有最后的贷款人,这将导致商业银行经营中出现临时性困难时无法及时解决,从而加深了金融系统的脆弱性。

3. 香港未来汇率制度选择分析

(1)香港汇率制度在短期和长期的选择

短期内,联系汇率制有着极强的抗外部冲击能力,而香港作为一个受外部影响很大的小型开放经济体,保持汇率制度的稳定是非常重要的。联系汇率制度给香港带来的收益大于成本是短期内继续实行联系汇率制的根本原因。其次是联系汇率制度对香港境内不同经济主体产生不公平的收入再分配。由于坚守联系汇率制有利于大动产所有者和上市公司大股东的资产免受汇率贬值引致的损失,这形成了一个利益集团,汇率制度变迁需要付出很高的政治成本。最后是国际游资的环伺。虽然在亚洲金融危机中,国际游资在香港没有占到多少便宜,但它们并没有死心,时刻虎视眈眈联系汇率制度,稍有机会就会发起新一轮的攻击。综合考虑以上情况,联系汇率制度在短期内应该继续保持。

长期,港元应该与人民币一体化,实行浮动汇率制度。这是因为:首先,香港的经济从长期看将会跟内地联系更为紧密,这种经济基础决定了港元应该与人民币一体化。其次,居民对港元信心的问题。大陆经济的高速发展将使其在长期内成为世界上强大的经济体,如再加上人民币的可自由兑换,原有的障碍被扫清,港元与人民币一体化使得香港货币的经济基础与信心基础完全的统一,香港将迎来一个新的黄金时期。

(2)香港在中期(过渡期)的汇率制度选择

中期的选择应该是自由浮动的汇率制度。这样选择的客观原因有:①人民币不能自由兑换。人民币自由兑换的过程将是复杂而漫长的,在一系列国内问题没有解决之前,人民币是不可能贸然自由兑换的。香港的经济将与内地的经济联系更加紧密,按照汇率制度选择的经济基础因素,港元应该实行对人民币的联系汇率制度。但是,由于人民币不能自由兑换,所以这是不可能的。②经济基础与信心的背离加深,实行联系汇率制度的成本越来越大。香港的经济将在更大程度上依赖中国内地,而港元仍以固定比率盯住美元,居民对港元的信心仍建立在美元的基础上。随着这种背离程度的深化,实行联系汇率制度的成本越来越大,最终将超过收益。

本章小结

1. 汇率制度是一国货币当局对本国汇率变动的基本方式所作的一系列安排和规定。各国的汇率制度可以概括为三种:固定汇率制、浮动汇率制和钉住汇率制。固定汇率制度(Fixed Exchange Rate System)是指两国货币的比价基本固定,现汇汇率只能围绕平价在很小的范围内上下波动的汇率制度。浮动汇率制度是指现实汇率不受平价的限制,随外汇市场供求状况变动而波动的汇率制度。

2. 外汇管制是指一国政府通过法律、法令以及行政措施对外汇的收支、买卖、借贷、转移以及国际间结算、外汇汇率、外汇市场和外汇资金来源与应用所进行的干预和控制。外汇管制的目的是为了平衡国际收支、维持汇率以及集中外汇资金,根据政策需要加以分配。

外汇管制包括对人、物和区域的管制,外汇管制不利于外汇资源的有效配置和合理使用,并导致黑市汇率产生。世界范围内外汇管制的总趋势是放松的。

3. 货币局制度是指某个国家或地区首先确定本币与某种外汇的法定汇率,然后按照这个法定汇率以 100% 的外汇储备作为保证来发行本币,并且保持本币与该外汇的法定汇率不变。联系汇率制是货币局制度的派生物。美元化则是完全的货币替换。

4. 汇率管理是我国外汇管理的前提和基础性内容,外汇制度改革的目标是逐步实现人民币的完全可兑换。我国现行的汇率制度实际上是钉住美元的汇率制度,中央银行的监管是人民币保持稳定的重要因素,现行汇率制度改革的方向是逐步扩大人民币的波动范围,以及逐步改变钉住单一货币的做法。

本章重要概念

汇率制度   固定汇率制   浮动汇率制   联系汇率制度   货币局制度   货币替代   美元化   外汇管制   价格管制   数量管制

复习思考题

1. 试述管理浮动汇率的特点。
2. 一国应该如何选择汇率制度？
3. 试分析外汇管制的利弊。
4. 浮动汇率制度的利弊分析。
5. 简述人民币汇率制度的演变过程。
6. 评价现行人民币汇率制度及其特点。

案例分析

委内瑞拉的外汇管制风险

一、案情简介

2006 年底，我国出口商 Y 通过美国中间商 N，向委内瑞拉电信运营商 A 出口价值近 100 万美元的产品。为了保证如期收汇，出运前，Y 要求买方必须获得委内瑞拉外汇管理委员会（CADIVI）颁发的外汇使用许可。随即 A 企业向委内瑞拉外汇管理委员会提出美元购汇申请，即 AAD（外汇），并于 2006 年 9 月得到了批准。

出口企业 Y 于 2006 年 9 月至 11 月安排出运货物。但委内瑞拉查韦斯政府在 2006 年底 2007 年初宣布对石油、电信行业实行国有化。2007 年 1 月货款到期，A 企业在申请对外支付美元时，委内瑞拉外汇管理委员会以 A 企业需要审计为由，没有给予批准，导致 A 企业无法付出外汇。

二、案件评析

1. 买家在拿到 AAD 以后，委内瑞拉外管局为何仍然可以控制企业购汇？

委内瑞拉的外汇管理制度较为特殊，用汇程序需要有两次审批过程。在拿到 AAD 时，委内瑞拉外汇管理委员会仅仅将有关外汇贸易金额在其账户上单独划出。在进口清关经过审核清关单据后，还需要外汇管理委员会批准 ALD，这时企业才能真正购汇。

委内瑞拉外汇管理的相关审批流程如下：

（1）进口企业首先要在委内瑞拉外汇管理委员会官方网站上注册，下载并填写有关的申请表。

（2）进口企业填写有关申请单据后，必须提交给经过授权的外汇经纪机构（AFO）。同时，CADIVI 将会在其网站上公布通过审批的 AAD 号，并将所需外汇金额在其账户中单独划出，以备贸易用汇需要。

（3）在清关以后，企业需要将拿到的有关清关单据，交给 CADIVI 做进一步的核查。审查通过后，CADIVI 将会在网上公示 ALD 审核信息，这时进口企业就可以随时向 AFO 提出实际购汇申请了。AFO 在拿到 CADIVI 给出的 AAD - ALD 后，就可以向委内瑞拉中央银行进行购汇。

本案中，由于买家 A 企业在 ALD 环节没有得到批准，所以仍然无法实际购汇。

2. 委内瑞拉企业为何一定要到外汇管理委员会购汇？

委内瑞拉通过汇率的双轨制控制了企业的用汇。A 企业在接受审计之前，可以立刻支付本国货币玻利瓦尔，并在国际市场上兑换成美元，但会遭受极大的汇兑损失。在官方市场上，只要 2 150 玻利瓦尔就可以兑换 1 美元；但在国际市场上，则需要 4 000 玻利瓦尔才能兑换 1 美元。如果进口企业按照官方市场汇率支付本币，中间商再拿到国际市场上按照市场汇率购买美元，那么出口企业将遭受四成多的汇兑损失。因此委内瑞拉的进口企业一定会尽量通过合规程序向 CADIVI 申请购汇。

三、案件启示

随着国有化进程的加快，进口企业 A 在延期半年后逐渐付清了拖欠 Y 企业的货款。不过委内瑞拉外汇管制风险依然值得我们高度关注：

1. 出运前必须获得 AAD。

根据 CADIVI 的规定，所有进口商如需用汇必须事先完成法律规定的外汇申请手续。国内企业向委内瑞拉出口必须确认买家拿到 AAD 后，才能出运；进口商在得到用汇许可后方可开立信用证。否则货物有被委内瑞拉海关要求退回或没收的风险。

2. 贸易一般只能采取远期收汇形式，且信用期限不宜超过 180 天。

由于外汇管制的原因，与委内瑞拉的贸易只能以远期方式进行，付款最早也必须要等到货物清关且单据通过审核之后。因此，出口企业无法要求交单后买家立刻付款。AAD 的有效期限为 180 天，ALD 的有效期与其相对应的 AAD 相同。因此，如果 AAD 审核通过之日后企业立刻出运，买家应在 180 天内清关付款，否则 AAD 就将失效。

思考：

1. 对于实行外汇管制的国家，可以采取哪些手段避免在出口贸易过程中的风险。

2. 双轨汇率制下对于一国的进口企业有什么影响？

3. 委内瑞拉为什么要进行外汇管制？

第四章　国际储备

本章重点：国际储备的含义；国际储备的来源和作用；国际储备的结构；国际储备的多元化及其对经济的影响；国际储备的需求与适度规模；国际储备供给与总量管理；我国国际储备的构成及其发展变化。

第一节　国际储备的性质

一、国际储备的含义

1. 什么是国际储备

国际储备（International Reserves）是一国货币当局为弥补国际收支逆差、维持本国货币汇率稳定以及应付各种紧急支付而持有的、能为世界各国所普遍接受的资产。

当前，经济全球化浪潮正以不可阻挡之势席卷全球的每一个角落，各国的生产、贸易、金融、服务等越来越紧密地联系在一起，成为一个不可分割的整体。在这一背景下，各国国际收支规模不断扩大，国际收支均衡对一国经济发展的影响也越来越大。

然而，一个国家的国际收支并不总是能达到自动均衡，多种因素的作用使国际收支往往出现不平衡。虽然各国的国际收支大多数情况下是处于非均衡状态下的，只要这种非均衡不超出一定程度，它对经济的影响也将在经济体系的承受范围内。但当一国国际收支超出某种限度时，它就会对该国的汇率、货币供求、物价水平、国际贸易乃至经济发展产生严重后果，甚至酿成金融危机。正是为了避免此类情形的发生，各国都储备有一定数量的资产作为国际储备，用于调节国际收支，干预外汇市场，以便把国际收支失衡与汇率波动的幅度控制在某一可接受的范围之内，使其不至于对国家经济的正常运行产生不利影响。

2. 国际储备资产的特征

一个国家用于国际储备的资产，通常被称为国际储备资产。一种资产须具备三个特征，方能成为国际储备：

（1）可得性（Availability）

国际储备资产必须能随时、方便地被政府所得到。

（2）流动性（Liquidity）

所谓流动性，是指该储备资产随时能够获得与运用，能在其各种形式资产之间自由兑换，当一国国际收支失衡或者汇率波动过大时，各国政府或货币当局必须能无条件地获得并在必要时候运用这些资产来平衡国际收支或干预外汇市场来维持本国货币汇率的稳定。

（3）普遍接受性（Acceptability）

指国际储备资产能在外汇市场上或在政府间清算国际收支差额时被普遍接受。如果该资产仅在小范围或小区域内被接受并使用，即使可以兑换和充分流动，也不能充当国际储备资产。

当然，国际储备资产还有一些其他特征，如国际储备资产内在价值必须相对稳定，必须由官方持有等，但上述三条是最基本的特征。

3. 国际储备与国际清偿力

与国际储备相近而又不同的一个概念是国际清偿力（International Liquidity）。根据国际储备的定义和特征，国际储备有广义和狭义之分。通常所讲的国际储备是狭义的国际储备，即自有储备，主要包括将在后面介绍的一国的货币用黄金储备、外汇储备、在 IMF 的储备头寸和特别提款权（SDRs），其数量多少反映了一国在涉外货币金融领域中的地位。广义的国际储备即国际清偿力，是一国的自有储备和借入储备之和，反映了一国货币当局干预外汇市场、弥补国际收支赤字的总体融资能力。它不仅包括货币当局已持有的四种资产，还包括该国从国际金融机构和国际资本市场融通资金的能力、该国商业银行所持有的外汇、其他国家希望持有这个国家资产的愿望，以及该国提高利率时可以引起资金流入的程度等。实际上，它是一国弥补国际收支赤字而无须采取调整措施的能力。比较而言，狭义的国际储备只限于无条件的国际清偿力（即自有国际储备），而不包括有条件的国际清偿力（即一国潜在的借款能力）。

4. 国际储备体系的历史分析

国际储备体系是指在某种国际货币制度下国际储备货币或资产的构成与集合的法律制度安排。其根本问题是中心储备货币或资产的确定及其与其他货币和资产的相互关系，体系的历史演变实际上是中心货币或资产的延伸与扩大。随着国际货币体系的演变，国际储备体系的发展经历了以下几个阶段：

（1）黄金－英镑储备体系

这是第一次世界大战以前单元化的储备体系。在典型的金本位制度下，世界市场上流通的是金币。因此，国际储备体系单元化，其特点就是国际储备受单一货币支配。由于金本位制度率先在英国实行（1816 年），各国只是后来仿效，于是逐渐形成以英镑为中心，金币（或黄金）在国际间流通和被广泛储备的现象。因此，在这个制度下的储备体系，又称黄金－英镑储备体系。在这个储备体系中，黄金是国际结算的主要手段，也是最主要的储备资产。

（2）英镑－美元－黄金储备体系

第一次世界大战后，典型的金本位制崩溃，各国建立起来的货币制度是金块本位制或金汇兑本位制（美国仍推行金本位制）。国际储备中外汇储备逐渐朝多元化方向发展，形成非典型性的多元化储备体系，不完全受单一货币统治。但由于该体系不系统、不健全，因此，严格地说是一种过渡性质的储备体系。当时，充当国际储备货币的有英镑、美元、法郎等，以英镑为主，但美元有逐步取代英镑地位之势。

（3）美元－黄金储备体系

第二次世界大战后，布雷顿森林货币体系建立起来。美元取得了与黄金等同的地位，成为最主要的储备货币。这时的储备体系称为美元－黄金储备体系；其特点是储备受美元统治。

在这个体系中，黄金仍是重要的国际储备资产，但随着国际经济交易的恢复与迅速发展，美元成为最主要的储备资产。这是因为，一方面，当时世界黄金产量增加缓慢，产生了经济的多样化需要与黄金单方面供不应求的矛盾；另一方面，黄金储备在各国的持有量比例失衡，美国持有了黄金储备总量的75%以上，其他国家的持有比例则较小。因此，在各国国际储备中，黄金储备逐渐下降，而美元在国际储备体系中的比例却逐渐超过了黄金而成为最重要的国际储备资产，如在1970年，世界储备中外汇储备占47.8%，而美元储备又占外汇储备的90%以上。因此，从总体上看，这时期各国的外汇储备仍是美元独尊的一元化体系。

（4）多种倾向储备体系

布雷顿森林货币体系崩溃后，国际储备体系发生了质的变化。这表现在储备体系完成了从长期的国际储备单元化向国际储备多元化的过渡，最终打破了某一货币如美元一统天下的局面。20多年来，形成了以黄金、外汇、特别提款权、储备头寸以及欧元等多种国际储备资产混合构成的一种典型性的国际储备体系，其特点是国际储备受多种硬货币支配，多种硬货币互补互衡，共同充当国际间的流通手段、支付手段和储备手段。

二、国际储备的来源

从一国来看，国际储备的来源有以下几条渠道：

1. 经常项目顺差

经常项目顺差是一国国际储备最主要的来源。在经常项目支出较稳定的情况下，一国通过商品出口、服务输出、要素流动、经常转移获得的外汇收入越多，积累的顺差就越多，国际储备就越充足；反之，如经常项目入不敷出，就会导致国际储备减少。

2. 中央银行在国内收购的黄金

黄金储备是国际储备的一部分。一国中央银行增加黄金储备可以从国内市场购入，也可以从国际市场购入,两者都可增加其黄金的持有量。用本币从国内市场收购黄金,可以增加该国的国际储备总量;如果用原有的外汇储备从国际市场上收购黄金,只改变该国国际储备的构成,并不会增大其国际储备总量。

3. 中央银行实施外汇干预政策时购进的可兑换货币

在本币受到升值压力的情况下,一国货币当局在外汇市场抛售本币,购进外汇,以稳定汇率,于是购进的可兑换货币便成为该国国际储备的一部分。比如日本,在面临日元升值的压力之下,日本中央银行抛出日元,买进美元,以延缓日元的升值趋势。这种干预活动,使日本的外汇储备大幅度增加。

4. 一国政府或中央银行对外借款净额

一国政府或中央银行运用其自身的信誉及经济实力,以国际信贷方式吸收的外汇资金,也是一国国际储备的来源之一。

5. 国际货币基金组织分配的特别提款权

特别提款权是基金组织无偿分配给会员国的记账单位,作为补充会员国国际储备资产的一个额外资金来源。由于特别提款权分配总额占世界储备资产总额的比重过低,而且在发达国家和发展中国家之间的分配额不平衡,因此,它不可能成为国际储备的主要来源。

此外,尚有储备资产收益和储备资产由于汇率变动而形成的溢价,也可成为国际储备的来源。

从世界角度看,国际储备主要来源于:①黄金的产量减去非货币用黄金;②基金组织创设的特别提款权;③储备货币发行国的货币输出。

长期以来,黄金产量一直跟不上世界经济的增长,而非货币用金量的增长快于黄金产量的增长,使得黄金已经不再是当今国际储备的主要来源。以绝对数量计,基金组织成员国的黄金储备,在 1970 年为 10.6 亿盎司,到 1992 年 11 月底下降到 9.3 亿盎司。22 年内基金组织成员国数量增加了,黄金储备反而减少了 1.3 亿盎司。至于特别提款权,虽说基金组织迄今为止已分配了两期,总额达 214 亿特别提款权单位(按 1992 年年底汇率计算,约合 297 亿美元),但其在世界储备总额中所占的百分比很小,而且在 20 世纪 80 年代以后呈明显下降趋势。

综观战后国际货币关系的发展可见,世界储备的主要来源是储备货币发行国通过国际收支逆差输出的货币。它们中的一部分进入各国官方手中成为它们的外汇储备,另一部分进入国外银行业成为它们对储备货币发行国的债权。如果各国官方和银行机构未将储备货币发行国输出的货币直接存入发行国的银行,而是将它们存入国际金融市场,则通过国际银行业的辗转存贷和信用扩张,又可创造出部分派生储备。

三、国际储备的作用

1. 从世界范围来考察国际储备的作用

随着经济全球化的深入发展，国际贸易迅速发展，国际储备也相应增加，它起着对国际商品和金融资产流动的媒介作用。

2. 从单一国家角度考察国际储备的作用

(1) 调节国际收支差额

这是持有国际储备的首要作用。当一国国际收支出现短期的、暂时性的困难时，通过运用外汇储备，减少在基金组织的储备头寸和特别提款权持有额，或在国际市场上变卖黄金来弥补赤字所造成的外汇供求缺口，能使国内经济免受调整政策产生的不利影响，有助于国内经济目标的实现。如果国际收支困难是长期的、巨额的、根本性的，国际储备也可以起到一定的缓冲作用，使政府有时间渐进地推进其财政货币调节政策，避免因过激的调节措施而引起国内社会震荡。

(2) 干预外汇市场，调节本国货币汇率

当本国货币汇率在外汇市场上发生变动或波动时，尤其是因非稳定性投机因素引起本国货币汇率波动时，政府可运用储备来缓和汇率波动，甚至改变其变动方向，使汇率波动朝着有利于自己的方向浮动。如通过出售储备购入本币，可促使本币汇率上升；反之，通过购入储备抛出本币，可增加市场上本币的供应，从而使本国货币汇率下浮。这种干预的另一个作用是向市场发出政府希望汇率波动的信号，从而影响市场预期心理。由于各国货币金融当局持有的国际储备总是有限的，而国际游资巨大，因而政府在外汇市场的干预活动只能对汇率产生短期的影响。但是，汇率波动在很多情况下是由短期因素引起的，因此外汇市场干预能对稳定汇率乃至稳定整个宏观金融和经济秩序起到积极作用。事实上，掌握丰厚的国际储备也能在心理上和客观上稳定本国货币在国际上的信誉。

(3) 充当对外举债保证

储备资产丰厚是吸引外资流入的一个重要条件，而且一国拥有的国际储备资产状况是国际金融机构和国际银团提供贷款时评估其国家风险的指标之一。当一国对外贸易状况恶化而储备又不足时，其外部筹资就会受到影响。同时，一国的国际储备状况还可以表明一国的还本付息能力，国际储备是债务国到期还本付息的最可靠的保证。如果一国要争取外国政府贷款、国际金融机构信贷或在国际资本市场上进行融资，其良好的债信和稳定的偿债能力是十分重要的前提条件，而一国能支配的储备资产的数量便是其一项重要的保证。

亚洲金融危机后，美国和欧洲地区已逐步减少了外汇储备，原因是他们的货币在国际经济活动中居于"关键货币"地位，客观上不需要持有太多的外汇储备；实行浮动汇率制帮他们大大"节约"了对储备的需求。而广大发展中国家，以及新兴工业化国家甚至日本，却都普遍增加了外汇储备。原因在于，在美元、欧元两大货币区的挤压下，这些国家普遍感到了有提高对本国货币信心的需要。所以，外汇储备的职能已不在于实实在在地用真金白银去满足进口和支付债务的需要。在 IMF 对外汇储备功能的新表述中，"增强对本币的信心"被放在核心地位上。简单地说，外汇储备过去是准备"用"的，而现在，则主要是给人"看"的。

四、国际储备体系的发展

1. 国际储备增长迅速，储备资产总额不断增加

第二次世界大战后，尤其是 20 世纪 70 年代以来，世界国际储备总额迅速增长。增长速度：1950—1959 年为 2.23%；1960—1969 年为 4.61%；1970—1979 年为 14.6%；1980—1989 年为 8.3%；1990—1999 年为 7.4%。全球储备货币从 1999 年的 1.782 万亿美元上升到 2008 年一季度的 6.874 万亿美元，年均增速达到 8.5%。而我国增长速度更快，到 2008 年 3 月末，我国外汇储备余额为 16 822 亿美元，同比增长 39.94%。

据国际货币基金组织统计，1950 年世界国际储备总额（不包括中国、前苏联和东欧国家）仅为 183.25 亿美元，但至 1970 年增长为 932.43 亿美元，1983 年底（包括中国）更增为 4 154.6 亿美元（合 3 968.29 亿特别提款权，黄金储备按每盎司 35 个特别提款权计算），约增长了 23 倍，平均每年增长 68% 还多。1985 年国际储备总额升至 4 368.66 亿特别提款权。截止到 2006 年 3 月末，世界各国的外汇储备金额为 4.9 万亿美元。

2. 国际储备构成趋于多元化

国际储备多元化表现在储备资产的形式和储备货币的种类不断增加的趋势。首先表现为黄金在国际储备中的地位不断下降，在第二次世界大战结束前，黄金储备曾一度占世界总储备的 90% 以上，而现在美国黄金储备占外汇储备的 75.9%，而中国只有 1.2%。其次，外汇储备由单一储备货币逐渐向多种储备货币过渡，如美元在 1973 年初在官方外汇储备中占 84.6%，德国马克占 5.8%，日元尚不是储备货币，如今该比重已发生显著变化。另外出现了新的储备资产形式，如特别提款权、在基金组织储备头寸、欧元等。在国际储备多元化进程中，最主要的是外汇储备多元化，因为目前外汇储备已成为国际储备的主体。

3. 国际储备货币地位之间的竞争激烈

国际储备币种构成多元化，各种货币之间地位竞争激烈。美元和英镑结束了霸主地位，所占比重逐渐下降，欧元和日元占比逐渐上升，四大储备货币占比排序是美元、欧元、英镑和日元。美元储备从 1999 年的 1.265 4 万亿美元上升到 2008 年一季度的 4.330 6 万亿美元，占比从 71.01% 下降到 63%，2005 年出现短暂反弹上冲到 66.91%，但随即回复下跌趋势。欧元储备从 1999 年的 0.319 0 万亿美元上升到 2008 年一季度的 1.842 2 万亿美元，占比从 17.90% 上升到 26.8%，2002 年出现较为强劲的上升（占比增加 4.61 个百分点），其他时期上升较为平稳。英镑储备从 1999 年的 0.051 5 万亿美元上升到 2008 年一季度的 0.323 1 万亿美元，占比从 2.89% 上升到 4.70%，从 2004 年开始进入较快的增长期。日元储备从 1999 年的 0.113 7 万亿美元下降到 2008 年一季度的 0.213 8 万亿美元，占比从 6.37% 下降到 3.11%，基本呈稳定的下降态势。

4. 国际储备格局不断变化

国际储备格局由单极化向多极化方向发展。目前国际储备体制的基本格局概括地说是一个由黄金、可自由兑换的外汇、特别提款权、在国际货币基金组织中的储备头寸四部分构成的多元化储备格局。

第二节 国际储备资产的结构及形式

一、国际储备的结构

按照国际储备的定义和特征，广义的国际储备可以划分为自有储备和借入储备。

1. 自有储备

自有储备，即狭义的国际储备，对于 IMF 的成员国而言，主要包括一国的货币性黄金储备、外汇储备、在 IMF 中的储备头寸和特别提款权余额。

（1）货币性黄金（Monetary Gold）

即一国货币当局作为金融资产持有的黄金，非货币用黄金不在此列。黄金作为国际储备资产已有很长的历史。从 19 世纪初到第一次世界大战爆发，在国际金本位制下，资本主义国家一直把黄金作为官方储备和平衡国际收支的最后手段。直至 1944 年的布雷顿森林体系，黄金作为国际货币体系和国际储备资产的基础再一次得到肯定。黄金作为储备资产，它的供应不仅取决于黄金的产量，而且取决于世界黄金市场的供应数量和非货币用的吸收情况。战后，由于受自然条件的限制，以及私人储藏和工业用金需求的不断增长，作为国际储备资产的黄金数量已日益不能满足世界贸易和国际投资对国际流通的需要。20 世纪 50 年代以来，世界黄金储备的实物量一直徘徊在 10 亿盎司左右，1950 年为 9.56 亿盎司，1987 年为 9.44 亿盎司。从所占比重看，黄金在国际储备中的比重则呈不断下降的趋势，1950 年为 69.03%，1987 年下降到 6.13%。

IMF 所有成员国的黄金储备量，1990 年为 9.39 亿盎司，1993 年以来有所下降，1996 年一度下降到 8.90 亿盎司，但亚洲金融危机后又迅速攀升，到 1999 年底，IMF 所有成员国的黄金储备大约 9.41 亿盎司，其中，83.5% 的黄金储备为工业国家所拥有，中国约 1 210 万盎司。

自 1976 年起，根据 IMF 的《牙买加协定》，黄金实行非货币化，同国际货币制度和各国的货币脱钩，黄金既不准作为货币制度的基础，也不准用于政府间的国际收支差额。美国为了维护美元的地位，也曾鼓吹"黄金非货币化"。但是，IMF 在统计和公布各成员国的国际储备时，依然把黄金储备列入其中。1979 年成立的欧洲货币体系，规定每个成员国应将黄金储备的 20%，缴存欧洲货币体系的欧洲货币合作基金，作为共同储备资产的一部分，也肯定了黄金作为储备资产的作用。因为黄金长期以来一直被人们认为是一种最后的支付手段，它的贵金属特性易于被人们所接受，加之世界上还有发达的黄金市场，各国货币当局可以方便地通过向市场出售黄金来获得所需的外汇，以平衡国际收支差额。当然，黄金实际上已不是真正的国际储备，而只是潜在的国际储备。

(2) 外汇储备

外汇储备是一国货币当局持有的对外流动性资产，主要是银行存款和国库券等。充当国际储备资产的国际货币必须具备下列条件：一是能自由兑换成其他储备货币；二是在国际货币体系中占据重要地位；三是其购买力必须具有稳定性。而这些条件是以该货币发行国的经济实力为基础的。因此，不是所有以可兑换货币表示的资产都可以成为国际储备。

20 世纪 30 年代之前，英镑是全球的主要储备货币。30 年代，美元崛起，与英镑共同作为储备货币。二战后，美元成为唯一直接与黄金挂钩的主要货币，等同于黄金，成为各国外汇储备的主体。20 世纪 60 年代，随着美元危机的不断爆发，美元作为储备货币的功能相对削弱，国际储备货币出现了多元化局面。但美元仍是最主要的国际储备货币，处于多元化储备体系的中心。欧元诞生以后，其国际储备货币的地位逐渐增强(参见表 4 – 1)。

表 4 – 1   IMF 成员国官方持有各种主要货币在外汇储备总额中所占比重(%)

	1973	1980	1985	1987	1990	1994	1997	1999	2000	2002	2003
美元	84.6	66.8	55.3	67.1	49.4	55.7	57.1	68.4	68.2	64.5	63.8
英镑	7.0	3.0	2.7	2.6	2.8	3.3	3.4	4	3.9	4.4	4.4
马克	5.8	15.0	13.9	14.7	17.0	14.4	12.8	—	—	—	—
法国法郎	1.0	1.7	0.8	1.2	2.3	2.4	1.2	—	—	—	—
日元	—	4.4	7.3	7.0	7.9	7.9	4.9	5.5	5.3	—	4.8
欧元								12.5	12.7	18.7	19.7

资料来源：1973—1993 年数据来自《国际货币基金组织年报》和《国际清算银行第 62 届年报(1992)》；1993 年以后的数据均来自《国际货币基金组织年报》。

表 4 – 1 表明，IMF 成员国官方持有的主要储备货币中，美元仍是主体，占有绝对比

重，虽然 1990 年曾下降到 49.4%，但 1999 年又上升到 68.4%，2003 年仍达 63.8%；日元所占的比重在 1990 年为 7.9%，到 1999 年下降到 5.5%，2000 年进而降至 5.3%；英镑的比重 1990 年为 2.8%，到 1999 年上升到 4%，但 2000 年又降为 3.9%。1999 年欧元正式启动，欧元在各国外汇储备所占的比重达到 12.5%。2002 年末，在发达国家的外汇储备中，美元占 64.5%，欧元占 18.7%，日元和英镑的比重分别为 4.5% 和 4.4%；而在发展中国家的外汇储备中，美元占 60.8%，欧元占 16.9%，日元和英镑分别占 4.3% 和 5.9%。2005 年各国央行外汇储备总额增长至 2.89 万亿美元，与 2004 年相比，新增 2 498 亿美元，其中 1 326 亿美元为美元资产。2005 年，在各国外汇储备总额中，美元资产比例从 2004 年的 65.8% 下降至 64.7%，以欧元计价的储备上涨到 24.3%，另外两种重要的储备货币日元和英镑所占比例分别为 3.7% 和 3.6%。随着发展中国家储备的大幅增加，不确定构成的外汇储备规模也逐渐增加，2005 年所占比重为 33%。

由于外汇储备是国际储备中的主体，因此就全球而言，外汇储备供给状况直接影响世界贸易和国际经济往来能否顺利进行。供给太少，则国际清偿力不足，很多国家将被迫实行外汇管制或采取不利于国际经贸活动顺利开展的措施；反之，若供给太多，又会增加世界性通胀压力。因此，外汇储备的供应如何在总体上保持适度，是国际金融研究的重要课题之一。

（3）在 IMF 中的储备头寸

也称为普通提款权（General Drawing Rights），指在 IMF 普通账户中成员国可自由提取使用的资产，具体包括成员国向 IMF 认缴份额（Quota）中的外汇部分和 IMF 用去的本国货币持有量部分。

IMF 相当于一个股份制性质的储蓄互助会。当一国加入 IMF 时，须按一定的比例向 IMF 缴纳一笔钱，我们称之为份额。按照 IMF 的规定，认缴份额中的 25% 须以可兑换货币（国际储备货币或黄金）缴纳，其余 75% 用本国货币缴纳。前者在使用时条件最为宽松，在实践中只要成员国提出申请即可提用。储备头寸的后者（75%）部分再加份额的 25% 部分，为四档信用提款权，均为有条件的，档次越高，条件越高。各成员国都把它们在 IMF 的净储备头寸列为它们的官方储备资产。

（4）特别提款权（Special Drawing Rights，SDRs，SDR）

特别提款权是 IMF 为了解决成员国国际清偿力不足问题而于 1969 年 9 月在 IMF 第 24 届年会上创设的一种新的国际储备资产，其实质是用以补充原有储备资产的一种流通手段。

它根据参加国在 IMF 中的份额按比例进行分配，成员国可运用分配的特别提款权换成外汇用于弥补国际收支逆差，也可以直接用其偿还 IMF 的贷款。与其他储备资产相比，SDR 有着显著的区别：

①它不具有内在价值，是 IMF 人为创造的、纯粹账面上的资产。但它的价值相对来说

是比较稳定的。特别提款权于 1970 年首次发行,美国获得了 23% 左右,其他主要工业发达国家获得 61%,其余则归发展中国家所有。在创始之初,特别提款权的定价方法为:1 美元等于 1 特别提款权,或 35 特别提款权等于一盎司黄金。其后由于黄金非货币化及美元币值剧烈波动,IMF 采用一种加权平均方法来确定特别提款权的价值。从 1981 年起,IMF 选择了当时世界贸易中的 5 个主要国家(美、德、日、英、法),以 5 国各自对外贸易在 5 国总贸易中的百分比作为权数,分别乘以 5 国货币计算当日(或前一日)在外汇市场上对美元的比价,来确定特别提款权当天的美元价值,然后再通过市场汇率,套算出特别提款权同其他货币的比价。

②它不像黄金和外汇那样通过贸易或非贸易交往取得,也不像储备头寸那样以所缴纳的份额作为基础,而是由 IMF 按份额比例无偿分配给各成员国。

到目前为止,IMF 共分配了约 428 亿 SDR,其分配情况参见表 4 - 2。

表 4 - 2   特别提款权的分配情况

	数额(亿 SDR)	备注
第一期(1970—1972)	93.148	分三次分配
第二期(1979—1981)	121.182	三次分别向成员国分配了 40.327 亿 SDR、40.33 亿 SDR 和 40.525 亿 SDR
第三期(1997)	214	该年 9 月 IMF 提出第四次修订条款,建议一次发行 214 亿 SDR

关于 SDR 的分配有两点值得注意:一是分配总额占西方世界储备资产总额比重过低,从 1970 年的 3.4% 下降到 1998 年的 1.4%;二是分配极不均匀,根据 IMF 的份额成正比例分配,工业发达国家分到的 SDR 占绝对比重,达 81.2%,其中又以美国所占比重最大,达到 25%,而发展中国家分到的 SDR 较少。

③它严格限定用途,即只能在 IMF 及各国政府之间发挥作用,任何私人企业不得持有和运用,不能直接用于贸易或非贸易的支付。

2.借入储备

IMF 把已具有国际储备资产三大特性的借入储备统计在国际清偿力范围之内。借入储备资产主要包括:备用信贷、借款总安排、互惠信贷协议、本国商业银行的对外短期可兑换货币资产等。

(1)备用信贷(Stand - by Credits)

备用信贷,是一成员国在国际收支发生困难或预计要发生困难时,同 IMF 签订的一种备用借款协议。协议通常包括可借用款项的额度、使用期限、利率、分阶段使用的规定、币种等。协议一经签订，成员国在需要时便可按协议规定的方法提用，无需再办理新的手续。备用信贷协议签订后，成员国可全部使用，也可部分使用，甚至完全不使用。对于未使用部分的款项，只需缴纳 1% 的年管理费。凡按规定可随时使用但未使用的部分，计入借入储备。

备用信贷协议的签订，对外汇市场上的交易者和投机者具有一种心理上的作用，它一方面表明了政府干预外汇市场的决心，一方面又表明政府干预外汇市场的能力得到了提高。

（2）借款总安排（General Arrangements to Borrow，GAB）

借款总安排是另一种短期信贷来源。目前，借款总安排已成为 IMF 增加对成员国贷款所需资金的一个重要来源。IMF 提供贷款中介角色，但这种贷款设施并不能成为成员国扩大国际清偿力的永久源泉，一旦会员国归还贷款，国际储备仍回复到原来水平。

借款总安排最先于 1962 年由 IMF 同 10 个工业发达国家（十国集团，G10）设立一笔折合 60 亿美元的资金，由十国集团管理。基于成员国大量借款有可能耗尽 IMF 的资金，借款国可向 IMF 和十国集团同时申请，经十国集团的 2/3 多数和 IMF 同意，由 IMF 向有关国家借入，再转贷给借款国，借款期限为 3~5 年。1983 年 2 月，十国集团决定将该项借款总安排协定的资金增加到 170 亿 SDR（约 190 亿美元），并于 1984 年吸收瑞士作为集团的正式会员，同意沙特阿拉伯作为联系国，联系的信贷为 15 亿 SDR。

1997 年 1 月 IMF 决定再建立借款新安排的融资（New Arrangements to Borrow，NAB）方式，作为另一种中短期信贷资金来源，由 25 个参加国和地区（包括 G10、奥地利、丹麦、芬兰、卢林堡、挪威、西班牙、瑞士、澳大利亚、韩国、马来西亚、新加坡、沙特、科威特、泰国、中国香港）向 IMF 提供 340 亿 SDR，以辅助正规的份额资金，稳定国际货币体系。NAB 的借款程序与 GAB 相似，该两项借款安排的最高贷款额不能超过 340 亿 SDR。会员国申请借款，如 NAB 不能接受，则可转向 GAB 安排申请借款，凡参加国同意缴纳资金额占资金总额的 85%，即开始启动生效。借款总安排发展状况如表 4-3 所示。

表 4-3　借款总安排发展状况

	总额
1962 年 IMF 与 G10 设立	60 亿美元
1983 年 2 月 G10 增加资金	170 亿 SDR
1984 年瑞士加入，沙特阿拉伯成为联系国	185 亿 SDR
1997 年 1 月 IMF 决定再建立借款新安排,25 个参加国和地区提供资金	340 亿 SDR

（3）互惠信贷协定（Swap Arrangements）

又称互换货币的安排，也是借入储备的一种形式。它是国与国中央银行之间进行双边互借备用信贷的一种安排。具体是由两国中央银行相互开立对方货币的账户，并规定相互运用对方货币，在需要资金的情况下，可用本币换取对方货币，用以干预外汇市场，稳定货币汇率。这种互换货币的协定最初是 20 世纪 60 年代初期西方工业国家为缓和美元危机而进行的国际货币协作的一个内容，后来了就成为扩大借入的一种形式。一般在 3 个月后按原议定的汇率换回本币，归还借入货币。当借入对方货币时，借款国的国际储备增加，在归还对方货币，换回本币时，借款国的国际储备又恢复原状。

（4）本国商业银行的对外短期可兑换货币资产

本国商业银行的对外短期可兑换货币资产，尤其是在离岸金融市场或欧洲货币市场上的资产，虽其所有权不属于政府，也未被政府所借入，但因为这些资金流动性强，对政策的反应十分灵敏，故政府可以通过政策的、新闻的、道义的手段来诱导其流向，从而间接达到调节国际收支的目的。

二、国际储备的多元化及其经济影响

1. 国际储备多元化

国际储备多元化，是指各国的外汇储备从原来单一的美元储备改变为包括多种货币构成的外汇储备结构。

国际储备多元化是在深刻的历史背景下产生的。二战后，由于美国的经济实力，布雷顿森林国际货币体系赋予美元主要国际支付手段和储备货币的职能。但自 20 世纪 50 年代以来，美国开始出现持续的国际收支逆差，黄金储备流失，动摇了美元币值稳定的基础。而西欧各国随着经济的恢复，实力逐渐增强，放松了外汇管制，加快了货币的自由兑换和国际化步伐。20 世纪 60 年代，美元危机频繁爆发，特别是到了 20 世纪 70 年代，美元先后两次宣布贬值，使很多国家的美元储备蒙受相当大的损失。于是，它们纷纷抛售美元，买进升值的联邦德国马克、日元和瑞士法郎等硬通货，或抢购黄金，使储备资产分散化。而此时又正逢浮动汇率制取代固定汇率制，国际储备多元化乃逐步形成。

从 1973 年进入 20 世纪 80 年代初，美元汇率有所回升，一度成为硬通货，但 20 世纪 80 年代中期，美元汇率又转而下跌，汇率风险大增，储备货币多元化局面已不可改变。从前文表 4 – 1 可见，1990—2000 年 10 年里，世界外汇储备结构发生了明显的变化，其主要特点是，美元所占的比重大幅度上升，而日元的比重明显下降，欧元已成为第二大储备货币。据国际货币基金组织统计，1991 年，在世界各国的主要储备货币中，美元占 51.3%，1999 年这一比例上升到 68.4%，2003 年仍达 63.8%。这一方面是因为这期间美国经济持续繁荣，预示新经济时代的到来；另一方面由于习惯上人们长期使用美元，而且使用方便，美元仍然是最广泛使用的支付手段和计值单位。日元所占的比重从 1991 年的 8.5% 下降到 2000 年的 5.3%，英镑的比重维持在 3%~4% 之间。1999 年，欧元正式启动，在各国外汇储备中所占的比重即达到 12.5%，2000 年上升到 12.7%，尽管其汇率不断下降。2000 年，在发达国家的外汇储备中，美元占 73.3%，欧元占 10.2%，日元和英镑的比重分别为 6.5% 和 2%；发展中国家的外汇储备中，美元占 64.3%，欧元占 14.6%，日元和英镑分别占 4.4% 和 5.2%。总体上来看，无论是发达国家还是发展中国家储备资产持有的多元化和分散化特点已十分突出。

2. 国际储备多元化的经济影响

(1) 国际储备多元化的有利方面

①摆脱了对美元的过分依赖。由于国际储备多元化减少了对美元的过分依赖，从而减轻了维持美元汇率稳定的义务和压力，其次减少了因美国经济衰退和国际收支恶化而带来的消极影响。

②促进了各国货币政策的协调。在国际储备多元化的情况下，各货币发行国可以进行公平竞争，避免或减轻了在单一储备体制下货币发行国操纵或控制储备货币供应所形成的霸权主义，便于各国进行政策协调和主动选择所需的储备货币。

③有利于调节国际收支。在国际储备多元化的情况下，可以采取适当措施对本国的国际收支进行调节。而在单一储备体制下，为调节国际收支而采取变更汇率措施时，必须事先征得基金组织同意后才能实施。

④有利于防范汇率风险。在国际储备多元化的情况下，各国可以根据外汇市场变化，适当调整其外汇储备的货币结构，以防范或减轻外汇风险和损失。而在单一储备体制下，当单一货币宣布贬值时，必将遭受难以防范的损失。

(2) 国际储备多元化的不利方面

①加剧国际外汇市场的动荡。国际储备多元化以后，外汇市场上各种储备货币受储备需求和市场需求的影响，往往会引起更多的不稳定性。这种状况给外汇投机活动以可乘之机，从而进一步加剧外汇市场的动荡。

②增加了掌握储备数量和组合的难度。国际储备多元化以后，各储备货币发行国因为经济发展不平衡、储备货币持有国需求不一致，以及国际间经贸发展情况不同，都会影响储备货币地位的变化和汇率的涨跌，从而增加了掌握储备货币数量和组合的难度。

③加深了国际货币制度的不稳定性。目前国际储备制度的稳定是建立在多种货币稳定基础上的。由于当今世界还没有为储备多元化建立起权威的协调和约束机制，因此，当储备货币发行国中任何一国的经济发生波动时，都会影响其货币的变动，从而加深国际货币制度的不稳定性。

第三节　国际储备的管理

国际储备的管理是指一国政府及货币当局根据一定时期内本国的国际收支状况和经济发展的要求，对国际储备的规模、结构及储备资产的运用等进行计划、调整、控制，以实现储备资产规模适度化、结构最优化、使用高效化的整个过程，是国民经济管理的重要组成部分。国际储备的管理包括量的管理和质的管理两个方面。量的管理是指对储备规模的选择和调整，即通常所说的国际储备的规模管理或总量管理；质的管理是指对国际储备运营的管理，主要是其结构的确定和调整，也被称作国际储备的结构管理。其中规模管理又包括国际储备需求适度水平的确定和国际储备供给如何适应需求变化而增减两个方面。

一、国际储备的需求和适度规模

1.国际储备的需求

国际储备需求是指提供某些有价值的物以交换所需储备的意愿，这一定义可进一步引申为持有储备和不持有储备的边际成本二者之间的平衡。持有储备的净成本越高，实际的储备额就会降得越低。反之，实际的储备额就会升高。

2.影响一国国际储备需求的因素

影响一国国际储备需求的因素很多且很复杂，这里概括成以下几个方面：

第一，国际储备需求同国际收支调节密切相关。一方面国际储备需求受国际收支自动调节机制的影响，如收入机制、货币—价格机制、利率机制等，在调节机制不能得到充分运用时，国际储备的需求量就大。所以，调节机制越能顺利运行，国际收支失衡情况越轻缓，所需要提供的国际储备就越少。另一方面，国际收支逆差的规模与国际收支调节政策的效力与速度也是影响国际储备需求量的重要因素。一般情况下，国际储备需求同国际收支调节的规模和影响呈正相关，这决定于国际收支逆差的规模和逆差产生的频繁性。当一国国际收支不易失衡，且逆差数目较小，在不需调节经济的情况下，持有少量国际储备进行缓冲即可；而当一国国际收支长期处于较大规模的逆差状态时，采用融资政策进行调节（即动用储备和使用国际信贷），与采用支出政策调节总需求间具有一定的互补性和替代性。在逆差额既定的情况下，较多使用资金融通，便可较少使用需求调节，从而对国际储备的需求就会多些；反之，实行政策调节力度大、见效快，可较少动用储备，储备持有量可少些。

第二，持有国际储备的成本。我们知道，国际储备实际是对国外实际资源的购买力。它们若得到利用，就可以增加国内投资和加快经济的发展。因此，一国持有国际储备实际上是将这些实际资源储备起来，牺牲和放弃利用它们来加快本国经济发展的机会。这是一种经济效益的损失，是持有国际储备的机会成本，亦即使用国外实际资源的投资收益率的损失。它表明一国持有国际储备所付出的代价。同时，由于储备资产中在国外的银行存款和外国政府债券有一定的利息收益，因而，一国持有国际储备的成本便等于投资收益率与利息率之差。这一差额越大，表明持有国际储备的成本越高；差额小，则表明持有国际储备的成本低。受经济利益的制约，一国需求国际储备的数量会同其持有国际储备的成本成相反方向变化。

第三，汇率制度。储备需求同汇率制度有密切的关系。如前所述，国际储备的一大作用就是干预汇率。如果一国采取的是固定汇率制，并且政府不愿意经常性地改变汇率水平，就需要持有较多的储备以应付国际收支可能产生的突发性巨额逆差或外汇市场上突然爆发的大规模投机；反之，实行浮动汇率制的国家其储备的持有量就可相对较少。

与这一概念相关的是外汇管制情况。实行严格外汇管制的国家，储备保有量可相对较少；反之，则较多。

第四，金融市场的发育程度。发达的金融市场能提供较多的诱导性储备，这些储备对利率和汇率等调节政策的反应比较灵敏。因此，一国金融市场越发达，政府保有的国际储备便可相应越少；反之，金融市场越落后，调节国际收支对政府自有储备的依赖就越大。

第五，货币的国际地位。一国货币如果处于储备货币地位，它可以通过增加本国货币的对外负债来弥补国际收支逆差，而不需要较多的储备；相反，则需要较多的储备。

第六，国际资金流动情况。传统的衡量国际储备数量的主要分析手段是针对经常账户制定的，它们将国际储备的功能主要视为弥补进出口之间的差额。而在国际资金流动非常突出的今天，国际储备对国际收支平衡的维持作用更主要地体现在抵消国际资金流动的冲击上。一国对外开放程度越高，外汇管制越松，用于抵消国际资金流动冲击所需的储备就越多，特别是在不能有效、及时利用国际金融市场借入储备的情况下，自有储备的数量需求就大大增加；相反，一国所需的储备就可少些。

第七，国际货币合作状况。如果一国政府同外国货币当局和国际货币金融机构有良好的合作关系，签订有较多的互惠信贷备用信贷协议，或当国际收支发生逆差时，其他货币当局能协同干预外汇市场，则该国政府对自有储备的需求就少；反之，该国政府对自有储备的需求就大。

此外，一国承受国际收支政策调节的能力以及与之相关的政府采用政策调节的意愿，也会影响对储备需求的估计。如前所述，国际收支逆差的政策调节，往往会改变货币供应量、收入水平、就业水平等，带来调节负担。猛烈的调节还可能导致经济萎缩、失业猛增。因此，承受调节负担的能力，有时会严重影响一国对储备需求的判断。

综上所述，影响一国最佳储备需求量的因素很多，它们交织在一起，使最佳储备需求的确定复杂化。为了使各国能掌握储备需求的适度水平，不少学者提出了具体的测算方法。

3. 国际储备的适度规模及其测算方法

(1)国际储备适度规模的含义

关于国际储备适度规模的探讨,一些西方经济学家有过不少的论述,但至今储备适度规模的含义并不统一。弗莱明对国际储备适度性的定义是:储备库存量和增长率使储备的"缓解"程度最大化,则该储备存量和增长率就是最适度的[①]。这种储备"缓解"程度是指一国金融当局相信运用储备融通国际收支逆差而无须采用支出转换政策、支出变更政策和向外借款融资的能力。海勒则认为能使解决国际收支逆差所采取的支出转换、支出变更和向外借款融资政策的成本最小的国际储备量就是适度的国际储备需求水平[②]。巴洛针对发展中国家对适度储备增长率所下的定义是:在现有资源存量和储备水平既定的条件下,储备增长能促进经济增长率的最大化,则该储备的增长率就是适度的[③]。阿格沃尔认为,发展中国家适度国际储备是:储备持有额能使发展中国家在既定的固定汇率上融通其在计划期内发生的预料之外的国际收支逆差,同时使该国持有储备的成本与收益相等。由于国际储备作为一种资产,在调节国际收支和稳定汇率时,一方面具有持有储备的收益,另一方面又带来持有储备的机会成本,因此,弗莱明和海勒的定义偏重持有储备的收益最大化,即为应付国际收支逆差所必需的支出转移、支出削减和国外融资等政策的成本最小化。巴洛的定义则偏重持有储备的成本最小化(将储备资产用于国内的生产性投资,带来经济的充分增长),所以这些观点都失之偏颇。相比之下,阿格沃尔将持有储备的成本与收益相等作为一个标准,比较全面。

(2)有关适度国际储备需求水平测算的理论与方法

20 世纪 60 年代以来,随着国际经济的发展,国际储备在平衡国际收支、稳定汇率、提高国际借贷信誉等方面的作用日趋重要。1973 年,布雷顿森林体系崩溃,各国普遍实行浮动汇率制。由于浮动汇率受外汇市场供求关系影响,波动频繁,各国不得不进一步提高对国际储备规模的重视程度,从而促进了储备规模理论的发展。当前关于国际储备需求规模界定的方法和理论主要有以下几种:

1)比例分析法

西方经济学家在测算储备需求适度水平的问题上,曾倡导采用比例分析法。这种分析法是采用国际储备与其他一些变量的比例水平和变化情况,用以测算储备需求的最适度水平。

---

① Fleming J M. The Fund and International Liquidity. I. M. F. Staff Papers, 1964.

② Heller H R. Optimal International Reserves. The Economic Journal, 1966, 296 –311.

③ Balogh T. International Reserves and Liquidity. Economic Journal, 1960.

①储备/进口比例法。美国经济学家特里芬(Triffin R)在对大量历史统计资料进行数量分析的基础上提出比例分析法。1960 年他在《黄金和美元危机》一书中指出：若排除一些短期或随机因素的影响，一国的国际(外汇)储备与它的贸易进口额之间应保持一定的比例关系，这是衡量一国储备是否合理的最重要指标。

这一比例(可以 R/M 表示)以 40% 为标准，以 20% 为低限。按单位时间(月)进口额换算，应以满足 3 个月进口需要为标准；满足 2 个半月进口需要为最低限。不同类型的国家，由于经济发展水平和经济结构不同，这个指标的差别也较明显。对发达国家来说，由于经济发展水平高、经济实力及出口能力强，因此可保持较低的国际储备水平，经验数据表明发达国家平均国际储备水平相当于 2~3 个月的进口额。发展中国家的经济发展水平较低，出口能力也相对较差，因此国际储备水平应高一些，国际储备水平保持 4~5 个月的进口量。但是由于经济结构的差异(如石油输出国与非石油输出国)，应具体情况具体分析。

由于这种方法简单易行，迄今这一理论对于分析和界定各国的外汇储备规模仍然具有重要的参考价值。IMF 和世界银行以之为据，把能应付 3 个月进口额的储备水平视为发展中国家的理想水平。但 R/M 比例分析法毕竟只是一种粗略的测算，因为国际储备受多个变量的影响，单纯用 R/M 来测度有失偏颇，而且同一比例难以根据各国的具体情况来反应国际储备合理性。因此只可以作为参考，不能完全以之作为一国适度储备水平的依据，必须结合其他定量方法进行测算。

②储备/债务比例法。这是 20 世纪 80 年代中期兴起的一种反映一国对外清偿能力和资信的指标之一，这项指标是从满足国际社会对国内经济的要求角度设计的。

该理论认为外汇储备规模与外债规模之间应保持一定比例关系。一个国家债务总额越高，出口收益变动越大，经济调整越不灵活，国际信贷越难得到，它就越需要保持较多的储备。实际上，偿债能力除取决于国际储备外，还取决于出口能力以及重新举债能力等。对各国历史资料计量回归的结果认为这一比例应基本保持在 40% 左右，即外汇储备量约等于全部外债余额的 40%。这反映一国持有储备作为对外借贷的信用保证的作用在强化。为衡量一国的快速偿债能力，还可运用外汇储备与短期债务的比例进行分析，若该比例过低，则会打击外资信心，同时使延期还贷变得十分困难。1994 年，墨西哥此项指标仅为 20%，成为金融危机的重要表征。目前我国这一指标为 617%，远高于亚洲一些国家，说明我国短期债务得到良好控制，在相当长一段时期内不会对本国经济发展构成威胁，但该指标太高则表明外汇储备规模过于庞大。一般认为，当外汇储备超过短期外债余额的 2 倍时，国家将会因大量的资源闲置而蒙受经济损失。

2)机会成本理论

这一理论由阿格沃尔等一些经济学家于 1968 年提出。他们认为：持有外汇储备的机会成本就是国内的投资收益率。一国持有的外汇储备超过国家的需要，就意味着一部分投资和消费的牺牲。因此，一国的储备需求由其持有储备的边际成本和边际收益来决定。适度的储备规模应该是持有储备的边际成本和边际收益达到均衡时的数量。后来在这一理论基础上建立的海勒模型综合考察了以下诸因素：外汇储备变动平均数、持有外汇储备的机会成本、进口倾向、国际收支差额、逆差出现概率等。应用这一模型对中国外汇储备的估计量约为 700 亿美元。

3) 货币供给决定论

这是货币主义学派约翰逊等经济学家提出的。该理论从货币供应角度来界定适度的外汇储备规模。这种理论认为：国际收支不平衡本质上是一种货币现象，当国内货币供应量超过国内需求量时，多余的货币就会流向国外，从而引起现金余额的减少。所以，外汇储备需求主要由国内货币供应量的增减来决定。

4) 定性分析法

卡包尔和范等经济学家于 1976 年提出定性分析法。他们认为，影响一国外汇储备需求量的因素有六个方面：①储备资产质量；②各国经济政策的合作态度；③国际收支调节机制的效力；④政府采取调节措施的谨慎态度；⑤所依赖的清偿力的来源及稳定程度；⑥国际收支的动向及其经济状况。

尽管卡包尔和范未提出精确的定量模型，这种理论依然为各国界定其合理的外汇储备规模提供了有益的思考框架。

二、国际储备的供给及总量管理

一国对国际储备总量的管理，从根本上说，就是使国际储备的供应保持在最适度国际储备需求量的水平上。IMF 会员国的国际储备是由货币性黄金、外汇储备、特别提款权和 IMF 的储备头寸所组成的，其中，特别提款权、储备头寸是 IMF 根据各国份额予以分配的，一国无法主动增加其持有额。因此，一国国际储备供应的变动主要来自黄金和外汇储备两方面。从狭义上说，国际储备的供给及问题管理也就是适度外汇储备水平的管理。

1. 黄金储备

黄金作为一种重要的金融资产，在国际间仍存在着活跃的市场。对于储备货币发行国来说，通过用本国货币在国际黄金市场上购买黄金，可以增加其国际储备量，但对于占绝大多数的非储备货币发行国，由于本国货币在国际支付中不为人们所接受，在国际市场购买黄金只能使用国际间可接受的货币，即储备货币。这样国际储备总量并不因此改变，改变的只是外汇储备与黄金储备间的比例。一国只有用本国货币在国内收购黄金时，才会增加其黄金储备。这一作法称为"黄金的货币化"（Monetization of Gold），即将黄金从非货币用途转引至货币用途。黄金的非货币化（Demonetization of Gold）则正好相反。然而，通过黄金的货币化来增加国际储备量毕竟是有限的，因为一国私人持有的黄金量是有限的，而且黄金产量也受到自然条件的限制。事实上，世界各国的黄金储备基本上是保持稳定不变的。

2. 外汇储备

外汇干预是一国增加国际储备的主要渠道。当一国当局在外汇市场抛售本国货币，购入外国货币时，这部分新增的外汇就列入外汇储备；反之，当一国当局向外汇市场提供外汇时，本国的外汇储备就会下降。除了外汇干预外，一国货币当局还可以直接从国际金融市场或国际金融机构借入贷款来补充外汇储备。从根本上看，外汇储备增加的来源是国际收支盈余，其中经常账户盈余是更为可靠、稳定的来源，而来自资本账户盈余的新增外汇储备则具有借入储备的性质。值得注意的一个问题是，在国际收支差额与外汇储备之间，盈余国通过国际收支长期盈余既缓解了对外汇储备的需求，又积累了外汇储备，形成了新的供给；而赤字国一方面增加了对国际储备的需求，另一方面使外汇储备流失。国际收支差额对外汇储备供给和需求两方面的反悖制约是现行国际储备体制所面临的一个重大困境，是今后国际货币制度改革的一个重大问题。

对于主要的发达国家来说，它们大多是储备货币的发行国，现行的国际储备体制是十分符合它们的利益的。在外汇储备的需求方面，它们在国际商品市场上更易于成为盈余国，即使出现赤字，也可向发展中国家提供储备货币来"支付"其国际收支赤字而减少对储备的需求。在增加外汇储备的供给方面，它们也处于较为主动的地位，除了积累的国际收支盈余外，还有以下途径：①它们可主动通过互换货币相互提供外汇储备；②特别提款权是按照会员国份额来进行分配的，而份额的确定方法是有利于主要发达国家的。少数发达国家所占份额的比重一直高于 60%，而 100 多个发展中国家所占份额比重却只有 37.6%；③除了储备档份额资金外，构成一国净储备头寸的还有 IMF 用去的该国货币持有量。事实上，IMF 用来向其他会员国贷款的会员国货币都是发达国家货币，至于发展中国家货币一般不会被 IMF 使用；④发达国家很容易从国际金融市场筹借到资金补充国际储备。

对于发展中国家来说，它们均为非储备货币发行国，增加国际储备的主要途径是争取国际收支盈余。凡能够奖出限入的调整政策不仅会节省国际储备的使用，而且还可能会增加国际储备规模。但不同国家争取盈余的能力是有差别的。相对于发达国家而言，大多数发展中国家的调整余地十分有限。一方面它们的出口结构以初级产品为主，出口的供给与需求均缺乏弹性，贸易条件持续恶化，导致出口收入下降；另一方面，它们的进口又集中在生活必需品，或保证现在生产能力得以充分利用所必需的中间产品和原材料，以及提高生产能力促进经济发展所不可或缺的资本品上，其结果是存在进口刚性。这样，发展中国家面对其改变国际储备力量微弱的状况往往显得力不从心。总的来说，由于发展中国家存在结构性的巨额经常账户赤字，从国际金融市场筹借资金的途径有限，其国际储备需求面临强烈的下限约束。在国际收支调整能力又十分薄弱的情形下，发展中国家就普遍面临储备不足的窘况。

可见，在国际储备总量管理中，发展中国家与发达国家的处境形成了强烈的反差，这进一步说明了迫切需要国际储备的国家面临储备短缺，而不那么迫切需要国际储备的国家反而感觉储备过剩这种分布不均的情况。这正是现行国际储备体系的重大弊端。一些有识之士认为，要消除国际储备总量管理上的这种不对称现象，以保证世界经济体系正常顺利地运行，必须改变目前这种国际储备体制。一个根本的出路在于将特别提款权作为主要的国际储备资产，并改变现行的特别提款权分配办法。为此有三种具体做法可供选择比较：①调整份额以改变特别提款权的分配基础；②脱离份额，将特别提款权的分配与对发展中国家的援助直接挂钩；③近期较可行的是普遍增加特别提款权的分配总额。

然而，主要发达国家却以储备过多为借口多次否决了发展中国家提出的这类合理要求。20世纪70年代以来，世界国际储备确实以较快的速度增长着，但同时伴随的储备分配严重不均也是一个无可争辩的事实。"特别提款权联系"与其说是对发展中国家的"援助"，倒毋宁说是对现行储备体制下不合理状况的一种矫治，是对发展中国家在现行储备体制下所蒙受损失的一种补偿。何况在南北关系互相依赖加深的今天，解决发展中国家在国际储备总量管理中存在的困难，亦有助于世界经济的顺利发展，符合发达国家的长期利益。

三、国际储备的结构管理

1. 国际储备结构管理的必要性

一国对国际储备的管理，除了在量上将国际储备保持在最适度水平上外，还需要在质上拥有一个适当的国际储备结构。这是因为：①20世纪70年代以来，浮动汇率制与储备货币多元化局面形成，各种储备货币的汇率经常变动，有时变动幅度还很大，硬货币与软货币经常易位。②国际金融市场利率动荡不定，各种储备货币的利率时高时低。③黄金市场价格波动频繁。这就要求一国货币当局要不断调整其国际储备的结构。

2. 国际储备结构管理的基本原则

一国货币当局调整其国际储备结构的基本原则，是统筹兼顾各种资产的安全性、流动性与盈利性。安全性是指储备资产有效、可靠，价值稳定。流动性是指储备资产能随时转化为直接用于国际支付的支付手段，亦即随时变现，灵活调拨。盈利性是指储备资产的增值、创利。储备资产的安全性、流动性与盈利性往往互相排斥，具有负相关关系：储备资产的安全性与流动性越高，其盈利性往往越低，例如外币票据（支票、本票、汇票）；反之，亦然，例如外国政府债券。一国货币当局持有国际储备资产，要在安全性与流动性得到充分保证的前提下，求得足够高的盈利性。

3. 国际储备结构管理的内涵

由于普通提款权和特别提款权一国不能主动增减和进行调整，因而国际储备资产的结构管理主要是指黄金储备与外汇储备的结构管理、外汇储备的币种管理与外汇储备的资产形式的管理三个部分。

(1)黄金储备与外汇储备的结构管理

在当代,黄金由于不能直接用于国际支付,且金价波动较大,而使其流动性和安全性较低。此外,持有黄金既不能生息又需较高的仓储费,因而盈利性也较低。故此,许多国家对黄金储备采取了保守的、数量控制的政策。外汇储备在国际储备中居于绝对优势地位,其本身又有流动性和安全性的优势,盈利性一般也高于黄金储备。这使许多国家货币当局采取了减少或基本稳定黄金储备而增加外汇储备的政策。

(2)外汇储备的币种结构管理

外汇储备的币种管理包括储备货币币种的选择和安排、调整各种储备货币在外汇储备中的比重两个方面。

一国外汇储备中储备货币币种的构成及其结构主要取决于下列因素:①该国贸易与金融性对外支付所需币种。②该国外债的币种构成。③该国货币当局在外汇市场干预本国货币汇率所需币种。④各种储备货币的收益率。一种储备货币的收益率 = 汇率变化率 + 名义利率。要在对汇率走势进行研究的基础上,选择收益率较高的储备货币。⑤一国经济政策的要求。

在布雷顿森林体系于20世纪70年代瓦解后,美元的储备地位虽然削弱了,但仍是最主要的储备货币,多数国家都将美元作为其外汇储备的主体。这是因为,一方面美元仍是国际结算中使用得最多的货币;另一方面,美国的货币市场与证券市场最为发达,特别是美国政府每年发行巨额政府债券,为其他国家外汇储备的投资提供了便利和条件,因而美元是多数国家外汇储备中最主要的储备货币。除美元外,欧元、日元、英镑在各国的国际储备中均占有一定的比重。为分散风险,维持预期的收益率,各国货币当局都实行了储备货币的多元化管理。

(3)外汇储备资产形式的结构管理

外汇储备资产形式结构管理的目标,是确保流动性与盈利性的恰当结合。由于国际储备的主要作用是弥补国际收支逆差,因而在流动性与盈利性中,各国货币当局更重视流动性。按照流动性的高低,外汇储备资产可分成三个部分:

①一级储备,流动性最高,但盈利性最低,包括在国外银行的活期存款,外币商业票据和外国短期政府债券。其中,在国外银行活期存款,可随时开出支票对外进行支付,流动性最高。由于储备货币发行国一般都有发达的二级市场,短期政府债券和商业票据容易变现。但是,这些流动性很高的资产的盈利性却是比较低的。鉴于此,货币当局需根据季节或特定时期短期对外支付的需要安排一定数量的一级储备,但要控制其在储备资产中的比重。

②二级储备,盈利性高于一级储备,但流动性低于一级储备,如2~5年期的中期外国政

府债券。二级储备是在必要时弥补一级储备不足以应付对外支付需要的储备资产。准确预测短期对外支付的金额是难以做到的，任何一国货币当局必须持有一定数量的二级储备。

③三级储备，盈利性高于二级储备，但流动性低于二级储备，如外国政府长期债券。此类储备资产到期时可转化为一级储备。如提前动用，将会蒙受较大损失。一国货币当局可根据对外债务的结构持有一定数量的三级储备，并可提高持有外汇储备资产的盈利性。

国情不同，各国货币当局持有上述三级储备的结构也就互不相同。一般说来，国际收支逆差国须在其储备资产中保留较大比重的一级储备，而顺差国则保留较小比重的一级储备和较大比重的三级储备。

第四节　我国的国际储备

1979 年以后，随着开放政策的深入贯彻，对外经济交往在国民经济中的作用和地位不断提高，我国对外贸易和利用外资的数额及国际储备出现了前所未有的增长，国际储备问题日益重要。同时，金融外汇体制的改革也给我国国际储备及管理带来了新的问题。

一、我国国际储备的构成及特点

我国于 1980 年正式恢复了在 IMF 和世界银行的合法席位，和世界大多数国家一样，目前我国的国际储备资产同样由黄金、外汇储备、特别提款权和在 IMF 的储备头寸四个部分组成。由于我国在 IMF 中所占份额较低，特别提款权和储备头寸仅占我国国际储备的极小比例。在储备资产管理中，这两类资产各国都无法主动调整。整体来看，我国国际储备呈现以下特点：

1. 黄金储备的数量稳定

我国实行的是稳定的黄金储备政策，一定时期内的黄金储备数量也是比较稳定的。从改革开放以来到 1998 年，我国的黄金储备，除 1979 年和 1980 年为 1 280 万盎司外，其余年份均为 1 267 万盎司。不过，近年来，我国黄金储备有所下降。

2. 外汇储备的增长既迅猛又曲折

在 1979 年至 1992 年间，我国的外汇储备由国家外汇库存和中国银行外汇结存两部分构成。国家外汇库存，是指国家通过中国银行兑进与卖出外汇相抵后的余额。中国银行外汇结存，实际是中国银行的运营资金，即中国银行的自有外汇资金，加上它在国内外吸引的外汇存款与对外借款，再减去它在国内外的外汇贷款与投资之后的余额。国家外汇库存实际是我国货币当局持有的对外债权，而中国银行的外汇结存则实际是该行的对外负债。这与 IMF 的统计口径有差距，因为一般国际上在计算一国的外汇储备时，通常不包括国家指定的商业银行在经营外汇业务时所形成的营运外汇结存，其原因在于这些国家的货币当局对这部分外汇资金无权进行无条件的使用。

从 1983 年起，我国开始对外公布国家外汇储备数额。由于处于改革开放初期，我国对外贸易"量入为出"，出口额较小，进口也受到严格限制。当时，人民币牌价由官方决定，无须干预外汇市场，因此外汇储备规模很小。1980 年，国家外汇库存亏空 12.96 亿美元，中国银行外汇结存也只有 35.58 亿美元，其中主要是吸收国外存款，本质上属于对外负债。整个 20 世纪 80 年代，国家外汇储备虽然时有波动，但从未超过 100 亿美元。

从 1993 年起，为与 IMF 统计口径接轨，我国将外汇储备的统计口径改为仅指国家外汇库存。通过表 4-4 可以看到，1991—1993 年我国外汇储备规模略有减小，其原因正在于此。

1994 年初，我国外汇管理体制进行了重大改革：取消了企业外汇留成，实行了银行结售汇制度，实现了汇率并轨，建立了银行间统一的外汇市场。外汇储备数量随之大幅度增长，从年初 212 亿美元激增至年末 516 亿美元，一年内增长 140%，净增 304 亿美元。

在 1995 和 1996 两年度中，尽管政策变动因素逐步减弱，但储备涨势依然强劲。在此期间，我国国际收支持续大量盈余，国家外汇储备接连突破 700 亿和 1 000 亿美元，成为仅次于日本的外汇储备大国。

其后受亚洲金融危机影响，加之出口增长缓慢，利用外资增速放缓等多种因素的影响，1998—2000 年间我国外汇储备进入了一个缓慢增长时期，三年总计仅增加 257 亿美元。2001 年以来，受中国预期入世以及最终入世的影响，加之中国开放步伐不断加快，人民币预期升值等因素的影响，我国利用外资量、进出口总额等同比出现较大幅度的增长，外汇储备于 2001 年突破 2 000 亿大关，2007 年底达到 15 282.49 亿美元，逐年增长情况参见表 4-4。

表 4-4　中国外汇储备统计表　　　　　　　　　　　　单位：十亿美元

年份	1980	1981	1982	1983	1984	1985	1986	1987	1988	1989
金额	-1.296	2.708	6.986	8.901	8.22	2.644	2.072	2.923	3.372	5.55
年份	1990	1991	1992	1993	1994	1995	1996	1997	1998	1999
金额	11.093	21.712	19.443	21.199	51.62	73.597	105.04	139.89	144.959	154.675
年份	2000	2001	2002	2003	2004	2005	2006	2007		
金额	165.574	212.165	286.407	403.251	609.932	818.872	1 066.344	1 528.249		

资料来源：国家外汇管理局网站统计数据与报告（http://www.safe.gov.cn/model_safe/＝中国历年外汇储备）。

3. 在 IMF 中的储备头寸和 SDR 在我国国际储备中不占重要地位

这是因为，其一，外汇储备在我国国际储备中占有特别重要的地位，1995 年 6 月所占比重高达 96.5%；其二，我国经济实力不够强大，向 IMF 缴纳的份额也不多，从而决定了我国持有的储备头寸与分配的 SDR 数量均不大。这两项资产在我国国际储备总额中所占比重，1995 年 6 月仅为 2.4%。2001 年 2 月 5 日，IMF 通过决议，将中国份额增至 63.692 亿特别提款权，占总份额的 3%，在所有 183 个成员国中排名第 8 位。但由于外汇储备也在增长，因此所占比重依然没有提高。

4. 我国国际储备的作用正日益全面化

长期以来，我国国际储备的作用只限于弥补国际收支逆差和充作偿还外债的保证，而不具有充作干预资产的作用。1994 年 1 月 1 日开始，我国实行以市场供求为基础的、单一的、有管理的浮动汇率以后，中央银行通过向外汇市场吞吐外汇，来保持人民币汇率的基本稳定。如 2003 年 1—2 月，人民银行每个交易日平均买进 7.2 亿美元。这表明，我国的国际储备也具有了充作干预资产的作用。而当前巨额的外汇储备，也增强了人民币汇率稳定的预期。

二、我国国际储备的规模管理

根据国际储备管理的普遍原理，我国国际储备的规模管理，就是确定我国国际储备的适度规模并把国际储备控制在这一规模。理论上，国家外汇储备规模由外汇储备的需求与供给两方面决定。

由于我国国际收支中双项顺差（尤其是资本项目顺差）的持续性，外汇储备供给在相当长一个时期内是绝对充裕的。我国外汇储备供给曲线呈水平走势，即在外汇储备价格（相当于国内投资收益率）不变的情况下，外汇储备供给可以持续增加。而外汇需求又处于动态的发展进程中。整体来看，一些学者认为，我国应该持有较大规模的外汇储备，而另一些学者认为，我国外汇储备已过多。较为全面地考察我国国际储备的适度规模，要考虑如下问题：

1. 在今后相当长的一段时期内，我国的外汇储备将保持较高水平

我国现行的有管理的浮动汇率制度虽然改变了过去钉住汇率式的固定汇率制下汇率难以针对我国国际收支的日常变化作自动经常性调整和浮动的状况，但由于外贸在我国经济发展中占有重要位置，而汇率水平对外贸的影响又较大，故相当长的时期内，我国将努力维持一个合理且相当稳定的汇率水平。

随着中国国际地位的不断提高及中国出口贸易的不断发展，加之外资进入中国的数量呈快速增长趋势，人民币面临的升值压力愈来愈大，人民银行通过外汇市场干预汇率的可能性亦大幅度增加，从而外汇储备增加的趋势亦将维持一段时间。若人民币完全自由兑换后，在升值压力加大的情况下，人民银行通过外汇市场购进的外汇亦可能大幅度的增加，从而为外汇储备的增加提供了市场基础。

2. 中国外汇储备的合理规模是一个动态概念

外汇储备的合理规模随着国家宏观经济运行相应变化。每年进口额、外债余额和对外直接投资（FDI）余额各自不同，导致外汇储备规模的基准值不断变动。实际上，对不同国家而言，由于其货币在不同国家的地位不同，以及所采取的汇率制度、面临的问题不同，外汇储备的合理规模也不尽相同。就日本而言，日元升值使其面临巨大压力，日本货币当局频频干预外汇市场，导致其储备迅猛增长，即便日元是世界上的主要储备货币，其外汇储备量在相当长时期内也是高居世界首位，远超过同层次的德国。而美国却仅有与其经济实力不相称的少量外汇储备①。

我国开放程度不断提高，经济规模与经济实力亦不断扩大，加之还处于市场经济发展与完善时期，因此，需要从动态的视角来看待中国的外汇储备。

3. 中国持有较大规模的外汇储备有利于经济发展

一是因为我国国际收支的不稳定性需要较高的外汇储备。1980年以来，我国的国际储备总体上做到了"收支平衡，略有节余"，这在一定程度上说明我国没有必要维持太大的国际储备。但是，作为国际收支经常项目主要收入来源的外贸出口结构仍然十分不合理，出口产品仍然属于附加值较低的初级加工品和初级制成品，这些产品在国际市场竞争能力受到很大的限制。而且，长期以来我国产品价格较低，这一方面使我国产品频频遭受到反倾销投诉，另一方面，即使出口量巨大，但是盈利率却保持较低水平。同时，在外贸进口中，生产资料占主要地位，尤其是能源（石油）的进口，占了较大的比重，从而使我国进口呈现出刚性。如2003年由于受中东局势影响，石油价格大幅度上涨，我国外贸一度出现逆差。随着中国经济的发展，能源进口将继续上升，而国际市场能源价格涨落不定，限制了我国对国际收支经常项目不平衡的调节能力，将更多地求助于资本项目和动用国际储备进行综合调节。因此，在我国外贸结构尚未发生根本性改善之前，保持较高的国际储备水平是必要的。

二是为吸引外资，维持人民币汇率的稳定，需要较高的国际储备水平。目前利用外资在经济发展中占有重要的地位。为增强外资的信心，维持人民币汇率的稳定成为较为迫切的任务，而保持稳中有升的人民币汇率，显然有利于外资的流入。随着资本市场的逐步开放，QFII（Qualified Foreign Institution Investor，合格的境外机构投资者）制度的推行，外资流入中的游资（短期资本）部分将增加，这部分资金可能对我国经济造成重大影响。这就决定了我国在制定今后的国际储备政策时，必须考虑到上述不利的影响，适当增加国际储备

---

① 这主要是因为，美元是世界性货币，在全球外汇储备中所占比重最大。

数量。

三是为了祖国的完全统一，需要较高的国际储备。香港回归之后，维持香港金融中心的繁荣稳定，既是一个经济问题，也是一个政治任务。香港与内地经济金融联系日益紧密，保持良好的国际收支状况，维持人民币汇率的稳定对于香港联系汇率的稳定是至关重要的。当金融市场出现剧烈动荡时，中央政府应香港特区政府要求可进行直接干预，这就要求有充足的国际储备储备做后盾。如1997年、1998年香港面临投机者的巨大冲击，祖国内地巨大的外汇储备在市场心理上为港币提供了有力的保证。

此外，随着经常项目管制的大幅度放松乃至取消，资本项目也在逐步放松管制，这使我国国际储备的需求不断增加。虽然我国已多次表示，人民币自由兑换没有时间表。但从长远发展来看，人民币自由兑换是大势所趋。由于我国是发展中大国，人民币的国际化将使我国面临许多未曾遇到的经济问题，高的外汇储备持有量有助于人民币自由兑换的顺利实行。

4. 不能低估国际储备过高的负面影响

我国是一个发展中国家，目前面临的主要任务是加速经济发展。对于发展中国家而言，保持较大规模的国际储备等于放弃了相应的投资和消费需求，因而持有国际储备的机会成本比发达国家高，而国际储备对国际收支调节的边际效用却逐渐降低。因此，不适当地盲目扩大我国国际储备规模，不仅会增加持有储备的机会成本，而且会在一定程度上限制我国经济的发展，同时世界主要储备货币币值的大幅度波动亦增大了我国的外汇储备风险。

在亚洲金融危机后，浮动汇率成为主流。虽然1976年牙买加协定已经确定了全球实行浮动汇率的格局，但真正大规模实行浮动汇率则是在这次危机之后。

亚洲金融危机带来了一个非常重要的教训：在金融全球化的背景下，当一国运用外汇储备来干预汇率时，如果它遇到强大的国际投机资本的冲击，则任何一个国家都可能无法抵御。

比如泰国，危机之前它拥有300多亿美元的外汇储备，相对于它的经济规模来说，这已经算是非常大了。但当泰铢遭遇国际投机资本冲击时，泰国央行动用了这笔钱来试图维护其固定汇率体系，结果，在一个月左右的时间里，这笔外汇储备就花得所剩无几，而泰铢一路下泻的趋势丝毫没有改变。

在韩国、阿根廷、巴西等国，都看到了类似的情况：当外部冲击发生时，货币当局都想通过抛售外汇来维持本国货币的稳定，而结果都是宝贵的外汇被花光了，本币却依然下跌不止。

因此，要动用外汇储备来干预外汇市场以稳定汇率，也不一定可行。高的外汇储备未必就能有利于长远的发展目标。从理论上说，在浮动汇率制下，由于没有了干预外汇市场的需要，各国已经不必为维持汇率制度稳定而保有大量外汇储备。

总之，国际储备的适度规模是一项动态指标，其具体数量取决于一个国家不断变化着的国际收支的实际运行状况及决定国际收支变化的一切因素。故在考察和确定特定时期我国国际储备的适度规模时，必须充分考虑到同期我国国际收支的运行状况及其变化趋势。

三、我国国际储备的结构管理

1. 管理的对象

我国的国际储备包括黄金储备、外汇储备、SDR 和在 IMF 中的储备头寸，其中黄金和外汇储备是我国国际储备的主要构成要素。我国国际储备结构管理的对象主要是黄金、外汇、SDR 和在 IMF 中的储备头寸四个部分之间的构成比例和运行安排问题，但外汇储备的管理是结构管理的核心。在 1993 年前，我国的外汇储备由国家外汇库存和中国银行外汇结存两部分构成。1993 年起，为与 IMF 统计口径接轨，我国将外汇储备的统计口径改为仅指国家外汇库存。因此，当前我国外汇储备结构管理的对象主要是指对外汇库存的管理。

我国目前执行的是较为严格的结汇、售汇制，这使我国外汇储备结构管理有一定特殊性。按现行的外汇管理规定，我国绝大部分的贸易、非贸易外汇收支必须直接通过国家办理。在这种结汇制度下，我国外汇储备中的国家外汇库存部分实际上是我国国际收支的结余，它的变化包含了国家主动的对外汇储备的调节以及收汇用汇部门被动的经常性外汇收支变化两个方面的因素，即我国经常性外汇收支的变化，直接表现在外汇储备数量的增减上。受经常性外汇收支变化因素的直接作用，我国外汇储备的变化幅度一直较大，国家主动调节的余地则较小。相对而言，西方国家没有严格的外汇管制，也不实行国家结汇制度，其收汇用汇经常性的外汇收支，一般是通过国内商业银行进行的，结余并不构成国家外汇储备。这些国家的外汇储备通常是指官方持有的、用于调节国际收支逆差的官方储备，其变化与国际收支差额没有直接的因果关系，而是由官方主动调节的结果。

2. 管理的内容

（1）外汇储备的安全性管理

主要是指为了防止外汇储备所面临的各种风险和实现外汇储备的保值而对以货币形式和投资形式所持有的外汇储备资产的币种结构进行管理。

（2）外汇储备的流动性管理

主要是指为了保证国际收支的正常进行，同时防止外汇储备所面临的短期风险，而对各种形式的外汇储备资产期限结构进行组合管理。这主要指外汇债券的期限结构和外汇存款的期限结构管理，以及在总体外汇储备资产币种结构一定的条件下，根据我国国际收支的变动情况、国际贸易方向和国际金融市场的变化，对储备资产的币种结构和债券－外汇存款结构进行适当的调整。

（3）外汇储备的盈利性管理

主要是指在确定外汇储备总的币种结构和期限结构时，通过对外汇储备资产的各种形式（债券投资或存款）的收益率或利率进行分析比较，在保证外汇储备所必要的安全性和流动性的基础上，适当考虑储备资产的收益结构或利率结构，使外汇储备资产能够在保值的基础上实现一定的盈利。

外汇储备的投资性运用问题在国际上已经成为一门新的学问。现在已经有 20 多个国家索性就把自己的外汇储备交给美林、高盛这样信誉卓著的大公司来操作运营。

3. 外汇储备结构管理的原则

（1）币种多元化分散风险

必须保持多元化的货币储备，密切注意汇率变动的趋势，随时调整各种储备货币的比例，以分散汇率变动的风险。2001 年以来，我国逐步加大了欧元在外汇储备中的比重，即是主动分散汇率风险的措施，而 2002 年以来欧元的逐步升值，也证明了这种选择的明智。

（2）与所需相匹配

根据支付进口商品所需货币的币种和数量，确定该货币在储备中所占的比例。

（3）资产的安全性、收益性、流动性相结合

在选择储备货币的资产形式时，既要考虑它的收益率，又要考虑它的流动性和安全性。

4. 我国国际储备结构管理中存在的问题

（1）进行管理决策时，全面性、系统性欠缺

我国货币当局对国际储备、国际收支、对外贸易和对外举债之间的关系尚缺乏完整性和系统性的认识，在进行国际储备管理决策时，往往只抓住某一点，而忽视其余的方面。具体地说，决策部门往往只重视对外贸易而忽略了其他三个部分。同时，在管理中过分强调行政手段。

（2）币种结构管理相对单一

在确定外汇储备时，虽然采取的是一篮子货币法，但在具体操作中，由于受"购买力平价论"的影响，在选择货币的币种结构时，往往忽视诸如出口收汇及非贸易外汇收入的主要货币的比重、进口用汇及偿还外债的支付货币比重等因素的作用。这种单从购买力决定汇率的角度出发所选择的外汇储备的币种结构，往往脱离我国国际收支的实际状况，造成我国外汇储备币种结构一定程度上的不合理，即美元所占比重太大，我国外汇储备面临的美元波动的风险较大。

（3）多元化的管理机构影响了效率

我国的 SDR 和储备头寸一直由中国人民银行国际司的国际货币基金组织处管理，黄金管理由人民银行黄金管理司负责。而外汇管理局则代管国际外汇储备和外汇移存事宜。

于是出现了如下情况：国家外汇管理局储备处掌握着国家每年出售黄金所得款项和各专业银行移存过来的外汇额，而中国银行仍掌握国家外汇储备的主要部分，二者共同管理国家的外汇储备。因此，中国目前还不存在统一的储备管理机构，使各类的管理缺乏协调性。例如，外汇储备的经营应与黄金储备的经营紧密结合起来，随市场金价与汇价的变动，适时地调整外汇与黄金的比例，达到资产保值和盈利的目的。而国际市场瞬息万变，各类资产管理之间缺乏统一协调，这必然会延误时机。

（4）风险防范技术落后

如20世纪80年代，由于国际市场汇率波动较大，中国的保值与风险防范技术又不完善，曾蒙受不小的损失。以1985年9月为例，西方五国在纽约集会，决定联合干预市场，迫使美元汇价下跌，但由于中国出口收汇结存大部分为美元，而进口付汇的相当一部分使用日元强币，致使中国蒙受巨额损失。1998年日元先贬后升，我国没有进行有效的风险防范，致使外汇储备又一次遭受了较大的损失。

此外，我国在外汇储备管理上还存在着其他一些问题，如缺乏完善的外汇储备调整机制，缺少对外汇储备币种结构的必要的管理手段，缺乏专门的国际储备经营管理人才等。

5. 我国国际储备结构管理的改革措施

（1）强化中央银行对国际储备的管理职能

经过几年的改革，我国外贸体制和金融体制都发生了很大的变化，国际储备多头管理体制已不适应经济发展的需要。其一，我国已取消了外汇留成制度，实行结汇、售汇制度；其二，随着专业银行的商业化和专业银行业务交叉的发展，各专业银行和非银行金融机构开始办理外汇业务，致使我国的外汇资产、外汇业务不断分散化，中国银行已无法管理国家外汇经营业务。而人民银行行使其中央银行的职能后，成为我国的货币管理机构，行使货币和金融方面的管理权和调控权。外汇储备资产管理权限，理应由中国人民银行统一行使，这也是向国际惯例靠拢的必然举措。

现阶段，可以考虑由人民银行成立"国际储备处"或类似机构，将一切储备资产均纳入同一机构，集中管理，以便强化中央银行对国际储备的管理职能，加强对国际储备的总量控制和宏观调控，更好地实现国际储备职能。

（2）具体划分国家外汇结存中实际外汇储备和经常性外汇收支之间的界限

通过建立外汇储备账户和经常性收支账户，将目前外汇结存中用于经常性外汇收支的部分列入经常收支账户，经常性的外汇收支均通过该账户进行，而将外汇结存中比较稳定的部分列入外汇储备账户，只有在弥补国际收支逆差或进行市场干预时所运用的外汇，才通过该账户进行。

（3）以国家的外汇库存为核心，逐步建立国家外汇储备基金

建立外汇储备基金的目标额根据每年国家的经济状况和发展规划进行预测，保持相对

稳定。如果当年末实际储备额超过下一年度预计的储备基金目标额，则超出部分由人民银行纳入下一年度的外汇信贷计划；如果储备不足，则需采取措施给予补足。

（4）逐步制定颁布国家国际储备管理的有关法规、法令，使国际储备管理走上有法可依、有章可循的健全轨道

扩大各种经济杠杆的范围和程度，加强法律手段的运用，减少行政手段的使用。同时，注重进行各种人员培养、培训、轮训，努力提高国际储备经营管理人员的素质，提高国际储备经营管理水平。

本章小结

1.国际储备是一国货币当局为弥补国际收支逆差、维持本国货币汇率稳定以及应付各种紧急支付而持有的、能为世界各国所普遍接受的资产。与国际储备相关的一个概念是国际清偿力。通常所讲的国际储备是狭义的国际储备，即自有储备，国际清偿力是广义的国际储备，是一国的自有储备和借入储备之和。世界各国均持有一定数量的国际储备，从一国来看，国际储备的来源有以下几条渠道：经常项目顺差、中央银行在国内收购黄金、中央银行实施外汇干预政策时购进的可兑换货币、一国政府或中央银行对外借款净额、国际货币基金组织分配的特别提款权。从世界角度看，国际储备主要来源于：①黄金的产量减去非货币用黄金；②基金组织创设的特别提款权；③储备货币发行国的货币输出。

2.广义的国际储备由自有储备和借入储备构成，自有储备包括货币性黄金、外汇储备、在 IMF 的储备头寸和特别提款权四种形式；借入储备由备用信贷、借款总安排、互惠信贷协议和一国商业银行的对外短期可兑换货币资产组成。由于资本主义发展的不平衡规律，国际储备货币出现了多元化局面，对世界经济的发展既带来了有利的一面，又产生了诸多的负面影响。

3.国际储备的管理包括量的管理和质的管理两个方面，其中量的管理又包括需求和供给两方面。需求管理反映的是一国持有储备资产的愿望，其核心是确定适度的储备需求水平，这既要综合考虑影响一国国际储备需求的各种因素，如一国的国际收支调节机制、持有储备的机会成本、汇率制度的安排、金融市场的发达程度等因素，又要配合运用各种测算储备水平的方法。国际储备的供给管理，从根本上说，就是使国际储备的供应保持在最适度国际储备需求量的水平上。国际储备质的管理即国际储备的结构管理，主要是指黄金储备与外汇储备的结构管理、外汇储备的币种管理与外汇储备的资产形式的管理三个部分。一国进行国际储备资产的结构管理时应以统筹兼顾各种资产的安全性、流动性与盈利性为基本原则，重点在于外汇储备的币种管理与外汇储备的资产形式的管理。

4.我国的国际储备资产由黄金储备、外汇储备、特别提款权和在 IMF 的储备头寸四个

部分组成,外汇储备在我国储备资产中比例占绝对优势。我国储备资产的管理也包括规模管理和结构管理两个方面,其中规模管理由国际储备的需求和供给共同决定。目前我国国际储备的供给相对充裕,我国的实际情况也要求持有较高水平的国际储备量。但国际储备的适度规模是一项动态指标,在考察和确定特定时期我国国际储备的适度规模时,必须充分考虑到同期我国国际收支的运行状况及其变化趋势。在储备资产的结构管理方面,我国目前还存在较多的问题,需要进一步改进。

本章重要概念

国际储备 国际清偿力 外汇储备 特别提款权 备用信贷 借款总安排 互惠信贷协定 国际储备需求 国际储备的适度规模 储备进口比例法

复习思考题

1. 试比较国际储备与国际清偿力两者的异同点。
2. 简述一国国际储备的来源。
3. 一国国际储备一般由哪些部分构成?
4. 什么是国际储备的多元化,国际储备多元化对世界带来什么影响?
5. 影响一国国际储备需求的因素主要有哪些?
6. 国际储备结构管理的原则与内容是什么?
7. 联系我国实际,分析我国外汇储备的适度规模。
8. 我国国际储备结构管理中存在哪些问题,如何改革?

案例分析

中国外汇储备管理

外汇储备是我国国际储备资产的主体,约占整个国际储备额的90%以上。2006年底,我国外汇储备就已经达到1万亿美元,超过日本成为世界第一大储备国。截止到2008年9月底,外汇储备余额已经达到1.9056万亿美元,超过了世界主要七大工业国(G7)外汇储备规模的总和。据英国《金融时报》报道,目前中国约70%的外汇储备为美元计价资产,中国外汇储备正引起世界各国的关注,其数量、结构和比例也成为各方争论的焦点。外汇储备的快速增加及其庞大的规模,使得我国外汇储备管理的思路和政策出现了重大转变。

一国外汇储备的管理有其基本原则:在保证安全性、流动性的基础上,尽可能提高本国储备资产的收益率。2000 年以前，我国由于外汇储备数量并不大，因此管理重点主要是追求安全性与流动性，将外汇储备资产主要配置于美国的银行存款和低风险的美国国债。但近年来外汇储备管理已经逐步从追求安全性、流动性的保守管理走向追求收益性的积极管理。2007 年 9 月 29 日，注册资本金高达 2 000 亿美元的中国投资有限责任公司成立，该公司承担着深化外汇投资体制改革、拓展国家外汇储备的运用渠道等责任，中投公司的成立是我国外汇储备管理追求收益性的明显标志。

此外，中国的外汇管理在资本项目下逐步开放市场，放宽了对境内机构和个人外汇收支活动，比如放宽合格境内机构投资者（QDII）投资主体、投资品种、投资市场及购汇限制，允许符合条件的信托公司开展受托境外理财业务，放宽境内企业使用外汇对外直接投资，支持企业"走出去"，并且逐步放宽居民个人用汇的额度，将个人年度购汇总额提高至 5 万美元。2007 年全年个人购汇 425 亿美元，比上年增长近 3 倍，其中购汇用于投资的比重从上年的 2% 大幅上升到 37%。

虽然我国的外汇储备管理不断创新，但是我国外汇储备还存在来源结构不平衡（主要为国际收支顺差）、币种不平衡（美元所占比例过大）和成本收益不平衡（收益率低、机会成本大）等问题，需要在实践中不断摸索解决之道。

（资料来源：搜狐财经，http://business. sohu. com/20081016/n260075309. shtml）

思考：

1. 2006 年底，我国外汇储备已经达到 1 万亿美元，超过日本成为世界第一大储备国，2008 年我国的外汇储备余额超过了世界主要七大工业国（G7）外汇储备规模的总和，中国为什么要保持数额庞大的外汇储备，储备总额中 70% 的美元资产是否合理？

2. 中国持有数额庞大的外汇储备会产生哪些机会成本？

3. 近年来我国外汇储备管理出现了什么新的变化，有效防范外汇汇率波动的风险有助于提高我国储备资产的收益率，我国外汇管理机构和外汇交易市场为此需要进行哪些改革？

第五章 国际金融市场

本章重点：国际金融市场的概念与分类；国际货币市场的内容与构成；国际资本市场的概念与构成；国际信贷市场的主要类型；国际债券市场的类型与方式；国际股票市场的分类与发展趋势；欧洲货币市场的概念与分类；欧洲货币市场及其作用；金融衍生工具的类型及其发展趋势。

第一节 国际金融市场概述

一、国际金融市场概念和分类

在国际经济领域中，国际金融市场的作用十分重要，商品与劳务的国际性转移、资本的国际性流动、黄金的输入输出以及国际货币体系运转等各方面的国际经济交往都离不开国际金融市场。国际金融市场上新的融资手段、投资机会和投资方式层出不穷，金融活动也凌驾于传统的实体经济之上，成为推动世界经济发展的主导因素。

国际金融市场（International Financial Market）是非居民可以参与的国际货币资金借贷和交易市场，是国家间进行资金融通的场所。国际金融市场的概念有广义和狭义之分：广义的国际金融市场是指在国际范围内，运用各种现代化的技术手段和通信工具，进行资金融通、证券买卖及相关金融业务活动的场所或网络，包括国际货币市场、国际资本市场、国际外汇市场、国际黄金市场以及金融衍生工具市场等；狭义的国际金融市场则仅指从事国际资金借贷和融通的场所或网络，因而又称为国际资金市场（International Capital Market）。

国际金融市场可以是有形的市场，它作为国际性金融资产交易的场所，通常是国际性金融机构聚集的城市或地区，也称为国际金融中心。有形的国际金融市场遍布于北美、欧洲、亚太、中东和拉美及加勒比海地区，其中既有传统意义上的国际金融中心，也有新型的离岸金融中心，拥有相当数量的具体市场如证券交易所、期货交易所等，交易非常活跃。国际金融市场也可以是无形的，由各国经营国际金融业务的银行、非银行金融机构或跨国公司在国际范围内进行资金融通、有价证券买卖及有关的国际金融业务活动，通过电话、电传、互联网等现代化的通信设施相联系的网络体系完成交易。

按照交易发生主体的不同，国际金融市场可以分为传统的国际金融市场和新型的国际金融市场。

传统的国际金融市场又称在岸金融市场（Onshore Market），从事市场所在国货币的国际借贷，并受所在国政府政策与法令的管辖。传统的国际金融市场是国际金融市场的起点，一般以本国雄厚的综合经济实力为后盾，依靠国内优良的金融服务和较完善的银行制度发展起来的，与国内金融市场存在密切的联系，是在国内金融市场的基础上自然形成的。伦敦、纽约及东京等世界上主要的国际金融市场都是这样发展起来的。国内金融市场是本国居民之间发生金融资产交易的场所，交易的对象一般是本国货币，空间范围也仅限于本国境内。当金融资产交易的主体扩大到非居民，交易范围超越国境之外，国际金融市场就逐步形成了。传统的国际金融市场被冠以"在岸"名称，其主要特点是：①受到市场所在国法律和金融条例的管制，各种限制较多，借贷成本较高。②交易活动在市场所在国居民和非居民之间进行。③通常只经营所在国货币的信贷业务，本质上是一种资本输出的形式。因此，传统的国际金融市场还称不上真正意义上的国际金融市场。

新型的国际金融市场又称离岸金融市场（Offshore Market）或境外市场（External Market），是指非居民的境外货币存贷市场。"离岸"是指不受任何国家国内金融法规的管制，其市场特征是：①市场参与者是市场所在国的非居民，即交易关系是外国贷款人和外国借款人之间的关系。②交易的货币是市场所在国之外的货币，包括世界上主要可自由兑换的货币。③资金融通业务基本不受市场所在国及其他国家的政策法规约束。离岸金融市场的产生主要是制度和政策推动的产物，它突破了国际金融市场首先必须是国内金融市场的限制，使国际金融市场不再限于少数发达国家，而是向亚太地区、中东、拉美和全世界范围扩展。因此，离岸金融市场是国际化的金融市场，是真正意义上的国际金融市场。欧洲货币市场作为离岸金融市场的总体，标志着这一新型的国际金融市场的诞生。国际金融市场的构成如图 5 - 1 所示。

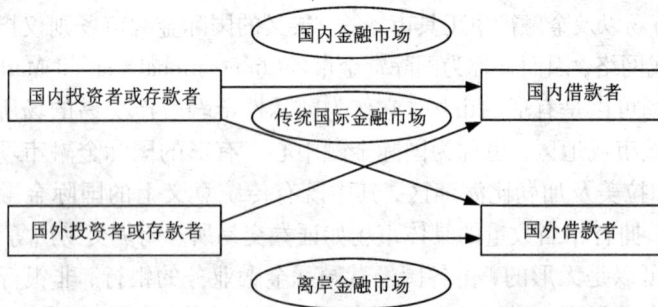

图 5 - 1　国际金融市场的构成

二、国际金融市场的形成和发展

1. 国际金融市场的形成过程

国际金融市场是随着国际贸易的发展、资本输出和生产的国际化逐步形成和发展起来的。从世界范围来看，国际金融市场的形成发展历经了一系列演进的过程，可分为以下几个阶段：

（1）传统国际金融市场的形成

第一次世界大战以前，英国自由资本主义的迅速发展并向海外极度扩张，使其经济实力跃居世界首位。英国伦敦在当时囊括了世界上大部分财富，英镑成为世界上主要国际储备货币和国际结算货币。伦敦以其政治稳定、经济繁荣和较完备的金融制度等优越的金融条件率先形成世界上最大的国际金融市场。一战爆发至二战结束后，英国经济持续遭到重创。伦敦国际金融市场的作用随之逐步削弱，英镑的地位不断下降。同时，美国利用二战积累的巨额资本成为世界上最大的资金供应者，控制着整个西方经济。美元替代英镑成为各国重要的储备货币和国际结算货币，纽约金融市场迅速崛起，继伦敦之后成为世界上最大的国际金融市场。在同一时期，西欧的瑞士因免受战争灾难和具有良好的金融环境，利用瑞士法郎能够自由兑换的优势，使苏黎世金融市场上的自由外汇交易和黄金交易非常活跃，金融市场迅速发展。在这一阶段，纽约、伦敦和苏黎世成为世界三大国际金融市场。

（2）欧洲货币市场的形成与发展

20世纪60年代以后，美国国际收支出现持续的巨额逆差，使美国信用动摇并迫使美国政府采取一系列金融管制，其结果刺激了美元的大量外逃，使美国境外的国际金融市场飞速发展起来，不仅在欧洲形成了规模巨大的欧洲美元市场，而且在亚洲和世界其他地区建立起国际金融市场。此后，国际金融市场不再局限于少数国家，而是快速扩张到巴黎、法兰克福、阿姆斯特丹、卢森堡、新加坡、中国香港等国家和地区，甚至一些鲜为人知的地方，如加勒比海地区的开曼群岛和中东的巴林等地，也相继形成重要的国际金融市场。

（3）新兴国际金融市场的兴起

20世纪80年代以后，新兴工业国家经济迅速发展。这一时期，西方各主要国家普遍掀起了以放松金融管制为主要内容的金融自由化和金融全球化改革浪潮，对新兴工业国家金融的发展产生了深远影响。一方面，这些新兴工业国家经济发展和国际化程度已达到一定水平，西方金融变革浪潮的示范效应促使它们推动相应的金融自由化和国际化改革；另一方面，从20世纪80年代开始的国际资本和产业技术转移的浪潮中，许多新兴工业国家成为国际投资的新热点。国际资本流动要求建立与之相适应的金融环境，各国也更加注意与国际惯例接轨，以适应国际一体化要求，从而加速了这些国家的金融发展和国际金融市场的形成。新兴国际金融市场主要有拉丁美洲地区的墨西哥、阿根廷、巴西，亚洲"四小龙"、泰国、马来西亚、菲律宾、印度尼西亚等国家和地区。金融市场的开放,国际游资的大规模进入对这些市场所在的当地经济有很大的促进,同时大量资本流动对其宏观经济和金融稳定也带来了冲击。市场体系不健全,经济结构不合理,监管能力较弱,为国际投机提供了可乘之机,风险的累积越来越大,墨西哥金融危机和东南亚金融危机就是这些潜在风险积聚到一定程度的爆发。

2. 国际金融市场发展的新趋势

随着全球经济的快速发展,国际资本市场与国际资本流动日趋活跃,市场规模不断扩大,业务品种不断创新,市场结构和资金流向也呈现巨大的变化。从20世纪70年代开始,尤其是20世纪80年代以来,国际金融市场发生了巨大变化。

(1)国际金融市场的规模快速增长

随着国际资本流动的扩展,国际资本市场和与之伴随的世界外汇市场的规模空前增长。据资本数据公司和国际清算银行等机构的估计,国际银团贷款融资额从1995年的1.4万亿美元发展到2007年的2.13万亿美元,增长了52.14%。国际债务证券的净发行额2001年为1.39万亿美元,2007年则达到了2.79万亿美元,6年的时间增长了1倍左右。国际股票交易额则在1979—1991年间平均每年增长15%。与国际资本流动密切相关的世界外汇市场全球交易额增长也很快,1989—1998年间,全球外汇市场日均交易额由5 900亿美元增至1.5万亿美元,增长了1.54倍。而截止到2007年4月,全球外汇市场的日均交易额更是达到了3.21万亿美元。1983年,全球外汇交易量与国际贸易额的比例为10∶1,而到2000年,该比例已经上升到60∶1。

在国际金融市场规模不断扩大的过程中,国际资金的流向也在发生变化。20世纪80年代以来全球外国直接投资(Foreign Direct Investment, FDI)持续增长,于2000年达到创纪录的1.3万亿美元,此后虽有所下降,但至2004年又开始回升,2006年达到1.2万亿美元。从全球FDI流向看,发展中国家FDI流入一度占到较大比重,1994年为41%,但近年来又呈现出下降趋势,2006年发展中国家FDI流入占全球FDI的比重为30.6%。

(2)国际金融市场的一体化不断加强

西方国家的政府和金融管理当局为了增强各类金融机构的竞争能力和金融制度的活力,自20世纪70年代以来纷纷采取放松金融管制的措施,促进了国际金融市场的加速扩展和资本流动,同时也使国际银行业和国际金融市场上的竞争更加激烈。1997年12月12日,世界贸易组织(World Trade Organization, WTO)宣布达成全球金融服务贸易协议,70个国家和地区作出了56个开放金融服务市场的新承诺,该承诺于1999年3月生效。协议生效后,全球金融服务中95%的贸易纳入自由化准则,涉及全球17.8万亿美元的证券投资交易、38万亿美元的银行借贷和2.5万亿美元的保险金。

（3）国际金融市场的证券化趋势不断发展

所谓证券化，是指金融业务中证券业务的比重不断增大，信贷流动的银行贷款转向可买卖的债务工具，具体有两个较为明显的特征：

①融资手段证券化。20世纪80年代上半期以来，国际信贷构成已从以辛迪加银团贷款为主转向以证券化资产为主。传统的通过商业银行筹措资金的方式开始逐渐让位于通过金融市场发行长短期债券的方式。商业银行在吸收存款、发放贷款方面的优势逐渐削弱，表现出融资手段的证券化，也称为非中介化趋势。1981年，在全部1 415亿美元的国际信贷中，辛迪加贷款为965亿美元，国际债券与票据只占440亿美元；而到1985年，在全部2 338亿美元的国际信贷中，辛迪加贷款仅占216亿美元，而国际债券和票据的发行量增加到1 628亿美元。两者对比从1981的7∶3变为1985年的1∶9。进入20世纪90年代以来，虽然国际贷款比重有所上升，但是除个别年份外，也只占到总融资份额的30%左右。

②银行资产负债管理证券化。其特征是银行作为代理人直接参与证券市场，并且将传统的长期贷款项目进行证券化处理。例如，将住宅抵押贷款转给专门机构，并以此为基础发行长期证券融资，图5-2为美国截止到2007年7月担保债务证券量的构成情况。通过出售部分或全部债券来收回资金，加速资金周转。除了国内资产外，银行国际资产的可买卖性也增大。这主要是指20世纪80年代为解决发展中国家债务危机而创造出的债权股权转换、债务证券化等。

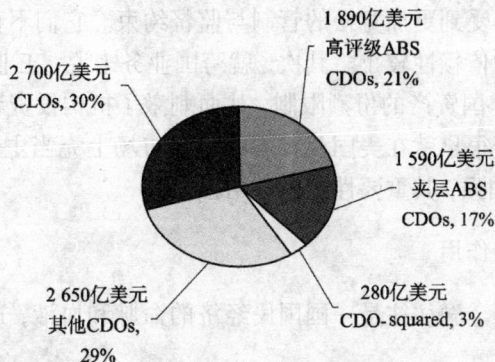

图5-2　美国担保债务证券的构成（截至2007年7月底为9 000亿美元）

注：CDO＝担保债务证券；ABS＝资产支持证券；CLO＝担保贷款凭证。按照基础担保品的平均评级，担保债务证券为高评级或夹层档证券。高评级CDO的担保品往往为AA/A级，夹层担保债务证券的担保品为BBB级。CDO-squared是一种担保债务证券，其担保品含有其他担保债务证券的信用档。

资料来源：Credit Suisse的数据。转引自《全球金融稳定报告》，2007年10月，中国金融出版社，国际货币基金组织

（4）衍生金融工具市场的增速快于基础产品市场

衍生金融工具市场已经取代了基础产品市场的传统优势地位，互换、远期合同、期货和期权交易额的增加都极大地超过了原生金融交易额的增加。据国际清算银行的统计数据，交易所衍生产品的名义价值在 1993 年为 7.77 万亿美元，而 2007 年达到了 80.58 万亿美元，14 年时间里增长了 9.37 倍。在场外市场，外汇衍生工具在 2004—2007 年 3 年间增长了 1.92 倍；利率衍生工具在同期增长了 2.06 倍；与股票挂钩的衍生工具则增长了 1 094倍。

衍生金融工具市场的增长带来场外交易工具的增长。因为场外交易工具很少受到管制，从而具有传统交易难以匹敌的灵活性。例如，交易所只能交易特定合同，而场外交易经营者除能提供来自任何交易所的产品之外，还能设计新产品，按照客户特定需要裁剪所提供的场外交易衍生产品，也能使用金融工程技术来发展新的衍生产品。

（5）机构投资者的作用日益重要

20 世纪 80 年代以后，机构投资者（养老金基金、保险基金、互惠基金以及对冲基金等）在跨国资本流动中，尤其是在跨国证券交易中的重要性迅速增强，这也是近年国际金融市场发展的重要特征之一。与个人投资者相比，机构投资者拥有独特的优势，如，使资产多样化、降低中介费用、分散风险等，这使机构投资者获得比个人投资者更优的利益，个人投资者只有参加集体投资组织才有可能实现更大利益。这是更多个人投资者愿意让这类中介来管理其金融资产的重要原因，并由此促进了机构投资者的长足发展。相对于银行，机构投资者一般能享受到更加宽松的管制与监督约束。它们不直接接受中央银行的再融资，从而对中央银行的依赖性较小。其次，就跨国业务来说，工业国普遍取消资本控制，放松对机构投资者投资外国资产的份额限制，从而刺激了机构投资者持有更多外国资产的意愿。此外，养老金基金很早就在美国及日本的证券市场上充当主要角色，随着西方发达国家人口老龄化趋势的加强，其重要性也日益增强。

三、国际金融市场的作用

在市场经济条件下，金融往往是一国国民经济的命脉和血液，这同样也适用于国际金融与世界经济的关系。

1. 国际金融市场促进了世界经济的发展

国际金融市场是世界各国资金的集散中心。国际金融市场上的各种贸易融资方式为国际贸易提供了充足的资金融通，也为资金短缺国家利用外资扩大本国生产提供了便利。例如，欧洲货币市场促进了当时联邦德国和日本经济的复兴；亚洲美元市场对亚太地区的经济建设也起了积极的作用。发展中国家的大部分资金也都是在国际金融市场上筹集的并推动经济发展的。

2. 国际金融市场推动经济全球化的发展

第二次世界大战后,世界经济一体化程度不断发展,在这个过程中,跨国公司扮演了重要的角色。跨国公司的典型特征就是在世界范围内实现资源的有效配置,包括生产组织形式、经营活动方式和市场营销手段的国际化。跨国公司的所有这些活动都或多或少地依赖于国际金融市场的存在。因此,国际金融市场是跨国公司在全球范围内获取外部资金的最重要来源,并由此推动了世界经济全球化的巨大发展。

3. 国际金融市场有利于调节各国国际收支

国际收支既是一国经济对外开放程度的客观反映,又会反作用于一国的经济发展与稳定。各国的国际收支总是处于一种不均衡状态。国际金融市场的产生与发展,为国际收支逆差国家提供了一条调节国际收支的渠道,即逆差国到国际金融市场上举债或筹资,能在很大程度上缓和国际收支失衡造成的压力,从而更灵活地规划经济的发展。

4. 国际金融市场提供了规避风险的场所

随着国际金融市场自由化趋势的发展,利率、汇率和股票价格的波动越来越剧烈,由此导致各种金融资产的价格的不断波动,国际金融市场以及实体经济市场的参与者必然寻求规避风险的新途径。国际金融市场中的期货、期权等衍生产品为投资者提供了有效的风险管理手段。

5. 国际金融市场促进了全球资源的合理配置

国际金融市场是一个高度竞争的市场,资金总是流向经济效益最好、资金收益最高的国家或地区,这就使国际金融市场上的资金利用效率大大提高。国际金融市场上的各种金融资产的价格,如利率、汇率等的形成,是基于众多的交易者对未来市场走势的预期,这些价格信息不仅充分反映了金融资产的供求关系,而且也对全球真实资源的最优配置发挥着重要的调节作用。

当然,国际金融市场不可避免地存在一些消极影响。国际金融市场在缓和国际收支严重失衡的同时,向广大逆差国家提供了大量的贷款,埋下了国际债务危机的隐患。近年来,各国债务危机给国际信贷带来了强烈冲击。巨额短期国际游资的投机性流动,也会对有关国家独立执行货币政策产生较大的制约作用,会造成一国乃至世界外汇市场的剧烈波动。日益加强的国际金融市场的一体化趋势,使国际间不稳定因素的传播更加迅速,增加了世界经济的动荡。这些问题,需要我们在积极利用国际金融市场的同时加以防范。

第二节 传统国际金融市场

一、国际货币市场

1.概述

国际货币市场(International Money Market),又称短期资金市场,是指专营一年期以下国际间短期资金借贷业务的市场,是国际金融市场的重要组成部分。作为短期资金市场,货币市场的参加者众多,最重要的是商业银行,此外,还有政府、证券交易商以及大量的金融和非金融机构。货币市场的主要功能是为市场的参加者调剂资金余缺。那些暂时有资金盈余的机构可将其多余的资金投资于货币市场的短期信用工具,而那些暂时缺乏资金的人可以在货币市场上借款或通过出售手中的短期信用工具获得资金。货币市场还使银行系统相互连为一体,在货币市场上聚集着各银行的资金而形成信贷金库,单个银行的存款实际上就成为整个信贷市场资金来源的一部分。国际货币市场的发展对各国政府也非常重要:一方面,政府可以在这个市场上发行国库券和各种短期债券,以获得所需要的财政资金;另一方面,在全球经济高度一体化的今天,一国政府要有效地贯彻其货币政策,控制经济活动,不仅有赖于国际货币市场的传导机制,而且必须与国际货币市场相协调。

货币市场上的交易工具多种多样,虽然各国货币市场工具有所不同,但大致都可以分为与银行有关的市场信用工具,如可转让大额存款单、银行承兑票据,和非银行的市场信用工具,如国库券、商业票据等。根据借贷的方式不同,国际货币市场可分为银行短期信贷市场、短期证券市场和贴现市场三种。

2.银行短期信贷市场

银行短期信贷市场,主要是指商业银行与外国工业企业、跨国公司及中央银行等客户之间的短期资金借贷市场。这个市场上,商业银行作为中介人,一方面接受客户闲置资金的存入,另一方面向客户发放一年以下的贷款。

从20世纪60年代开始,出现了国际银行同业间的短期资金借贷市场,即同业拆借市场。银行同业拆借,是指商业银行为了弥补交易头寸的不足或准备金的不足,相互之间进行的资金借贷活动。目前,银行短期信贷市场业务主要以银行同业拆借为主。银行同业拆借业务具有以下特点:

(1)交易期限短

由于同业拆借主要用于银行的头寸调整,故其期限都比较短,一般有:日拆贷款(Day – to – day Loan 或 Day Call),期限虽短,但它对维持银行资金周转与国际金融市场正常运行具有非常重要的意义。其他的期限有1周期、3个月期、半年期、1年期等,但绝大部分是日拆到 3 个月期, 3 个月以上至 1 年的所占比重不大。

(2) 交易金额大

由于同业拆借是在银行间进行的, 故其每笔交易金额都比较大。如伦敦同业拆借市场每笔交易以 25 万英镑为最低限额, 多则高达几百万英镑。

(3) 交易方式比较简便

由于银行的信用一般都比较高, 所以银行同业拆借通常不需要签订协议, 也无需提供抵押和担保。交易可以通过经纪人(Broker)简洁洽谈进行, 也可以在银行之间直接进行。有时仅以电话联系就可以完成资金的拆借。

(4) 交易利率的非固定性和双向性

交易利率的非固定性是指银行同业拆借的利率随市场利率的变化而变化, 不采用固定利率。交易利率的双向性是指同业拆借利率有拆出利率和拆进利率之分, 二者一般相差 0.25% ~ 0.5%, 拆进利率通常都低于拆出利率。在美国、日本、德国、新加坡、中国香港等地的市场上, 银行报出拆借利率时, 拆进利率在前、拆出利率在后, 如 9.75% ~ 9.875%。在英国则相反, 银行报出的拆借利率中, 前者为拆出利率, 后者为拆进利率, 如 8.5% ~ 8.25%。

国际货币市场上的其他贷款利率, 经常以伦敦银行同业拆放利率(London Interbank Offered Rate, LIBOR)为基础利率。国际银行短期信贷市场上的贷款利率, 在 LIBOR 的基础上根据借款人的信誉、借款期限等情况的不同, 加上一个利息差, 加息幅度一般在 0.25% ~ 1.25% 不等。近年来由于国际金融中心的扩散, 中国香港、新加坡以及其他一些金融中心的同业拆放率, 也经常被作为国际金融市场的基础利率。

3. 短期证券市场

短期证券交易市场是指在国家间进行短期有价证券的发行和买卖活动的市场。在这种业务中, 交易对象是期限在 1 年以内(含 1 年)的各种可转让流通的信用工具。短期证券市场不仅为投资者提供了高度变现的便利, 而且有利于银行调整其资产负债结构, 同时是贯彻政府货币政策、调节货币流通的有力工具。其主要短期信用工具有:

(1) 国库券

国库券是一国政府为满足季节性财政需要而发行的短期政府债券, 期限一般为 3 个月到 1 年。国库券是一种不标明利息的债券, 采取以票面金额折价方式发行, 到期按票面金额偿还。国库券的信用高于商业信用和银行信用, 而且具有期限短、风险低、流动性强、可以生息等优点。在目前各种短期金融工具中, 国库券的数量是最大的。目前美国发行的短期国库券, 主要有 3 月期和 6 月期两种, 在美国的全部国库券市场中所占比重很大, 约为 1/3。

（2）大额可转让定期存单（Negotiable Certificate of Deposit，CDs）

CDs 是银行发行的标明金额、期限、利率的存款凭证。CDs 为不记名存单，期限一般在 1～12 个月，其中 3～6 个月最多，可以在二级市场自由转让交易。定期存款单的特点是金额固定且面额较大，不能提前支取，期限短，利率不受管制，便于投资者的资金周转，因此成为银行和非银行金融机构获得短期资金的重要来源，也是金融机构和跨国公司进行短期投资的理想方式。欧洲美元 CDs 是美国花旗银行伦敦分行于 1966 年首次推出的，由于深受投资者的欢迎，其他商业银行也竞相仿效，于是 CDs 的发行量增长很快。1968 年，在伦敦金融中心成立了"国际 CDs 市场协会"，成员机构是 20 余家证券投资机构。继欧洲美元 CDs 的出现，进入 20 世纪 70 年代后还相继出现了欧洲英镑、马克、日元及其他欧洲货币的 CDs。我国于 20 世纪 80 年代也开始发行人民币面值的 CDs。

（3）商业票据和银行承兑汇票

商业票据是非银行金融机构或大企业为筹措营运资金发行的短期无担保的融资凭证。大多数商业票据要通过银行等中介机构发行，票面金额不限，期限为 1～6 个月，在市场上以贴现方式出售，其利率水平一般低于银行优惠利率而高于政府国库券。银行承兑汇票主要是出口商签发的、经银行背书承兑保证到期付款的汇票，其信用等级高于商业票据。这种汇票的期限一般为 30～180 天，以 90 天为最多。银行承兑汇票的面额无严格限制，其持有人可以在到期以前到承兑银行贴现，还可在二级市场上买卖。

4. 贴现市场

贴现市场是指为客户提供短期资金融通，对未到期票据进行贴现的市场，是商业票据市场的重要组成部分。西方国家贴现市场的参加者主要是商业票据持有人、商业银行、中央银行以及专门从事贴现业务的承兑公司和贴现公司。商业银行、承兑公司和贴现公司对企业及个人办理贴现业务，中央银行则对商业银行、承兑公司和贴现公司办理再贴现业务。可贴现的票据主要有商业本票、商业承兑汇票、银行承兑汇票、政府债券和金融债券等。贴现市场是商业银行运用资金的有利场所，商业银行办理贴现比直接放款更有利。这种市场不仅便利了票据持有人的资金周转，同时还为中央银行实行宏观调控创造了条件。贴现市场按照交易种类的不同可分为两种：一是票据持有人向商业银行或贴现公司要求贴现换取现金的交易，这种交易占贴现市场业务的大部分；另一种是中央银行对商业银行或贴现公司已贴现过的票据再次进行贴现，为银行和贴现公司融通资金。再贴现是中央银行控制金融与信用规程的一个重要手段。

票据贴现利率是票据贴现市场运作机制的一个重要环节，从理论上讲，合理的贴现率水平应比照相同档次的贷款利率水平来确定。不过，由于票据贴现是提前预扣利息，等于是占有了客户贴息的时间价值，因而利率水平应比同档次贷款利率低一些。实际上，在确定贴现率的具体水平时，票据贴现期限、票据信用程度、短期资金供求关系以及中央银行的再贴现率水准等，也都是必须考虑的因素。至于转贴现率和再贴现率，前者主要由贴现双方参照有关利率自由商定，或由金融同业公会加以规定，后者则主要取决于中央银行的货币政策意图和金融宏观调控决策。

二、国际资本市场

1. 概述

国际资本市场（International Capital Market）是长期资金融通市场，通常是指经营 1 年期以上的国际性中长期资金借贷和证券业务的国际金融市场。其主要功能是筹措和运用各类国内、国际资金，以满足本国的生产建设和国民经济发展的需要。通常 1 至 5 年为中期，5年以上为长期。

国际资本市场资金的主要供应者是商业银行、保险公司、投资公司和信托公司等。资金需求者主要是国际金融机构、各国政府、工商企业、信托公司、房地产公司以及金融公司。国际资本市场从融通资金的方式来看，分为银行中长期信贷市场和证券市场。从地域角度看，它是由分布在世界各地的国际资金集散中心组成，如伦敦、纽约、东京、法兰克福、巴黎、苏黎世、卢森堡、香港和新加坡等，这些资本市场各自有独特的形成渊源和不尽相同的成长环境，使其国际资本交易活动也呈现出不同的特点。国际资本市场是整个国际金融体系中的重要组成部分，其构成见图 5－3。

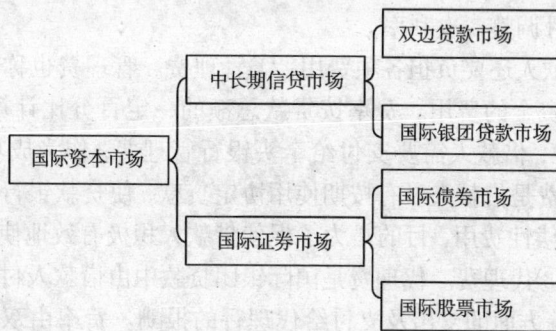

图 5－3　国际资本市场的构成

2. 国际银行中长期信贷市场

国际银行贷款（International Bank Loan）指在由一国的一家商业银行，或一国（多国）的多家商业银行组成的贷款银团，向另一国银行、政府或企业等借款人提供的期限在 1 年以上的贷款，是国际资本市场的重要组成部分。它具有以下主要特点：①资金来源广泛，信贷资金供应较为充足，借款人筹资比较方便。国际上众多的商业银行和银团的资金都可以作为借款人的资金来源。另外,由于欧洲货币市场管制较松,借款手续较为简便,所以每笔贷款资金的数额都非常大。②贷款在使用上比较自由。借款人可以自由决定所借款项的使用方向,银行不进行干预,且不附加任何条件。③贷款条件严格,借款成本相对高。由于中长期信贷的期限长、金额大、风险大,所以借贷双方要签订严格的贷款协议,有时还需要政府机构的担保。同时商业银行中长期贷款使用的是市场利率,且多以浮动利率为主,与政府贷款或国际金融机构贷款相比,有利率高、期限相对较短的特点。这些因素加大了借款人的还款压力和借款成本。

(1)国际银行中长期信贷市场的信贷条件

信贷条件是指借贷合约中规定借贷双方必须遵守的权利与义务条款,主要包括:贷款利息及费用、贷款期限、贷款币种选择。

1)贷款利息及费用

银行中长期贷款的利率一般分为固定利率和浮动利率两种。由于采取固定利率会给双方带来利率变动的风险,因此,银行中长期贷款通常采用浮动利率。浮动利率的基准利率通常采用银行间同业拆借利率,如欧洲货币市场的放款利率通常以 LIBOR 为基础。有的贷款协议的基准利率还采用贷款货币发行国的优惠利率(Prime Rate),如从 1981 年起,欧洲美元贷款可以采用美国商业银行的优惠利率。浮动利率的计息方式是,在上述基准利率的基础上,加上一个加息率(Spread 或 Margin)。加息率的确定要视贷款金额、期限和借款人的资信状况而定,一般在 0.375% ~3% 之间。在贷款期限内,需根据 LIBOR 的实际变动,每 3 个月或 6 个月调整一次利率。

除了利息外,借款人还要负担各项费用:①管理费。管理费也称佣金,是借款人支付给贷款银行为其筹措资金的费用。费率按贷款总额的一定百分比计算。一般为 0.25% ~0.5%。通常在贷款中,借款人需要支付给牵头银行管理费,作为成功组织贷款的额外报酬。②承担费。承担费是借款人没有按期使用协定贷款,使贷款银行筹措的资金闲置,因而要向贷款人支付赔偿性费用,目的是为了促使借款人积极有效地使用贷款,也使贷款银行有效地运筹资金。③代理费。代理费是国际银团贷款中由借款人付给代理行的费用,用于通信、邮政、办公等方面的支出及支付给代理行的报酬。费率由双方协商确定,按固定金额每年支付一次。④前期杂费。前期杂费是国际银团贷款中借款人付给牵头银行的劳务费用,用于贷款协定签订之前的准备工作,包括差旅费、律师费、宴请费等方面的支付。费用支付方式有的按贷款金额的一定比例支付,也有的按牵头银行提出的账单一次性支付。

2)贷款期限

贷款期限是指借款人借入贷款到本息全部清偿为止的整个期限。在贷款期限内借款人必须按期分次偿还本息,一般为每半年一次,直到全部偿清为止。在国际中长期信贷中,贷款期限一般还规定一个借款人只付利息而不偿还本金的宽限期。

3）贷款币种选择

由于国际中长期信贷业务普遍采用浮动利率，而且期限较长，贷款面临的利率风险和汇率风险较大，因而借贷双方对币种的选择就直接关系到双方利益及对风险的防范问题。国际银行中长期信贷市场上可供借贷双方选择的货币是各种可自由兑换的货币，有单一货币，也有混合货币。币种选择应遵循的一般原则是：借款人应选择贷款到期时看跌的货币，即软币，以减轻还本付息的负担，而贷款人应选择贷款到期时看涨的货币，即硬币，以增加收回本息时的收益。这样借贷双方的利益就产生了矛盾。在确定币种时，条件往往更有利于交易中居于优势地位的贷款方。

一般以软币计值的贷款成本要高于以硬币计值的成本，因为货币风险必须由利率来弥补。这样在国际银行中长期信贷币种选择中就不能简单地考虑货币的软硬，还要综合考虑利率和汇率之间的关系。

（2）国际银行中长期贷款的类型与形式

国际银行的中长期贷款主要分为双边贷款和国际银团贷款两种类型。

双边贷款又称独家银行贷款（One Bank Loans），是一国银行向另一国的政府、银行、企业等借款者发放的贷款。双边贷款信用规模受限于单个银行的贷款限度，期限较短，一般3至5年；借款方可以自由支配贷款用途而没有限制；利率水平较低，只有LIBOR加上附加利率再加上承担费，借款人借贷成本相对较小。借贷双方须签订贷款协议，有时还需借款人所属国家的政府或官方机构担保。

国际银团贷款又称辛迪加贷款（Syndicated Loans），是由一国或几国的若干家银行组成的银团，按共同的条件向借款人提供巨额信贷的一种国际中长期贷款。20世纪70年代以来，辛迪加贷款已成为国际金融市场上，特别是欧洲货币市场上的主要贷款形式。工业化国家是辛迪加贷款市场的主要借款者。近年来，新兴国家在对外融资中采取银团贷款的方式越来越多，2001年银团贷款额度为561.4亿美元，而2007年已增至3 278.0亿美元，具体情况见表5-1。

辛迪加贷款主要具有如下特点：①贷款规模较大，最多可达几亿、几十亿美元。②贷款期限长，一般为7~10年，有的可长达20年。③币种选择灵活，但欧洲美元为主要贷款币种。④贷款成本相对较高，利率按LIBOR加上一定加息率，除此之外借款人还需负担一些其他费用。对贷款银行而言，辛迪加贷款的优点是可以分散贷款风险、适度减少同业之间的竞争、克服有限资金来源的制约、扩大客户范围和带动银行其他业务的发展等。对于借款人来说，其优点是可以筹措到独家银行所无法提供的长期巨额资金。这些特点和优点都是银团贷款迅速发展的重要原因。

表 5 – 1　新兴市场对外融资：银团贷款　　　　　　　单位：亿美元

	2001 年	2002 年	2003 年	2004 年	2005 年	2006 年	2007 年	2008 年第二季度
总计	561.4	520.8	673.8	957.0	1 342.6	2 089.6	3 278.0	757.3
非洲	45.1	45.1	55.8	70.1	76.2	43.9	83.6	20.1
亚洲	176.0	152.4	246.1	288.2	346.0	633.2	1 500.0	233.7
欧洲	104.9	129.2	204.8	302.6	372.4	621.0	633.8	246.8
中东	48.7	69.8	62.3	115.3	357.3	538.0	595.1	195.1
拉丁美洲	186.6	124.4	104.8	180.8	190.6	253.4	465.4	61.6

资料来源：国际货币基金组织的债券、股票和贷款数据库，该数据库取自 Dealogic 公司，转引自《全球金融稳定报告》，2007 年 10 月和 2008 年 10 月，中国金融出版社，国际货币基金组织。

国际银团贷款主要由以下银行构成：①牵头银行（Lead Manager）。牵头银行是负责整个银团的组织工作，与借款人联络接洽，准备有关文件，签订贷款合同的银行。借款人一般先要找到一家与自己有密切往来的银行作为贷款牵头银行。如果是几家银行牵头，则分别称为牵头银行、经理银行和共同经理银行。②代理银行（Agent Bank）。代理银行是整个银团的代理人，负责与借款人的日常联系，通知各银行及时拨款，负责计算和收取应偿还的本金和利息等具体工作。代理行可由牵头银行兼任，也可由经理集团指定一家银行担任。③参与银行（Participating Bank）。参与银行是受牵头银行邀请参与银团提供一部分贷款的银行。参与银行只与牵头行或代理行发生关系，不与借款人发生关系。

近年来，大银行在管理国际银团贷款方面朝着专业中介人的方向发展，即这些大银行组织起一笔国际银团贷款的目的只是为了收取管理费，然后把贷款份额中的大部分转给较小的银行或其他金融机构。这种方式能够充分发挥辛迪加贷款中各银行的比较优势。

3. 国际债券市场

国际债券（International Bond）是指一国政府、企业、金融机构等为筹措外币资金在国外发行的以外币计值的债券。20 世纪 80 年代国际债务危机后，国际融资出现明显的债券化趋势。商业银行在非银行金融机构迅猛发展的情况下，难以依靠传统的存款业务吸收足额资金，对国际贷款也持谨慎态度，因此，为增强业务竞争力，增加了债券的发行量。对于投资者来说，债券既有稳定的收益，又有高度流动性，有利于分散投资风险；借款人为了降低筹资成本，也愿避开银行中介，直接通过市场发行债券筹资，使国际债券市场规模进一步扩大，国际债券成为各国扩大融资的重要选择。1985 年国际债券市场净融资额达到1 230 亿美元，首次超过国际信贷市场 1 050 亿美元的融资额，20 世纪 90 年代以来更得到了快速发展,许多国际性大银行也从传统的融资方式向债券融资方式转变,国际债券市场成为在国际范围内迅速实现资本集中的最有效方式之一。

(1)国际债券的分类

国际债券的类型由于划分方法的不同而不同,其主要类型有以下几种。

1)按照是否能够以发行地所在国货币为面值划分

①外国债券(Foreign Bond)。外国债券是发行者在某外国债券市场上发行的以市场所在国货币为标价货币的国际债券。通常把外国债券称为传统的国际债券。从事外国债券发行、买卖的市场就是外国债券市场,它是一种传统的债券市场。外国债券主要由市场所在国居民购买,由市场所在国的证券机构发行和担保。发行外国债券必须事先得到发行地所在国政府证券监管机构的批准,并受该国金融法令的制约。各国政府把外国债券和普通的国内债券在税率、发行时间、金额、信息披露、购买者等方面都作了法律上的区分。目前,东京、纽约、苏黎世、法兰克福、伦敦和阿姆斯特丹是主要的外国债券市场。英国是外国债券的发源地,在伦敦发行的英镑面值的外国债券称为猛犬债券(Bulldog Bond);在美国发行的外国债券称为扬基债券(Yankee Bond);在日本市场上发行的外国债券称为武士债券(Samurai Bond)。

②欧洲债券(Eurobond)。欧洲债券是在面值货币所在国以外的国家用欧洲货币发行的债券,在20世纪60年代才形成市场规模,为了保护国内资本市场免受风险证券的冲击,防止资本外流引起国际收支失衡,许多国家都对外国债券的发行进行了限制,这样欧洲债券市场就发展成为国际债券市场的核心,并占据主导地位。1963年,美国的利息平衡税促成了第一次欧洲债券的发行。当年意大利高速公路发行了60 000张美元面值的固定利率债券,每张面值250美元,债券在每年的7月15日付5.5%的固定利息,主承销商是伦敦的商人银行——华宝银行,副承销商为布鲁塞尔银行、德意志银行及鹿特丹银行,债券在伦敦证券交易所上市。

欧洲债券具有以下特点:基本不受任何一国金融法令和税收条例等的限制;发行前不需要在市场所在国提前注册,也没有披露信息资料的要求,发行手续简便,自由灵活;多数的欧洲债券不记名,具有充分流动性;通常同时在几个国家的资本市场发行。欧洲债券的发行人、发行地点和计值货币分别属于不同的国家,主要计价货币为美元、英镑、德国马克、瑞士法郎、日元等可自由兑换货币。以美元为面值的称为欧洲美元债券,20世纪70年代后以德国马克、日元、英镑及以ECU和SDR为面值的债券也迅速发展起来,分别称为欧洲日元债券、欧洲英镑债券、欧洲瑞士法郎债券等。

全球债券(Global Bond)是欧洲债券的一种特殊形式,即可以同时在几个国家的资本市场上发行的欧洲债券,它于20世纪80年代末问世。与外国债券和只在单一的离岸金融中心发行的欧洲债券相比,全球债券具有同时跨洲运作、发行人信用等级更高、投资者更为广泛、单笔发行额更高等特点，它的出现和发展对于国际债券市场具有里程碑的意义。

2）按照发行方式划分

①公募债券（Public Offering Bond）。它是指在证券市场上公开发行和销售的债券，购买者为社会的各个阶层。公募债券的发行必须经过国际上认可的债券信用评定机构的评级，发行者需将自己的各项情况公之于众。

②私募债券（Private Placement Bond）。它是指私下向限定数量的投资者发行的债券。这种债券不能上市交易转让，其利率因此高于公募债券利率，并且发行价格偏低，以保障投资者的利益。此外，这种债券发行金额较小，期限较短。发行私募债券手续简便，一般无需债券信用评级机构评级，也不要求发行者将自己的情况公之于众。

3）按照利率确定方式划分

①固定利率债券（Fixed Rate Bond）。固定利率债券自发行日至到期日的利率固定不变，付息方式主要采用一年一付，期限多为 5～10 年，个别也有长达 40 年及以上的。

②浮动利率债券（Floating Rate Notes，FRN）。浮动利率债券的利率定期进行调整，一般每季度或半年调整一次，其利率通常以 LIBOR 作为参考利率，再加上一个附加利率，期限多为 5～15 年。浮动利率债券有最低的利率下浮界限，没有固定的上浮限制。浮动利率债券的市场价格波动比固定利率债券小得多，因而对投资者具有较大的吸引力。最早的浮动利率债券出现于利率不断提高的 1969 年和 1970 年，大多数浮动利率债券以美元标价，直到 1985 年，以日元和德国马克标价的浮动利率债券才出现。

③零息票债券（Zero Coupon Bond）。零息票债券不对投资者直接支付利息，而是以低于面值的方式发行，到期日按面值支付本金，面值与发行价的差额就是投资者的资本利得。零息债券以贴现方式发行以面值归还或以面值发行归还时加以适当升水，可以使投资者节省资金，而且对于把资本增值不作为收入纳税的国家的投资者来说很有吸引力。

4）按照可转换性划分

①直接债券（Straight Bond）。它是指按债券的一般还本付息方式所发行的债券，包括通常所指的政府债券、企业债券等。它是相对于可转换债券和附认股权债券等品种而言的。

②可转换债券（Convertible Bond）。可转换债券是向债券持有人提供把债券转换成另一种证券或资产选择权的债券。较普遍的是股权转换债券，即投资者有权选择在未来某一时刻将所持债券转换成发行公司的普通股股票，它综合了债券和股票的特点。此类债券的利率一般低于其他固定利率债券，转换权利则是对低利率的一种补偿。可转换债券是欧洲债券市场的一个创新品种。

③附认购权证债券（Bond with Warrants）。认购权证是与债权相分离的权利承诺，分为

股票认购权证和债券认购权证，附认购权证债券持有者拥有在一定时期以前可按协定价格认购发行者一定数量的证券的权利。这样，投资者不仅可以获得债券的一般性收益，还可凭认购权证购买发行公司新发行的证券，认购权证的发行人实际上是向投资者提供了一种可以用于证券组合管理或投机的工具。附认购权证债券与可转换债券都属于权益债券，但与可转换债券的不同之处在于认购权证可以与债券分开单独在市场上交易。

5）其他类型债券

①双重货币债券(Dual – currency Bond)。双重货币债券是指以一种货币购买而到期时以另一种货币偿还的债券。这种债券代表了一种普通债券和一份或几份远期合同的组合。

②抵押担保债券(Mortgage – backed Bond)。抵押担保债券是以抵押品、信托契据和其他债券作为担保而发行的债券。提供抵押担保大大提高了筹资者的信用等级，使那些信用风险低的借款人易于发行债券。

(2)国际债券的发行市场与流通

国际债券发行市场又叫一级市场，是国家政府、机构和企业在发行债券时，从规划到推销、承购等阶段的全部活动过程。发行市场没有固定场所，主要由投资银行、经纪人和证券商等构成。新发行债券只有通过二级市场上的买卖转手，才能流转于社会公众之间。

1）国际债券资信评级

发行国际债券一般需要国际公认的评级机构对债券资信进行等级评定，目的是将债券资信状况公布于众，保护广大投资者的利益。债券评级的主要内容包括：第一，债券发行人还本付息的清偿能力；第二，债券发行人在金融市场上的声誉、历次偿债情况，有无违约记录；第三，发行人破产的可能性大小。美国作为评级制度发源地，评级业最为发达。目前美国主要有五家评级公司，分别是标准普尔公司(S&P)、穆迪投资者服务公司(Moody)、菲尔公司(Fitch)、达夫公司(D&P)及麦卡锡公司(M&M)，其中穆迪、标准普尔两家公司历史最为悠久，实力也最雄厚，其他国家的评级制度多受它们影响。有关债券的等级对债券发行人筹资成本影响很大，等级越高，债券的资信越好，支付的利率也越低。但值得注意的是，评级不是发行新债券必须履行的手续，因而欧洲债券的购买者通常并不会很依赖债券评级，发行者的知名度、声誉、承销商的信用是发行价格好坏的主要决定因素。

2）发行市场的主要参与者

①发行人。即通过发行债券筹措资金的人，包括政府、金融机构、工商企业等。从融资国别来看，发达国家仍是国际债券市场的主体，发展中国家正积极进入国际债券市场，但融资规模仍很小。从目前国际债券市场发行债券净额中的比重看，工商企业最高，其次是政府机构。

②担保人。当发行人首次进入国际债券市场或发行人规模较小时,往往需要国际著名的公司或金融机构担保。

③牵头人。是受发行人委托,负责全面组织、安排债券发行工作的公司。牵头人大多是实力强、影响大的投资银行。牵头人的主要任务是:预测市场情况,向发行人提出债券发行的金额、期限、发行价格、发行费用等方面的建议;组织承销团;草拟和印制发行说明书、债券认购合同等合同文件;在债券发行初期,维持价格稳定。

④承销商。即负责承购和推销债券的金融机构。承销商的选择对债券发行能否成功起关键作用。在国际债券发行时,应选择最具实力和国际影响的承销商。

⑤法律顾问。在国际债券的发行中,要制定很多合同文件,涉及发行人本国及发行地国家的法律问题。因此,需要聘请有关国家的律师出任发行人和牵头人的法律顾问,以减少在法律方面的漏洞。

3)国际债券的发行流通方式

欧洲债券的发行方法,通常采用"出盘"的形式,即不经过申请批准的非正式的发行方式,以避免国家对发行的限制。发行欧洲债券首先要由几家大的国际性银行牵头组织一个国际辛迪加承保所有债券的主要部分,承保辛迪加往往还组织一个更大的认购集团,先由认购集团认购,然后再由它们转到二级市场出售。在进入二级市场前,欧洲债券的发行在认购集团内部分配。一般在进入二级市场时才进行宣传。

国际债券发行后,投资者可在债券的流通市场也称二级市场买卖债券。二级市场的存在和发展增强了债券的流动性,也是新发行市场扩大的条件。国际债券的流通一般通过证券交易所和场外交易两种方式进行。场外交易又称店头交易,是债券流通的主要方式。

欧洲债券二级市场的主要交易中心是伦敦、法兰克福、阿姆斯特丹及苏黎世的场外交易市场,交易者通过主要银行间的电信网络进行交易,这个市场的交易者来自欧洲之外许多国家,因而欧洲债券的买卖遵守外汇交易的规则。欧洲债券买入价格和卖出价格的报价者是伦敦、苏黎世、香港等地的一些银行,又称为造市者。造市者同时报出债券的买卖价格,两者之间的差额称为价差,只有交易商作为经纪人收到两头投资者的购单和卖单,做成交易,这个价差才成为交易商的赚金。当然交易商不一定同时做债券的买和卖,常常是在找到买主之前,可以先从投资者手中购入债券,做多头;或者在从其他投资者购入债券之前,可以从自己的债券库存中出售部分给投资者,做空头。证券交易商做多头或空头是二级市场增强流动性的重要因素,可以补充债券市场上暂时缺少的需求者或供应者,而不致中断交易。当一笔交易成交后,国际债券的价格就随之确定,但实际的付款与取得债券要在结算日才进行。

国际债券在交易后，便通过会计结算来转移有关各方的债券所有权，这一过程就是清算。国际清算目的是减少因债券交易而发生的成本，使参与者避免交割风险。目前国际债券清算通常委托欧洲清算系统（Euro Clearing System，ECS）和总部设在卢森堡的清算系统塞德尔（Cedel）等两大清算系统进行清算。这两大系统拥有先进的通信设备，服务周到，安全及时，而且在世界主要国际金融中心都相应设立了债券清算、存放代理机构和货币清算行，对客户很有吸引力。

4. 国际股票市场

国际股票市场是指在国际范围内发行并交易股票的场所或网络。国际股票市场有两种存在形态：一是有形市场，证券交易所是其典型形态；二是无形市场，它是各种现代化通信工具联系起来的交易网络。随着科学技术的迅猛发展，无形市场的地位日益突出。与国际债券市场相比，股票市场国际化进程比较缓慢，全球国际股票发行额在整个资本市场资金来源中所占比例远远小于国际债券市场。但20世纪70年代以来，各国逐步取消有关资本国际流动的限制，跨国股票投资也迅速膨胀，国际股票市场正在经历一个加速发展阶段。

具体来说，股票市场的国际化主要体现在两个方面：

第一，一国股票市场（特别是发达国家的股票市场）的对外开放。20世纪70年代起，一些发达国家开始进一步放松资本项目管制和提高对外开放的程度，允许外国企业在本国股票市场发行股票并上市流通，允许外国投资者参与本国股票市场的投资。一个原本封闭的国内股票市场开始成为全面对外开放的国际化股票市场。美国在1975年颁布了证券修正法案，降低了国外资本进入美国股票市场的交易风险和监管限制。在新的法案下，美国股票市场迅速发展成为一个国际化的市场。1996年在纽约交易所的上市公司有2 617家，其中海外上市公司有290家。英国也于1979年取消了资本项目外汇支出的管制，这使得英国的投资者可以购买外国的证券。1986年10月27日，英国实施了被称为"大爆炸"（Big Bang）的伦敦股票交易所规定与实务改革，实现了交易所成员身份的对外开放，允许国外的银行、非银行金融机构及证券交易商直接进入英国股市进行交易，加快了该市场的国际化进程。

第二，企业筹资市场的多元化。许多大型跨国公司由于生产经营的全球化，促使其筹资方式也日趋多元化，表现之一就是选择在国外发行股票并上市。国际股票市场具有资金供应的充足性和流动性，因此越来越多的跨国公司开始通过国际股票市场融通资金，以此来扩大其资本来源，降低其筹资成本。具体参见表5－2。

表 5 - 2　若干国家和地区在国际上发行的股票市值　　　　　单位：亿美元

	2002 年	2003 年	2004 年		2002 年	2003 年	2004 年
工业国家				工业国家			
澳大利亚	39	51	63	日本	25	49	73
奥地利	14	9	49	卢森堡	2	1	30
比利时	16	12	50	荷兰	66	72	68
加拿大	54	17	106	新西兰	9	—	2
丹麦	8	—	37	挪威	4	16	36
芬兰	16	2	16	葡萄牙		11	13
法国	114	171	252	西班牙	36	11	62
德国	54	185	212	瑞典	52	11	52
希腊	13	26	15	瑞士	101	49	40
冰岛	—	—	15	英国	148	70	203
爱尔兰	5	4	17	美国	12	25	19
意大利	28	43	127				
发展中国家和地区				发展中国家和地区			
捷克	—	11	2	新加坡	20	17	25
匈牙利	—	—	8	韩国	16	12	54
波兰	2	6	9	中国台湾	31	83	34
俄罗斯	13	6	27	泰国	1	15	10
土耳其	1	1	8	阿根廷	—	—	—
中国	54	89	181	巴西	11	6	19
中国香港	14	46	73	智利	—	1	3
印度	3	13	46	墨西哥	8	5	2
印度尼西亚	3	11	6	以色列		2	15
马来西亚	12	6	9	南非	8	13	21
菲律宾	—	1	1				

资料来源：BIS Quarterly Review，March 2005。

（1）国际股票发行市场

国际股票发行市场又称一级市场，是国际股票发行人发行新股票、投资者购买新股票的运营网络。一级市场是一个无形市场。国际股票的发行分为两种情况：一种是新设立股份公司第一次发行股票；另一种是原有股份公司增资扩展而发行新的股票。

股票的发行方式总体来说有私募和公募两种。私募（Private Placement）是发行公司通过经纪商对少数特定的股票投资者发行股票。国际股票私募对象主要有机构投资者以及与发行人有密切业务联系的公司等。私募发行方式费用低，发行成功可能性大，节省时间，但股票流通性差，且股票的集中使发行公司的经营管理易受干预和控制。公募（Public Placement）是发行公司向社会上的投资者公开发行股票。公募的程序复杂，难度较大，发行人必须达到一定发行资格并向发行地证券管理部门办理注册登记或审核手续并公开信息。但公募发行有活跃的流通市场，筹资潜力大，还可以提高发行人的信誉和国际知名度。公募发行又可分为直接发行和间接发行两种方式。直接发行是指发行公司在市场上一次性直接将股票销售给投资者，不通过发行中介机构，主要用于已上市公司的增资发行如向股东配股、发行红利股和股票分割等。间接发行是发行公司委托投资银行或证券公司代理发行和销售股票。大多数公司到国外首次募股，通常采用间接发行，具体采用三种方式：

①包销发行（Firm Commitment）。即投资银行或证券公司等承销商以低于发行价的价格一次性买下发行公司的全部股票，然后向社会公众销售，买卖差价即为承销商的收入。包销形式对发行人来说可以及时得到资金，风险完全由承销商承担，但发行费用较大，发行人也无法获得可能出现的发行溢价的好处。包销是最常见的承销方式，流行于美国。

②推销（Best Efforts）。即发行公司委托投资银行或证券公司代理发行销售股票，承销商不承担承购股票的义务。发行风险仍由发行公司承担，包括发行的失败。

③主销（Stand – by Underwriting）。即发行公司和投资银行或证券公司签订公开募集合同，证券公司保证全部买下剩余未推销出去的股票，前提是发行公司支付较高的费用，但能保证发行按计划募集到资金，并可享受可能的溢价好处。

（2）国际股票流通市场

国际股票流通市场又称二级市场，指已发行的国际股票在投资者之间转让买卖的场所或交易网络。它是国际股票市场最为活跃的部分，为国际股票提供了流动性，推动了整个国际股票市场的发展。

国际股票流通市场的组成成分包括投资人、证券经纪人、证券交易自动报价系统、证券交易所、证券自营商、证券交易清算系统以及证券监管机构等。国际股票流通市场目前可分为四个层次，其中主要国际性证券交易所处于核心地位，此外还有迅速发展的场外交易市场，就是常说的 OTC 市场（Over – the – counter Market）。OTC 市场近年来又分离出两个市场，即第三市场和第四市场。

①证券交易所。证券交易所是有组织地进行股票集中交易的有形固定场所。证券交易所提供完备的交易设施和快捷的清算信息服务，流动性很强。证券交易所一般有会员制和公司制两种组织形式。公司制证券交易所是以股份公司形式设立的，以盈利为目的的法人实体，交易所与证券商的关系是契约关系，注册合格的证券商进场买卖，交易所收取股票成交的佣金。会员制证券交易所是由会员出资共同设立不以盈利为目的的法人实体，交易所的会员必须是出资的证券经纪人或证券商，只有会员才能参加证券交易，非会员的交易只能通过会员在交易所中代为买卖。会员制是当前国际股票市场主要采用的组织形式。

目前世界三大证券交易所为东京证券交易所(Tokyo Stock Exchange，TSE)、伦敦证券交易所(London Stock Exchange，LSE)和纽约证券交易所(New York Stock Exchange，NYSE)。它们位于不同的时区，交易时间正好衔接。另外，代表国际股票市场发展潮流的伦敦国际股票市场，采用先进的国际证券交易自动报价系统，通过卫星线路与东京、纽约等地的报价系统联网，在计算机上对国际股票进行实时报价，从而形成24小时不间断的股票交易。

②场外交易市场。场外交易市场也称为柜台市场或店头市场，它是主要的场外市场，是在证券交易所外从事股票交易的无形市场。柜台市场是一个广泛而分散的市场，证券商在自己的营业网点为许多未上市的股票提供柜台交易，众多的证券商是柜台交易方式的造市者(Market Maker)，对股票市场双向报价，即报出股票的买卖价格，一方面证券商用自己的资金买入股票，另一方面将股票转卖给投资者，使潜在的供求双方结合起来。投资者在柜台市场买卖股票时，可以委托证券经纪人，也可以通过电话、电报、电传等形式与证券交易商直接交易。

③第三市场。它是通过将原来在证券交易所上市交易的股票移至场外交易而形成的无形市场。第三市场已从柜台市场发展成独立的市场。第三市场的发展原因是股票投资机构化，由于机构投资者需要为场内交易的大额股票交易支付大笔佣金，一些证券商为吸引这类业务，适当缩小买卖差价，把上市股票的交易拉到场外进行。第三市场近年来发展极为迅速。

④第四市场。第四市场也是场外交易市场的一种扩展，是投资者直接进行股票交易的市场。第四市场也是因机构投资者的大额交易需求而产生的。机构投资者的一些大额股票交易甚至不通过证券商，而是直接寻找交易对方，私下协商成交，主要目的是节约交易费用。近年来，由于计算机自动报价和交易系统的发展，投资者之间的联系更方便，第四市场得以发展。

目前国际股票市场的特点是：主要投资人是机构投资者，包括各种基金组织、金融机构、公司等，国际股票市场国际化趋势日益明显，20世纪80年代后股票超越国界的交易成交量急剧上升。美国的场外市场是世界上最大的，其代表就是由相互联结的 6 000 多家证券投资机构组成的 NASDAQ 市场。NASDAQ 通过遍布全国的计算机终端网，可以迅速准确地报出所有从事场外交易的证券机构的股票价格。NASDAQ 是近 20 年来世界上增长最快的股票市场。

（3）股票价格及其指数

国际股票市场行情是反映所在国政治经济和世界政治经济情况变化的重要指标，而反映股票市场走势的是股票价格指数。所谓股票价格指数就是市场上部分或全部股票平均价格变动的百分比，即以某时间作为基期（通常基期的市场平均价格为 100），再用以后各期的股价除以基期价格而计算出来的百分比。世界各国的股票市场都有自己的股价指数，有较大影响的股价价格指数主要有：

①道·琼斯股票价格平均指数。这是美国历史最悠久，也是世界上影响最大、使用最广的股价指数，由道·琼斯公司创始人查尔斯·道于 1884 年开始编制。1928 年 10 月 1 日首次公布了 30 家工业股票平均指数。目前的道·琼斯股票价格平均指数是以 1928 年 10 月 1 日为基期，基数为 100，以后各期股票价格都是同基数相比计算出的百分数，每天发表于《华尔街日报》，共分四种：一是道·琼斯工业平均指数，由美国 30 家有代表性的大工业公司的股票价格加权平均计算出来；二是道·琼斯运输平均指数，由美国 20 家铁路、轮船、航空等公司的股票价格加权平均计算出来；三是道·琼斯公用事业平均指数，由 15 家最大的煤气、电力公司的股票价格加权平均计算出来；四是平均价格综合指数，是由上述三个平均数的 65 种股票加权平均计算出来。

②日经股票价格指数。全称是《日本经济新闻社》道氏股票价格平均指数。这是日本显示股价动向最具代表性指标。该指数由日本经济新闻社编写，采用美国道·琼斯指数的计算方法（日本经济新闻社于 1975 年 5 月向道·琼斯买进商标），以东京证券交易所的 225 种（现又扩大到 500 种）上市股票价格加权平均计算求出，每天公布 6 次。

③英国《金融时报》股票价格指数。这是英国伦敦证券交易所采用的股票价格指数，由英国《金融时报》编制。包括三种主要指数：第一种是包括 30 种工业股票的指数，每小时计算 1 次；第二种是由 746 种股票价格组成的综合性股价指数，每天计算 1 次；第三种是福奇指数，1984 年编制，由在伦敦证券交易所上市的 100 种股票组成。

④香港恒生股票价格指数。这是香港股票市场上衡量股市行情的一种综合性指标，也常常成为分析亚洲地区股票行市变动的重要参考数据。恒生指数由恒生银行根据上市的 33 种具有代表性的股票成分股，按其每天的收市价算出当前这些上市公司的总市值，再与基日（1964 年 7 月 31 日）的资本总市值相比，乘以 100 即为当前的指数。恒生指数每天公布 3 次。

（4）国际股票市场的发展趋势

①创新工具与技术不断出现。与整个国际金融市场创新趋势相适应，股票市场的创新工具不断推出，如存托凭证、可转换股票、可赎股、后配股等新的信用工具层出不穷。存托凭证（又称存股证，Depository Receipts，DR）最早是由美国花期银行于1928年创造的，因而又称为美国存托凭证（American Depository Receipts，ADR）。存股证是发行地银行开出的代表其保管的外国公司股票的凭证，投资者通过购买股票存托凭证拥有外国公司的股权。它之所以受到美国投资人的欢迎是因为它完全像美国本土股票一样进行交易和交割，如果不持有存股证而持有发行人所发行的普通股则要遵守发行人所在国国内股票市场的规则。在美国发行和出售的存托凭证叫美国存托凭证，在美国发行的国际股票必须是ADR形式。在亚洲和欧洲各国发行的国际股票，可以是原始的股票，也可以是全球存托凭证（Global Depository Receipts，GDR）。近年来，股票存托凭证市场发展非常迅速，成为国际股票市场重要组成部分，特别对于发展中国家来说，由于发行规模小，资信较低，很难直接在国外发行股票，股票存托凭证就显得尤其重要了。存托证这种方式目前还演化成全球存托凭证、欧洲存托凭证（European Depository Receipts，EDR）、新加坡存托凭证（Singapore Depository Receipts，SDR），被推广到美国以外的其他市场，并被广泛用来作为对非本国公司在本国资本市场上筹集资本的有效途径。

②交易市场结构不断变革。交易市场结构的变化主要表现在两个方面：一方面是场外交易市场的不断发展。随着现代通信工具和交易手段的推广，场外交易市场迅速发展，连一贯保守的英国，伴随着20世纪80年代的金融改革，也开始设立和发展场外交易市场；另一方面是场内交易日趋集中统一。1973年英国把以伦敦股票交易所为首的八家交易所联合起来，成立了大英及爱尔兰股票交易所，1986年，我国香港五家股票交易所合并为香港联合交易所，1987年澳大利亚六家股票交易所合并为澳大利亚证券交易公司，2000年9月，巴黎、阿姆斯特丹、布鲁塞尔和法兰克福证券交易所正式合并为新欧洲证券交易所，其规模仅次于伦敦证券交易所。

③市场波动与风险不断增大。国际股票市场规模的不断扩大、国际化趋势的增强以及交易手段的日臻先进，使得各国政府对股票市场的控制力不断减弱。在一体化的趋势增强又缺乏有效的统一监管体系和措施的情况下，市场联动性风险日益增加；再加上金融衍生工具的推波助澜，国际股市一有风吹草动，往往就处于联动状态。例如2007年美国次贷危机引发的金融危机，在短时期内迅速扩展为全球性的金融危机。

三、其他传统国际金融市场

1. 国际外汇市场

（1）概述

国际外汇市场（International Foreign Exchange Market）是进行国际性货币兑换和外汇买卖的场所或交易网络，是国际金融市场的核心。外汇市场作为国际经济联系的纽带，集中反映了国际经济、世界金融及各国货币汇率变化的趋势，为促进国际贸易、信贷、投资及各种国际资金活动的实现提供了便利条件。

国际外汇市场的参与者由买卖货币的所有机构和个人组成，主要包括中央银行、商业银行、外汇经纪人、经营外汇的公司等。外汇市场交易包括即期交易、远期交易、期货交易、期权交易。伦敦是世界上最大的外汇交易中心，1995 年的日交易额为 4 638 亿美元，占世界外汇交易总额的 30%。全世界外汇的年交易额是世界贸易额的 50 多倍。纽约、苏黎世、法兰克福、东京、香港、新加坡等是世界重要的外汇市场所在地。随着电子通信技术的发展，外汇买卖越来越多地通过传真和电话来进行，交易主要发生在银行之间，因此，外汇市场实际上主要是银行之间的货币买卖市场。外汇交易的绝大多数是投机活动，利用异地异时微小的汇率差异，进行营利性交易。通过电子手段，全世界各大时区的外汇市场已紧密地联系在一起，24 小时不间断地运作。

（2）主要国家外汇市场的基本情况

伦敦是世界最大的外汇交易中心，大多数银行都从事外汇买卖。中国银行伦敦分行也参与外汇交易。英镑的汇率由英国中央银行英格兰银行通过其管理的英国财政部外汇平准基金进行管理。英格兰银行一般通过商业银行进行外汇市场干预，自己不公开出面。如果出面，它通常给经纪人指示一个汇率，经纪人会按这个汇率做一定数量的交易。它对远期市场的干预是很有限的。英格兰银行也代表它的客户——政府部门、中央银行、其他国外货币机构从事外汇交易。

美国外汇市场呈现出多样化和复杂化特征。美国的黄金和外汇储备由外汇平准基金控制，外汇平准基金由美国财政部拥有，财政部长在法律上负责稳定美元的汇价。联邦储备系统在外汇市场上进行调节性操作，但它不能长时间脱离财政部。美国约有 1.4 万家银行，只有 1% 活跃于外汇市场，银行的外汇活动不受管制，但受美联储及州银行部门的监督。外汇市场的官方干预由纽约联邦储备银行处理。美联储的干预可以直接以自己名义，或通过商业银行中介。联邦储备局还为往来中央银行买卖外汇。这样的操作往往同外国中央银行在他们的国内市场的操作同时进行，以帮助它们干预。

2. 国际黄金市场

（1）概述

国际黄金市场（International Gold Market）是世界各国集中进行黄金交易的场所，是国际金融市场中最早出现的部分，也是国际金融市场的特殊组成部分。

目前世界上有五大国际黄金市场：伦敦、苏黎世、纽约、芝加哥和香港。它们都可以进行现货和期货交易，但各有侧重。如伦敦是历史最悠久而且最重要的现货市场；苏黎世黄金市场也以现货交易为主，而且也是世界最重要的金币市场；纽约和芝加哥的黄金市场期货交易量巨大，是世界黄金期货交易的中心；香港黄金市场既有现货交易也有期货市场，但以期货交易为主。由于黄金交易方式和类型的不同，这五大黄金市场形成了两大黄金集团：伦敦－苏黎世集团，纽约、芝加哥－香港集团，其市场价格的形成及交易量的变化对世界上其他市场有很大影响。20 世纪 70 年代以来，国际黄金市场发展很快，黄金期货市场发展迅猛，交易手段日益先进，市场规模进一步扩大，数量不断增加，全世界已经有大约 40 多个国际黄金市场，时差因素也把分布在世界各地的黄金市场连为一体，基本上形成了一个 24 小时连续交易的全球性黄金市场。

（2）黄金市场的分类

按场所划分国际黄金市场，可分为有形市场和无形市场。黄金交易分为场内交易和场外交易。场内交易在有形市场即黄金交易所进行；场外交易则是在无形市场，主要在银行及其他金融机构之间进行。

按交易方式划分，黄金市场可以分为现货交易、期货交易和期权交易。黄金现货交易可以在有形市场进行，也可以在无形市场进行；期货交易一般在有形市场即黄金交易所里进行。

1）现货交易

现货交易是指交易双方成交后立即交割或在 2 个营业日内进行交割的交易。伦敦和苏黎世是世界黄金现货交易中心，其他黄金市场的金价一般都是参照伦敦市场的定价水平，再根据本市场的供求状况决定。

由于持有黄金不能生息且需要支付巨额的贮藏和安全费用，许多持有大量黄金的机构想通过暂时转让所有权来更好地利用黄金的经济价值，于是，从 20 世纪 80 年代中期开始，黄金贷款市场发展起来了。黄金贷款市场的贷方可以获得一笔利息（利率通常比普通贷款低），借方可以得到黄金，然后按预约的期限（一般是 4~6 年，有 1~2 年的宽限期）把实物黄金还给贷方。另外，还有一种短期黄金贷款市场，在该市场上，黄金交易商为了轧平买卖之间的时间差向银行借黄金。

由于一些黄金的巨额持有者直接进入即期市场会对价格产生负效应，他们就选择了黄金互换（Gold Swaps）交易方式。黄金互换交易是指黄金持有者把金条转让给交易商，换取货币,在互换协议期满时(一般为 12 ~ 13 个月)按约定的远期价格购回黄金。

2)期货交易

期货交易是指交易双方先签订了合同,并且交付押金,然后在预定的时间内进行交割。黄金期货交易的目的主要是为了保值或者进行投机,一般不进行黄金的实物交割,大都在期满以前对冲了结。无论是现货还是期货,黄金市场的大宗交易一般采取账面划拨方式,这种交易方式既节省运费,又可避免风险。

3)期权交易

期权交易是指期权购买者在协议价格(或实施价格)上买卖实物黄金或黄金期货合同的权利。与期货合同不一样,期权是指实施的权利,而不是执行的义务。"买入期权"的购买者有权从期权签发人处购得黄金,而卖出期权的持有者有权售出黄金。黄金担保(Gold Warrants)通常是一种黄金期权交易,尤其是买入期权交易。它由黄金存贷担保,通常跟采金企业发行的股票或债券有关。

为了满足人们交易的需要,黄金交易工具不断创新,例如,黄金杠杆合同(Gold Leverage Contracts)、黄金券(Gold Certificate)、黄金存单(Depository Orders)等。新近出现的黄金 ETF 基金(Exchange Traded Fund)尤其值得关注。黄金 ETF 基金是一种以黄金为基础资产,追踪现货黄金价格波动的金融衍生产品,可以在证券市场交易。因黄金价格较高,黄金 ETF 通常以 1/10 盎司为一份基金单位,每份基金单位的净资产价格就是 1/10 盎司现货黄金价格减去应计的管理费用。其在证券市场的交易价格或二级市场价格以每股净资产价格为基准。黄金 ETF 基金在以下方面享有无可替代的优势:交易便捷、保管安全、交易成本低、流动性强、交易透明、交易弹性大。2003 年,世界上第一只黄金 ETF 基金在悉尼上市。目前全球共有 5 只黄金 ETF 产品,分别在美国、英国、法国、南非等国上市交易。截至 2006 年 9 月 14 日,黄金 ETF 共持有实物黄金资产 534.83 吨。

第三节 欧洲货币市场

一、欧洲货币市场概述

1. 欧洲货币

欧洲货币(Euro – Currency)也称境外货币,泛指在欧洲货币市场上所经营的不受市场所在国金融法令管辖的所有可自由兑换货币。最早成为欧洲货币的是美元,欧洲美元早期是指存放在伦敦等地银行里的美元存款和信贷,由于这种存贷业务发源于欧洲,故称欧洲美元。因此欧洲货币并非欧洲国家的货币,随着国际金融市场规模和范围的不断扩大,欧洲货币所包含的内容不仅仅限于欧洲美元,还包括欧洲英镑、欧洲日元等,是一切境外货币(Offshore Currency)的统称。

2. 欧洲货币市场

欧洲货币市场是经营欧洲货币业务的金融市场。欧洲货币市场在地理概念上并不局限于欧洲，是经营非居民的境外货币存贷款业务而不受市场所在国法令管理的市场，是离岸金融市场的核心组成部分。需要注意的是：从经营对象来看，"欧洲货币"并非指欧洲国家发行的货币，而泛指欧洲货币市场上交易的各种"境外货币"；从地域上看，欧洲货币市场的"欧洲"已不是一个地理概念，并不限于欧洲各金融中心，而泛指世界各地的离岸金融市场；从经营范围来看，尽管欧洲货币市场是一个以短期资金借贷为主的市场，但其业务范围并不限于短期资金借贷，它还经营中长期信贷业务和欧洲债券业务。

二、欧洲货币市场的分类

根据欧洲货币市场业务对象、资金来源与贷放重点及营运特点的不同，一般可以分为功能中心和名义中心两种类型：

1. 功能中心

功能中心(Functional Center)是指集中了众多的银行和其他金融机构，从事具体的资金存贷、投资、融资等业务的区域或城市。依照境内业务和境外业务分离的程度，又可将其分为两种：

(1)内外混合型

内外混合型市场是指境内和境外市场业务融为一体，居民与非居民均可从事有关货币的存款和贷款业务，银行的离岸金融业务与境内业务没有严格区别，可同时经营。内外混合型离岸金融市场是典型的国内市场和国际市场一体化的市场。这一点无论在货币市场还是在证券市场或是外汇市场上表现都非常明显。随着管制的放松，不同市场的界限被打破，各类市场日益相互依存，它们中间的界限日趋模糊。内外混合型市场的目的在于发挥两个市场资金和业务的相互补充和相互促进作用。这类市场典型的地区是伦敦和香港。

(2)内外分离型

内外分离型是指离岸金融市场业务与市场所在国的在岸金融市场业务严格分离。分离可以是营业场所上的分离，也可以是账户上的分离，目的在于防止离岸金融交易活动影响本国货币金融政策的实施。这种市场会限制外资银行和金融机构与居民往来，并只允许非居民进行离岸金融交易。前面介绍的"国际银行业务设施"就是一个典型代表，其主要特征是存放在"国际银行业务设施"账户上的美元视为境外美元，与国内美元存款账户严格分开。此外，日本也于1986年12月1日成立了内外分离型的离岸金融市场。

分离型离岸金融市场除了美国和日本这种严格分离型的市场外，还有一种以严格内外分离为基础的分离渗透型市场。这种市场允许在岸和离岸业务有一定的渗透，具体又有三种情况：一是允许把非居民离岸账户吸收的资金向在岸账户贷放，并渗透到国内金融市场上来，目的在于利用地理优势更好地使用外资。但禁止资金从在岸账户流入离岸账户。典型的市场是马来西亚的纳闽岛和泰国的曼谷。渗透到国内市场的离岸资金应取消作为离岸资金的一切优惠，以防止扰乱国内金融市场。一般来说该类型的市场有较大的管理难度，若管理不善将会带来负面影响。1997 年泰国金融危机的发生，对离岸资金的管理过于放松是其原因之一。二是允许在岸账户资金向离岸账户流动，但禁止离岸账户向境内放贷。三允许资金在离岸账户与在岸账户之间双向渗透。目前新加坡的亚洲货币单位（Asian Currency Unit）属于这种情况。

2. 名义中心

名义中心又称避税港型或簿记型中心，是指在不征税的地区，只是名义上设立机构，通过这种机构在账簿上中介境外与境外交易。实际上资金的提供和筹集并不在那里进行，一些国际银行只是在那里开立账户，目的是为了逃避管理和征税，所以被称为避税港型的离岸金融市场。避税港型的离岸金融市场大多位于北美、西欧、亚太等经济发达或投资旺盛、经济渐趋繁荣的地区附近，大多原系发达国家的殖民地或附属国。由于这些国家多为岛屿，与大陆分离，资源贫乏，制造业非常有限，对经济发展有许多制约和不利。为发展本国经济，改善国际收支状况，挖掘自身有利的条件，通过向非居民提供税收优惠，吸引非居民开展离岸金融业务。这些国家共同的特点是虽然经济不甚发达，但国家的政治经济稳定，一般都有较充分的商务基础设施，有较先进的交通设施和通信设施，同时汇集了一大批银行、保险公司、外汇及证券交易机构，形成了较完善的金融机构门类，同时还具有一大批有经验的专业金融人才，高效率地为非居民提供各种金融服务。另外，当地政府还对离岸金融市场业务提供宽松的管理气候和优惠政策。对非居民外汇交易没有外汇管制，资金自由转移。这类离岸金融市场的典型地区是加勒比海的巴哈马、开曼以及百慕大、巴拿马和西欧的海峡群岛。

三、欧洲货币市场的形成和发展

欧洲货币市场起源于欧洲美元市场。早在 20 世纪 50 年代初，由于美国政府在朝鲜战争中冻结了中国存放在美国银行的资金，前苏联和东欧国家为了避免其在美国的存款也被冻结，就把他们的美元资金从美国转存到美国境外银行，如前苏联在巴黎开设的北欧商业银行和在伦敦开设的莫斯科国民银行以及在伦敦的其他欧洲国家的商业银行。这些银行把吸纳的美元存款用于向外放贷，这就形成了欧洲货币市场的雏形。但因当时欧洲美元数量不大，在金融界并未引起关注，而欧洲货币市场最终大规模的发展，是由以下几个原因促成的。

1. 外部原因

（1）美元的优越地位

在第二次世界大战结束后建立的以美元为中心的布雷顿森林体系赋予了美元等同于黄金的地位，使其具备了在国际上流动且被广泛接受的前提条件。

（2）美国国际收支逆差

为了体现其经济和军事霸主地位，美国根据"马歇尔计划"，对西欧提供了大量的经济和军事援助，大量输出美元。而后，由于朝鲜战争等一系列因素，美国的国际收支出现持续逆差，于是更多的美元流出美国用于清偿债务。这样，在美国境外，尤其是在西欧地区的银行中积聚了大量美元，这成为欧洲美元借贷业务的资金来源。

（3）美国的金融管制政策

20 世纪 60 年代，为了扭转日益恶化的国际收支状况，美国一直推行节制资本外流的政策。1963 年 7 月，美国政府宣布，对居民购买外国在美发行的有价证券要征收"利息平衡税"，实际上等于对外国公司关闭了美国资本市场。1965 年 1 月，美国金融当局又实行所谓的"自愿限制对外贷款指导方针"，限制美国金融机构对外贷款规模。上述货币政策实施的结果：一是迫使美国和外国的跨国公司在筹集资金时，越来越依赖于欧洲货币市场；二是美国银行为了不失去在国际信贷业务中获利的机会，不得不在国外建立大量分支机构。这样它们就将大部分国际金融业务从美国转移到了境外国际金融中心，大大增加了欧洲货币市场的业务量。

此外，美国曾长期实行的《Q 项条款》促使美国国内的金融机构与大公司纷纷将大量资金转存欧洲各国，促进了欧洲美元市场的发展。《M 项条款》的长期实施迫使银行在国外营运，也加快了境外货币资金的形成和发展。

（4）瑞士、德国等西欧国家的倒收利息政策

进入 20 世纪 60 年代，美元危机爆发，抢购黄金和其他硬通货的风潮时有发生。这时瑞士、德国等一些西欧国家为了保护本币和金融市场的稳定，抑制国内通货膨胀，曾对非居民持有的本币采取不付利息或倒扣利息等措施加以限制，而对非居民的外币存款则给予鼓励。国际垄断组织及银行为了获取瑞士法郎和德国马克升值的利益，同时逃避上述倒扣利息的损失，将手中的瑞士法郎和德国马克等欧洲货币存储于他国市场，使欧洲美元扩大而演变成欧洲货币市场。

（5）国际石油价格上涨

20 世纪 70 年代，特别是 1973 年和 1979 年的两次石油涨价，使石油输出国组织（OPEC）获得巨额石油美元。据国际清算银行（Bank for International Settlements, BIS）估计，平均每年约有 1/3 石油美元投入欧洲货币市场生息获利，使得欧洲货币市场存款总额急剧增加，市场规模迅速扩大。另一方面，油价上涨后，非产油国家石油进口费用猛增，普遍

出现国际收支逆差，为平衡国际收支，这些国家纷纷到欧洲货币市场借贷，大大增加了对欧洲货币市场资金的需求。

　　2. 自身原因

　　除了上述一系列外部原因以外，欧洲货币市场自身的一些特性，如：交易规模巨大；交易品种、币种繁多；具有独特的利率结构，成本低、效率高；资金调拨方便、选择自由、很少受市场所在国金融和外汇法规的约束等，均是促使其迅速发展的关键内在因素。

　　从时间上来看，20世纪50年代初有了欧洲货币市场的雏形，50年代后期至60年代后期，欧洲货币市场在西欧地区迅速成长，欧洲货币市场币种结构开始多样化，60年代末至70年代末，欧洲货币市场在发展中国家迅速扩展，新加坡、中国香港、巴哈马、贝鲁特等20多个离岸金融中心形成，市场的规模由原来的一体型发展到簿记形和渗透形，这一时期是欧洲货币市场发展的重要阶段；20世纪80年代，欧洲货币市场在美国和日本获得突破，同时也是市场模式结构和地理分布发生重大变化的时期；20世纪90年代，世界离岸金融市场在调整中稳步发展。目前，欧洲货币市场经过几十年的发展，已从开始的欧洲地区扩展到世界各地，分布在欧洲、加勒比海地区、中东、亚洲和美国等主要区域的离岸中心已有40多个，经营的币种已扩展到了20多种可自由兑换的货币，其中仍以欧洲美元占比重最大。从20世纪70年代起，在整个国际金融市场业务中，欧洲货币市场均占80%以上，传统国际金融市场则仅占不足20%。

　　四、欧洲货币市场的结构

　　1. 欧洲货币市场的货币结构

　　根据国际清算银行对欧洲八国(比利时、法国、前联邦德国、意大利、荷兰、卢森堡、瑞士和英国)1977年银行外币负债统计资料分析，美元在欧洲货币总额从1970年的81%下降到1977年的74%，而其他欧洲货币则从1970年的19%上升到1977年的26%。1979年当美元贬值时，欧洲美元的比重下降到65.5%，欧洲马克的比重上升到19.2%的高点。70年代后期欧洲日元的比重逐渐上升，1982年超过欧洲英镑和欧洲法郎居于欧洲瑞士法郎之后，在1987年欧洲日元达到1 372亿美元。80年代以后欧洲货币单位的比重也不断上升，1984年超过欧洲英镑、欧洲法国法郎和欧洲荷兰盾，仅次于欧洲日元。欧洲日元和欧洲货币单位比重的上升是欧洲货币市场的货币结构最显著的变化。1987年欧洲美元、欧洲马克、欧洲日元的比重分别为56.4%，13.9%和5.6%，欧元产生后，欧洲货币市场的货币结构发生进一步的变化。各种欧洲货币的比重在不同的年份是不同的，这也充分反映了各种货币币值的坚挺与疲软程度以及各种货币在国际经济中的使用范围。

　　2. 欧洲货币市场的地区结构

　　20世纪80年代前，欧洲货币市场以伦敦为中心，主要集中于欧洲地区，在欧洲大陆上，法国、比利时和卢森堡是主要的欧洲货币市场。20世纪70年代欧洲地区占欧洲货币交易量的比重为70%以上，1988年这一比重为56.7%。可见欧洲货币市场在各个地区的交易比重，在欧洲货币市场的发展过程中有比较大的变化。20世纪70年代欧洲货币业务主要集中在欧洲大陆，主要由于欧洲各国工业发达，跨国公司集中，国际贸易量居于世界首位，国际借贷资本在这一地区的供需都很大。跨国银行也多集中于欧洲大陆，银行间的借贷活动也比较频繁，欧洲地区当然就成为欧洲货币的主要市场。进入20世纪80年代后，阿拉伯产油国资金使欧洲货币市场崛起。1981年美国国际银行设施和1986年东京国际离岸金融中心建立后，两地在欧洲货币市场中的地位迅速上升。此时，加勒比海的开曼、巴哈马，亚洲的新加坡、中国香港等离岸金融市场也发展成为重要的欧洲货币市场，造成欧洲地区所占的比例逐步下降。目前，欧洲货币市场业务较大比重集中于伦敦、纽约和东京等国际离岸市场。

3. 欧洲货币市场的资金期限结构

欧洲货币市场大部分是银行间的交易，一年期以内的短期资金拆放占96%。欧洲货币存款基本上是短期资金。这主要是由于欧洲货币缺乏广泛的居民基础，对于需要资金的银行来说只能向同业获得。由于银行间资金拆借利率水平非常低，拥有资金的银行不愿意进行长期放款，因而造成银行间的资金也多是短期的拆放。加上银行要保证资金的流动性，以及在浮动利率和浮动汇率的条件下，保证自己的资产负债结构的合理性，因此，频繁地在市场上进行套利、套汇，并在防止利率和汇率风险的基础上使自己的资产保值增值。这些资金都必须以短期资金的形式存在。从存款的资金来源看，跨国公司在欧洲货币市场的存款也多为暂时闲置的流动性资金。各国在欧洲货币市场的存款主要是这些国家的外汇储备，需要保持高度的流动性。从一般存款者的角度来看，由于市场的投资工具越来越多，并且也非常灵活，都不愿选择长期存款。如债券市场利率水平往往高于存款，而且又有二级市场的存在，变现非常方便，投资期限可长可短。由此可见，不但银行间相互存款多以短期为主，非银行企业实体存款也多以短期为主。因而欧洲货币市场是一个以短期资金进行中长期信贷的典型市场，资产与负债的不匹配也就成为欧洲货币市场区别于其他传统借贷市场的一个最大的特点。

4. 欧洲货币市场的利率结构

欧洲货币市场有多种利率，但使用最广泛的是伦敦银行同业间使用的几种利率。伦敦同业银行利率由伦敦同业拆放利率(London Interbank Offered Rate, LIBOR)、伦敦同业拆借利率(London Interbank Bid Rate, LIBID)以及伦敦同业平均利率(London Interbank Mean Rate, LIMEAN)组成，其中LIBOR是欧洲货币市场最重要的利率，也是欧洲银行向客户发放贷款的计息基础，在欧洲货币市场从事业务活动的欧洲银行由于没有存款准备金限制使存款中有较大比例可贷出，没有政府实行的利率控制，法规成本低，不需要办理存款保险，不存在政府规定的信贷分配，税收较低，对新银行的进入没有限制，这些优势决定了欧洲货币市场利率的主要特征是存款利率略高于该货币国内存款利率，贷款利率则略低于该货币发行国国内的贷款利率，使存贷款利差小于国内的存贷款利差，从而极大地吸引了借贷双方。另外汇率变动和资本管制的潜在威胁使人们认为欧洲货币市场的风险要大于国内市场风险。因此，欧洲银行就必须支付较高的利率作为对存款者的风险补偿。这样风险也成为欧洲货币市场利差小于国内利差的原因。从 LIBOR 变化出来的还有新加坡同业拆放利率（Singapore Interbank Rate，SIBOR），纽约同业拆放利率（New York Interbank Rate，NIBOR），香港同业拆放利率（Hong Kong Interbank Rate，HIBOR）和科威特同业拆放利率（Kuwait Interbank Rate，KIBOR）等。

五、欧洲货币市场的作用

欧洲货币市场自其产生以来，在国际金融领域中起着十分显著的作用，其影响有积极的也有消极的。人们对它的态度，从理论界到实践者有相当大的分歧。

1. 积极作用

（1）欧洲货币市场推动了二战后世界经济的恢复和发展

首先，欧洲货币市场资金充足，规模巨大，资本流动速度快，为战后欧洲经济的复兴、日本经济的高速增长及发展中国家民族经济的起飞注入了大量资金。

其次，欧洲货币市场大规模的融资活动，加速了战后国际贸易的发展。欧洲货币市场对国际资本流动的推动作用是其他国际金融市场无法相比的，其规模和速度在国际资本流动和发展史上也是空前的。从 1973 年开始，国际贸易增长的速度一直大于世界生产的增长速度。国际贸易的快速增长与欧洲货币市场的资金支持是密不可分的，国际贸易的发展又推动了整个世界经济的发展。

再次，欧洲货币市场对缓解全球的国际收支不平衡起了很大作用。欧洲货币市场为资金的短期流动提供了途径，使资金盈余国家和资金短缺国家可以通过欧洲货币市场调剂余缺，也促进了石油美元的回流，缓解了许多国家国际收支状况。

（2）欧洲货币市场推动了国际金融市场一体化

生产国际化客观要求加强世界各国之间的货币金融联系，在过去，因国界关系，金融市场实际上是相互隔绝的。离岸金融市场在很大程度上打破了这种隔绝状态，适应了生产国际化的客观要求，成为国际资本移动的重要渠道，最大限度的解决了国际资本的供需矛盾，促进了国际金融一体化。首先打破了地区界限，一国经济发展不再严格受到国内储蓄的限制，资本可以更加有效的运用，从而在世界范围内优化资源配置；其次，能为国际贸易融通大量资金，并为国际贸易中心的风险管理创造条件，从而促进国际贸易发展；再次，扩大了信息传播范围，使信息的分布更加迅速、均匀，为金融市场运行效率的提高创造了条件；最后，加速了国际资本大规模的流动，例如主要交易货币之间微小的利差存在，便会引起大量的资金用于套利套汇交易而产生国际间的资本流动，这个市场所形成的国际利率，使各国国内利率更加相互依赖，促进了国际金融一体化。

（3）欧洲货币市场加速了金融创新的过程

欧洲货币市场的产生本身就是 20 世纪最重要的金融市场创新，同时欧洲货币市场由于没有管制，交易自由，为金融创新提供了良好的外部环境。50 年代至今金融创新都非常活跃，金融工具创新层出不穷，如欧洲债券、平行贷款、浮动利率票据、票据发行便利、远期利率协议等都出现在欧洲货币市场。

2. 消极作用

（1）欧洲货币市场上资金的流动加剧了国际金融市场的动荡不安

欧洲货币市场由于金融管制松弛，对国际政治经济动态的反应异常敏感，每个主要储备货币国家的货币汇价发生波动，国际资金持有者即将贬值货币调成欧洲美元存储，并经常调动或借入欧洲美元来抢购即将升值的货币，从而加剧了各国的汇价不稳定。在浮动汇率制度下，一体化的金融市场给跨国银行、企业及证券投资者的经营活动增加了汇率波动风险，巨额资金在不同金融中心之间，在不同储备货币之间频繁地进行套汇套利活动，而这又反过来进一步加剧了外汇市场上的投机性交易，加剧了外汇市场的波动。

（2）欧洲货币市场增大了国际贷款的风险

欧洲货币市场国际信贷的主要方式是银行借短贷长，欧洲货币存款和 CDs 等资金来源主要是短期的，然而自 20 世纪 70 年代以来，国际上长期资金的需求增长很快，欧洲货币市场也随之增大了长期资金的贷放，这显然增加了金融市场的脆弱性。如果发生金融风潮，储户提存，银行将难以应付。另外欧洲货币市场上长期巨额信贷牵涉众多的辛迪加成员银行，而银行之间的借贷关系连锁网络又遍布世界各个主要金融中心。这样，虽然国际银行贷款的风险分散了，但是影响却更广泛了，银行危机极易产生"多米诺效应"的连锁反应。

（3）欧洲货币市场的存在影响了国内货币政策的有效执行

由于欧洲货币市场的存在，各主要西方国家的跨国银行、跨国公司及其他机构都可以很方便地在世界范围内取得贷款资金和贷放场所，使得一国针对国内经济目标所采取的货币政策很难如愿以偿。例如，当国内为抑制通货膨胀而采取紧缩的货币政策从而使国内金融市场利率提高时，国内的银行和企业可以很方便的从欧洲货币市场上获得低成本的资金；同时，欧洲货币市场上的国际游资也会因国内的高利率而大量涌入，这使紧的货币政策无法顺利完成。又如，当一国为刺激经济增长而放松银根降低利率水平时，国内资金却会由于国外利率水平较高而流向国际资本市场，这使国内松的货币政策也无以为继。这些不利影响对于开放程度高的小国经济尤为明显。

第四节　国际金融衍生工具市场

一、国际金融衍生工具市场概述

1.金融衍生工具市场的概念

金融衍生工具又称为金融衍生产品、金融派生工具等。金融衍生工具（Financial Derivative Instrument）是一种为交易者转移风险的双边合约，其价值取决于或派生自基础金融工具的价格及其变化，也就是说金融衍生工具是在股票、债券、货币、外汇、存贷款等传统的金融工具基础上衍生出来的新兴金融产品。如股票期权就是建立在股票之上的衍生产品，它的价值取决于股票价格的变化。能够产生金融衍生工具的传统金融工具被称为基础工具或基础产品（Underlying Instrument）。

金融衍生工具市场也称派生市场，是相对于基础市场而言的进行金融衍生工具交易的市场，既包括标准化的交易所交易，也包括非标准化的柜台交易，即 OTC 交易。

20 世纪 70 年代布雷顿森林体系解体后，汇率、利率等多种金融价格进入长时期、大幅度波动之中，经济环境的不确定性日益增强，人们产生了规避风险的强烈需求，国际金融业掀起了金融自由化和金融创新浪潮。在世界经济一体化和现代信息技术革命等外在因素的推动下，各种金融衍生工具应运而生。金融衍生工具的出现，带来了世界金融业的一场革命，成为管理金融自由化过程中金融价格波动风险的主要手段。与之相适应的金融衍生工具市场的兴起和发展也成为近几十年国际金融市场出现的最为突出的变化之一，并成为整个国际金融市场不可缺少的核心组成部分。金融衍生工具业务经历 20 多年的发展，日益成为金融机构盈利的主要方向，金融衍生工具交易也成为衡量一个金融市场是否成熟的标志之一。随着金融衍生工具不断推陈出新，各种新兴的金融衍生工具市场在世界各地相继建立。如 1980 年纽约期货交易所（New York Futures Exchange，NYFE）成立；1982 年伦敦国际金融期货交易所（London International Financial Futures Exchange，LIFFE）成立；1983 年新加坡国际货币交易所（Singapore International Monetary Exchange，SIMEX）成立。全球约有 50 多家交易所进行金融衍生工具交易，场外交易的范围更大。

2.金融衍生工具市场的特征

（1）杠杆性

指能以较少的资金投入控制较多的投资，即"以小搏大"。金融衍生工具一般在达成交易时只要缴存相当于合约金额一定比例的权利金或保证金，便可得到相关资产的管理权，杠杆性十分明显。一般来说，高杠杆比率可以吸引众多投资者，使衍生市场更有活力，但也伴随高风险性，一旦投资决策失误，投资者承担的风险与损失也会成倍放大。

（2）虚拟性

指金融衍生产品所具有的独立于现实资本运动之外，给持有者带来一定收入的特征。具有虚拟性的产品，本身并没有什么价值，只是代表获得收入的权利，是一种所有权证书。金融衍生工具通过适时的持有和抛出即可获利，其价值增值过程脱离了实体经济运动，而且也导致相当一部分货币资本脱离了实体运动过程，形成虚拟资本。另外，股票、债券等基础工具，在某种意义上是对实物资产的虚拟，而衍生金融工具又是对债券、股票等基础工具的进一步虚拟，具有双重虚拟性。尽管衍生产品交易有助于增加其基础市场的流动性，间接促进生产过程或流通过程资金的获得，但它的利润不是生产利润的再分配，而是金融衍生工具市场风险利润的再分配，是在衍生市场投资者之间来回转手的。因此若将衍生市场从一个封闭的角度考虑，其盈亏和为零，是一种完全的"零和博弈"。金融衍生工具则是适应强大的市场需求而产生的，在完备的市场机制和规范的市场管理下，可以预测其运动过程及结果。

（3）定价的高科技性

金融衍生工具的定价一直是一个相当艰深的问题。它既无法按其成本定价，也无法通过市场的供求平衡来决定其价格。因此，衍生工具的定价方法从一开始就采取极为艰深的数学、物理学、经济学等方法。随着金融衍生工具市场的发展，定价中所使用的技术、原理及设备都在升级换代，高科技性有增无减，对于一项产品的定价往往需要经济学、数学、物理学、计算机等方面专家的通力合作才能完成。

（4）高度的集中性

由于金融衍生工具交易的技术水平较高，所以衍生工具业务不仅集中于成熟的市场，在场外交易方面，世界范围内的交易也主要集中于少数规模较大、实力较强的金融机构之间进行。据统计，全球范围内主要的金融衍生工具交易数量不超过150家。在多数被调查的市场中，少数交易商占有多数的交易量和对应着多数风险。因而全球金融衍生工具市场有关的信用风险大部分都集中到了这些金融机构，一旦一家机构突然倒闭或无法履约，整个衍生产品市场就会流通不畅，引至一连串违约事件，加深金融恐慌，会对世界金融体系的稳定产生威胁。

3. 金融衍生工具市场的基本功能

（1）转移和分散风险功能

金融衍生工具诞生的原动力就是风险管理，因此，转移和分散风险是金融衍生工具市场最基本的功能，也是金融衍生工具市场得以存在和发展的基础。从微观层次看，金融衍生工具可以使投资者有效地转移和分散市场风险、信用风险及流动性风险等。金融衍生工具市场可以将市场经济中分散在社会经济各个角落的风险先集中，再分割，然后重新分配，使套期保值者通过金融衍生工具的交易规避正常经营中的大部分风险，而不承担或只承担极少一部分风险，从而能专心于生产经营。大量新型金融工具、融资方式及交易技术的出现，使投资者不仅能进行多元化的投资组合，而且能及时调整其组合，在保证收益的同时分散和转移风险，将投资风险减小到最低程度。如远期合约买卖双方通过签订远期合约，来固定将来实际交割时的利率、汇率等价格，在一定程度上避免了利率和汇率风险，以实现固定成本，稳定收益的目的。金融期货和期权市场出现后，投资者可以利用期市和现市的相关性进行套期保值，规避了大部分的市场风险。金融期货基本的功能之一是套期保值，金融期货价格与金融现货价格一般是同方向变动，交易者在金融期货市场建立了与现货市场相反的部位后，则在一个市场受损，而在另一市场获利，以获利补亏损即可达到保值的目的。实际上，利用金融期货交易可避免因价格的不利变动而造成的损失，但也必须放弃因价格的有利变动而带来的利益。而金融期权既能锁定损失，在风险限定的基础上又不放弃价格变动带来的盈利机会，适合多层次投资者的需要；再如股票指数期货市场产生后，投资者可以通过股票现货市场和期货市场的套期操作来防范系统性风险；互换基本上是场外交易，灵活性和变通性更大，具有其他衍生产品不具备的帮助筹集低成本资金、优化资产负债的货币与期限结构、实现资产负债的最佳搭配、转移和防范中长期利率和汇率风险等功能。另外，由于衍生交易的杠杆比率非常高，可以使套期保值者以极小的代价，占用较少的资金实现有效的风险管理。

金融衍生工具强大的杠杆效应，使得它的投机能量远远大于其基础资产的投机能量；相等的投资金额通过金融衍生工具所控制的基础资产量比直接运用基础资产要多。金融衍生工具市场的投机功能使投资者可以将一部分风险转嫁给市场上的投机者，使自身风险得以规避，从而将更多的精力、物力投入到生产经营中去。因此，大量投机者的存在，很好地起到了转移风险，提高流动性的作用，使市场上资金的运转速度和使用效率得以提高。

（2）价格发现功能

价格发现是金融衍生工具市场的另一主要功能，是指金融衍生工具市场能提供各种金融商品的价格信息。在金融期货、期权交易所内，集中了各方面的市场参与者，包括买者和卖者，带来了各种关于衍生工具基础资产的供求信息和市场预期，通过交易所内激烈的公开竞价形成了市场均衡价格。它综合反映了交易者当时和未来对某种金融商品价格的观点和预期，使未来价格得以发现。金融衍生工具市场形成的价格也为市场以外的金融商品的交易提供了有用的价格信息，成为指导生产、合理配置社会生产要素的重要依据。目前金融衍生工具市场日趋国际化和全球一体化，金融衍生市场的价格一旦形成，便会通过现代通信手段迅速向全世界传播，从而形成世界性的价格。

金融衍生工具市场的价格发现机制不但有利于形成公平、合理、统一的价格，消除垄断，促进竞争，而且有利于信息的传递，提高信息透明度。同时，由于金融衍生工具市场与基础市场具有高度正相关性，使基础市场的价格也能充分反映有关经济信息，从而提高基础市场的效率。金融衍生工具市场通过提供更多的风险共担的机会，降低了交易费用和信息的不对称性，大大提高了经济的运行效率。

(3)提高市场流动性

由于金融现货市场受到交易数量、市场风险、交易者数目和管理制度等方面的限制，其资金的流动性和安全性都缺乏保证，而金融衍生工具市场由于具有风险转移和价格发现机制，明显增强了市场流动性，吸引了众多的投资者，交易数量大大增加。另外，近似完全竞争市场的金融衍生工具市场形成的价格接近于供求均衡价格，它是基础市场价格的预期，能反映基础市场未来预期的收益率，当基础市场的未来预期收益率高于社会平均资金收益率时，社会资金就会从低收益领域流向高收益率的基础市场；反之，则从基础市场流向其他高收益领域，从而提高了资本运用速度和效率。

4.金融衍生工具市场的风险

金融衍生工具市场的风险概述如下：

(1)市场风险

指因利率、汇率、证券行情等市场价格变动造成金融资产价值亏损的风险。一是采用衍生工具保值仍未能完全规避的价格变动风险；二是衍生工具本身就具有的很高的价格变动风险，即金融衍生工具本身杠杆作用对风险的放大。

(2)流动性风险

指衍生产品合约持有者无法在市场上找到出货或平仓机会造成的风险。流动性风险的大小取决于合约标准化程度、市场交易规模和市场环境的变化。场内交易合约的标准化程度较高，市场规模大，交易者可随时根据市场环境变化决定头寸的抛补，流动性风险小；而在OTC市场上，每一份合约基本上都是根据特殊需要设计的，很难完成抛补，流动性风险很大。但近年来，随着金融衍生工具市场的发展，场外交易的流动性逐步增强，国际互换交易协会(International Swaps and Derivatives Association, ISDA)在1986年通过了《利率和货币互换协议》，初步实现了互换合约的标准化，二级市场得以发展，使互换的流动性大大增强。

(3)信用风险

指交易对方可能不履行合约时所导致的风险。主要表现在像远期、互换这些OTC市场上。在OTC市场中，违约风险是双向的，只要一方违约，合约便无法执行，银行或安排交易的公司只是充当交易中介人，能否如期履约完全取决于双方的资信，所以容易发生信用风险。

（4）结算风险

指交易对手无法按时付款或交货所造成的风险。多数结算风险是由于时差和结算方式不同所导致的。另外由于交易对手信用风险和操作风险也可能发生支付风险。

（5）操作风险

指由不适当的交易处理系统或管理系统导致的财务亏损的风险，其本质上是管理问题。风险的形成可能是内部会计控制制度不健全、工作人员经验不足、作业流程不完善、未经授权进行交易及计算机系统不稳定等原因。具有很高操作风险的企业也可能被视为具有很高的信用风险。企业治理机构与管理部门缺乏充分的对操作风险的控制也是导致巴林银行倒闭的根本原因。

（6）法律风险

指因合约无法履行或草拟条文不足引致损失的风险。包括合约条文的缺陷、法律不明晰，或在破产和财务困境时不能履行合约的风险。首先，金融衍生工具市场的自由化、国际化及逃避监管的动机都加大了法律风险。由于衍生产品的不断创新，各国的法律难以及时跟上，一些衍生交易的合法性难以保证，交易双方可能因找不到相应的法律保护而遭致损失，发生纠纷时，也可能找不到相应的法律加以解决。其次，逃避法规管制的动机使一些金融衍生工具可能故意游离于法规监管之外。第三，法规制定者对衍生工具的了解与熟悉程度，也会导致衍生产品无法可依。

上述六种风险，不可能囊括衍生交易市场的所有风险，其他如经纪商的道德风险、交易商的犯罪风险都应予以重视。金融衍生工具市场本身是为管理风险而产生和发展起来的，作为一种制度，它提高了整个社会经济运行的效率，但是由于金融衍生工具市场的高风险性、杠杆性、虚拟性等特征，衍生工具市场成为一把双刃剑，利用好可以规避风险，获取高利益，如果只是把它纯粹作为追逐利润最大化的投机工具，不合理地进行利用，则可能引致巨大风险。只有正确地认识市场存在的风险，加强对金融衍生工具市场的风险监管，并加强国际监管的协调与合作，建立规范化的全球衍生产品市场，把金融衍生工具市场的风险控制在最小限度内以更好地发挥其对经济的积极作用。

二、国际金融远期类衍生工具市场

国际金融市场远期类创新主要包括远期交易、期货交易和互换交易。

1. 远期交易

金融远期合约（Financial Forward Contract）是最简单的衍生工具，是指买卖双方约定在未来某一确定时间，按照事先商定的价格，以预先确定的方式买卖一定数量的某种金融资产的合约。金融远期合约主要有远期外汇合约和远期利率协议。期中远期外汇合约最早产生，早在 19 世纪 80 年代，奥地利维也纳就出现了远期外汇市场。而远期利率协议是 20 世纪中期以来，国际金融市场上最重要的金融创新之一。

（1）远期外汇交易

远期外汇交易是指买卖双方先签订外汇买卖合同，在合同中规定好买卖好的货币、数量、汇率及将来交割的期限，交割日到来时买卖双方再按合同的规定办理交割的一种外汇交易。与即期外汇交易不同，远期外汇交易的交割日期是在买卖成交后 2 个营业日之后的某一天。在实际业务中，远期外汇交易日的交割日通常是按月计算的，主要有 1 个月、3 个月、6 个月、9 个月和 1 年，最多见的是 3 个月的远期外汇交易。根据交割日是否固定来分，远期外汇分为固定交割日的远期外汇交易和不固定的远期外汇交易两类。前者的交割日是固定的，通常就是交割期限的最后一天，实际业务中的远期交易主要是这种类型。后者又称择期远期外汇交易，是指客户可在合同规定的交割期限内任意选择一天按合同的规定办理交割。这种交易方式对那些不能得知收付款的确切日子但又确知在某段时间内能收到款项或需要支付款项的客户是非常有利的，相应地对银行则不利，因为客户一般总是在选择对其最有利的时候进行交割。因此，银行将选择从择期开始到结束期间最不利于客户的汇率作为择期外汇交易的汇率。

（2）远期利率协议（Forward Rate Agreement，FRA）

远期利率协议于 1983 年问世于伦敦欧洲货币市场，目前伦敦和纽约是其主要交易中心。市场交易的币种主要是美元、英镑、瑞士法郎、日元等，其中美元交易占 90% 以上。远期利率协议是一种合约，交易双方约定在未来某个时期按协议的特定期限和利率支付某一笔货币资金利息。远期利率协议交易的双方是直接见面协定的，交易基本上最终都进行交割，但一般只结算按本金计的利息，没有本金的转移。在远期利率协议交易中，协议的买方期望防范利率上升的风险，而卖方期望防范利率下降的风险。协议中有一个双方商定的利率，另外还选定了一种参照利率（通常是伦敦银行同业拆放利率）。在清算日，先计算出商定利率与参照利率之间的差额，以该差额乘上本金额和特定的期限得出应付利息额。若清算日的参照利率高于商定利率，则远期利率协议的买方从卖方处得到应付的利息；反之，则是卖方从买方处得到应付的利息。

金融远期交易的优点在于：能根据交易双方的具体需求确定未来交割对象的期限和数量，这不仅规避了价格风险，而且也更能满足交易者的各种不同需要。但是，由于远期合约的内容是不规范的，合约的买卖比较困难。于是，在此基础上产生了金融期货交易。

2. 金融期货交易

金融期货交易的交易对象是金融期货合约。金融期货合约是指交易双方约定在将来某一特定的时间按约定的条件(包括价格、交割地点、交割方式)买卖一定标准数量的某种特定金融资产的标准化协议。在期货合约中,交易的品种、规格、数量、期限、交割地点等都已标准化,唯一需要商定的是价格,这大大加强了期货合约的流动性。期货合约的这一特点使得合约在到期时只有不到5%的合约最终进行实物交割,绝大多数交易者在此之前就通过购买一份内容相同、方向相反的合约来对冲。因此,期货交易实质上是一种标准化的远期合约。

金融期货市场是指买卖标准化的远期金融合约的市场,绝大多数金融期货都在交易所内进行。1972年5月,国际货币市场在芝加哥成立,创立了世界上第一个能够转移汇率风险的集中交易的金融期货市场。英国在1982年9月成立了伦敦国际金融期货交易所正式开始金融以及货币期货交易。其他主要交易所还有中美洲商品交易所(Mid – America Commodity Exchange, MCE)、费城期货交易所(Philadelphia Board of Trade, PBOT)、新加坡国际货币交易所等。按交易标的物的不同,金融期货主要可分为外汇期货、利率期货和股票指数期货。

(1)外汇期货

外汇期货是在有形的交易市场,通过结算所的下属成员清算公司或经纪人,根据成交单位、交割时间标准化的原则,按固定价格购买与卖出远期外汇的一种业务。

外汇期货合约到期时,外汇购买者(或出卖者)可以根据合同要求进行交割,也可作出一个与合约相反的合同来对冲原合同的权利和义务。签订外汇期货合约,顾客要向清算公司或经纪人交付定额保证金。在外汇期货合约的有效期内,随着外汇期货汇价的每天涨落,与原定汇价相比,顾客可能发生盈亏,如有盈余,顾客可从清算公司提走;如有亏损,需要弥补以保持保证金约定的金额。

(2)利率期货

利率期货是在20世纪70年代西方国家经济空前动荡、利率剧烈波动的背景下产生的。自1975年10月美国芝加哥商品交易所(Chicago Mercantile Exchange, CME)推出第一张利率期货合约以来,利率期货已成为各国期货交易所最重要的衍生产品之一。所谓利率期货是指买卖双方在未来某个时间按预定价格买卖一定数量的利率资产的金融期货合约。

利率期货合约的种类较多,根据计价方式的不同划分为短期利率期货和长期利率期货两大类。前者指债券的期限不超过一年的利率期货合约,包括短期国库券期货、欧洲美元存款期货、可转让定期存单期货等;长期利率期货则是指债券期限在1至10年的利率期货合约,包括中长期国债期货和债券指数期货等。

（3）股票指数期货

股票指数期货是指以一些国家或地区股票市场上有代表性的股票价格指数作为交易对象的一种期货交易。在股票指数期货合约中人们以约定的股价指数作为特定日期进行现金差额结算的基础。股指期货既可以帮助股票投资者进行套期保值，分散或抵补投资风险，同时也可以使投机者在股票价格波动中获利。世界上第一个股票指数期货合约是美国堪萨斯期货交易所于1982年2月推出的。随后，芝加哥商品交易所、纽约证券交易所及芝加哥期货交易所也相继开办了股指期货交易。目前，股票价格指数期货的种类繁多，主要有：美国的纽约股票交易所综合指数期货、标准普尔股票指数期货、价值线综合指数期货，英国的伦敦股票交易所100种股票价格指数期货，日本的日经道氏平均股票价格指数期货和中国香港恒生指数期货。

3. 互换交易

互换交易曾被西方金融界誉为20世纪80年代最重要的金融创新。所谓互换是指交易双方同意在约定的时间内直接或通过一个中间机构来交换一连串付款义务的金融交易。主要有货币互换和利率互换两种类型。

（1）货币互换

货币互换是指交易双方互相交换不同币种、相同期限、等值资金债务的货币及利率的一种预约业务。交易双方在期初交换两种不同货币的本金，然后按预先规定的日期，进行利息和本金的分期互换。通常两种货币都使用固定利率。在某些情况下，期初可以不交换本金；在另外的情况下，到期也不交换本金。

（2）利率互换

利率互换是指交易双方在债务币种相同的情况下，互相交换不同形式利率的一种预约业务。利率互换由于双方交换的利率币种是同一的，故一般采取净额支付的方法来结算。利率互换有两种形式：息票互换即固定利率对浮动利率的互换；基础互换即双方以不同的参照利率互换利息支付。

三、国际金融期权类衍生工具市场

1. 期权的概念

期权又称选择权，是指赋予其购买者在规定期限内按交易双方约定的价格购买或出售一定数量某种金融资产的权利的合约。对于期权的买方而言，合约赋予的只有权利而无义务，在合约有效期内，既可以执行期权，也可以选择不执行，条件是在购买时须支付一定数额的期权费给卖方。对于期权的卖方而言，合约赋予的只有义务而无权利，卖方在合约的有效期内不能推卸履行合约的责任。一份标准化的期权合约通常包含以下6个方面的要素：标的资产的种类和数量、协议价格、合约有效期限、期权费、期权交易地点、合约格式。

2. 期权的种类

①按期权买方的权利划分，期权可分为看涨期权和看跌期权。前者是赋予期权买方购买标的资产权利的合约，后者是赋予期权买方出售标的资产权利的合约。

②按期权买方执行期权合约的时限划分，期权可分为欧式期权(European Option)和美式期权(American Option)。欧式期权的买方只能在期权到期日执行期权，而美式期权允许买方在期权到期前的任何时间执行期权。

③按期权合约的标的资产划分，金融期权可分为利率期权、货币期权(外汇期权)、股票期权、股票指数期权以及金融期货期权等。

④按交易方式划分，可分为场内期权和场外期权。场内期权在专门的期权交易所内交易，像期货合约一样，其合约是标准化的，并由清算所介入交易。清算所只向期权卖方收取保证金，以防止其违约，期权买方则只需在购买合约时支付期权费。期权场外交易的历史要长于规范化的场内交易，场外期权的卖方通常是大商业银行或大证券机构，买方则是需要防范风险或从事投机活动的一般客户。场外期权合约的交易数量、有效期限、交易地点都可由交易双方商定，灵活性较大。

四、国际金融衍生工具市场的发展趋势

1. 金融衍生工具市场的全球一体化趋势

衍生市场的全球一体化反映在衍生市场的交易所业务中，各地主要交易所之间以及小交易所之间的交易联系不断扩大。也有通过联合和兼并以扩张市场份额的，如瑞士期货交易所(Swiss Options and Financial Futures Exchange, SDFFEX)和德国期货交易所(Deutsche Terminborse, DTB)于1996年底宣布进行战略性联合，为衍生工具交易创造共同的技术平台，并将它们的清算和结算系统结合在一起；在英国，伦敦国际金融期货交易所收购了伦敦商品交易所，大大增加了交易产品的种类。美国主要的衍生品交易市场芝加哥商品交易所和芝加哥期货交易所(Chicago Futures Exchange, CFE)，已经和国外交易所建立了联系。早在1996年，芝加哥商品交易所就和法国国际期货交易所(Marche a Terme Intemational de France, MATIF)、伦敦国际金融期货交易所以及德国期货交易所这三个欧洲主要的衍生产品交易场所建立了联系。CME和DTB之间的联系使得DTB的交易屏幕可以直接摆在CME的大厅，以便对德国的股票指数(DAT)进行期货交易；而对于MATIF和LIFFE，它们允许CME在欧洲市场关闭之后从事短期欧洲利率产品交易。

2. 金融衍生工具市场的交易规模快速扩大

首先，金融衍生工具市场的交易受到旺盛的市场需求的推动，如欧洲货币体系内在的不

稳定因素，欧元、美元、日元三者之间展开的较量，美国股市长时间上升之后回调的压力，亚洲经济复苏之路的曲折性，都有可能加剧汇率、利率的短期波动，加大市场上保值和投资两方面的需求，推动衍生产品市场的发展；其次，金融证券化趋势为衍生产品的创新和市场的持续扩张提供了动力，技术进步为金融创新活动提供了技术上的可行性，分析和信息技术在评价和估计衍生合同风险方面的进展增加了对衍生产品的使用，同时减低了金融交易的成本，提高了交易的效率；此外，新兴市场国家巨大的发展潜力将带动金融市场规模的扩张。1999 年世贸组织 71 个成员国缔结的新的全球金融服务业自由化协议正式生效后，占全球金融服务业 96% 的国家和地区在银行、保险业和基金市场等方面全面开放，新兴市场国家的衍生产品市场必会随之启动或加速发展，最终融入全球衍生产品市场之中。

2000 至 2008 年第一季度，在交易所交易的金融衍生工具的名义本金从 14.3 万亿增长到 81.4 万亿，增长了 469.2%，见表 5-3。

表 5-3　在交易所交易的金融衍生工具：尚未清偿的名义本金数额

单位：10 亿美元

项目	2000	2001	2002	2003	2004	2005	2006	2007	2008 第一季度
利率期货	7 907.8	9 269.5	9 955.6	13 123.7	18 164.9	20 708.8	24 478.3	26 769.6	26 794.8
利率期权	4 734.2	12 492.8	11 759.5	20 793.7	24 604.1	31 588.3	38 173.7	44 281.7	45 391.2
货币期货	74.4	65.6	47.0	79.9	103.5	107.6	178.5	158.5	164.2
货币期权	21.4	27.4	27.4	37.9	60.7	66.1	78.6	132.7	193.6
股票市场指数期货	377.5	344.2	365.5	549.3	635.2	793.5	1 048.5	1 131.9	1 160.9
股票市场指数期权	1 148.4	1 574.9	1 700.8	2 202.4	3 023.8	4 532.1	6 564.0	8 106.8	7 745.1
总计	14 263.8	23 774.4	23 855.8	36 786.8	46 592.3	57 796.4	70 521.6	80 581.3	81 449.7
北美	8 168.0	16 203.2	13 719.8	19 504.0	27 608.3	36 383.7	42 550.1	43 991.3	38 894.2
欧洲	4 197.9	6 141.6	8 800.8	15 406.4	16 307.4	17 973.1	23 275.0	30 568.1	36 682.9
亚太	1 611.8	1 318.4	1 206.0	1 659.9	2 426.9	3 014.1	4 069.8	4 971.0	4 790.5
其他	286.2	111.2	129.1	216.5	249.3	425.5	626.7	1050.9	1 082.0

资料来源：国际清算银行的数据。转引自《全球金融稳定报告》，2007 年，2008 年，中国金融出版社，国际货币基金组织。

3. 场外市场正在成为全球金融衍生市场的基石

在场外市场，金融衍生工具业务活动的集中规模已经很大。根据 BIS 的调查，1998 年至 2007 年间，全球场外衍生品交易额从 1.38 万亿美元上升到 6.17 万亿美元，从 2004 年开始，衍生品市场的规模扩大了 71%，目前的日交易额达到 2.1 万亿美元，与 1995 年相比，年增长率基本保持在 20% 左右。全球一体化体现在市场交易主体多元化，根据 BIS 的调查，1995—2007 年期间，有申报资格的做市商在场外外汇衍生品市场中所占份额逐年减少，而其他金融机构和非金融机构的交易份额却稳步扩大，表明外汇衍生品市场的新变化趋势。互联网的普及为电子交易平台提供了广阔的发展前景，电子做市商的兴起对传统交易方式形成了巨大冲击，削弱了做市商的地位。

全球金融衍生市场的主要增长领域在场外衍生市场。主要原因在于：

①场外市场灵活的、个性化的特点使得这些市场在为客户安排合适的产品组合方面具有天然的优势。

②场外市场也采取了交易所市场一些有价值的做法。例如，掉期市场的 11 家大客户于 1996 年 10 月建立了一家名为芝加哥商品托收与信托公司的掉期担保机构，以便使抵押品的管理程序标准化和自动化，以及在全球范围内向从事场外交易的交易商提供报告。

③用来管理大额风险的创新衍生工具最有可能在场外市场取得成功。

④场外衍生市场比交易所市场在逃避监管上有优势。

场外衍生工具市场状况见表 5-4。

表 5-4　全球场外衍生工具市场：未偿合约的名义数额和总市场价值

单位：10 亿美元

	名义数额				总市场价值			
	2004	2005	2006	2007	2004	2005	2006	2007
总计	257 894	297 670	415 183	596 004	9 377	9 749	9 695	14 522
外汇	29 289	31 364	40 179	56 238	1 546	997	1 262	1 807
直接远期和外汇交易 货币掉期期权	14 951	15 873	19 828	29 144	643	406	467	675
	8 223	8 504	10 772	14 347	745	453	600	817
	6 115	6 987	9 579	12 748	158	138	196	315
利率2	190 502	211 971	291 987	393 138	5 417	5 397	4 834	7 177
远期利率协议 掉期期权	12 789	14 269	18 689	26 599	22	22	31	41
	150 631	169 106	229 780	309 588	4 903	4 778	4 166	6 183
	27 082	28 596	43 518	56 951	492	597	136	953

续表

	名义数额				总市场价值			
	2004	2005	2006	2007	2004	2005	2006	2007
股票	4 385	5 793	7 485	8 509	498	582	851	1 142
远期和掉期期权	756	1 177	1 764	2 233	76	112	165	239
	3 629	4 617	5 721	6 276	422	470	687	903
商品 3	1 443	5 435	6 938	9 000	169	871	668	753
黄金	369	334	463	595	32	51	56	70
其他	1 074	5 100	6 475	8 405	137	820	611	683
信用违约掉期	6 396	13 908	28 838	57 894	134	243	470	2 002
其他	25 879	29 199	39 755	71 225	1 613	1 659	1 610	1 642
备忘项:								
总信用风险暴露 4	N/A	N/A	N/A	N/A	2 075	1 900	2 045	3 256
在交易所交易的衍生工具	29 289	31 364	40 179	56 238	—	—	—	—

注:1. 针对重复计算,对所有数据进行了调整。通过将对其他报告数据的交易商的头寸减半,对尚未清偿的名义数额进行了调整。总市场价值计算为与不报告数据的对手方的合同全部正值市场价值总额和合同负值市场价值总额的绝对值之和。

2. 仅包括单一货币合同。

3. 针对重复计算进行的调整数为估计数。

4. 在考虑了法律上可执行的双边轧差协议后的总市场价值。

5. N/A 表示无对应计算。

资料来源:国际清算银行数据,转引自《全球金融稳定报告》,2007 年,2008 年,中国金融出版社,国际货币基金组织。

4. 新型衍生产品越来越丰富

交易所永远都在关注着市场中不断变化的风险管理需求,为了适应这种需求,新的衍生产品层出不穷。如包括气象指数互换和气象指数期权的气象指数衍生品、股票互换衍生品等。

本章小结

1. 国际金融市场包括国际货币市场、国际资本市场、国际外汇市场、国际黄金市场以及金融衍生工具市场；依据交易发生主体的不同可以分为传统的国际金融市场和离岸金融市场。国际金融市场的发展存在规模快速扩大、金融市场一体化、金融市场证券化、衍生工具快速成长等新趋势。

2. 国际货币市场按照借贷方式的不同可分为银行短期信贷市场、短期证券市场和贴现市场。

3. 国际银行中长期信贷市场指一国银行向另一国借款人提供资金融通的市场，主要有双边贷款和国际银团贷款两种形式。双边贷款是一国银行向另一国的政府、银行、企业等借款者发放的贷款。国际银团贷款即辛迪加贷款，是由若干家银行组成银团，按共同的条件向借款人提供巨额信贷的一种国际中长期贷款。辛迪加贷款具有贷款数额大、贷款银行多、贷款期限长、贷款成本较高等特点，其优点是可以分散贷款风险，减少同业之间的竞争，又能使借款人筹到独家银行所无法提供的数额大、期限长的资金。

4. 国际债券市场是一国政府、企业、金融机构等为筹措外币资金在国外发行的以外币计值的债券。按照是否以发行地所在国货币为面值可分为外国债券和欧洲债券。从 20 世纪 80 年代中期以来，欧洲债券已成为国际债券市场的主体，并超过欧洲银行借贷，成为中长期筹资的主要方式。全球债券是欧洲债券的一种特殊形式，它的出现和发展对于国际债券市场具有里程碑的意义。

5. 国际股票市场是指在国际范围内发行并交易股票的场所或网络。各国股票市场的国际化步伐加快，跨国股票投资也迅速膨胀。国际股票市场可分为四个层次，包括证券交易所、场外交易市场、第三市场和第四市场。

6. 欧洲货币市场是离岸金融市场的统称，包括内外混合型、内外分离型、分离渗透型和避税港型等类型。欧洲货币市场是一种新型的国际金融市场，其产生和发展有其特定的外部原因和自身原因。欧洲货币市场自其产生以来，在国际金融领域中有着十分显著的作用，其影响既有积极的也有消极的。

7. 金融衍生工具市场也称派生市场，是相对于金融基础产品市场而言的、进行金融衍生工具交易的市场，既包括标准化的交易所交易，也包括非标准化的柜台交易。金融衍生工具具有杠杆性、虚拟性、定价的高科技性、高度的集中性等特征。它具有转移和分散风险、价格发现、提高市场流动性等功能，但本身也具有极高的风险性。

本章重要概念

国际金融市场　辛迪加贷款　外国债券　欧洲债券　离岸金融市场　欧洲货币市场
场外交易市场　金融衍生工具　期货交易　期权交易　利率互换　货币互换

复习思考题

1. 简述国际金融市场的构成及作用
2. 试述 20 世纪 80 年代以来国际金融市场的新特征。
3. 什么是辛迪加贷款(国际银团贷款)？其特点是什么？
4. 阐述欧洲债券市场的特点。
5. 阐述外国债券、欧洲债券的概念及相互区别。
6. 简述欧洲货币市场的产生、发展及其特点，并论述其对世界经济具有什么样的
影响？
7. 简述金融衍生工具的概念及特点。
8. 试比较远期外汇交易、外币期货交易和外币期权交易的异同。
9. 什么是场内交易和场外交易？为什么场外交易市场获得了比场内市场更快的发展？

案例分析

金融衍生品为何丧失了风险规避的功能？

2007 年底开始，美国房地产价格泡沫破裂引发了房地产次级按揭贷款危机，导致了抵
押贷款机构破产、投资基金被迫关闭、股市剧烈震荡以及雷曼兄弟、贝尔斯登等四大投资
银行破产重组等，产生了多米诺骨牌效应，随后，美国的金融危机逐渐蔓延引发了一场波
及全球的金融大海啸，让金融产品匮乏的发展中国家见识了虚拟经济的力量，使人们对金
融衍生品的风险规避功能产生了极大的疑惑，并重新审视金融衍生工具市场的功能与风
险。这让金融创新不足的国家对金融创新的方向和步伐产生了困惑：是应该继续前进、停
滞不前、还是后退？

2001 年，由于互联网泡沫破裂和"9·11"空难的冲击，美联储连续大幅降息刺激经济
增长。低利率和充足的流动性引致大量购房需求，房地产市场一片繁荣，潜在的利益大大
刺激了投机性需求和金融机构的放贷心理。为了扩大市场，次级按揭贷款公司大幅降低信
贷标准，甚至推出"零首付"、"零文件"方式把资金贷给了缺乏还款能力的人，次级按揭贷

款(SB)使得大量低收入居民也加入了购房大军。房地产价格持续上涨，贷款公司免费为购房者评估房产升值部分，鼓励居民将贷款购买的住房继续进行抵押获得新的消费贷款。房地产市场和消费市场的繁荣不断拉动着美国经济增长。在这个过程中，美国贷款机构为了分散风险和拓展业务，实现利益最大化，把住房按揭贷款打包成 MBS(住房抵押按揭债券)进行出售回笼资金。投资银行购买 MBS 后，把基础资产的现金流进行重组，设计出风险和收益不同档次的新债券，也就是担保债务凭证 CDO，然后再推出能够对冲低质量档次 CDO 风险的信用违约互换 CDS，以及二者的结构化产品——合成 CDO。这些结构化的组合产品形成了所谓的次贷价值链 SB—MBS—CDO—CDS—合成 CDO。潜藏的风险很大，因而收益率也高，由于具有风险对冲工具 CDS，CDO 被评级公司冠为 AAA 级债券，获得了全球对冲基金和各大金融机构的青睐。房价不断上升，以住房按揭贷款为基础的 CDO 的高回报率也自然得到保障。持有 CDO 的基金组织和金融机构见获利如此丰厚，纷纷通过杠杆融资，反复向大银行抵押 CDO，将获得的资金再度投入 CDO 市场。著名的凯雷基金破产时杠杆倍数高达 32 倍。这一系列的创新产品的活跃，进一步刺激了贷款公司继续发放次级贷款和推动房地产泡沫。2004 年上半年开始，由于原油和大宗商品价格上涨，为抑制通货膨胀，美联储连续 17 次提高利率，美元进入加息周期，大幅提高了抵押贷款成本，次贷的债务人无力偿付本息，被抵押的房产由贷款公司大量作价变现，2007 年底，美国房地产市场由盛转衰，引起连锁反应，贷款公司背负巨额不良资产，MBS 和 CDO 的回报失去保障，信用评级被降低，基金、其他金融机构资产严重缩水，发放杠杆贷款的银行损失惨重，最终酿成危机。

思考：

1. 在美国房地产次级贷款的金融安排 SB—MBS—CDO—CDS—合成 CDO 的整个金融生态链条中，哪些是金融基础产品，哪些是金融创新产品？金融创新产品中，哪些是资产证券化产品，哪些是金融衍生工具？这两种金融创新产品在金融价值链中各自的功能是什么？

2. 一国的房地产泡沫破裂以及房地产信贷危机为什么会蔓延成系统性的金融危机乃至全球性的经济危机？试从国际金融市场、国际资本流动以及经济全球化视角进行深入分析。

3. 危机的导火线是利率上调引起的房地产价格下跌以及次级按揭贷款债务人的违约，也就是说次贷危机的源头是信用风险和利率风险。理论上，以期货、期权、远期、互换等为代表的金融衍生品都是有效管理和降低市场风险的工具，但美国次贷危机中的金融衍生产品为什么反而扩大了风险？金融衍生品的杠杆性在风险传导和蔓延中起到了什么作用？场外交易的特征对监管带来了怎样的难度？

4. 次代危机后人们开始质疑美国的金融创新过度、衍生产品过于复杂、杠杆化程度过高,因而兴起了去杠杆化和去虚拟化运动。但与此同时,也有人认为应该开发更多的金融创新产品来对付现行金融运行体系中的风险,例如,CDO 大规模现货交易的同时,如果存在 CDO 的期货市场,那么,在危机发生前,就可能通过市场力量做空,房地产泡沫、加息预期等就能反映在 CDO 期货价格中了,受期货价格的引导,CDO 现货就可以实现合理定价,市场理性得以提早回归。你怎么认为? 你认为金融进一步衍生化的空间在哪里?

5. 基于金融衍生品的"双刃剑"性质,回顾历史上多次运用衍生金融工具诱发的金融危机,如1997 年索罗斯做空东南亚国家货币外汇引发的亚洲金融危机,1998 年 9 月,以全球金融动荡和俄罗斯金融危机为起因,美国四大对冲基金之一的长期资本管理基金(Long Term Capital Management, LTCM)利用多种衍生金融工具进行对冲操作,出现巨额亏损,以及本次美国次贷危机的严酷现实,给我们的反思是:我国在开发利用衍生金融工具时,应该如何掌握尺度? 怎样监管才能既发挥金融衍生工具的积极作用,又达到规避风险、有效控制风险、维护金融市场稳定的作用?

第六章　国际金融风险管理

本章重点：国际金融风险的一般含义、特征与类型；外汇风险的含义与类型；外汇风险管理的原则与基本方法；企业外汇风险的构成与管理；外汇银行外汇风险的构成与管理；国际金融中的利率风险管理；国际融资中的国家风险管理的含义；国际投资中的政治风险管理的含义；国际金融操作风险的特征；国际金融风险管理的国际协调与管理改革方向。

第一节　国际金融风险管理概述

一、国际金融风险的涵义

所谓国际金融风险，是指在国际贸易和国际投融资过程中，由于各种事先无法预料的不确定因素带来的影响，使参与主体的实际收益与预期收益发生一定的偏差，从而有蒙受损失和获得额外收益的机会或可能性。可见，国际金融风险与一般意义上的金融风险有所不同。从内涵来说，国际金融风险的内容要比一般金融风险的内容丰富得多；从外延来看，国际金融风险要比一般金融风险的范围小，前者仅限于发生或存在于国际资金借贷、国际投资等国际经济交易过程中的风险，而后者则包括发生与存在的金融领域的一切风险。

鉴于国际金融风险与一般金融风险概念存在着一定的差别，我们有必要对国际金融风险概念作以下几点说明。

第一，国际金融风险研究主要在国际贸易和国际投融资活动中存在或发生的风险，并分析此类风险对贸易行为、投资行为和资金运用的影响。可见，国际金融风险的承担者主要是从事国际贸易、跨国投融资和经营活动的经济实体，包括居民个人、企业、银行、非银行金融机构甚至政府等。

第二，国际金融风险研究将国际金融风险作为在开放经济条件下，参与国际经济运行的一种宏微观经济机制来看待。也就是说，国际金融风险由开放经济过程中的许多复杂因素交互作用而产生，国际金融风险管理的目的是使一国（地区）或机构的经济活动在开放经济系统中形成一套自我调节和自我平衡的机制。

第三，国际金融风险研究将国际金融对资金筹集者和资金经营者的影响看成是双重的，既有蒙受经济损失的可能，又有获得超额利润的可能。当然，对金融风险的研究，在指出其积极因素的同时，更要注意采取相应措施，防范其消极影响的破坏作用。

通过上述分析，可以知道，国际金融风险仅限于存在和发生于国际贸易和资金的跨国借贷与经营过程中的风险。因此，只要一进入这些领域，风险就随之形成并有可能成为实际的风险。一旦成为现实，其损失和恶劣影响就难以弥补和克服。对金融业来说，它会使涉及的金融机构的资本金被侵蚀、发生亏损、金融资产难以收回、金融秩序出现混乱等，进而引起一国乃至某一地区或甚至整个世界政治、经济的动荡，东南亚金融危机和美国次级债券危机的蔓延即是明证。

二、国际金融风险的特征

1. 影响范围广，破坏性强

国际金融风险一旦发生，其波及范围就会覆盖一国甚至多国社会再生产的所有环节，从而影响整个地区抑或全球社会再生产的顺利进行和经济的持续增长，造成局部的或全局性的剧烈震荡和破坏。且这种破坏的穿透力是难以估量的，与之相关的任何领域，无论是经济的，政治的还是社会的，都不可能幸免于难，其带来的损失金额往往十分巨大。

2. 扩张性

国际金融风险在时间和空间上具有强大的扩展能力。从时间上看，国际金融风险一旦出现，短者可以持续数个月，长者数年才能平复。从区域上看，经济一体化和金融全球化的发展，使得世界各国金融机构紧密相连，互为依存，一国金融机构发生问题，小则会使该国所在地区金融体系运行不畅乃至诱发信用危机，形成连续震荡；大则可能导致国与国之间、洲与洲之间甚至全球范围的持续动荡。这种"多米诺骨牌效应"在 20 世纪末和 21 世纪初的金融危机中表现得淋漓尽致。

3. 敏感性

这是指凡是能影响一国甚至多国金融市场变动的因素都可能产生国际金融风险。这些因素既包括各国的宏观经济状况、经济政策与法律法规的出台及资金使用者的经营状况、政权的交替、首脑人物的变动、国际争端与战争的爆发、资金经营者的心理预期等；也包括因自然灾害或宏观经济政策失误而导致的整个国民经济状况恶化等。其中，心理预期在国际金融风险形成过程中有着非常重要的影响。

4. 不规则性

正是上述心理预期在国际金融风险形成中的重要影响，而金融运营主体在金融运营中的心理和行为具有极大的异变性，彼此间难以协调，易导致极度的差异和难以遏制的混乱，使得国际金融风险从孕育到爆发、从波动到延展、从规模到后果，具有明显的不规则性。

5. 可控性

只要有跨国金融业务活动的存在，国际金融风险总是不以人们意志为转移地必然存在。但是，国际金融风险也是可控的，市场各参与主体可依一定方法、制度对风险实施事前预测、识别，事中防范和事后化解。金融机构可以采取增加资本金调整风险性资产来增强抵御风险的能力，并及时以转移补偿等方式将风险控制在一定的范围和区间内。此外，各国有关监管机构可加强监管协调、合作，减少风险损失。

三、国际金融风险的类型

为了有效地预测、控制国际金融风险，有必要对国际金融风险进行一定的归类，以便对不同的金融风险采取不同的防范措施，以达到风险管理的目的。国际金融风险的种类很多，按照不同的划分标准，大致可以分为以下几类：

①按照金融风险的对象划分，可分为外汇风险、国际融资利率风险、国际投融资中的国家风险和政治风险等。

②按照风险涉及的范围划分，可分为微观国际金融风险与宏观国际金融风险。前者指一国某一经济实体在其跨国资金筹措和资金经营过程中，存在与发生的风险；后者指国与国之间的所有微观金融风险的总和。

③按照风险的承担者划分，可分为国家金融风险和经济实体国际金融风险。政府以国家代表的身份从事国际金融业务承担金融风险时，这种金融风险被称为国家金融风险；后者则指居民个人、企业、金融机构等经济实体从事国际金融业务时所承担的金融风险。

④按照金融风险产生的根源划分，可以分为客观国际金融风险与主观国际金融风险。前者指由自然灾害、经济政策、政治因素、技术变革等一系列客观因素所带来的国际金融风险。后者则指跨国资金借贷与经营者因其自身经营管理不善或受投机因素的干扰，或因其自身心理预期的失误等因素所引致的金融风险。

四、国际金融风险管理的意义与目标

1. 国际金融风险管理的含义

国际金融风险管理是指各经济实体在跨国筹集和经营资产（主要指货币资金）的过程中，对国际金融风险进行识别、衡量和分析，并在此基础上有效地控制与处置金融风险，用最低成本即最经济合理的方法，实现最大安全保障的科学管理方法。需要指出的是，国际金融风险管理既包括各涉外经济主体所采取的防范措施，也包括各国监管机构所采取的一系列监管措施，更有国际间、国际组织等的相互协调。本书主要从各经济主体自身角度来谈国际金融风险管理。

2. 国际金融风险管理的意义

具体来说，国际金融风险管理的意义主要表现在以下几个方面：

（1）国际金融风险管理对经济实体的意义

①国际金融风险管理能为各经济主体提供一个安全稳定的资金筹集与资金经营的环境，减少或消除各跨国经济实体的紧张不安和恐惧心理，提高其工作效率和经营效益。

②国际金融风险管理能保障经济实体经营目标的顺利实现。实施金融风险管理则能把经济实体面临的国际金融风险降到最低限度，并能在金融风险损失发生后及时提供预先准备的补偿基金，从而直接或间接地降低费用开支。

③国际金融风险管理能促进经济实体实行跨国资金筹集和资金经营决策的合理化和科学化，减少决策的风险性。通过实施国际金融风险管理，有关经济主体必然要着眼于提高资金使用效益，促使资金筹集和经营的合理化和科学化，使资金运营进入良性循环，减少决策风险。

（2）国际金融风险管理对经济与社会发展的意义

①国际金融风险管理有利于世界各国资源的优化配置。作为价值直接表现形式的货币资金的跨国流动，必然引起其他资源的相应跨国流动。而实施金融风险管理则能减少资金跨国流动时的金融风险损失，并促使货币资金向所需国家和地区流动，从而引起其他社会资源合理的流向该国和地区，最终避免或减少社会资源的浪费，提高其利用率。

②国际金融风险管理有助于经济的稳定发展。国际金融风险一旦发生，它带来的损失往往比一般金融风险造成的损失大几倍甚至十几倍。所以，国际金融风险的存在与发生，无疑是对地区乃至全球经济稳定发展的威胁。而金融风险管理的实施，不但能在一定程度上减少国际金融风险发生的可能性，而且能在金融风险发生后减少其带来的经济损失，从而减少金融风险损失带来的不良影响，最终促进经济的稳定发展和经济效益的提高。

3. 国际金融风险管理的目标

国际金融风险管理的最主要目标是，在识别与衡量金融风险的基础上，对可能发生的金融风险进行控制和准备处置方案，以防止和减少损失，保障货币资金跨国筹集与经营活动的顺利进行。国际金融风险管理的目标一般包括两部分，即损失发生前的管理目标与损失发生后的管理目标，两者结合在一起，才形成风险管理的完整目标。

（1）损失发生前的管理目标

①管理成本最少的目标，又称经济目标，是指风险管理者用最经济节约的方法为可能发生的风险做好准备，它要求风险管理人员用最合适的、最佳的技术手段来降低管理成本。同时，严格核算成本和费用支出，注意成本与效益的分析，保证经济目标的实现。

②减少忧虑心理和恐惧心理，提高安全保障。风险给参与者带来精神上、心理上的紧张不安，而这种心理上的忧虑和恐惧会严重影响劳动生产率的提高，造成工作效率低下甚

至无效率。损失前的管理目标之一就是要减少人们这种焦虑和不安情绪，提供一种心理上的安全感和有利生产生活的宽松环境。

③履行有关义务。与其他各种管理一样，实施风险管理也必须履行有关责任和义务。这包括必须遵守政府法令和规则及各种公共准则，履行必要的社会责任，全面实施防范计划，尽可能消除风险损失的隐患。

（2）损失发生后的管理目标

①维持生存的目标。这是损失发生后风险管理的首要目标。为了使跨国经济主体乃至整个社会不致因金融风险的发生而倒闭、破产和发生大的震动，维持生存成为风险损失发生后管理的最基本、最重要的目标。一项成功的风险管理有助于涉外经济主体在损失发生后承受住打击并渡过难关，继续生存下去。

②尽快恢复正常的资金筹集和经营活动秩序。很显然，风险事件具有很大的危害性，给涉外经济主体以至整个社会带来不同程度的损失和危害，而实施风险管理则能提供经济补偿，并为恢复资金的筹集和经营活动秩序提供条件，从而使涉外经济主体在损失发生后迅速恢复正常的借贷和投资活动。

③尽快实现稳定的收入。在成本费用不增加的情况下，尽快实现稳定的收入有两种方式，即维持经营活动和提供资金以补偿因经营活动的中断而造成的收入损失。

④实现资金筹集与经营业务的规模和范围持续增长。实施风险管理，不但使经济组织在遭到损失后能够求得生存，恢复原有水平；而且应促使其在受损后，采取有效措施，继续坚持并尽快实现持续增长的计划，以求得经济组织的连续发展。

⑤履行对社会的职责。国际金融风险常常会对一国乃至世界经济产生不同程度的影响。但是，道德责任观念和社会意识要求是将上述风险事件对其他人员或地区产生的影响降到最低程度。因此，实施风险管理时，应尽可能减轻损失给其他经济主体和整个国际社会带来的不利影响，以保持经济组织在公众中的良好声誉。

第二节　外汇风险概述

国际经济交易主体一般是从事对外贸易、投资及国际金融活动的公司、企业、政府或个人，他们在国际范围内大量收付外汇，或者保有外币债权债务，或者以外币标示其资产和负债的价值。由于汇率频繁剧烈的波动，外汇风险随时都会发生。

一、外汇风险的含义

外汇风险（Foreign Exchange Risk），即汇率风险（Exchange Rate Risk）或汇兑风险（Exchange Risk），是指经济实体以外币定值或衡量的资产与负债、收入与支出，以及未来的经营活动可望产生现金流量(Cash Flow)的本币价值因货币汇率的变动而产生损失的可能性。之所以称其为风险，是由于这种损失只是一种可能性，并非必然。

汇率变动所产生的直接影响因人因时而异，不能一概而论。换言之，它有可能产生外汇收益，也可能形成外汇损失，其最终结果要视有关当事人的净外汇头寸及汇率变动的方向而定。如果持有的是多头，则外汇汇率上升对其有利，下跌则不利；反之，如果持有的是空头，那么外汇汇率上升对其不利，下跌则有利；如果外汇净头寸为零，即头寸轧平，此时汇率无论怎样变动都不会产生外汇损益。汇率变动对外汇损益的影响如表6-1所示。

表 6 - 1　汇率变动对外汇损益的影响

汇率变动方向 最初外币头寸状况	外汇汇率上升 本币汇率下跌	外汇汇率下跌 本币汇率上升
预期的外币收入大于外币支出或外币资产大于外币负债	有外汇收益	有外汇损失
预期的外币收入小于外币支出或外币资产小于外币负债	有外汇损失	有外汇收益
预期的外币收入等于外币支出或外币资产等于外币负债	既无外汇收益也无外汇损失	既无外汇收益也无外汇损失

二、外汇风险的类型

1. 交易风险

交易风险(Transaction Risk)是指在以外币计价的交易中，由于外币和本币之间汇率的波动使交易者蒙受损失的可能性。交易风险又可分为外汇买卖风险和交易结算风险。

（1）外汇买卖风险

它又称金融性风险，产生于本币和外币之间的反复兑换。这种风险产生的前提条件是交易者一度买进或卖出外汇，后来又反过来卖出或买进外汇。外汇银行所承担的外汇风险主要就是这种外汇买卖风险；工商企业所承担的外汇买卖风险主要存于以外币进行借贷或伴随外币借贷而进行的外贸交易之中。

（2）交易结算风险

它又称商业性风险，当进出口商以外币计价进行贸易或非贸易的进出口业务时，即面临交易结算风险。

进出口商从签订进出口合同到债权债务的最终清偿，通常要经历一段时间，而这段时间内汇率可能会发生变化，于是，以外币表示的未结算的金额就成为承担风险的受险部分。因此，交易结算风险是由进出口商承担的，基于进出口合同而在未来通过外汇交易将本币与外币或外币与本币进行兑换，由于未来进行外汇交易时汇率的不确定性所带来的风险。

同样，进口商从签订合同到结清货款之间也有一段时间，也要承担交易结算风险，原理与出口商相同，只是汇率变动的方向与出口商刚好相反。

2. 折算风险

折算风险（Translation Risk），又称会计风险（Accounting Risk），是指企业在会计处理和外币债权、债务决算时，将必须转换成本币的各种外币计价项目加以折算时所产生的风险。也就是将外币债权、债务折算成本币时，由于使用的汇率与当初入账时的汇率不同而产生的账面上损益方面的差异。

同一般的企业相比，跨国公司的海外分公司或子公司所面临的折算风险更为复杂。一方面，当它们以东道国的货币入账和编制会计报表时，需要将所使用的外币转换成东道国的货币，面临折算风险；另一方面，当它们向总公司或母公司上报会计报表时，又要将东道国的货币折算成总公司或母公司所在国的货币，同样也面临折算风险。

折算风险的大小涉及到折算方式，历史上西方各国曾先后出现过四种折算方法：

1）流动/非流动折算法

该方法将跨国公司的海外分支机构的资产负债，划分为流动资产、流动负债和非流动资产、非流动负债。根据该方法，在编制资产负债表时，流动资产和流动负债按编表时的现行汇率折算，面临折算风险；非流动资产和非流动负债则按资产负债发生时的原始汇率折算，没有折算风险。

2）货币/非货币折算法

该方法将跨国公司的海外分支机构的资产负债划分为货币性资产负债和非货币性资产负债。货币性资产负债包括所有金融资产和一切负债，按现行汇率折算，面临折算风险；非货币性资产负债则只包括真实资产，按原始汇率折算，没有折算风险。

3）时态法

该方法是货币/非货币法的变形，只是对真实资产作了更细致的处理：如果真实资产以现行市场价格表示，则按现行汇率折算，面临折算风险；如果真实资产按原始成本表示，则按原始汇率折算，没有折算风险。当全部真实资产均按原始成本表示时，时态法与货币/非货币法就完全一致。

4）现行汇率法

该方法将跨国公司的海外分支机构的全部资产和全部负债均按现行汇率来折算，这样一来，海外分支机构的所有资产负债项目都将面临折算风险。目前，该方法已成为美国公认的会计习惯做法，并逐渐为西方其他国家所采纳。

3. 经营风险

经营风险（Operation Risk），又称经济风险（Economic Risk），是指由于意料之外的汇率变动，使企业在将来特定时期的收益发生变化的可能性。经济风险是由于汇率的变动产生的，而汇率的变动又通过影响企业的生产成本、销售价格，进而引起产销数量的变化，并由此最终带来获利状况的变化。例如，当本币贬值时，某企业一方面由于出口货物的外币价格下降，有可能刺激出口额增加；另一方面因该企业在生产中所使用的主要是进口原材料，本币贬值后又会提高以本币所表示的进口原材料的价格，出口货物的生产成本因而增加，结果该企业将来的纯收入可能增加，也可能减少，这就是经济风险。

值得注意的是，经济风险中所说的汇率变动，仅指意料之外的汇率变动，不包括意料之中的汇率变动。因为企业在预测未来的获利状况而进行经营决策时，已经将意料到的汇率变动对未来产品成本和获利状况的影响考虑进去了，因而排除在风险之外。对于企业来说，经济风险的影响比交易风险和折算风险更大，因为折算风险和交易风险的影响是一次性的，而经济风险的影响则是长期的，它不仅影响企业在国内的经济行为和效益，而且还直接影响企业在海外的经营效果和投资收益。经济风险可分为真实资产风险、金融资产风险和营业收入风险三方面。

三、外汇风险的构成及经济影响

1. 外汇风险的构成要素

企业在国际经济活动中，一方面经常要使用外币来进行收付，因而会发生外币与本币（或 A 外币与 B 外币）之间的实际兑换。由于从交易的达成到账款的实际收付，以及借贷本息的最后偿付均有一段期限，兑换时如果汇率在这一期限内发生不利于企业的变化，则企业将单位外币兑换成本币（或单位 A 外币兑换 B 外币）的收入就会减少，或以本币兑换单位外币（或 B 外币兑换单位 A 外币）的成本就会增加，于是就产生了交易风险和经济风险；另一方面由于本币是衡量企业经济效益的共同指标，因此即使企业的外币收付不与本币或另一外币发生实际兑换，也需要在账面上将外币折算成本币，以考核企业的经营成果，而随着时间的推移，汇率发生波动，单位外币折算成本币的账面余额也会发生变化，于是也就产生了折算风险。

由此可知，外汇风险的构成包括两个要素：外币和时间。只要企业在经营活动中以外币计价结算，且存在时间间隔，就会产生外汇风险。一般说来，未清偿的外币债权债务金额越大，间隔的时间越长，外汇风险也就越大。在浮动汇率制度下，由于汇率的波动更频繁、更剧烈，又没有波动幅度的限制，因此企业所面临的外汇风险比在固定汇率制度下更经常、更明显、更难以预料。由于外汇风险由外币和时间两个要素构成，且缺一不可，因此防范外汇风险的基本思路有二：一是防范由外币因素所引起的风险，其方法或不以外币计价结算，彻底消除外汇风险；或使同一种外币所表示的流向相反的资金数额相等；或通过选择计价结算的外币种类，以消除或减少外汇风险。二是防范由时间因素所引起的外汇风险，其方法或把将来外币与另一货币之间的兑换提前到现在进行，彻底消除外汇风险；或根据对汇率走势的预测，适当调整将来外币收付的时间，以减少外汇风险。

2. 外汇风险的经济影响

除了在教材的第一、二章曾论述过的汇率变动对国际收支（包括贸易收支、非贸易收支、国际资本流动、物价变动等客观因素）产生影响之外，汇率变动也对微观经济主体尤其是涉外企业的经营行为和结果产生重要影响。

涉外经济部门及涉外企业由于在日常经营活动中涉及到两种或两种以上的货币，因此不可避免地处于各种外汇风险之中。这里我们仅讨论外汇风险对涉外企业经济活动的影响。

（1）对涉外企业经营效益的影响

在汇率频繁波动的今天，企业预期的本币现金流量和以外币计价的各种资产、负债的价值常因汇率变动而发生变化，可能使企业遭受损失，也可能给企业带来收益。事实上，收益与损失是并存的一对互为消长的矛盾，避免了损失便意味着收益，放弃或丧失了可能获取的收益，便是一种损失。涉外企业只有了解和预测外汇风险，提高对外汇风险的管理水平，才有可能承受巨大的外汇风险所带来的收益或损失。

（2）对涉外企业长远经营战略的影响

企业经营战略是指企业人力、物力和财力的合理配置及产供销活动的总体安排。如果汇率变动有利于涉外企业的资金营运，企业就会采取大胆的、开拓性的、冒险的经营战略，如扩张海外投资，扩大生产规模，开辟新产品、新市场。相反，如果汇率变动不利于涉外企业的资金营运，企业就会采取保守的、稳妥的、谨慎的经营策略，尽量避免使用多种外汇，把海外市场、海外融资缩小在一定范围。因此，这一影响在某种程度上关系到企业的兴衰成败。

（3）对涉外企业税收的影响

一般来说，对涉外企业已经发生的外汇损失可享受所得税减免，已经实现的外汇盈利才能构成应纳税收入。因交易风险造成的外汇亏损，往往会降低当年的应纳税收入；会计风险由于不是实际的亏损，因此不能减免税收。涉外企业应设法将外汇风险所造成的税后结果降到最低，使税后收益达到最大。由于税收政策是由企业所在国决定的，作为一个跨国经营企业，应从全局着眼制定其外汇风险管理战略。

第三节　外汇风险管理

一、外汇风险管理的原则与基本方法

外汇风险管理是指外汇资产持有者通过风险识别、风险衡量、风险控制等方法，预防、规避、转移或消除外汇业务经营中的风险，从而减少或避免可能的经济损失，实现在风险一定条件下的收益最大化或收益一定条件下的风险最小化。

1. 外汇风险管理的基本要求

（1）正视风险存在的客观性

在现行国际货币体系以及金融全球化、自由化的环境中，外汇风险是客观存在的，汇率、利率的变动不以任何市场主体的客观意志为转移。因此涉外经济主体必须充分重视外汇业务风险存在的客观事实，并不断研究、发现可能产生风险的原因，以便采取相应的措施加以防范。

（2）合理承受风险

外汇风险存在的客观性表明涉外经济主体开展经营活动的过程本身就是承受风险的过程。因此，涉外经济主体需要根据各项业务发生风险的概率，适度安排业务比例和规模，分散风险，确保收益足以弥补所处经济环境中一般情况下的平均风险，使自身清偿力足以弥补经济环境中一般情况下的最大风险。

（3）发挥风险管理职能

涉外经济主体在合理承受了各种风险之后，要充分发挥风险管理职能，针对不同风险的来源和特点，运用相应的风险管理技能和工具，合理控制、降低、转移甚至消除风险。

2. 外汇风险管理原则

外汇风险是开放经济中客观存在的一种风险，无论政府、企业还是个人都在不同程度上可能蒙受外汇风险的损失，都必须高度重视外汇风险管理问题，将之列为日常经济管理中一个不容忽视的内容。在外汇风险管理上应该遵循一些共同的指导思想和原则。

（1）全面重视原则

要求对涉外经济交易中出现的外汇风险所有受险部分给予高度的重视，对风险进行准确的测量，及时把握风险额的动态变化情况，避免顾此失彼而造成人为的更大的损失。

（2）管理多样化原则

要求针对外汇风险的不同的形成原因、风险头寸和结构以及自身的风险管理能力，充分考虑国家的外汇管理政策、金融市场发达程度、避险工具的成熟程度等外部制约，选择不同的外汇风险管理方法，进行灵活多样的外汇风险管理。

（3）趋利避害、收益最大化原则

要求对外汇风险管理的成本和收益进行精确的计算，以综合收益最大化为出发点，制定具体的风险管理战术。金融市场上应用最广泛的风险管理工具，例如远期外汇交易、互换、期货、期权等，都需要支付一定的成本和代价，如果规避外汇风险所减少的损失金额小于为此支付的成本，外汇风险管理就是失败的。外汇风险管理中必须注意投入产出率，力求做到避险效果相等时成本最小，成本相等时避险效果最大。

3. 外汇风险管理方法

根据外汇风险管理的作用机理，外汇风险管理的方法可以划分为以下四种类型。

（1）风险规避型

即对经营中出现的所有外汇风险头寸进行100%的套期保值，从而消除一切风险因素，使外汇风险丧失产生的必要条件。风险规避型方法可以使涉外企业和个人遭受维护风险损失的可能性降为零，而且简单易行，没有直接成本。然而，这种方法使涉外企业和个人在规避风险的同时，也相应放弃了可能获利的机会，机会成本较高。一般来说，这种方法通常在两种情形下采用：一是在所要承受的外汇风险中，遭受损失的概率和程度相当大；二是若选择其他风险管理方法，其成本更高。

（2）风险控制型

即通过控制风险因素，减低损失发生的概率，减轻损失的严重程度。风险控制型方法在运用中有两种方式，一种是在损失尚未发生之前，通过控制风险因素，降低损失发生的概率；一种是损失发生的过程中，通过控制风险因素，减少损失的严重程度。风险控制型方法是涉外企业和个人在不愿放弃可能获利机会的前提下，为了尽可能减少损失而采取的积极的风险控制方法。

（3）风险中和型

即通过使风险中受损机会与相应的获利机会相匹配，使损失与收益相互抵消。在银行经营外汇业务的活动中，有些业务性质是相同的，只要通过相反方向的操作，就可以锁定成本，获得稳定的收益。风险中和型方法虽然不能消除风险因素，但是，涉外企业和个人在遭受经济损失的同时，能够获得相当的经济收益，两者相互抵消，可以使银行的净经济损失降到最低限度。

（4）风险集合型

即通过将承受同类风险的涉外企业和个人联合起来，共同抵御风险，分担可能遭受的经济损失，从而减轻单个涉外企业和个人所承受的风险。这种方法不仅可以使承受同类风险的涉外企业和个人得以优势互补，从而提高整体抵御和管理风险的能力，而且一旦出现经济损失，可以由这些涉外企业和个人按比例分摊。

二、企业外汇风险管理

在外汇风险管理上，由于企业的经营方式多种多样，加上它们对外汇市场和其他市场不甚了解，往往会处于被动地位。因此，企业为管理外汇风险所采取的措施及相应的操作办法形式较多，并且比较复杂。

在实际操作过程中，企业对本身持有的或可能要持有的受险部分，应根据其具体的业务特点和企业本身的资力状况及外汇银行的态度等方面情况来综合考虑应采取的风险管理措施。企业不仅要对未来的汇率变动趋势进行预测，还应根据具体的实际情况，选用相应的避险措施。

1. 交易风险管理

（1）贸易策略法

贸易策略法是指企业在进出口贸易中，通过和贸易对手的协商与合作所采取的防范外汇风险的方法。此方法具体分为以下几种：

1）币种选择法

币种选择法是指企业通过选择进出口贸易中的计价结算货币来防范外汇风险的方法。

①本币计价。选择本币计价可使经济主体避开货币兑换问题，从而完全避免外汇风险。但是本币对外国人来说是外币，这意味着该方法的前提是对方能够接受从而不至于使企业丧失贸易机会。

②出口时选用硬币计价结算，进口时选用软币计价结算。所谓硬币（Hard Money）是指汇率稳定且具有升值趋势的货币；软币（Soft Money）是指汇率不稳定且具有贬值趋势的货币。出口商以硬币计价，可以使自己得到汇率变动带来的利益；进口商以软币计价，可使自己避免汇率波动可能带来的损失。但是硬币和软币是相对的，因此，此法要求对汇率走势有比较准确的预测，它并不能完全避免外汇风险。

③选用"一篮子"货币计价结算。所谓"一篮子"货币是指由多种货币分别按一定的比重所构成的一组货币。由于"一篮子"货币中既有硬币也有软币，硬币升值所带来的收益或损失，与软币贬值所带来的损失或收益大致相抵，因此"一篮子"货币的币值比较稳定。交易双方都可借此减少外汇风险，但"一篮子"货币的组成及货款的结算较为复杂。

2）货币保值法

货币保值法是指企业在进出口贸易合同中通过订立适当的保值条款，以防范外汇风险的方法。

①黄金保值条款。即在贸易合同中，规定黄金为保值货币，签订合同时，按当时计价结算货币的含金量，将货款折算成一定数量的黄金，到货款结算时，再按此时的含金量，将黄金折回成计价结算货币进行结算。

②硬币保值条款。即在贸易合同中，规定某种软币为计价结算货币，某种硬币为保值货币，签订合同时，按当时软币与硬币的汇率，将货款折算成一定数量的硬币，到货款结算时，再按此时的汇率，将硬币折回成软币来结算。此方法一般同时规定软币与硬币之间汇率变动的幅度，在规定的波动范围内，货款不作调整；超过规定的波动幅度范围，货款则要作调整。

③"一篮子"货币保值条款。即在贸易合同中，规定某种货币为计价结算货币，并以"一篮子"货币为保值货币。具体做法是：签订合同时，按当时的汇率将货款分别折算成各保值货币，货款支付日，再按此时的汇率将各保值货币折回成计价结算货币来结算。在实际操作中，通常选用特别提款权、欧洲货币单位等"一篮子"货币作为保值货币。

3) 价格调整法

价格调整法是指当出口用软币计价结算、进口用硬币计价结算时，企业通过调整商品的价格来防范外汇风险的方法。它可分为以下两种情况：

①加价保值。为出口商所用，实际上是出口商将用软币计价结算所带来的汇价损失摊入出口商品价格中，以转嫁外汇风险。加价的幅度相当于软币的预期贬值幅度。

$$加价后的单价 = 原单价 \times (1 + 货币的预期贬值率)$$

②压价保值。为进口商所用，实际上是进口商将用硬币计价结算所带来的汇价损失从进口商品价格中剔除，以转嫁外汇风险。压价的幅度相当于硬币的预期升值幅度。

$$压价后的单价 = 原单价 \times (1 - 货币的预期升值率)$$

4) 期限调整法

期限调整法是指进出口商根据对计价结算货币汇率走势的预测，将贸易合同中所规定的货款收付日期提前或延期，以防范外汇风险，获取汇率变动的收益的方法。按照"出口用硬币计价结算，进口用软币计价结算"的原则，当预测计价结算货币将升值时，出口商应争取对方的同意，延期收进外汇，以获得所收进的外汇能够兑换更多的本币的好处；而进口商则应争取对方的同意，提前支付外汇，以避免日后需要用更多的本币才能够兑换到同样数量的外汇。当预测计价结算货币将贬值时，做法则与上述过程相反。

严格地说，期限调整法中只有提前结清外汇才能彻底消除外汇风险，延期结清外汇具有投机性质。一旦企业汇率预测失误，采用延期结清外汇会蒙受更大的损失。

5) 对销贸易法

对销贸易法是指进出口商利用易货贸易、配对、签订清算协定和转手贸易等进出口相结合的方式，来防范外汇风险的方法。

①易货贸易。即贸易双方直接、同步地进行等值货物的交换。这种交易双方均无需收付外汇，故不存在外汇风险。

②配对。即进出口商在一笔交易发生时或发生之后，再进行一笔与该笔交易在币种、

金额、货款收付日期完全相同，但资金流向正好相反的交易，使两笔交易所面临的外汇风险相互抵消的方法。

③签订清算协定。即双方约定在一定时期内，所有的经济往来都用同一种货币计价，每笔交易的金额先在指定银行的清算账户上记载，到规定的期限再清算贸易净差额的方法。这种交易方式，交易额的大部分都可以相互轧抵，只有差额部分才用现汇支付，外汇风险很小。

④转手贸易。是在签订清算协定的基础上发展起来的，用多边货物交换，用双边账户进行清算结算的贸易方式。转手贸易能够有效地解决在清算协定贸易下，由于一方所提供的货物对方不满意，而产生的对方贸易出超问题。

6）国内转嫁法

进出口商向国内交易对象转嫁外汇风险的方法即为国内转嫁法。外贸企业进口原材料卖给国内制造商，以及向国内制造商购买出口商品时，以外币计价，将外汇风险转嫁给国内制造商；进口商也可通过提高国内售价的方式，将外汇风险转嫁给国内的用户和消费者。

（2）金融市场交易法

金融市场交易法是指进出口商利用金融市场，尤其是利用外汇市场和货币市场的交易，来防范外汇风险的方法。

1）即期外汇交易法

即期外汇交易法是指进出口商通过与外汇银行之间签订即期外汇交易合同的方式来防范外汇风险的方法。由于即期外汇交易只是将第三天交割的汇率提前固定下来，它的避险作用十分有限。

2）远期外汇交易法

远期外汇交易法是指进出口商通过与外汇银行之间签订远期外汇交易合同的方式来防范外汇风险的方法。此法可把未来任何一天的汇率提前固定下来，比即期外汇交易法更广泛地用于防范外汇风险。但是，择期外汇交易的交易成本较高；固定日期的远期外汇交易缺乏灵活性，而且对客户信誉有较高要求。

3）掉期交易法

掉期交易法是指进出口商通过与外汇银行之间签订掉期交易合同的方式来防范外汇风险的方法。它要求进出口商同时进行两笔金额相同、方向相反的不同交割期限的外汇交易，它是国际信贷业务中典型的套期保值手段。

4）外汇期货和期权交易法

外汇期货交易法是指进出口商通过签订外汇期货交易合同的方式来防范外汇风险的方法。由于期货价格和现货价格之间存在平行变动趋势，外汇期货交易可用做套期保值性质的避免外汇风险的手段。外汇期权交易提前将协议价格固定下来，也可用作外汇风险管理手段。由于存在保证金制度，它们对客户的信誉要求较低，使进出口商较易使用其作为避险手段。但是，它们的交易成本一般高于远期外汇交易。

5）国际信贷法

国际信贷法是指在中长期国际收付中，企业利用国际信贷形式，在获得资金融通的同时，转嫁或抵消外汇风险。主要有三种形式：

①出口信贷。出口信贷是指一国为了支持和扩大本国大型设备的出口，以对本国的出口给予利息补贴并提供信贷担保的方法，由本国银行向本国的出口商或外国的进口商（或其往来银行）提供低利率贷款的融资方法，包括买方信贷和卖方信贷。

②福费廷（Forfaiting）。又称包买票据或买单信贷，是指出口商将经过进口商承兑，并由进口商的往来银行担保，期限在半年以上的远期票据，无追索权地向进口商所在地的包买商（通常为银行或银行的附属机构）进行贴现，提前取得现款的融资方式。由于"福费廷"对出票人无追索权，出口商在办理此业务后，就把外汇风险和进口商拒付的风险转嫁给了银行或贴现公司。

③保付代理（Factoring）。简称保理，是指出口商以延期付款的形式出售商品，在货物装运后立即将发票、汇票、提单等有关单据，卖断给保理机构，收进全部或一部分货款，从而取得资金融通。由于出口商提前拿到大部分货款，可以减轻外汇风险。

6）投资法（BSI 法）

投资法是指进口商在签订贸易合同后，按合同中所规定的币种、金额，将本币资金在即期外汇市场上兑换成外汇，再将这笔外汇在货币市场进行投资（如银行定期存款，购买国库券、银行承兑汇票、商业票据等），投资到期日安排在货款支付日，然后以投资到期的外汇款项支付贸易货款。

投资法将本应在将来支付货款时才进行的本币兑换成外币的交易，提前到现在就进行，剔除外汇风险构成中的时间要素，使外汇风险得以消除。

7）货币互换（Currency Swap）法

货币互换是指交易双方通过互相交换币种不同，但期限相同，金额相当的两种货币，以降低筹资成本和防范外汇风险的创新金融业务。货币互换业务实际上是以两种货币之间的交换和换回取代外汇交易中的两种货币之间的买进和卖出，从而达到防范外汇风险的目的。此业务的具体做法详见本章第四节。

8）投保汇率变动险法

汇率变动险是一国官方保险机构开办的，为本国企业防范外汇风险提供服务的一种险种。具体做法是，企业作为投保人，定期向承保机构缴纳规定的保险费，承保机构则承担全部或部分的外汇风险，即企业在投保期间所出现的外汇风险损失由承保机构给予合理的赔偿，但若有外汇风险收益，也由承保机构享有。目前，许多国家如美国、日本、法国、英国等，为鼓励本国产品的出口，都开办了外汇风险的保险业务。

2. 折算风险的管理

涉外经济主体对折算风险的管理，通常是实行资产负债表保值。这种方法要求在资产负债表上以各种功能货币表示的受险资产与受险负债的数额相等，以使其折算风险头寸（受险资产与受险负债之间的差额）为零。只有这样，汇率变动才不致带来任何折算上的损失。

实行资产负债表保值，一般要做到以下几点：

其一，弄清资产负债表中各账户、各科目上各种外币的规模，并明确综合折算风险头寸的大小。

其二，根据风险头寸的性质确定受险资产或受险负债的调整方向。如果以某种外币表示的受险资产大于受险负债，就需要减少受险资产，或增加受险负债，或者双管齐下。反之，如果以某种外币表示的受险资产小于受险负债，就需要增加受险资产，减少受险负债。

其三，在明确调整方向和规模后，要进一步确定对哪些账户、哪些科目进行调整。这正是实施资产负债表保值的困难所在，因为有些账户或科目的调整可能会带来相对于其他账户、科目调整更大的收益性、流动性损失，或造成新的其他性质的风险（如信用风险、市场风险等）。在这一意义上说，通过资产负债表保值获得折算风险的消除或减轻，是以经营效益的牺牲为代价的。因此，需要认真对具体情况进行分析和权衡，决定科目调整的种类和数额，才能使调整的综合成本最小。

在外汇风险的管理中，交易风险的防范要求与折算头寸的防范要求可能会发生冲突，从而加深风险管理的难度。譬如，对于跨国公司来说，最容易防范折算风险的办法，是要求所有在国外的分支机构都使用母国货币进行日常核算，使其受险资产额和受险负债额都保持为零，以避免编制综合财务报表时的折算风险。但各分支机构便一定会面临更多的交易风险，因为分支机构日常使用最多的通常是东道国货币，当使用母国货币作为核算货币时，便不可避免地会时时承受交易风险。同样地，假定分支机构要避免交易风险，则又会面临折算风险。

3. 经济风险的管理

经济风险涉及生产、销售、原料供应以及区位等经营管理的各方面。经济风险的管理，是预测意料之外的汇率变动对未来现金流量的影响，并采取必要的措施。如果企业在国际间使其经营活动和财务活动多样化，就有可能避免风险，减少损失。

(1) 经营多样化

这是指在国际范围内分散其销售、生产地址以及原材料来源地。这种经营方针对减轻经济风险的作用体现在两方面。第一，企业所面临的风险损失基本上能被风险收益弥补，使经济风险得以自动防范。第二，企业还可主动采取措施，迅速调整其经营策略，如根据汇率的实际变动情况，增加或减少某地或某行业等的原材料采购量、产品生产量或销售量，使经济风险带来的损失降到最低。

(2)财务多样化

这是指在多个金融市场、以多种货币寻求资金来源和资金去向，即实行筹资多样化和投资多样化。这样，在有的外币贬值、有的外币升值的情况下，公司就可以使大部分外汇风险相互抵消。另外，由于资金来源和去向的多渠道，公司具备有利的条件在各种外币的资产与负债之间进行对抵配合。

三、外汇银行外汇风险管理

1. 银行经营外汇业务可能遇到的风险

(1)外汇买卖风险

所谓外汇买卖风险，是指外汇银行在经营外汇买卖业务中，在外汇头寸多或头寸缺时，因汇率变动而蒙受损失的可能性。

外汇银行的外汇头寸可分为：①现金头寸，指在外汇指定银行的外汇现金库存及同行往来存款；②现汇头寸，指现汇买卖余额；③期汇头寸，指买卖期汇的净余额；④综合头寸，即净外汇头寸，为以上各种头寸之和。这里需要注意两点：一是外汇头寸与外汇银行持有的日常周转余额应加以区别，后者是指外汇银行在国外同行往来账户上维持一定的贷方余额以备国际支付之用，这部分余额无须计入外汇头寸；二是外汇风险头寸与银行在境外长期投资的资金头寸应加以区别，后者属于对外投资，一般不包括在外汇风险头寸之内。

外汇银行每天都要从事外汇买卖业务。当外汇买入多于卖出时，称为头寸多或外汇头寸的多头，这种多头将在卖出时因汇率下降而使银行蒙受损失；如果外汇卖出多于买入，称头寸缺或外汇头寸的空头，这种空头将来再补进时，会因汇率上升而使银行蒙受损失。上述的空头或多头，即是外汇银行从事外汇买卖时的受险部分。

(2)外汇信用风险

外汇信用风险是指外汇银行在经营外汇业务时因对方信用问题所产生的外汇风险。换言之，它是由于交易对方不能或不愿履行预定合约而给外汇银行带来的风险。例如，外汇银行在与国外同业或商人进行有关外汇业务时，交易对方在到期日破产或资力不足或所在国家政治、经济出现危机时而不能履约。再例如，外汇银行在与企业进行期汇买卖时，企业由于某种原因不能或不愿履行期汇合约的交割。

对于外汇银行来说，外汇信用风险比外汇买卖风险或其他风险所引起的变化更为重要，因为其外汇业务的基础在于交易对方的资信程度。外汇信用风险在很大程度上决定于银行本身对交易对方资信情况的考查及分析能力。

（3）外汇借贷风险

外汇借贷风险是指外汇银行在以外币计价进行外汇投资和外汇借贷过程中所产生的风险。它包括向外筹资或对外负债以及外汇投资中的外汇风险。

例如，银行向外借入一种货币而需要换成另一种货币使用，或者偿债资金来源是另一种货币，那么银行就要承受借入货币与使用货币或还款来源货币之间汇率变动的风险。若借入汇率上升，则银行筹资就会有增加的可能，再如，银行以一种外币兑换成另一种外币进行外汇投资时，若投资本息收入的外币汇率下降，投资的实际收益就会下降，银行因而蒙受损失。

2. 银行的外汇风险管理

外汇银行经营外汇业务的情况和目的主要有三个方面：一是经营中介性的买卖，即代客户买卖外汇，为客户提供尽可能满意的服务并赚取买卖差价；二是从事自营买卖，即根据对汇率的走势判断买卖及管理银行本身的外汇头寸；三是进行平衡性买卖，即为平衡外汇头寸而买卖外汇以防范风险，减少外汇风险对银行及其客户的影响程度。

当然，防范或避免风险要付出一定的代价，有些避险措施可能使银行失去一部分客户，有的避险措施可能增加银行的交易成本。尽管如此，在汇率波动频繁的情况下，外汇风险管理仍是每一家外汇银行在从事外汇业务过程中所要制定的重要决策之一。

（1）外汇买卖风险的管理

外汇银行在从事外汇业务过程中所遇到的外汇风险主要是外汇买卖风险。而在买卖风险中其拥有的受险部分是以外汇头寸来表示的。因此，外汇银行管理买卖风险的关键是要制定适度的外汇头寸，加强自营买卖的风险管理。

1）制定和完善交易制度

①确定外汇交易部门整体交易额度。这主要是取决于以下五个方面：一是根据自己的资金结构和规模，正确地制定一个外汇交易损益指标，然后再确定交易规模。二是防范超过承受度的亏损，亏损承受度越高，交易额度可以越大。三是银行在外汇市场上扮演的角色。银行若要想成为外汇市场上的造市者和活跃的参加者，则交易额度一定不能定得太高。四是交易的币种。在国际外汇市场上，交易最频繁的货币主要有十几种可兑换货币，交易的币种越多，交易量自然也越大，允许的交易额度也应大一些。银行从事自营买卖并非交易的币种越多，盈利越多，而是应根据自身的实际情况，有选择地交易几种货币。五是外汇交易员的状况以及外汇交易部门的管理能力。交易额度即总受险额度的制定和分配是分级进行的。银行自营买卖的交易额度即总受险额度由上级主管部门制定，受险最高额度即开盘交易后允许存在尚未平盘的最大头寸。未平盘头寸余额不得超越规定限额，否则视为越权行为。

②制定和分配交易员额度。这一过程往往是分级进行的。首先是银行高层管理人员交易额度的确定，他们掌握的额度很大，头寸有长线、中线及短线投资；其次是外汇交易部各级别交易员额度的确定，级别及水平不同，其额度应各有不同。

2）交易人员的思想准备

从事外汇买卖的主要目的是盈利，但汇率波动频繁情况下难以确保百分之百盈利，所以一定要做好亏损的思想准备，身处逆境时不能孤注一掷，要保持头脑清醒，否则损失更惨重。

3）要根据本身的业务需要，灵活地运用掉期交易，对外汇头寸进行经常性的有效的抛出或补充，以轧平头寸

（2）外汇信用风险的管理

①建立银行同行交易额度。根据交易对象的资本实力、经营作风、财务状况，制定能够给予的每日最高限额。交易对象不同，适用的最高限额亦不同。

②制定交易对方每日最高收付限额，主要是付款限额。凡涉及当日清算的业务，都计算在内。

③建立银行同业拆放额度。同业拆放的额度是银行内部制定的给予其他银行可拆出的最大金额。因为同业拆放是一种无抵押的信用贷款，风险较高。因此，一般根据银行的资信制定拆放额度，并作周期性调整。例如，一年调整一次，可使风险投资得以控制。银行外汇交易必须严格按照规定的额度进行拆放。超额拆放，等于越权。

④对交易对方进行有必要的资信调查，随时了解和掌握对方的有关情况，并对有关的放款和投资项目进行认真的可行性研究和评估。

（3）涉外借贷风险的管理

①分散筹资或投资。这种分散化策略可以减轻某一外币汇率下跌所带来的影响程度，可以使借款货币或投资货币结构与经营中预期收入货币结构相适应，可以分散因战争、资金冻结、没收等而引起的政治风险。

②综合考虑借贷货币汇率与利率的变化趋势。一般来说，在两种利率不同的货币中，通常是选择借用利率水平较低的货币，但必须结合汇率的变动趋势进行综合考虑，否则将得不偿失。例如，在多种货币选择的筹资中，选择了利率较低的一种货币贷款，但到期还本付息时，借入的货币汇率已经上升，而且所上升带来的损失已超过利率相对较低的收益。所以，在这方面，决策者要予以高度重视。

③银行本身要专设机构，对外汇借贷活动进行统一的管理、监督和运用。尤其是在借贷货币种类的选择上、借或还的期限上，以及利率、汇率和费用上，要有一套完善的管理措施和规定。

④灵活地运用掉期交易等其他金融工具对借贷和使用不一致的货币币种进行转换，以避免汇率波动风险。

第四节　其他国际金融风险管理

一、国际金融市场中的利率风险管理

1. 利率风险的含义

利率风险(Interest Rate Risk)是指在一定时期内因外币利率的相对变化,导致涉外经济主体的实际收益与预期收益或实际成本与预期成本发生背离,从而导致损失的可能性。利率风险的存在是由于涉外经济主体的外汇资产与负债的期限结构不一致,存在期限缺口,当利率发生变化时,其成本和收益就会发生变化。

根据利率平价理论,在开放经济体中,利率与汇率是互动的,虽然两者之间的相互影响存在一定的时差,但汇率变动一定会引起利率的变动,反之亦然。因此出现汇率风险时常常伴随以利率风险,而利率风险中往往也包含着汇率风险。

2. 利率波动的原因

(1)受社会平均利润水平限制的影响

利率是利润的一部分,通常把社会平均利润水平作为决定利率的最高标准。当一国社会平均利润水平保持在较高的水平,则利率水平在一个长时期也相应地呈提高的趋势。因此,在国际市场上,市场经济发达国家以利率作为调控经济的工具,不断地提高或降低利率来干预宏观经济或进行经济结构和产业结构的调整,频繁的利率变动常常波及其他国家竞相调整利率,从而导致国际交易和国际融资的风险。

(2)通货膨胀对利率变化的影响

社会物价水平上涨,导致货币贬值,其结果是实际利率水平下降。实际利率水平下降又必然会需要增加货币投放和信贷供应,促使形成进一步的通货膨胀。这种不断的互相影响形成了利率的波动和风险。一些国家为了控制通货膨胀,在一定时期里,采取强制调整利率的紧缩措施,也会导致利率波动和利率风险。

(3)国际货币市场利率变化的影响

国际货币市场作为一个开放的商业竞争场所,其市场利率的变化必然是经常性的,尤其一些主要发达国家为了提高本国经济的国际竞争能力和改善国际收支状况,往往通过提高利率的办法来达到降低通货膨胀和吸引外国资金的目的。他们之间的竞争成为国际货币市场利率变动的重要原因,并进而导致各国国内利率的变动,形成国际货币市场上融资利率风险。

3. 利率风险的管理

国际金融活动中的利率风险既表现在信贷交易时，各种货币的资金来源利率和贷放利率不对称时，银行面临的风险也表现在由于市场利率的变化而导致融资企业筹资成本发生变化。

（1）对外融资企业利率风险管理的一般方法

①融资企业首先应对融资项目的盈利和利息偿还能力进行科学的分析、测算，并保留足够的余地，以避免由于利率的变动带来的融资成本提高的风险。其次企业应尽力争取各种优惠利率贷款，如政府"出口信贷"、世界银行、区域性银行的低利息、无息贷款。

②合理安排固定利率和浮动利率在融资项目中的比例结构。在一个融资项目中，如果规定的固定利率水平很高，则融资企业承担的利率风险较大。所以，应适当地、尽可能多地利用浮动利率贷款。浮动利率优越性在于不论市场利率波动幅度有多大，贷款利率也要按市场利率水平定期调整，使市场利率的波动风险较合理地由借贷双方共同承担，减轻融资双方的利率风险。

③运用金融交易法。主要是通过利率互换、远期利率协定、利率期权和利率期货等金融工具来管理利率风险。实务中究竟会选择哪一种工具来防范利率风险，取决于经济主体所面临的实际情况、对未来市场走势的判断和所确立的保值目标，以及其对某种工具的偏好程度。例如，如果借款者需要完全的保值，认为最重要的是得到一个安全而确定的结果，那么，要防止短期利率风险，可以采用远期协定或者利率期货；如果借款者既希望防止市场利率走势对自己不利的风险，又想利用市场走势对自己有利的机会去获利，那么，就应该选择以期权为基础的金融工具。

（2）银行利率风险管理

1）利率风险是商业银行风险管理工作中面临的最难对付的风险之一

市场利率水平发生变动，不仅影响商业银行的负债成本，也影响其在贷款和其他证券上的收入；同时，利率变化还将改变商业银行的资产和负债的市场价格，从而改变其净资产，也就是银行股东的投资价值。利率风险管理不当，往往会给银行带来沉重打击甚至是灭顶之灾。

利率风险管理的主要目标之一是将商业银行的预期获利水平与市场利率变动带来的破坏性影响进行有效的分隔，即不管利率水平如何变化，商业银行都能够将应得利润保持在稳定的水平。为达到这一利率风险管理目标，商业银行必须认真考察那些对利率变化具有敏感性的资产和负债，也就是作为资产方的贷款和投资，作为负债方的存款和货币市场借款。

2）利率敏感性缺口管理

利率敏感性缺口管理（Interest – sensitive Gap Management）是商业银行最常用的规避利

率风险的方法。在银行的资产负债中，有的项目对利率变化具有一定的敏感度，如浮动利率借款或债券；而有的项目则不具有利率敏感度，如现金和股本金。

①利率敏感性缺口的计量。对商业银行而言，如果想承担最小的利率风险，最简单的方法就是将利率敏感性资产与利率敏感性负债进行匹配，使二者在数量上完全相等。显然，一旦利率敏感性资产和利率敏感性负债在数量上完全匹配，银行的净利差将会大大降低。所以正常情况下，银行将持有更多的利率敏感性资产，在利率敏感性利率资产与利率敏感性负债之间保持一个差额，即敏感性缺口。

$$敏感性缺口 = 利率敏感性资产 - 利率敏感性负债$$

当敏感性资产的数量大于敏感性负债时，市场利率的上升将使资产收益增加的幅度大于负债成本增加的幅度，银行将从中获益，净利差上升，也就是具有一个正缺口（Positive Gap）或者说处于资产正敏感状态（Asset Sensitive）。当敏感性资产的数量小于敏感性负债时，市场利率的上升将使资产收益的增加幅度小于负债成本的增加程度，银行净利差将缩小，即具有一个负缺口（Negative Gap），处于负债敏感状态（Liability Sensitive）。通常采用利率敏感比率（或利率敏感度）概念来衡量外汇银行的资产负债对利率变化的敏感程度。

$$利率敏感比率 = 利率敏感资产 / 利率敏感负债$$

尽管资产与经营环境不同的银行进行利率敏感性缺口管理时采用形式和复杂程度极富差异的方法，但是，所有的利率敏感性缺口管理模式都需要管理层做出如下决定：其一，确定银行管理净利差的时间段，比如未来6个月，或1年；其二，确定银行对净利差的期望值；其三，如果银行以提高净利差为管理目标，则需要对利率走势做出正确的判断，或者通过某种方式重新分配生息资产和负债比例；其四，精确地确定利率敏感性资产和敏感性负债的数量。

②缺口管理类型。如果银行事先预期利率水平将上升的话，那么它可以通过调整资产负债的结构来降低利率敏感性缺口，或者通过一些金融工具对风险进行规避。这种基于对未来利率走势的预期，而主动对缺口进行调整，使自身处于资产敏感状态或者负债敏感状态的缺口管理方法，被称作积极的缺口管理方式（Aggressive Interest-sensitive Gap Management）。如果银行预期利率上扬的话，它可以调高敏感性资产的数量，使之超过敏感性负债的数量，以期望从利率上扬中获利；如果银行预期利率下降的话，操作方式则正好相反，即使得敏感性资产的数量低于敏感性负债的数量，以从利率下降中受益。

与此相对应的是防御性缺口管理方式（Defensive Interest-sensitive Gap Management）。在这种方式下，银行尽可能地将敏感性缺口保持在0左右，以降低净利率水平的未来波动性。

3）存续期缺口管理（Duration Gap Management）

①存续期缺口的含义和意义。存续期是一种对金融产品的期限进行衡量的尺度。它从

所有生息资产的现金流入和所有付息负债的现金流出的时间角度出发，以价值大小和时间长短作为权重，衡量未来现金流量的平均期限。

当利率水平上升时，银行固定利率资产和负债的价值将会下降；同时，资产和负债的期限越长，其价值下降的程度就越大。所以，银行净值（Net Worth）的变化幅度与其资产负债的期限有很大关系。银行的净值等于其资产价值减去负债的价值，即：NW ＝ A － L。

从存续期的角度来看，当利率上扬时，存续期较长的资产负债比那些存续期较短的资产负债所受的损失要大。如果管理层将资产和负债的存续期调整为相同，就可以将银行净值的水平稳定下来。

存续期对风险管理工作的重要作用在于它衡量的是金融工具的市场价值对利率变化的敏感性。银行的存续期缺口就是资产的存续期与负债存续期之间的差额。为了完全规避利率风险，商业银行只须调整资产存续期或者负债存续期。只要二者基本相同，即存续期缺口近似为零，银行就不会暴露在利率风险之下。存续期缺口越大，银行净值受利率波动影响而变化的敏感度就越大，所面临的风险就越大。

②存续期缺口与银行净值变化。当银行保有一个正的存续期缺口时，即资产存续期大于负债存续期，利率的变化将导致负债价值的变化幅度小于资产价值的变化幅度。当利率上升时，资产价值下降的幅度超过负债价值下降的程度，银行净值将下降。

当银行保有一个负的存续期缺口时，即资产存续期小于负债存续期，利率的变化将导致负债价值的变化幅度大于资产价值的变化幅度。当利率上升时，资产价值下降的幅度小于负债价值下降的程度，银行净值将增加。

在主动的风险管理策略之下，银行不大可能只采取零存续期缺口的管理方式，因为这样虽然没有大的风险，可同时也消除了获取额外收益的可能性。受利润最大化目标的驱使，银行的管理层将根据市场利率走势预期来调整资产和负债之间的比例。

利率变化对银行净值所产生的影响程度大小取决于三个主要的因素：其一，存续期缺口的大小：缺口越大，银行所承担的风险度就越大；其二，银行资产负债的规模：银行的规模越大，所承担变化的绝对数就越大；其三，市场利率水平变化的大小：利率波动幅度越大，所带来的风险就越大。

存续期缺口的管理方式比较容易理解，但是在实际操作中则存在一些限制，最大的限制就是对具体存续期的计算。对存续期进行精确计算是一项非常繁琐的工作。最简单的情况就是某一项资产或者负债的存续期与其法定到期日相同，比如说零利息债券（Zero Coupon Securities）、一次性还本付息的贷款等。但是，多数资产或负债的存续期和法定到期日并不相同，这就带来实际计算中的麻烦。此外，银行无法确定或者精确预期某一资产或负债的未来现金流量的方向和数量，比如活期存款、客户提前偿还贷款、客户发生违约等。

（3）互换交易在利率风险管理中的运用

互换交易是指两个或两个以上的当事人按共同商量的条件，在约定的时间内，交换一系列支付款项的金融交易。作为一种金融衍生产品，互换交易可用来降低长期资金筹措成本和资产经营、负债管理中防范汇率和利率风险。作为一项有效的筹资技术，之所以得到广泛运用，是基于其能为金融机构找到一种按常规融资方式不能解决的方法，而使参与者共享其利。

1）利率互换（Interest Rate Swap）

利率互换是指交易双方在币种同一的情况下，互相交换不同利率形式的一项业务。利用利率互换技术，交易双方可以运用其各自在不同金融市场的相对优势，筹措到成本相对较低的资金。例如，A 公司由于资信等级较高，在市场上无论是筹措固定利率资金，还是筹措浮动利率资金，均比 B 公司优惠两者利率如表 6 - 2 所示。A 公司计划筹措一笔浮动利率的美元资金，而 B 公司计划筹措一笔固定利率的美元资金。如 A、B 两家公司各自直接到市场上去筹措自己所希望得到的利率形式的美元资金，势必比通过利率互换交易而得到的成本高。

表 6 - 2　两公司的利率互换

	A 公司	B 公司	利差
固定利率	8.5%	10%	1.5%
浮动利率	LIBOR + 0.25%	LIBOR + 0.75%	0.5%
利用互换交易后的成本	LIBOR - 0.25%	9.5%	

从表 6 - 2 可知，A 公司直接到市场去筹措浮动利率的美元，资金成本为 LIBOR + 0.25%；如果它到市场上去筹措固定利率为 8.5% 的美元资金，通过和 B 公司的利率互换，A 公司就能获得 LIBOR - 0.25% 的浮动利率美元资金。同样，B 公司如果直接到固定利率市场上去筹措美元，资金成本为 10%，比先筹措浮动利率的美元资金，通过和 A 公司利率互换再获得的固定利率美元资金成本为高。可见，通过利率互换，A、B 两家公司将各自拥有的筹资相对优势转化成利率上的好处，从而降低了筹资的成本。上述筹资的流程图如图 6 - 1 所示。

2）货币利率互换（Cross Currency & Interest Rate Swap）

货币利率互换指的是两种不同货币按不同利率基础计算的利息互换。在该类型的交易中，交易双方可以利用各自在不同金融市场筹资相对优势，借助于互换交易市场获得各自所希望的资金。例如：A 公司是一家资信较高的公司，需要一笔中长期的美元资金，此前，

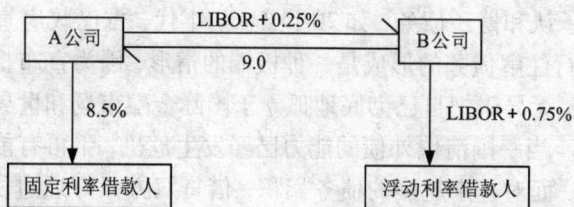

图6-1 筹资流程图

它一直靠发行美元债券进行筹资，但它也有能力在瑞士发行瑞士法郎债券。B公司需要一笔中长期的瑞士法郎资金，其发行瑞士法郎债券的成本相对较高，但其筹措美元资金的能力却强于A公司。A公司根据其比较利益，发行3年期利率2.5%的瑞士法郎固定利率债券；而B公司也按其比较利益发行了浮动利率的美元债券。随后A、B两公司通过掉期交易叙做了一笔货币利率互换交易，交易结束，A公司获得了浮动利率的美元资金，利率水平为LIBOR+0.2%，比其直接发行债券节省30个基点，即0.3%；B公司获得了所需的瑞士法郎资金，利率为2.55%，比其直接上市筹措该资金节约了25个基点，即0.25%。

二、国际融资中的国家风险管理

1. 国家风险的含义及分类

（1）国家风险的含义

国家风险是指一个主权国家由于与常规融资风险不同的原因，不愿或无力履行国际债务契约，而给资金提供者造成的风险。在以往的国际融资中，对于一国政府的国际信用，通常被认为是没有风险的。20世纪80年代，首先从中南美洲国家开始不断出现债务危机及以后东欧的波兰等国由于政治动荡也出现债务危机，国际融资中始终存在的关于无力履行清偿外债的国家风险被提出并引起各方的广泛关注和对策研究。到目前为止，所谓国家风险，实际上讨论的是借款国的风险。

（2）国家风险的分类

国家风险其严重程度不同分为以下三种：

①债务拖欠风险。即债务国拖欠偿还其贷款利息和本金，这在发展中国家的部分债务国是经常发生的。如果拖欠的时间不长，这种形式仅表明债务国清偿能力存在问题；如果这种拖延持续很久，就可能预示着该国清偿能力将出现严重问题。

②债务注销风险。由于一些债务国遇到严重的国际收支困难，而提出免除债务的请求。如20世纪80年代，美国和欧洲许多商业银行就曾对波兰和拉美、非洲一些国家减少了债务，注销了许多贷款的账面价值，这是国际融资中直接的和程度最高的本利损失。另

外，某些债务国拒绝承认和偿还债务，如20世纪60年代，古巴政府宣布拒绝偿还美国的贷款债务。但这种自行注解债务的形成是一种极端的情形，因为宣布拒绝偿付其债务的国家公然违反国际公约，无异于把自己彻底地孤立于国际金融市场和世界经济之外。

③债务重组风险。当一国清偿外债的能力已经发生危机，不再有能力偿还到期的公开及私人的外国债务时，面对越来越多的债务累积，借贷双方只好通过协商，采取以新贷款还本付息，或延期支付本息并增加利息，重新做出安排。这种安排虽然能缓解一时的矛盾，但对债权人毕竟是一种经济损失。

2. 国家风险的管理

对国家风险的管理是一个复杂的过程，它不仅涉及到有关贷款银行，更重要的是涉及到银行所在国政府和债务国。因此，在国际融资领域中，如何规避国家风险已引起各国和国际金融机构的高度重视，并逐步建立了以下的风险管理体系：

(1)建立调研机构，加强信息交流

为了加强国家风险管理，债权国政府和国际金融机构纷纷建立专业的调研部门，及时出版、交流国际著名机构对有关的资信排队并加强对外贷款的报告制度，为不稳定贷款设特别准备，防止国家风险。

(2)实行系统的国家风险评估，全面了解借款国的社会经济和政治状况

(3)确定国家贷款额度

在银行内部确立对某一国或某一地区贷款的最高限额。银行对外资产的构成应反映分散风险的要求，避免对某一借款人集中投入大量资产。

(4)建立充分的审计程序

这包括由跨国银行总行的审计员对所有国外贷款的审计，由银行常驻借款国的审计员进行的个案审计，由独立的注册会计师检查银行的账目，由总行所在国的金融管理当局对本国海外贷款的检查，由东道国的官方监督机构对设在该国的银行贷款进行检查。

(5)实施减少风险损失的措施

①贷款力求多元化，包括：贷款地区的分散、融资类别的分散、贷款到期日的分散等。

②选择具有较高流动性的债务工具代替传统的可调利率贷款。这样可以提高债务的市场可转让性和便于债务国管理利率风险。

③寻求第三者保证，分散风险，如由借款国政府或中央银行以及第三国银行担保等。

④采用银团贷款方式融资。若国际融资项目较大，且不易由第三方担保，一般可采用国际银团方式融资，以分散和减轻银行承担的过大风险。

总之，对于国际融资来说，任何一笔重大的融资安排，都会对融资者双方的风险地位产生影响。国此，在竞争激烈的市场中务必做到，一方面积极开拓进取、不断发展；另一方面更须科学安排、严格把关，力争把风险控制在最低水平。

三、国际投资中的政治风险管理

国际投资中的政治风险管理(Political Risk Management)是指企业或投资者在进行对外投资决策时，为了避免由于东道国或投资所在国政治环境方面发生意料之外的变化而给自己造成不必要的损失，因而针对这种政治变化发生的可能性及其可能造成的影响，提前采取相应的对策。在各国的国际金融风险管理实践中，政治风险管理一般包括三个方面内容：

其一，评估东道国或投资所在国发生意料之外的政治环境变化的可能性；

其二，评估这种政治环境变化给外国企业或投资者的经济利益可能造成的损失大小；

其三，采取多种有效措施来保护外国企业或投资者的利益，避免受到这种政治环境变化的不利影响，或者从某些政治环境变化中获利。

1. 金融机构的政治风险管理

金融机构进行政治风险管理的目的是在保证自身经营安全和盈利的前提下扩展外汇业务和跨国经营，加强与各国金融机构的联系和合作，提高自己在国际金融界的知名度和信誉。金融机构政治风险的管理可以分为两个层次：第一层次是对各个国家的国家信用进行评级，第二层次是根据评级结果对不同信用等级的国家给予不同的交易信用额度。

（1）金融机构承担的政治风险

金融机构面临的政治风险主要体现为主权风险和转移风险。

主权风险是当主权国家政府或其政府机构和部门作为直接借款人时，出于自身利益的考虑，拒绝履行偿付催收的手段非常有限。蒙受主权风险时，商业银行将受到巨大的损失。主权风险具体有以下几种形式：

①技术违约。技术违约即债务人未能按期履行合同规定的相关义务，如未能按时提供财务报表，虽然债务人发生技术违约并没有给贷款的商业银行造成实际损失，但是妨碍了商业银行对债务国情况的及时了解，而且考核违约有可能是债务国发生实际违约的先兆。

②延期支付。即债务国未能按借款合同规定的时间表偿付利息或本金，从而影响商业银行资金安排和使用，直接造成利息损失。

③利息重议。债务国发生偿债困难时要求贷款的商业银行降低利息，如果商业银行不能满足债务国的要求时就有可能发生无力偿付的风险。

④债务重组。债务国不能按借款协议规定的时间表偿还本金时要求贷款的商业银行延长贷款本金的偿还期限，重新安排贷款本金的偿还时间表，否则也会发生无力偿还的风险。

⑤再融资。在部分贷款或全部贷款没有偿还时债务国提出再融资要求，如果商业银行不能满足其要求，债务国也不能从其他商业银行或金融机构中取得额外贷款，商业银行对

债务国原来的贷款就有可能发生无力偿还的现象。

⑥无力偿还。无力偿还即债务国没有能力偿还商业银行的贷款，没能收回的贷款本金和利息都是商业银行的实际损失。

⑦取消债务。债务国没有能力偿还贷款时向贷款的商业银行提出取消债务的要求，没能收回的贷款本金和利息都是商业银行的实际损失。

⑧拒付债务。借款国出于政治上或经济上的原因，拒绝偿付商业银行的贷款。

转移风险是指主权国家作为国家经济的管理者，所制定的政策、法规等限制商业银行的资金转移所带来的风险，包括外汇管制和资本流动的管制。对商业银行而言，转移风险主要表现为借款国对资本输入和资本输出实行严格的审批管理制度和对外国投资资本和利润的汇回进行有条件的限制。

（2）金融机构的国家信用评级

国家信用评级就是综合考虑影响与金融机构有外汇业务往来关系的国家的所有政治风险因素及各种因素的状况和水平，确定各个国家的信用等级，作为金融机构内部制定各种交易信用额度的依据。金融机构对国家信用评级主要采用综合评价法或评级参考法。

①综合评价法。综合评价法就是利用打分的方式将影响政治风险的各种因素综合起来，反映某一个国家的信用风险程度。目前在金融机构中还没有一个统一标准的做法，各家金融机构是根据自身情况和经验确定具体的影响因素和指标以及相应的权数。

②评级参考法。由于影响政治风险的因素相当广泛，很难收集到有关的所有资料，采用综合评价对政治风险进行分析、确定其信用等级非常困难。为此金融机构大多参照国际上的专门机构的政治风险分析，确定各个国家的信用等级，即采用评级参考法。

目前国际上有三个机构对政治风险进行专门研究，并定期公布其研究结果，它们分别是商业环境风险信息研究所（Business Environment Risk Information Institute，BERI）、欧洲货币杂志（Euromoney）和机构投资者杂志（Institution Investor）。

金融机构可以根据这些国际机构公布的政治风险分析结果对每一个国家确定信用等级，一般可以分为 A、B、C、D、E 五个信用等级，分别代表基本无风险、低风险、中度风险、较高风险和高风险。

（3）金融机构政治风险的额度管理

金融机构对政治风险进行管理最有效的办法是交易额度控制。通过对所有与自己有外汇资金业务的国家各方面情况的分析，将政治风险分为 A、B、C、D、E 五个从高到低的信用等级，对不同信用等级的国家给予不同的额度。一般来说，对 A 级信用等级国家，金融机构可以与其进行任何种类的业务往来，而且在交易量上很少限制；E 级信用等级的国家没有额度，金融机构不能与其发生任何业务往来，其他信用等级国家可以与其发生业务往来，但每类业务都应该制定最高额度限制。

2. 对外投资企业的政治风险管理

对外投资企业与金融机构不同，其资产的流动性、经营对象、所受政治风险的影响存在较大的差异，因此需要采取特殊的防范措施。这些措施包括：

（1）主动回避风险

即事先预料风险产生的可能性，判断导致其实现的条件和因素，在行动中尽可能地避免它或改变行动方向。回避政治风险的关键是对投资环境的综合评估，尽可能不要到那些投资环境风险大的国家去投资。

（2）采取风险转移措施

海外投资企业可以用购买投资风险保险单的方式将国有化风险、战争风险和外汇收入转移风险大部分转移到保险人身上。

（3）分散风险且合理安排投资

采取投资领域、行业、产品等分散化或多样化策略，共同投资也是积极的调整手段。可以与当地政府或企业合资经营，不仅将一部分风险转移给当地合资人身上，也有利于制约当地政府采取不利于合资企业发展的政策。

（4）战略撤退

当政治风险严重威胁企业生存而且企业也不能采取有效的缓和措施时，撤资是唯一的办法。具体来说，投资者可在一定时期内，有计划地放弃自己在子公司的股权，向当地投资者出售全部或大部分股权，投资者可通过停止新投资、降低利润的方式迅速把它们撤回国内公司。

四、国际金融风险新的表现形式：跨国企业操作风险

1. 操作风险的定义和特征

20世纪90年代后期，金融创新层出不穷，商业银行的盈利空间在迅速扩大的同时伴随的操作风险也日益严重，类似巴林银行"李森"事件的低频高危事件显示出，即使商业银行符合资本充足率的要求，也可能因为操作风险而陷入经营困境，甚至导致破产。操作风险的主要问题集中于缺乏全面有效的内部控制系统。操作风险主要是指因金融机构的交易系统不完善、管理失误、控制缺失、或其他一些人为的错误而导致损失的可能性，尤其是因管理失误和控制缺失带来的损失。

（1）操作风险的界定

一般而言，按风险的表现形式划分，国际银行业面临的主要风险可分为市场风险、信用风险和操作风险，近年来操作风险给国际银行业带来的损失日益严重。与市场风险管理和信用风险管理不同，对操作风险的关注和研究是近几年才开始的。操作风险的定义一直在不断发展，英国银行家协会（British Banker's Association, BBA）将操作风险定义为"由于内部程序、人员、系统的不完善或失误，或外部事件造成直接或间接损失的风险"。从1998年至今，巴塞尔委员会对操作风险的定义均沿用了 BBA 的定义。

（2）操作风险的主要特点

①与市场风险和信用风险不同的是，操作风险中的风险因素是内在于银行的业务操作的，而且单个的操作风险因素与操作性损失之间并不存在清晰的、可以定量界定的数量关系。因此，对于操作风险的管理，具体的业务部门应当承担第一位的作用，决策部门则应当承担最终的责任。

②在业务规模大、交易量大、结构变化迅速的业务领域，受到操作风险冲击的可能性最大。从业务领域的角度来看：资产管理，投融资业务，服务性金融中介业务等被认为是易产生操作风险的业务，操作风险虽然不是跨国银行的独有风险，但一般与银行业务流程相关。

③由于通常可以监测和识别的操作风险因素同由此可能导致的损失规模、频率之间不存在直接的关系，因而银行的风险管理部门难以确定哪些因素对于操作风险管理来说是最为重要的。

④从覆盖范围看，操作风险管理实际上覆盖了几乎银行经营管理的所有方面的不同风险，操作风险既包括那些发生频率高，但是可能造成的损失相对较低的日常业务流程处理上的小错误，也包括那些发生频率低、但是可能导致的损失相对高的自然灾害、大规模舞弊等。因此，试图用一种方法来覆盖操作风险的所有领域几乎是不可能的。

（3）操作风险的类型

从广义来说，操作风险可以划分为操作性杠杆风险和操作性失误风险。操作性杠杆风险主要是指外部因素引起的操作风险，如因为外部冲击导致金融机构收益的减少，这些外部冲击包括税制和政治方面的变动、监管和法律环境的调整、竞争者的行为和特性的变化等，通常衡量这个操作风险的方法是运用情景分析。操作性失误风险主要是指因为金融机构的内部因素引起的操作风险，这些内部因素主要包括处理流程、信息系统、人事等方面的失误。总体来看，操作性失误风险在整个操作风险中所占据的比重近年来明显上升。

如果对操作失误风险作进一步细分，还可以划分为：①执行风险，即执行人员不能正确理解管理人员的意图或者有意错误操作等；②信息风险，即信息在机构内部、或者机构内外之间的产生、接收、处理、储存、转移等环节出现故障；③关系风险，即因为产品和服务、管理等方面的问题影响到客户与金融机构的关系；④法律风险，即金融机构的经营管理活动不符合所在地的法律和监管要求所导致的风险；⑤人员风险，即缺乏足够合格的员工、缺乏对员工表现的恰当评估和考核等导致的风险；⑥系统事件风险，即出现故障所可能导致的风险。

当前，操作风险已经成为全球银行业风险管理日趋重要的领域之一。操作风险可能造成的损失比市场风险和信用风险所可能造成的损失更为严重，是最主要的风险之一。但它往往被银行管理层所忽视，巴林事件和中航油事件都是很典型的例子。操作风险并不仅仅与银行的"操作"（如后线支持、信息系统出现故障、业务流程上的问题等）相关。

2. 国际金融风险监管的国际协调

国际金融业的全球化，使得国际金融市场上迅速涌现出大量跨境经营的金融集团，一些主要的国际性的金融机构，例如汇丰银行和花旗银行等，其海外业务收入已接近甚至超过其总收入的一半。跨国银行的业务迅速扩大，银行危机传染的可能性增大，各国监管方式上的差异增大了监管跨国银行的难度，也增加了国际金融风险产生的可能性。在这一背景下的操作风险管理不仅对跨国金融企业的内部管理提出了新的要求，也是国际管理协调面临的新挑战。如某些国际性银行将经营转移到管理不严的离岸避税港，以便规避国内的管理和监督。而一旦经营管理不善，除导致其自身的亏损和危机外，也会对东道国的金融市场产生负面影响。因此，应加强跨境监管和国际金融监管协调。对一家跨境银行的监管须在母国监管当局和东道国监管当局之间进行合理的监管分工和合作。一般地，母国监管当局负责对资本充足性、最终清偿能力等实施监管，东道国监管当局负责对所在地分支机构的资产质量、内部管理和流动性等实施监管；同时，两国监管当局要就监管的目标、原则、标准、内容、方法以及实际监管中发现的问题进行协商和定期交流。一旦在另一国有分支机构的银行关闭、清盘或宣布破产时，母国的监管机构应立即通知分支机构所在国的监管机构。东道国的监管机构应立即关闭该分支机构。该分支机构发生的任何其他债务都将计入关闭银行的资产。

随着金融创新的迅速发展，证券买卖可以在一些离岸金融中心进行，而这些离岸金融中心的监管当局不会认为内幕交易属于不当，从而不能对投资者的资格保障是否足够这个问题进行有效监管，不能有效防范证券买卖风险，提出了各国监管当局加强合作与协调的必要性。

同时，在技术进步、金融创新、同业竞争的推动下，国际银行业不断推陈出新，业务品种不断涌现，金融衍生产品大量使用，信用风险以外的多种风险诱发了国际银行业中多起重大银行倒闭和巨额亏损事件。金融衍生产品交易在世界范围内蓬勃开展，交易的超国界性和超政府性，使单一国家和地区对金融衍生产品的管理不够全面，不能有效地对风险进行全面的控制。由于金融监管体系不健全，金融法律法规不完善，金融机构的内控机制弱化，金融监管乏力，缺乏国际间金融监管合作与协调等缺陷，给国际金融炒家提供了过度投机的活动空间。而在目前越来越开放的国际金融市场上，金融衍生工具操作失败事件往往不仅仅牵涉到一个国家或地区，还会产生波及效应，导致国际金融市场的动荡，更有可能对国际间政治经济关系产生不利影响。因此，加强对金融衍生工具的监管随着金融衍生产品及其业务的迅速发展，如何完善金融衍生产品市场的监管，以维持国际金融市场的稳定又不损害金融市场的效率,是国际范围内的一个重大课题。巴塞尔委员会根据金融衍生产品市场的发展,修改了银行资本充足率的规定。国际清算银行、巴塞尔银行监管委员会和国际证券委员会各自或联合发布了一系列文件,对金融衍生产品的清算、风险管理、信息披露等许多方面提出了指导意见。今后,上述组织将继续在金融衍生产品市场的监管方面发挥重要作用。

本章小结

1. 国际金融风险,是指在国际贸易和国际投融资过程中,由于各种事先无法预料的不确定因素带来的影响,使参与主体的实际收益与预期收益发生一定的偏差,从而有蒙受损失和获得额外收益的机会或可能性。就其类型来说,根据受险主体的不同,国际金融风险可分为外汇风险、国际融资利率风险、国际投融资中的国家风险和政治风险以及国际金融衍生产品风险等。实施国际金融风险管理,对经济主体和经济与社会发展均有重要意义,其管理目标包括损失发生前和损失发生后的管理目标两种。

2. 外汇风险是指经济实体以外币定值或衡量的资产与负债、收入与支出,以及未来的经营活动可望产生现金流量的本币价值因货币汇率的变动而产生损失的可能性。外汇风险涉及和时间两个基本构成要素,其变动会影响到国际收支、国内物价和涉外企业的对外活动。企业面临的外汇风险可分为交易风险、折算风险和经济风险三类;银行经营外汇业务可能遇到外汇买卖风险、外汇借贷风险、外汇信用风险等。在外汇风险管理中,经济主体通常遵循全面重视、管理多样化、趋利避害和收益最大化等原则;分别采用风险规避、风险控制、风险中和与风险集中等四种不同的管理方法。

3. 企业通常采取贸易策略法、金融市场交易法对交易风险进行管理。对折算风险的管理,企业通常实行资产负债表保值。就经济风险来说,主要是使其经营活动和财务活动多样化,来避免风险和减少损失。在汇率波动频繁的情况下,外汇风险管理也是每一家外汇银行在从事外汇业务中所要制定的重要决策之一。

4. 除外汇风险外,涉外经济主体还会遇到利率风险、国际融资中的国家风险和国际投资中的政治风险等。对于利率风险管理,企业一般采用对融资项目的盈利和利息偿还能力进行分析、测算,争取各种优惠利率贷款,合理安排固定利率和浮动利率的比例结构,以及运用利率互换、远期利率协定、利率期货、利率期权等金融工具来管理利率风险。而商业银行则采用利率敏感性缺口管理和存续期缺口管理防范利率风险。国际投融资中的国家风险和政治风险,操作风险也是涉外经济主体需要加以防范的重要风险。

本章重要概念

国际金融风险　外汇风险　交易风险　会计风险　经济风险　福费廷　保付代理　利率风险　国家风险　操作风险

复习思考题

1. 什么是国际金融风险? 国际金融活动中通常会遇到哪些风险?
2. 国际金融风险管理的意义何在?
3. 简述外汇风险管理的原则与方法。
4. 外汇风险的经济影响有哪些?
5. 企业在交易风险管理中有哪些常用手段?
6. 外汇银行在经营外汇业务时可能遇到哪些外汇风险,应采取怎样的对策?
7. 简述企业和银行的利率风险管理方法?。
8. 跨国公司应如何综合防范跨国经济活动中的政治风险?
9. 试述操作风险的特征和类型。

案例分析

金融衍生产品在企业外汇风险管理中的应用

2003 年 5 月,宣钢拟筹建一套 75 万吨棒材生产线,项目总投资 2.5 亿元人民币,其中进口设备由意大利 VIA POMINI 公司提供,交货时间 6 个月,报价币种为欧元。为规避欧元升值风险,宣钢要求按签约当日外汇买卖中间价将以欧元报价的设备改为以 500 万美元 (即合同计算值)结算,锁定了进口付款成本。与宣钢简单的风险规避策略不同,VIA PO-MINI 公司首先根据风险管理要求,确定该项设备出口收入的目标值为 428 万欧元。根据欧元兑美元汇率预期和避险成本的要求,公司先后考虑了三种风险对冲策略:

策略一:远期外汇合约套期保值

自从 1999 年欧元问世以来,欧元兑美元的长期汇率走出了一个明显的"V"字形,直到 2003 年年初才开始大幅回升。VIA POMINI 公司的财务主管认为,随着欧洲经济的迅速复苏,欧元兑美元的汇率将继续上扬。如果在未来的 6 个月内欧元兑美元的汇率大幅上升,到时以美元计价的出口货款折成欧元后将无法弥补期初成本。因此,最简单的避险策略就是通过远期外汇买卖立即锁定成本，即公司与银行签订 6 个月的买欧元卖美元的远期合约，签约时 6 个月远期汇率的报价为 $USD 1.128/EUR。6 个月后公司将收到的 500 万美元货款按远期合约交割，收到 443.26 万欧元。

策略二：外汇期权合约套期保值

根据对欧元兑美元汇率走势的分析，该公司财务主管认为，在未来 6 个月内，由于经济的不确定性，欧元升值与贬值的可能性都存在。当时期权市场的行情是：欧元买权和美元卖权，期限为 6 个月，执行价格为 $USD 1.15/EUR，期权费为 EUR 0.017 78/$USD 1。

策略三：敲出期权与远期外汇合约组合

VIA POMINI 公司转而选择了一个执行价格为 $USD 1.15/EUR 的敲出期权，即在原先标准期权的基础上增加障碍汇率：$USD 1.1/EUR，如果在期权到期日前市场即期汇率从未跌至该障碍汇率，期权合约得以履约；否则，期权合约自动取消。这一敲出期权的期权费为 EUR 0.012 6/$USD 1，比标准的期权费低 29%，从而降低了避险成本。与此同时，VIA POMINI 公司与银行签订了一份远期合约，当欧元的即期汇率跌至 $USD 1.1/EUR 时，要求卖出远期美元，从而保证在期权失效时公司能够对其风险暴露进行抵补。这一组合策略对公司的影响如下：第一，在 6 个月内，如果欧元兑美元汇率始终高于 $USD 1.15/EUR，那么这项敲出期权就与标准期权一样，VIA POMINI 公司在到期日执行期权，收到 434.78 万欧元，扣除期权费 6.3 万欧元，最低可以收到 428.48 万欧元，这一数额大于公司要求的目标值水平。第二，在 6 个月内，如果欧元兑美元汇率介于 $USD 1.1/EUR ~ $USD 1.15/EUR 之间，期权处于无价或虚值状态。期权到期时，VIA POMINI 公司可按即期汇率买欧元卖美元。第三，在 6 个月内，如果欧元降至 $USD 1.1/EUR，该期权自动失效。VIA POMINI 公司随即与银行签订一份买欧元卖美元的远期合约，重新锁定汇率风险。假设这一情况发生在 3 个月之后，且 3 个月远期汇率为 $USD 1.092/EUR，通过远期市场保值可获得的净收入为 457.86 万欧元，考虑到期权保险费后的净收入为 451.56 万欧元，比该公司最初考虑的只使用远期合约的策略要多收入 8.3 万欧元。

VIA POMINI 公司在选择期权策略时主要考虑了两个因素：买入敲出期权相对于标准的看涨期权能节约多少期权费；一旦市场汇率降到障碍价格或障碍价格以下，期权自动失效时，公司是否准备重新锁定风险，所需要的成本是多少。无论选择哪一种期权策略，对市场走势的判断都是非常重要的。在该例中，买入敲出期权通常是基于这样的市场预期：当欧元兑美元汇率升到 $USD 1.15/EUR 时，欧元将继续走强；当欧元兑美元汇率跌至 $USD 1.1/EUR 时，欧元将继续下跌。即使汇率达到 $USD 1.1/EUR，期权自动失效，公司也能在更低的价位锁定风险。当然对市场的判断也可能失误，最坏的情况是欧元兑美元

汇率下跌至 $1.1/EUR 后又向上反弹，这样，公司不仅失去了期权，还将在更高的价位面临风险。为防止这种情况发生，VlA POMINI 公司又购买了一份远期外汇合约，重新锁定了风险。

（资料来源：刘淑莲. 衍生产品在企业外汇风险管理中的应用——期权和远期合约避险案例分析. 财务与会计, 2008, 09)

思考：

1. 第一种策略的优缺点是什么？

2. 第二种策略是否可行？

3. 第三种策略的成本和风险有什么特点？

第七章　国际资本流动与国际金融危机

本章重点：国际资本流动的含义、类型、特点；国际资本流动对一国经济和世界经济带来的利益和风险；国际资本流动下国际金融危机的特点、表现，全球典型金融危机；中国的利用外资、对外投资和对外债务问题。

第一节　国际资本流动概述

国际资本流动是国际金融领域一个极其重要的问题，其理论与内容随着战后经济全球化、一体化趋势的加强，对一个国家乃至整个世界经济的发展产生了巨大的影响。20 世纪 90 年代以来，随着国际货币危机的不断发生和加剧，进一步引起人们对国际资本流动的高度重视，因此，对国际资本流动的研究具有重大意义。

一、国际资本流动的含义

国际资本流动(International Capital Flows)是指资本从一个国家或地区转移到另一个国家和地区。国际资本流动与一国国际收支有关，主要反映在一国国际收支平衡表的资本与金融账户中。国际资本流动作为国际间经济交往的一种基本类型，不同于以所有权的转移为特征的商品交易，它是以使用权的转让为特征的，以盈利或平衡国际收支为目的。

国际资本流动包括资本流出和资本流入两个方面。资本流出是指本国资本流向外国，它意味着外国在本国的资产减少、外国对本国的负债增加、本国对外国的负债减少、本国在外国的资产增加。资本流入是指外国资本流入本国，它意味着外国对本国的负债减少、本国对外国的负债增加、外国在本国的资产增加和本国在外国的资产减少。

为了更清楚地理解国际资本流动的含义，需要注意区分几个相关概念：①国际资本流动与资本输出入。这两个概念一般可以通用，但资本输出入通常是指与投资和借贷等金融活动相联系并以谋取利润为目的的资本流动，因而不能涵盖资本流动的全部内容。例如，一国用黄金、外汇来弥补国际收支赤字，显然，这部分资金外流只是作为国际支付的手段以平衡国际收支，而不是为了获取高额利润，因此不是资本输出。②国际资本流动与对外资产负债。资本流出反映了本国在外国的资产增加(或负债减少)，而资本流入则正好相反。可见，一国资本流动总是同其对外资产负债的变动密切相关的。③国际资本流动与国际收支。国际资本流动作为国际金融活动的组成部分，其内容被纳入国际收支的考核之列。一国在一定时期内同其他国家或地区之间资本流动的总体情况，主要反映在该国国际收支平衡表的资本与金融账户中。此外，还反映在经常账户单方面的、无偿支付的资金移动。官方储备项目则表明有关国家政府之间为结算国际经济交易差额而发生的金融资产转移的金额。另外，通过对国际资本流动控制，可以达到调节国际收支状况的目的。④国际资本流动与资金流动。就经济学意义而言，资本流动和资金流动是互有区分的。资金流动是指一次性的，不可逆转性的资金款项的流动和转移，相当于国际收支中的经常项目收支，如进出口贸易到期货款的支付是一次性的转换，属于经常项目的支付。资本流动即资本转移，是可逆转性的流动或转移，如投资或借贷资本的流出伴随着利润、利息的回流以及投资资本或贷款本金的归还。

二、国际资本流动的类型

国际资本流动按照不同的标志可以划分为不同类型，通常我们按资本的使用期限长短将其分为长期资本流动和短期资本流动两大类：

1. 长期资本流动(Long – term Capital Flows)

长期资本流动是指使用期限在一年以上或未规定使用期限的资本流动，它包括国际直接投资、国际证券投资和国际贷款三种主要方式。

(1)国际直接投资(Foreign Direct Investment，FDI)

国际直接投资是指一国居民以一定生产要素投入到另一国并相应获得经营管理权的跨国投资活动。它主要有下列三种形式：

①创建新企业。这种形式通常又称绿地投资(Greenfield Investment)，是指由外国投资者在东道国境内依照东道国的法律设立全部或部分资产所有权归外国投资者所有的企业。如独资企业、合资企业。这种方式既可以集中各方经营优势，又可分散投资风险，是目前较为普遍的投资方式。

②收购(兼并)外国企业。这是指外国投资者通过一定的程序和渠道，并依照东道国法律取得东道国某现有企业的全部或部分资产所有权的行为。拥有对被收购(兼并)企业经营管理权的股权比例大小，各国规定的标准有明显差异，如国际货币基金组织规定的标准是25%，法国是20%，美国则为10%。这种投资方式的最大优点是可以使投资者较快进入国际市场，使企业不必进入艰难的开创阶段。

③利润再投资。投资者在国外企业获得的利润不汇回国内，而是作为资本对该企业进行再投资。这种投资不引起一国资本的流入或流出。

国际直接投资实际并不仅限于国际间的资本流动，它还包括企业的管理权限和方法、生产技术、市场营销渠道、专利专买权和商标等多种无形要素的转移。

（2）国际证券投资（International Portfolio Investment）

国际证券投资也称为国际间接投资（Foreign Indirect Investment），是指投资者通过在国际证券市场上购买中长期债券，或购买外国企业发行的股票所进行的投资。

国际证券投资可分为国际债券投资和国际股票投资。

证券投资相对于直接投资有如下特点：①证券投资涉及的是金融资本的国际转移，直接投资涉及的是实物资本的国际转移；②证券投资者的目的是收取债券或股票的利息或红利，对投资企业无实际控制权和管理权，而直接投资者的目的是获得企业的经营利润，且对企业有直接的管理控制权；③证券投资必须有健全的国际证券市场，证券可以随时转让与买卖，而直接投资则要求有完善的投资环境，而不涉及证券在市场上的买卖；④证券投资中债券的发行构成筹资国的债务，而直接投资的接受方吸引的资金并不构成外债。

（3）国际贷款

国际贷款主要是指 1 年以上的政府贷款、国际金融机构贷款、国际银行贷款和出口信贷。

1）政府贷款（Government Loans）

政府贷款是指一国的政府利用财政或国库资金向另一国政府提供的援助性、长期优惠性贷款。政府贷款多为发达国家向发展中国家提供。

与其他形式的国际信贷相比，政府贷款具有如下特点：①专门机构负责，如日本的海外协力基金、美国的国际开发署、法国的财政部国库司、英国的贸工部、德国的联邦经济合作部等。②程序较复杂，一般由各国的中央政府或议会经过严格而完备的立法手续批准后予以实施。③资金来自财政预算。④条件优惠。政府贷款是期限长、利率低的优惠性贷款，宽限期通常可长达 5～10 年，贷款期可长达 30 年。按照国际惯例，优惠性贷款必须含有 25% 以上的赠与成分（Grant Element, GE）。赠与成分是根据贷款的利率、偿还期限、宽限期和收益率等数据计算的。⑤限制性采购。多数国家的政府贷款的第三国采购比例为 10%～15%，即贷款总额的 85%～90% 用于购买贷款国的设备和技术。⑥政治性强。带有双边援助性质的政府贷款是在两国政治、外交、经济关系良好的情况下得以进行的，为一定的政治外交目的服务。⑦币种选择余地小，一般只能选择援助国的货币，由此可能产生汇率风险。

由于越来越多的发展中国家也参与提供政府贷款，当今政府贷款已日益受到国际社会的关注和认同，并成为国际资本流动与国际信贷活动的重要内容。

2）国际金融机构贷款

国际金融机构贷款是指国际货币基金组织、世界银行集团（包括国际复兴开发银行、国际开发协会和国际金融公司等机构）、亚洲开发银行、非洲开发银行、泛美开发银行等全球性和区域性金融机构向其会员国提供的贷款。

国际金融机构贷款也不以盈利为直接目的，具有援助的性质。贷款利率视其资金来源以及贷款接受国的国民收入水平而定，通常要比私人金融机构的贷款利率低，期限也相对较长。与特定的建设项目相联系，手续非常严格，按规定逐步提取，且在提取和使用过程中，有国际金融机构派出的专门人员监督。

3）国际银行贷款

国际银行贷款是指一国独家银行或国际贷款银团在国际金融市场上向另一国借款人提供的、不限定用途的贷款。

根据从事国际银行贷款业务的主体所处市场的不同，国际银行贷款可分为两大类型：外国贷款（传统国际金融市场的国际银行贷款）和欧洲贷款（欧洲货币市场的国际银行贷款）。①外国贷款是指由市场所在国的银行直接或通过其海外分行将本国货币贷放给境外借款人的国际货币交易安排。②欧洲贷款是指欧洲银行所从事的境外货币的存储与贷放业务。

国际银行贷款具有如下特点：①贷款用途比较自由。国际银行贷款的用途由借款人自行决定，贷款银行一般不加以限制；②借款人可获得大额资金。国际银行贷款的资金供应，特别是欧洲货币市场银行信贷资金供应较充足，所以利于借款人筹集大额长期资金；③筹资成本较高。因为国际银行贷款的贷款条件（利率水平、偿还方式、实际期限、汇率风险等）完全由市场决定，所以与其他形式的国际信贷相比，借款人的筹资成本较高。

4）出口信贷（Export Credit）

出口信贷属于中长期贸易信贷，是一国为支持和扩大本国大型设备的出口和加强国际竞争能力，鼓励本国的银行对本国的出口商或外国进口商（或银行）提供优惠利率贷款，以解决本国出口商资金周转的困难，或满足国外进口商对本国出口商支付货款需要的一种融资方式。

出口信贷的主要特点：①专款专用的限制性贷款。这种贷款有指定的用途，只准购买与出口项目相联系的出口国的商品。②贷款利率低于市场利率，利差由国家补贴。许多国家设有专门的出口信贷机构，负责经营和管理该项业务；有些国家则设有专门的政府部门对商业银行的出口信贷予以资助。③出口信贷期限较长，一般为 5~8 年，但最长不超过 10 年。④出口信贷的发放与信贷保险相结合。由于出口信贷期限长、金额大，发放贷款的银行存在较大的风险，为解除出口国银行的后顾之忧，出口国一般设有国家信贷保险机构，对银行发放的出口贷款给予担保。

出口信贷主要有买方信贷、卖方信贷、福费廷、信用安排限额、存款安排和混合贷款几种形式。

2. 短期资本流动（Short-term Capital Flows）

短期资本流动是指期限为一年或一年以内的资本流动。一国对外短期资本流动，大多借助于各种票据等信用工具，这些信用工具包括短期政府债券、商业票据、银行承兑汇票、CDs 及银行活期存款凭单等。这些短期资本容易转化为货币，因此它可以迅速、直接地影响一国的货币供应量。这一点与长期资本流动不同。

按照资本流动的不同动机，短期资本流动的方式可分为贸易性资本流动、金融性资本流动、保值性资本流动和投机性资本流动。

(1)贸易性资本流动

贸易性资本流动是指由国际贸易引起的国际资本流动。在国际贸易中，出口商通常不要求进口商立即支付全部贷款，而允许进口商有一段时期延期支付，当出口商或其开户银行向进口商提供短期延期支付信贷时，进口商的对外债务增加或债权减少，这就形成了贸易融通性的短期资本流动。

(2)金融性资本流动

金融性资本流动也称银行资本流动，是指各国经营外汇的银行和其他金融机构之间的资金融通而引起的国际间资本转移。这种资本流动主要是为银行和金融机构调剂资金余缺服务的，其形式包括套汇、套利、掉期、头寸调拨以及同业拆借等。因为它金额大、流动频繁，而且涉及外汇业务，银行资本流动对利率、汇率的短期变动有一定的影响。

(3)保值性资本流动

保值性资本流动又称资本外逃(Capital Flight)，是金融资产的持有者为了资金的安全或保持其价值不下降而进行资金调拨转移所形成的短期资本流动。促使保值性资本流动的主要原因是：国内政局动荡，资本没有安全保障；外汇汇率波动较大，资本价值面临损失；外汇管制或征税过高，资本的流动性受到威胁等。因此，出现上述情况时，短期资本持有者会将资本抽调到政局稳定、货币币值稳定，且外汇管制较松的国家或地区，以达到保值的目的。

(4)投机性资本流动

是指投资者在不采取抛补性交易的情况下，利用汇率、金融资产或商品价格的变动，伺机买卖，追逐高利而引起的短期资本流动。这种资本流动完全以获取差价收益为目的。比如，一国暂时性国际收支逆差会对汇率产生下浮的压力，由于人们认为这种下浮是暂时性的，投机者便按较低的汇价买进该国货币，等待不久汇价上升后再卖出，这样就可以从汇率变动中牟取投机利润。

三、国际资本流动的特点

1.20 世纪 90 年代以前国际资本流动的特点

对这一阶段的国际资本流动的回顾，我们可以以第一、第二次在世界大战为临界点来进行分析。

(1)第一次世界大战前国际资本流动的特点

早在第一次世界大战前，当时的工业国家，如英、法、德等国，就已有一定规模的资本输出。英国是当时最大的资本输出国，每年资本流出约占其国民生产总值的 5% ~ 10%，法、德次之。就资本的流向而言,资本输出多集中在北美洲、拉丁美洲和澳洲(占一半以上),对东亚、中东和非洲等殖民地附属国也有一定比例的输出,法德在俄国、东欧、北欧等地区也有少量资本输出。就资本输出的方式来看,占主导地位的是私人股票、债券的证券投资,且主要投资受款国的公用事业部门。

(2)两次世界大战之间国际资本流动的特点

两次世界大战之间,美国也加入了资本输出国的行列,由原来的债务国跃升为净债务国,资本流向以拉美、加拿大和西欧等国为主,资本输出方式则主要是政府借贷取代了私人资本借贷,大体上讲,截至二战前,世界长期资本输出的规模不大,地区流向、部门结构和资金流动方式等均较单一。

(3)二战后至20世纪90年代国际资本流动的特点

①从量上看,国际资本流动的规模空前膨胀,国际直接投资规模急剧扩大,国际直接投资的增长速度不仅超过了国民生产总值和工业生产的增长速度,也超过了国际贸易的增长速度,取代国际贸易成为推动世界经济发展的主要力量。如世界出口贸易量曾因世界经济的周期衰退至1979—1982年水平,出现下降或徘徊,而国际资本流动却未受影响,保持了持续高速增长的势头;1973—1979年期间,发达国家工业的年平均增长率为2.1%,而对外直接投资的年平均增长率为18%;80年代后半期,外国直接投资规模急剧扩大,平均增长率约为34%,相当于同期国内产量增长率的四倍和国内投资增长率的两倍多;国际直接投资规模自2004年开始以每年20%的速度递增,在2005年突破万亿美元大关后,2007年达到了1.5万亿美元。

②从质上看,资本流向、资本输出方式、资本结构等方面也发生了深刻的变化。首先,在资本流向上,对外直接投资的重点由发展中国家转向发达国家,发达国家间的相互直接投资在国际直接投资中占据了主导地位,同时,发展中国家对外的投资也获得了很大程度的发展;其次,就输出方式而言,二战后到20世纪70年代,国际资本输出中直接投资取代间接投资成为主要投资方式,而20世纪80年代以后,国际资本流动出现了证券化的趋势,国际证券投资进入繁荣时期;再次,就资本结构而言,二战后制造业成为各国对外投资的主体,对金融、保险、邮电、通讯等服务业投资所占比重迅速上升,而对采掘业、石油业等传统部门的投资所占比重迅速下降。

2.20世纪90年代以来国际资本流动的特点

90年代以来,由于国际经济、政治的巨大变化,尤其是中期国际金融发展的重大影响,使得国际资本市场资金的需求大大增加,资金供给相对趋紧,且流入发展中国家的资金迅速回流发达国家,加大了资金不均衡的发展趋势,投机性资金的流动伴随私人资金融入资本市场趋势上升。主要表现在:

（1）发达国家资金需求上升

主要发达国家（欧盟、美国、日本）资金需求的上升，使得发达国家既是对外投资的大国，也是引进外资最多的国家，特别是跨国公司已经成为世界经济全球化的重要力量。据统计，截至 2007 年底，全球 6.4 万家跨国公司的产值已占世界总产值的 1/3 以上。这些跨国公司的投资已经渗入各国各地区的几乎所有领域和部门，从而带动资金的迅速流动。美国从 1985 年起，从近一个世纪的债权国变为最大的债务国，外债总额从 1990 年的 6 000 亿美元上升至 2007 年底的 12.9 万多亿美元，贸易赤字从同期的 1 000 亿美元增长至 2007 年底的 7 116 亿美元，唯有财政赤字由 3 000 亿美元下降至 1 628 亿美元。美国既是世界主要的资本输出国又是最大的资本输入国。尤其是近几年美国经济持续增长，国际经济地位和金融实力不断上升，投资环境日趋好转，促使资金大量流入，美国成为高负债与高流入兼顾的区域。

欧盟国家则由于经济复苏的乏力，对资金的需求也有所加大，由主要投资国变为资金需求国。其中德国由于内部原因以及欧盟统一货币达标的需要，在资金上作了较大的调整，被迫损失了部分资金以解决和调整居高不下的财政赤字和通货膨胀问题，极大地限制了德国对外资金的供给能力。

日本虽然在 20 世纪 80 年代中期凭借其经济及金融实力，一跃成为世界头号债权国。从 1984 年到 1989 年，日本海外贷款以每年 25% 的速度膨胀，到 1990 年海外债权余额达 2 万亿美元，2007 年底日本对外资产总额约达 6 万亿美元，成为世界最大的资金供给国。但 20 世纪 90 年代以来的日本泡沫经济使得日本政府被迫将挤占国际市场的战略变为从国际市场收缩的战略，股票债券总额也逐年下降，明显的表露出股票市场国际地位的下降。而日本采取资金收缩的原因在于国内结构调整的需要，出口导向转为内需导向，私人消费和国内投资成为经济增长的动力，因而国内资金的需求明显上升，尤其是银行业为适应巴塞尔协议对资本充足率的要求，努力增加资本金而收缩放款业务，加之银行不良贷款的负担沉重，使日本明显减少对外资金的供给。

（2）转轨国家与新兴市场国家和地区资金需求旺盛

俄罗斯及东欧等转轨国家因经济调整和改革需要大量资金支持。中东欧国家都是中小国家，本身市场容量小，国内生产总值的 1/3 甚至 1/2 靠外贸实现。外贸状况的变化以及外债的增加，使该地区丧失了 1993—1996 年吸收外资的良好势头，1999 年以来，由于科索沃问题的影响，吸收外资更加困难。1998 年，俄公布的外债约占俄罗斯国内生产总值的 65%；1999 年初，Fitch IBCA 已将俄罗斯政府所发行的欧洲债券行定为 CCC 级，俄罗斯几乎很难在国际金融市场上筹集到外汇资金，1993—1998 年流入俄罗斯的国际投资仅为 92 亿美元。2000 年起流入俄罗斯的外资开始增多，仅 2001 年上半年，俄共吸引外资 66.8 亿美元，比 2000 年同期增长 40.5%。而到了 2007 年，俄罗斯获得的外国投资额为 1 209

亿美元,比 2006 年增长了 1.2 倍,其中比例最大的是国际金融组织贷款和贸易贷款,占总额的 50.2%,其次是外国直接投资,占 46.7%。非洲、拉美和亚洲发展中国家和地区经济发展金融改革也需要大量资金的支持。亚洲发展中国家的净资本流入从 1990 年的 231 亿美元猛升至 1995 年的 1 041 亿美元,但 1997 年发生的东南亚金融动荡以至发展为亚洲金融危机,整个地区经济金融的恢复需要大量资金支持,而流入资金的数量在逐年减少。受亚洲金融危机、俄罗斯危机的影响,流入拉美的国际私人资本 1998 年也下降为 876 亿美元,但到了 2007 年,拉美的外国直接投资流入量比 2006 年增长了 36%,创下 1 260 亿美元的新高。中国加入 WTO 后,作为世界最大的新兴市场,利用外资保持了很高的增长势头,截至 2007 年 7 月底实际使用外资 9 545.65 亿美元①,已经成为全球吸引外资最多的国家。2007—2008 年,次贷危机的爆发、全球性的经济衰退、黯淡的增长前景、信贷紧缩和企业利润下降等因素都对国际直接投资产生了严重影响。次贷危机对发展中国家大部分外资的影响则是间接的。根据联合国贸发会议的初步统计,2008 年全球外商直接投资比上年下降了 21%,跌至 1.45 万亿美元。其中,流入发展中国家的外国直接投资为 5 177 亿美元,增长了 3.6%,但增幅远低于 2007 年。始于 2004 年的国际投资增长周期已经结束。

(3)国际直接投资迅速发展,地区分布有所变化

从 2003 年开始,全球外国直接投资流入量经过四年的连续增长,2007 年再增 30%,达到 18 330 亿美元,远远高于 2000 年创下的 13 965 亿美元的历史最高水平。全球外国直接投资的一个新特征是主权财富基金作为直接投资者的出现。得益于近年来储备的迅速积累,这些管理资产达 5 万亿美元的基金风险承受能力和预期收益往往高于货币当局管理的传统官方储备。虽然主权财富基金的历史可以追溯到 20 世纪 50 年代,但是直到近几年参与了一些大规模的跨国并购,并向发达国家某些窘迫的金融机构注入大量资本后,主权财富基金才引起全球关注。虽然主权财富基金以外国直接投资形式进行的投资金额相对较小,但是近年来持续增加。2007 年,主权财富基金的总资产中仅 0.2% 与外国直接投资有关。然而,主权财富基金 20 年来在海外投资 390 亿美元,其中 310 亿美元是过去 3 年投资的。贸易顺差使储备迅速增加,全球经济基本面发生变化,许多金融公司财务状况恶化,这些都推动了主权财富基金最近的活动。主权财富基金约 75% 的外国直接投资投向发达国家,迄今为止对非洲和拉丁美洲的投资都非常有限。主权财富基金的投资集中在服务业,主要是商业服务。

尽管 2007 年下半年开始出现金融和信贷危机,但在三大类经济体——发达国家、发展中国家以及转型期经济体(东南欧国家和独立国家联合体)中,外国直接投资的流入量都在继续增长。外国直接投资的增长主要反映了世界许多地区较快的经济增长和强劲的公司业

---

① 中国投资指南网站(http://www.fdi.gov.cn)

绩。由于特别是发展中国家的外国子公司的利润增长，收益再投资约占外国直接投资总流入量的30%。在某种程度上，以美元计算的外国直接投资水平创下新高也反映了美元对其他主要货币的大幅贬值。不过，即使以当地货币计算，2007年全球外国直接投资流量仍然增长了23%。发达国家的外国直接投资流入量达到12 480亿美元。美国仍然是最大的接受国，其次是英国、法国、加拿大和荷兰。欧盟是外国直接投资流入量最大的地区，几乎占发达国家总流入量的2/3，如图7-1所示。

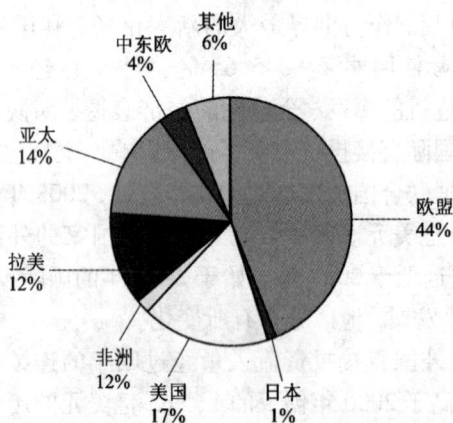

图7-1　2007年全球外国直接投资流入的地区分布

发展中国家的外国直接投资流入量创下5 000亿美元的新高，比2006年上涨21%。2007年，最不发达国家吸引外国直接投资130亿美元，也达历史最高水平。同时，主要得益于亚洲跨国公司的海外扩张，发展中国家作为外国直接投资来源的重要性继续增加，流出量亦创2 530亿美元的新高。2007年，东南欧和独联体的外国直接投资流入量也激增50%，达到860亿美元。至此，该地区已经历了七年的连续增长。该地区的外资流出量同样激增至510亿美元，高出2006年的水平一倍。在发展中国家和转型期经济体中，流入量位居前三甲的是中国、中国香港和俄罗斯联邦①。

（4）国际资本证券化趋势加强

研究表明，经济越发达，证券化融资方式在融资总额中的比例越大。证券化融资既能满足企业对高回报项目长期占用资金的需要，又能向投资者提供高流动性，顾此而不失彼。

----

① 《2008年世界投资报告》

随着发达国家逐渐放松金融管制，发展中国家加快金融自由化，金融创新向深度和广度的快速发展以及高科技运用于金融市场的推动力，融资证券化已经成为国际金融市场发展的必然趋势，证券融资的比例日渐上升。据统计，1970 年美日德三国超越国界的股票、债券交易占国内生产总值的比例都在 5% 以下，而到 1996 年这一比例分别上升到 152%、83% 和 197%。1990—1995 年期间，国际证券发行净额已从 164 亿美元增加到 313 亿美元[①]，国际银行贷款规模则相对有所下降。1998 年国际债券和长期票据市场发行额高达 11 425 亿美元，1999 年则达 12 303 亿美元，2000 年证券市场融资仍相当活跃，保持 1999 年的水平并略有上升，约 12 346 亿美元[②]。进入 2002 年后，由于美股表现欠佳，利率下调的预期等因素的影响，投资者蜂拥而入债市，推动美国国债利率不断下降；另外，由于商业票据发行标准更加严格，许多公司更多的依靠发行公司债券进行融资，其债务结构也更偏向长期。到了 2007 年，美国债市规模扩张了一倍多。其中国债和市政债券的份额呈收缩趋势，但抵押相关和资产支持类债券的份额则明显上升，截至 2007 年 1 季度末，美国债市的总规模约达 28.1 万亿美元，从外国对美国债券的增持看，外国对美国债券增持额占美国债券净增额的比重也呈上升趋势。1998 年外国对美国债券增持额占美国债券净增额的比重只有 17%，而到 2006 年这一比重已大幅升至 46.1%。在新兴市场，由于亚洲经济增长情况相当不错，许多投资评级机构调高了亚洲国家债券的级别，与此相反，对拉美地区债券的需求大大下降，反映了投资者对拉美经济形势的悲观预期。截至 2006 年底，全球国内债券余额为 50.3 万亿美元，其中美国国内债券余额为 22.3 万亿美元。

（5）国际资金结构的变化，私人资本挑战多边机构的贷款和国际援助

按世界银行的划分标准，国际资本流动分为官方发展融资和外国私人资本两种形式。在战后一段很长的时期内，国际资本的流动曾以包括各国政府和国际经济组织在内的"官方资本"占据主导地位。从 20 世纪 70 年代中期起，官方发展融资总量尽管还在增加，但其地位和作用大为削弱。私人资本市场的发展在 20 世纪 80 年代由于债务危机受到较大的影响，但近几年在国际金融环境大为改观的情况下，国际资本市场中的私人资本开始复苏和回升，并且已经逐步占据主导地位。目前，私人资本流动已占全球资本流动的 3/4 以上。国际私人资本扩展与发展主要得益于科技进步和世界经济一体化发展。科技进步提高了企业、公司盈利能力和水平，为增加资本积聚和积累创造了条件，从而出现大量资本过剩，而世界经济一体化发展则为过剩资本提供了新的跨国投资和盈利机会，特别是许多发展中国家实行市场经济改革和大规模私有化以及放松金融管制，极大地激发了对资本的需求，为资本的流入创造了前所未有的条件，从而使私人资本流动的主导地位进一步加强。

---

① 国际清算银行 1996 年年报
② BIS Quarterly Review, June 2001

　　私人资本中发展最快的当属机构投资者,机构投资者包括共同基金、对冲基金、养老基金、保险公司、信托公司、基金会、捐款基金以及投资银行、商业银行和证券公司,其中共同基金的增长尤其突出。在主要工业化国家,非银行金融机构所持有的金融资产在20世纪90年代中期就已超过其GDP,而在20世纪80年代初,没有一个国家的机构金融资产超过其GDP。机构投资者掌握的金融资产急剧上升的原因是由于居民家庭储蓄行为的多元化和金融业的开放,如储蓄的机构化管理、居民家庭将银行账户转移到共同基金等。

　　(6)国际游资规模日益膨胀

　　经济全球化的显著特点表现为资金在全球资本市场上跨越国界大量快速流动,由此也就产生相应的负面作用,对金融市场和国别经济造成破坏性影响。国际游资,又称热钱(Hot Money)或短期投机资本,是一种没有固定的投资领域、以追求高额短期利润为主要目的进行投机、期限在一年以下的短期资本。它包括现金、银行短期存款、短期政府债券、商业票据、各种衍生产品如期货与期权合约、各种基金及其他流动性很强的资产。据国际货币基金组织估计,国际上这类游离于商品和劳务之外以谋利或保值为目的的巨额"游资"已超过7万亿美元。这类资本来源主要有两大类:一是证券市场机构投资者所运用的各类基金;另一类是专业投资者从事期货、期权、掉期等衍生工具交易所掌握的资本。

　　国际游资的存在和发展固然有利于调剂资金余缺,在一定程度上有利于国际金融市场的发展和打破资金市场的垄断,但由于其不择手段的逐利性以及极强的流动性,其对国际金融市场尤其是外汇市场和证券市场的破坏性影响可想而知。

　　(7)国际资本流动部门结构的变化

　　20世纪90年代以来,随着高新技术产业的兴起和服务业的日益兴旺,国际资本流动主要转向高新技术产业以及金融、保险、房地产等非制造业领域。造成这种变化的主要原因在于原材料工业和基础产业投资大、见效慢,因而也增大了投资风险,而高新技术产业、金融保险等服务业以及房地产等非制造业却由于高盈利而使投资者趋之若鹜,尤其是金融保险业日益成为投资的热门行业。

第二节　国际资本流动的利益与风险

　　国际资本流动在性质上是生产要素的国际化配置和配合。国际资本流动的大规模发展对资本输出国、资本输入国以及对国际经济势必产生深远的影响。一般地讲,这种影响是双重,既有积极的作用,也不乏消极影响。

一、国际资本流动的利益

　　在分析国际资本流动的利益时,本书分别从长期资本流动对资本输出国、资本输入国的影响以及短期资本流动对国内、国际经济的影响来谈。

1. 长期资本流动的利益

长期资本流动的期限长、数量大，对经济的长期稳定和持续发展影响较大，并且对资本输出国和资本输入国经济的影响各有不同。

(1)长期资本流动对资本输出国经济的积极作用：

①提高资本的边际收益。一般来说，资本输出国的资本相对过剩，资本的边际效益递减，预期投资利润率较低，同此，将其输出到资本短缺或投资机会更多的国家或地区能够提高资本的边际效益。

②有利于占领世界市场，促进商品和劳务的输出。长期资本流动不是简单的货币资本流动，而是包括货币资本、技术设备和生产管理经验在内的总体转移，因此，这有助于扩大资本输出国的出口规模，并推动国内的发展。

③有助于克服贸易保护壁垒，在贸易保护主义严重存在的今天，向国外输出长期资本尤其是直接投资，是绕过壁垒的有效途径。

④有利于提高国际地位。国际地位取决于经济实力和经济影响力。向国外输出长期资本，一方面可以增强输出国的经济实力，且巨额利润汇回对扩大资本积累及改善国际收支等起重要作用；另一方面可直接影响输入国内经济、政治，甚至整个社会生产，从而有利于提高输出国的国际地位。

(2)长期资本流动对输入国经济的积极影响

①缓和资金短缺的困难。资本输入国尤其是许多发展中国家往往资金短缺，通过输入外国资本，在短期内获得大量资金，可以解决资金供不应求的矛盾，并能加大资金投入、促进经济发展。

②提高工业化水平。长期资本流动在一定程度上能推动资本输入国的产业结构升级与调整，改善生产技术设备的落后状况。

③扩大产品出口数量，提高产品的国际竞争能力。

④增加了新兴工业部门和第三产业部门的就业机会，缓解就业压力。

2. 短期资本流动的利益

在短期资本流动中，贸易性流动和金融性资本流动比较稳定，并且其影响相对有利。而以投机性资本为主的国际贸易则最受国际金融界和各国货币当局所关注，原因在于其流动规模巨大，变化速度快，对一国乃至世界经济金融造成的影响深刻而复杂。因此，在分析短期资本流动的经济影响时，本书更侧重分析短期投机资本或国际游资的影响。

(1)短期资本流动对国内经济的有利影响

①对国际收支的影响。短期资本流动能调节暂时性国际的收支平衡。当一国际收支出现暂时性逆差时，该国货币汇率会下跌，若投机者认为汇率下跌只是暂时性时，会买入

该国货币并等汇率上升后再卖出获利，这样就形成短期资本内流，从而有利于减少甚至消除国际收支逆差。

②对汇率的影响。短期资本流动在一定条件下有助于外汇汇率恢复均衡，这一点在固定汇率制下表现得尤为明显。如一国的汇率安排不当，本币定值过低或过高，偏离了实际均衡水平，国际游资投机行为将不断冲击这一不当的汇率水平。二战后美元贬值，固定汇率制崩溃，便是国际游资使外汇汇率恢复均衡的有力佐证。

③对货币政策的影响。国际游资在一定程度上可以使货币政策更有效的执行。如在存在大量国际游资的情况下，一国为了提高本国汇价水平，可以提高利率，从而引起国际游资的大量流入，以提高汇价。如1995年美联储为了支持美元汇率而提高利率，美元汇率则应势而升。

④对国内金融市场的影响。国际游资在一定程度上能起到培育和繁荣金融市场的效果。这在金融市场发育成熟的发达国家主要表现为吸引国际游资流向证券市场，并经此将资金配置到有发展前途的产业上。而在发展中国家，国际游资则通过其获取暴利的投机行为，对一国国内资金产生示范效应，吸引一些处于观望态度的资金进入目前风险较高的新兴市场，从而客观上刺激了这些市场的发展。

(2)短期投机资本对世界经济产生的有利影响

①对国际经济和金融一体化进程的影响。首先，国际游资的存在便利了国际贸易融资，尤其是短期贸易融资，从而在一定程度上推动了国际贸易的发展，进而推动世界经济、金融一体化的进程。其次，国际游资在世界各主要金融市场的套汇、套利的活动使国际金融交易中存在的汇率差异和利率差异被迅速拉平，导致世界主要金融市场的价格呈现一体化趋势。更为重要的是国际游资在各国的货币和资本市场之间迅速移动，使得各国的资金市场在利率、交易方式、交易条件等方面会趋于一致。

②对国际货币体系的影响。国际游资对布雷顿森林体系汇率安排的冲击，是布雷顿森林体系崩溃的重要原因之一。随着国际游资的迅速壮大，它又对当前的浮动汇率制产生了巨大的影响。国际游资对国际货币体系的另一重要方面——国际收支调节机制也产生了重要的影响。

③对国际金融市场的影响。首先，极大地增加了国际金融市场的流动性，有效降低了市场主体交易成本，提高了国际金融市场的有效性。其次，有力地推动了国际金融市场尤其是衍生金融产品的发展。国际游资的投机活动造成的汇率、利率的频繁波动使衍生金融产品市场的发展有了必要性，而衍生金融产品又以其风险高、收益高而为国际游资的投机活动进一步提供了良好的交易手段，使其自身的迅速发展成为可能。衍生金融产品与国际游资相辅相成，得到了共同的发展。

④对资金在国际间配置的影响。国际游资由于其内在追求高额利润的冲动，必然寻找

高风险、高利润的投资领域，而一般说来，资金缺乏的地区市场风险较高，利润也较高，因此，国际游资的流动在一定程度上符合资金配置的动力要求，促进了资金在国际间的合理配置。

二、国际资本流动的风险

在分析国际资本流动的风险时，我们将分别从国际资本流动的风险效应，国际资本流动影响金融稳定的内在机制来谈。

1. 国际资本流动的风险效应

国际资本流动在促进生产要素的国际化配置和配合的同时也会带来资产价格波动、国际收支失衡、资本大规模流出等一系列的风险效应，从而对一国乃至全球金融市场的稳定产生不利影响。

（1）经济阻碍效应

由于一国的资本数量有限，如果输出过多，可能会削弱国内投资项目和生产部门的资金供给能力，导致就业机会的减少，财政收入下降，甚至引起经济衰退和社会动乱。而过量的资本流入可能危及民族经济发展和经济政策的自主性。大量外国资本渗透到国民经济的重要部门，控制众多的工商业，垄断某些行业，都有可能使资本输入国丧失民族经济的发展特色，或影响其经济政策的自主权。

（2）国际收支失衡效应

资本流动也会对国际收支的均衡产生消极作用。如果一国国际收支发生逆差，投机者预测该国货币将贬值，因此纷纷撤回资本，或将该国货币换成外国货币。这种资本外逃加剧了国际收支的不平衡；反之，如果投机者预期一国国际收支顺差，将导致货币升值，则发生资本内流。此外，各国利率水平的变化也会引起投机性的资本流动，这种投机性的资本在国际间流动愈来愈频繁，加剧了一国国际收支的不平衡，特别当世界局势发生动荡时，国际游资兴风作浪，从一些国家大规模地流进流出，给国际收支的管理造成了极大的困难。因此，各国政府要在不同程度上对国际资本流动加以控制，以避免国际资本流动可能对本国经济产生的巨大冲击。

（3）资本外逃效应

在货币可以自由兑换的情况下，以游资形式发生的资本突然大量抽逃会对国内金融市场，特别是外汇市场，造成强烈的冲击，使得一些敏感的经济变量，如利率、汇率会变得十分不稳定，利率上升压力增大，汇率贬值压力也增大，外汇储备面临大量流失的压力，如果游资冲击力量十分强大，而官方外汇储备又不充足的话，外汇储备可能会在短期内被耗竭，国际收支状况在短期内会恶化。在一定条件下（如居民完全丧失对本币币值和国内金融体系稳定的信心，并且货币可以自由兑换，政府也没有采取有效的应对措施），严重的冲击很可能导致破坏性更大的金融危机的爆发。东南亚金融危机就是活生生的一个例子。资本突然大量抽逃冲垮了汇市和股市，信心危机转化为金融危机，危机的深化又反过来引发更加巨大的资本外逃。

（4）资产价格波动效应

规模巨大、流动迅速的国际资本，由于高度发达的金融市场中投资者的"羊群效应"以及银行等金融机构道德风险所带来的过度负债和过度投资行为，极易造成资产价格飞速上涨，形成资产价格泡沫。当资产泡沫积累到一定程度时，来自资产市场的各种内外冲击，将使得资产泡沫的破裂在所难免。从家庭部门的角度看，资产泡沫破裂使得家庭部门资产财富发生大幅缩水，财富缩水将减弱家庭部门偿还消费信贷的能力，增加了银行部门的不良债权。财富缩减也降低了家庭部门的消费能力，家庭消费需求的萎缩减少了企业经营收益，弱化了企业清偿债务的能力，也会增加银行部门的不良资产。从企业部门的角度看，企业因资产泡沫破裂而遭受资产损失时，其生产经营能力受到削弱，经济效益下滑，清偿债务的能力下降。同时，企业因资产损失会减少投资需求，从而影响到其他企业的经营收益和偿债能力。企业偿债能力的下降，无疑会大量增加银行部门的不良贷款率。

2. 国际资本流动影响金融稳定的机制

金融市场是国际资本流动的载体，国际资本的流动会对流入或流出国的金融市场产生一些不利影响。外国资本的大量流入和外国投资者的广泛参与，大大增加了市场的波动性尤其是在一些机构投资者成为这类国家非居民投资的主体时，国内金融市场的不稳定性表现得更为显著。

（1）国际资本流动与资产价格波动

①汇率的波动。大量外国资本在一国金融市场上流动进行交易，必然导致该国外汇市场、借贷市场和股票市场上的交易对象价格波动的加剧。国际资本流动有可能引发汇率波动，增加国际金融市场尤其是外汇市场的动荡。国际间巨额资本的流动，尤其是短期投机套利资本的频繁出入，使国际金融市场尤其是外汇市场动荡频繁。当国际资本流入某国时，导致外币供给增加或对本币需求增加，其他条件不变时，造成本币对外升值；反之，则导致本币对外贬值。因此，发生大规模的资本净流入时，本币汇率将持续上升；反之，本币汇率将持续下跌，造成汇率的动荡。固定汇率制下，大量国际短期资本流入更容易导致宏观经济不稳定。首先，为维持汇率稳定，一国货币当局被迫吸纳流入的外汇资金，使得相当部分的流入资本转化为外汇储备，造成货币当局对货币总量的控制能力下降，货币政策失控。其次，在实际汇率升值情况下，一国可调控短期资本流入并将本币适当贬值。如果该国仍维持名义汇率的稳定，会使得实际汇率严重错位，汇率泡沫化严重。并且，它还容易产生巨大的波及效应和放大效应，在一国引发后，冲击波可以迅速扩散到若干国家。这种效应使各国的国内经济政策和国际干预的效力大大减弱。

②利率的波动。国际资本流动有可能引发利率的波动，当国际资本流入时，将导致银行贷款增加和货币供给量增加。货币供给量的增加在其他条件不变的情况下导致利率的下降；国际资本的流出导致利率的上升。如果大规模的国际资本持续净流入，利率将出现一个上升的过程：反之，利率将出现一个下降过程。

③证券价格的波动。国际资本流动有可能引发证券价格的波动，大规模的国际资本进入或退出可能造成或加剧本国资本市场价格波动的风险。如果本国市场的规模本来就不大，市场的流动性也不充分，那么一定规模的外资流入或流出都会十分明显地影响本国市场的价格走势，加剧市场的波动。当国际资本以证券投资的形式流入某国时，将刺激该国证券的需求并引起该国证券价格的上升；当国际资本以卖出证券的形式流出某国时，将增加该国证券的供给并引起该国证券价格的下降。而一旦国际投机资本进攻一国股票市场，就会造成严重的消极影响。在许多国家，共同基金是外国投资者投资于本国市场的重要方式，这些基金往往拥有巨额资金，其逐利本性决定了其频繁的流动性，若用于投机必会给证券市场价格造成巨大冲击，提高市场价格的波动性，增加市场的不稳定风险。

（2）国际资本流动与资本外逃

资本外逃可以理解为：因恐惧和疑虑所导致的资本异常流出。在资本流动自由化条件下，资产持有者可以通过合法途径持有国外资产回避一国异常的投资风险，引起本国资本向其他国家的异常流动，从而对一国金融稳定产生冲击。第一，大规模突发性的资本外逃使本国国际收支状况突然恶化，使本币汇率过度下跌。政府将动用外汇储备以维持现有汇率，使外汇储备大幅下降，从而影响一国的偿债能力和筹资能力，进一步加剧了国际收支平衡和资本外逃。第二，资本外逃一方面减少了外币的供给，另一方面又增加了对外币的需求。在浮动汇率下，会使本币汇率下跌；在固定汇率或管理浮动制下，央行将动用外汇储备维持一定的汇率水平，是外汇储备迅速减少，投资者产生本币进一步贬值的预期，加速了资本外逃，反过来又加剧了汇率下浮，造成了汇率水平的超调。第三，使货币政策的有效性大为削弱。例如，央行增加货币供给刺激经济增长时，资本外逃使得本币需求大幅下降，增加的货币供给成为多余的流动性，无法与实际经济资源结合产生经济效益。

（3）国际资本流动与国际收支失衡

国际游资无论是以本币形式还是以外币形式流动，无论是流入还是流出，它都会体现于一国的国际收支中，并主要表现为资本项目中短期资本的变动。在国际短期资本流动中，贸易资金流动、银行资金调拨、保值性流动相对比较稳定，而投机性流动、安全性流动不仅数额巨大而且变动频繁，从而造成国际短期资本流动变化迅速且缺乏规律性，难以进行有效分析。特别是当一国的国际收支顺差由大量的国际游资流入而维持时，这种国际收支结构便处于一种不稳定状态，隐藏着长期内国际收支逆差的可能性。因为国际游资往往对金融市场上的风吹草动相当敏感，一旦未来该国的经济、政治形势恶化，国际游资会大规模地迅速撤出,造成该国国际收支的严重逆差。因此国际游资的大规模流动不利于一国国际收支的调节,并可能加剧该国的国际收支失衡。

国际资本流动同样也给国际收支的调节带来一定的难度。由于国际资本往往对金融市场相当敏感,并且移动迅速,规模巨大,往往使政府的货币政策意图很难真正贯彻,并且效果大打折扣,有时甚至取得相反效果。例如,当一国国际收支逆差,货币可能贬值时,货币当局欲利用外汇平准基金干预汇率,使汇价上升。投机者看准时机,在政府干预时,投资大量涌入,直至货币当局再也无力干涉时,游资又纷纷撤回,使该国货币贬值更甚,国际收支愈不平衡,并且国内经济大伤元气。

第三节　国际资本流动下的国际金融危机

一、金融危机与国际资本流动

1. 金融危机的概念

根据《新帕尔格雷夫经济学》中的定义,金融危机是指一个国家或几个国家与地区的全部或大部分金融指标(如短期利率、包括证券、房地产、土地等的资产价格、商业破产数和金融机构倒闭数)急剧、短暂和超周期的恶化。金融危机的特征是人们基于对经济发展的悲观预期,区域内出现整体性的货币大幅度贬值,经济总量与经济规模出现较大损失,经济增长受到打击,并且企业大量倒闭,失业率提高,社会出现普遍的经济萧条,有时甚至伴随着社会动荡或国家政治局面动荡。

通常所说的金融危机分为货币危机(Currency Crisis)、银行业危机(Banking Crisis)、系统性金融危机(System Financial Crisis)以及债务危机(Foreign Debt Crisis)。IMF 在 1998 年的《世界经济展望》中给出了四种类型危机的定义。

①货币危机是指当一国货币的交换价值受到攻击,该国货币出现大幅度贬值,迫使该国当局动用大量国际储备或迅速提高利率为捍卫本币,从而引发的危机。

②银行危机是指真实的或潜在的银行挤提或破产引发银行纷纷中止国内债务的清偿,或迫使政府提供大规模援助以及干预以阻止上述情况的发展,银行危机极易扩散到整个金融体系。

③系统性金融危机是通过削弱市场功能的有效性对金融市场造成潜在的严重破坏,对真实经济体产生严重的不良后果。系统性金融危机必然包含货币危机,但是货币危机却不一定包括对国内支付系统造成严重危害,因此不一定会发展成系统性的金融危机。

④债务危机是指国家无力偿还国外债务(主权债务或私人债务)而导致的危机。

近年来发生的金融危机越来越呈现出成混合形式的危机。

2. 国际资本流动引发金融危机的过程

金融危机总是和国际资本流动紧密联系在一起的。国际资本流动与金融危机的关系通常可以分为以下三个阶段：

(1) 初始阶段，国际资本大规模流入

金融危机爆发前，许多国家都有巨额外资流入的过程。外资的短期内大量流入，打破了原来的资本平衡。在一些国家，由于外债管理不严，外债的总量和结构没有得到很好的控制，债务水平过高，短期资本比例过大，并且短期资本用于长期放款。一旦内部经济基本因素恶化，外来冲击加剧，来自国内部门短期债务的偿付需求就会打破外汇市场供求均衡局面。

(2) 发展阶段，巨额资本流入导致的内外经济失衡

巨额资本流入一国市场后，刺激了经济的增长，资本随之大幅增值。示范效应吸引更多的资本流入。而相对于资本流入的规模，一些国家市场容量显得狭小，巨额外资流入后，只能大量流向房地产等非生产和贸易部门，形成泡沫经济。

(3) 爆发阶段，资本流动倒转导致货币危机的爆发

历史证明，如果不能有效地使用大量的流入资本，就会导致整个借贷活动的崩溃。没有有效地利用外债，就是 20 世纪 80 年代债务危机的重要原因，是导致东南亚金融危机的导火线。另外，有时借款人的投资回报无法支付债务利息的情况下，贷款人仍旧不断地予以贷款，这对危机的发生具有一定的促进作用。在市场恐慌情绪逐渐积累并达到危机爆发点以后，投机资本对该货币汇率发动攻击，投资者开始抛售本币，资本流动出现倒转，本币急剧贬值，货币危机爆发。

在下面的几节中，本书将详细讲述发展中国家的债务危机、投机性冲击造成的金融危机以及美国次级贷危机。

二、发展中国家债务危机

国际间的资本流动，对形成正常的国际收支调节秩序是非常关键的。在当前的国际货币制度中，利用外部资金融通是一国国际收支调节的重要手段之一。20 世纪 70 年代以来，越来越多的发展中国家走上了利用外部资金发展国民经济的道路，外部资金的注入促成了许多发展中国家的经济腾飞，但是国际资本流动也加剧了国际金融市场的动荡，并造成了 20 世纪 80 年代的债务危机和 20 世纪 90 年代的投机性冲击货币危机。

1. 国际债务概述

(1) 外债的概念

目前，国际货币基金组织、世界银行、经济合作和发展组织及国际清算银行等国际组织对外债下的定义是：外债是在任何特定的时间，一国居民对非居民承担的已拨付尚未清

偿的具有契约性偿还义务的全部债务,包括需要偿还的本金及需支付的利息。这一概念包括四个要素:①必须是居民与非居民之间的债务;②必须是具有契约性偿还义务的债务;③必须是某一时点上的存量;④全部债务既包括外部表示的债务,又包括本币表示的债务,还可以是以实物形态构成的债务,如补偿贸易下以实物来清偿的债务。

(2)国际债务的衡量指标

债务危机就是指债务国不再具备还本付息的能力。国际上对债务国偿债能力的衡量指标有很多,常用的有以下几种:

1)债务率

即一国当年外债余额占当年 GNP 的比率,这是衡量一国对外债的依赖程度,或一国总体的债务风险的参考指标。公式表示如下:

$$债务率 = 当年外债余额 / 当年国民生产总值 \times 100\% \leqslant 10\%$$

超过这个数值,就有可能对外资过分依赖,当金融市场或国内经济发生动荡时,容易出现偿债困难。

2)负债率

即一国当年外债余额占当年贸易和非贸易外汇收入的比率,这是衡量一国负债能力和风险的主要参考指标。公式表示如下:

$$负债率 = 当年外债余额 / 当年贸易和非贸易外汇收入 \times 100\% \leqslant 100\%$$

国际上公认的负债率参考数值为100%,即如果负债率超过100%,说明债务负担过重。但这也不是绝对的,因为即使一国外债余额很大,如果长期债务和短期债务期限分布合理,当年的还本付息额也可保持在适当的水平。

3)偿债率

即一国当年还本付息额占当年贸易和非贸易外汇收入的比率,这是衡量一国还款能力的主要参考指标。公式表示如下:

$$偿债率 = 当年还本付息额 / 当年贸易和非贸易外汇收入 \times 100\% \leqslant 20\%$$

突破这一警戒线,就有发生偿债危机的可能性。当然这一限度只能作为参考,超过这一警戒线并不一定就会发生债务危机,因为一国的偿债能力还要取决于所借外债的种类、期限和出口贸易增长速度等重要因素,尤其要取决于一国的总体经济实力。

4)短期债务比率

即当年外债余额中,一年及一年以下期限短期债务所占比重。公式表示如下:

$$短期债务比率 = \frac{一年及一年以下短期债务}{当年债务余额} \times 100\%$$

这是衡量一国外债期限结构是否安全合理的指标,它对某一年债务还本付息额影响较大,国际上公认的参考安全线为25%以下。

2. 国际债务危机产生的原因

1982 年 8 月，墨西哥政府宣布它不能按期履行偿还债务义务。随后一系列国家相继宣布其无力清偿外债，世界性的债务危机就此爆发了，并从急性危机演变为持续于整个 20 世纪 80 年代的慢性债务危机。国际债务危机的形成原因，应从债务国国内的政策失误和世界经济外部环境的冲击两方面加以分析。债务国国内经济发展战略的失误和外债管理方针的不当，使外债规模的膨胀超过了国民经济的承受能力，这是危机爆发的内因。而世界经济的衰退以及储备货币国国内的宏观经济政策引起的国际金融市场动荡等，则是诱发债务危机的外部原因。

(1)债务危机爆发的内因

1)盲目借取大量外债，不切实际地追求高速经济增长

20 世纪 70 年代的两次石油危机使石油输出国手中积累了大量的"石油美元"，使国际金融市场资金充裕，利率很低。于是很多国际收支逆差的国家在国际金融市场借取了大量资金，在世界范围内平衡了国际收支。但是其中的一些发展中国家却认为国际金融市场永远可以依靠，特别是一些产油国，急于求成的追求工业化和高速度，过高的估计了本国的生产能力和出口创汇能力。这样，当世界经济转入严重衰退，石油价格大跌。国际金融市场利率急剧上升时，贷款便难以按期偿还。

2)国内经济政策失误

许多债务国自 20 世纪 70 年代以来，一直采取扩张性的财政政策和货币政策。进入 20 世纪 80 年代后，国际金融市场利率水平开始快速上升，世界贸易也处于停滞状态，这时主要债务国家产东风有采取适当的汇率和外汇管制措施，造成一系列严重的后果。

3)所借外债未形成合理的债务结构

外资只能作为内资的补充，对外资的过分依赖必将造成不良后果，陷入债务危机的主要国家无不是在国际资金市场蓬勃发展之时借入了超出自身偿还能力的大量贷款，而且未形成合理的债务结构，即债务的期限结构、利率结构、来源结构等。如在期限结构上，世界银行公布的 17 个重债国均出现债务短期化趋势，即短期债务比重迅速上升。

4)所借外债没有得到高效利用

重债国的外债资金利用效率低，未能把外债资金有效地用于生产性和创汇盈利性项目，而是将外债资金投向规模庞大而不切实际的长期建设项目，有的项目最终没有形成任何生产能力，显然不能保证外债资金投资项目的收益率高于偿债付息率，这样，在世界经济环境突变之时难以应付，无法如期偿还债务。

(2)债务危机爆发的外部经济条件

1)20 世纪 80 年代初以发达国家为主导的世界经济衰退

1979 年的石油价格大幅上涨，诱发了世界经济的衰退。以美国为首的发达国家为了转

嫁国内危机，纷纷实行严厉的贸易保护主义，利用关税和非关税贸易壁垒减少进口，使发展中国家的出口产品价格，尤其是低收入国家主要出口的初级产品的价格，以及石油价格大幅下降。因此，发展中国家的出口收入突然下降，于是偿债能力自然要下降，债务危机也就在所难免。

2）国际金融市场上利率和美元汇率的上升

1980年，美国为克服国内经济严重的滞胀，实行了紧缩货币和扩张财政的宏观经济政策，致使国内金融市场利率水平大幅度提高，从而吸引了大量国际资金流向美国，同时还形成美元汇率的大幅攀升。其他主要发达国家为了避免国内资金大量外流，也不得不相应提高其利率水平，从而形成世界范围的利率水平大幅上升。发展中国家的外债多数为浮动利率的商业性贷款，国际金融市场利率水平的上升大大加重了其偿债负担，同时，由于所借债务主要是美元债务，高利率形成的美元汇率上升，也必然会对债务国形成不利影响。

总之，国际债务危机的产生有着多方面的原因。从根本上说，这是世界经济多种矛盾激烈发展的结果，是长期以来国际经济发展不平衡造成的。国际债务危机的爆发对国际金融市场的正常运转产生了严重干扰，尤其是国际商业银行管理将面临一场新的挑战。各债权国和债务国都在寻求一种有效的解决途径。

3. 债务危机的解决方案

如何还债，是国际金融市场正常运行的焦点问题。面临严重的债务危机，各债务国、债权国的政府、商业银行和国际金融机构都采取了一系列缓和债务危机的措施。

（1）最初的措施

国际债务危机爆发后，引起国际金融界的巨大震动，在墨西哥宣布无力偿还债务的数天之内，国际社会就采取了一系列紧急措施，如美国政府连续提供近30亿美元的贷款，国际清算银行提供了近10亿美元的过渡性贷款，主要债权国的出口信贷机构也同意对墨西哥增加20亿美元的贷款。此外，世界银行和一些国际性开发银行，也为债务国提供了相当数量的援助性贷款，同时国际货币基金组织着手制定大规模的援助性贷款计划。对墨西哥挽救计划成为此后几十个债务国重新安排到期债务的样板。在国际货币基金组织的协调下，由债权国银行、债权国政府和债务国政府共同协商，重新安排到期债务，即修改原贷款协议，延长偿还债期。官方间债务的重新安排，一般通过"巴黎俱乐部"或国际援助财团进行，而欠商业银行的债务则由 IMF 带头进行。这就是最初的援助措施。

（2）贝克计划

到1985年下半年，发展中国家的债务问题又紧张起来。1985年10月，在 IMF 的年会上，美国财政部长贝克提出了解决中等收入主要债务国债务问题的"贝克计划"。该计划包括三个要素：一是在债务国中实行全面的宏观经济和机构改革，允许市场力量和私人企业在经济中发挥更大作用，鼓励更多的国内储蓄和投资，减少预算赤字，使贸易和金融自由化；二是要求在三年内净增商业贷款 200 亿美元，为债务国启动经济提供新的周转资金；三是发挥 IMF 在大力协调债务问题中的主要作用。另外，贝克方案还提出了一些建立在金融市场基础之上的长期性债务缓解措施，如债务资产化、债权交换和债务回购等建议。"贝克计划"强调了必须实现债务国长期的经济增长，不能单纯依靠债务紧缩经济来平衡国际收支，在当前不失为解决债务问题的途径之一。但这个计划缺少具体的措施，一时难以完全实现，而且 1985 年发展中国家的外债总额将近 1 万亿美元，单利息支出就达 1 000 亿美元，贝克的数字无异于杯水车薪，不能使债务国真正摆脱困境。

（3）布雷迪计划

美国财政部长布雷迪于 1989 年 3 月提出新的减债方案，即"布雷迪计划"。该计划认为国际债务问题是债务国偿付能力的危机，而非暂时的资金失灵。故其强调债务本金和利息的减免，并提出应由 IMF 和世界银行以及债权国政府为消减债务本金和利息提供资金支持。另外，债务国和债权银行之间的债务减免交易条件必须得到国际货币基金组织和世界银行的批准。或者是在减债协议达成之前，先要获得国际货币基金组织和世界银行的贷款保证。"布雷迪计划"的初步尝试是成功的，但是，不可能所有的重债国都能得到"布雷迪计划"的援助，计划所能提供的资金毕竟有限，并且有的国家难以满足"布雷迪计划"所要求的进行国内稳定调整、实现经济增长的前提。

以上方案只能说是解决债务危机的短期对策，对缓解债务问题确能起到积极作用，但债务问题并没有得到彻底解决。展望债务危机的前景，问题的解决仍然取决于能否有一个长期有利的国际经济环境，以及债务国能否成功地执行国内的经济调整计划；另外，还取决于能否有充足的外部资金流入以支持债务国实现持续的经济增长。只有具备这三个条件，才能真正恢复债务国的清偿能力，从而使债务危机得到彻底解决。

三、投机性冲击与国际金融危机

20 世纪 80 年代以来，随着全球资本市场一体化程序的逐步加深，国际资本流动得到空前发展，国际资本流动规模日益扩大，流动速度越来越快，蕴含的风险也越来越大。大量基本不受各国监管当局和国际金融组织监控的私人短期资本，熟练的运用着各种最新的金融工具和交易方式，凭借高超的交易技术，在国际金融市场上自由移动，寻求获利机会。国际资本的这些新特征使国际金融市场的动荡经常发生，投机性冲击频繁发生，且冲击的潜在力度和持续时间不断增加。1997 年爆发的亚洲货币危机更表明，由投机冲击造成的货币危机有可能进一步深化成为全面的金融危机和深刻的社会危机。

1. 短期国际资本流动与投机性冲击

所谓国际投机资本或称国际游资（Hot Money），是指那些没有固定的投资领域，以追逐高额短期利润而在各市场之间频繁移动的短期资本。这一定义至少从四方面界定了它的内容：①以期限上看，国际投机资本首先是指"短期资本"，故人们也形象地称它为"热钱"。但是，国际短期资本并一定就是国际投机资本；②从动机上看，国际投机资本追求的是短期高额利润，而非长期利润；③从活动范围上看，国际投机资本并无固定投资领域，是在各金融市场上迅速移动的，甚至可以在黄金市场、房地产市场、艺术品市场以及其他投机性较强的市场上频繁转移；④国际投机资本特指在国际金融市场上流动的短期资本，而不是国内游资。

国际投机资本随着国际资本市场规模的扩大、流动速度的加快以及流动范围的扩大而不断发展。投机者根据对汇率、利率、证券价格、金价或特定商品价格变动等的预期，在较短时间内突然大规模进行买空卖空等交易，大幅度改变资产组合，并通过影响其他资产持有人的信心，导致供求不平衡的市场价格面临更大的变动压力或导致市场价格的更大不稳定，以创造获取短期高额利润的机会。这种突发性的扰乱市场行为即投机性冲击。金融创新的一些成果，现代化的电子计算技术及发达的信息与通讯技术，以及自由调动资金的金融管理体制，也为国际游资的投机性冲击提供了便利。

国际投机性资产对攻击一个国家或同时攻击一些国家的货币有特别的偏好，对固定汇率制度或有管理的汇率制度进行的投机性冲击或货币投机性冲击是最常见的。一般而言，在固定或钉住汇率制条件下，一旦国内出现通货膨胀或经济萧条和持续的经常账户逆差，政府关于汇率固定的承诺就失去可靠性。因为货币贬值的压力很强，政府若勉强维持目标汇率，将使国际储备不断枯竭。如果投机者对经济基本面因素有较正确的预期（即完全预期），必然会对未来汇率的大幅度贬值提前做出反应。如提前以当前的固定汇率购入外汇，在某一时刻市场上的投机者一致抛售本币，抢购外汇，就形成了对该国固定汇率制的投机冲击，随着羊群效应的扩大，政府储备会迅速耗尽，于是固定汇率制崩溃，汇率大幅度贬值。由于有汇率固定或政府维持汇率固定的承诺，实际上货币投机性冲击的风险是很小的。故投机风潮一旦掀起，规模都是相当巨大且志在必得，所涉及的货币一般都在劫难逃。

2. 投机性冲击的立体投机策略

投机者利用各类金融工具的交易（即短期交易、远期交易、期货交易、期权交易、互换交易等）同时在各类市场（如外汇市场、证券市场以及各类衍生品市场）做全方位的投机，构成了立体投机策略。

典型的投机性冲击策略中用得最多的一种是对冲基金，对冲基金即投机性的投资公司，其目的是利用各种金融和衍生工具来建立激进获利的资产组合。对冲基金的本质在于持有某种商品的多头是因为投机者认为它的价格会上涨，而持有空头则是认为价格会下跌，如果投机者确实对自己的判断有把握，就会借钱来做多或做空，或两个都做。据总部设在波士顿的一家咨询调查公司公布的报告，1990 年对冲基金 1 500 家，资本总额不过

500亿美元，而1998年，对冲基金约4 200家，资本总额超过3 000亿美元。对冲基金具有鲜明特点：①经常脱离本土在境外活动；②在市场交易中的负债比率非常高，往往从银行借入大大超过其资本数量的资金进行投机活动；③大量从事衍生金融工具交易；④多为私募；⑤属于跨行业、跨地区和跨国界的投资基金。这些特点使得对冲基金的投机性特别强，成为在国际金融市场上兴风作浪的急先锋。

下面以对冲基金为例，对典型的投机性冲击的立体投机方式进行剖析。

（1）利用即期外汇交易在现货市场的投机性冲击

当投机者预期某种货币即将贬值时，就会着力打压，迫使其迅速贬值。投机者能否成功打压的关键之一是能否掌握足够数量的该种货币，然后在现货市场强力抛售并引起恐慌性地跟风抛售。通常投机者获得该货币的渠道有：①从当地银行获得贷款；②出售持有的以该货币计价的资产；③从离岸市场融资；④从当地股票托管机构借入股票并将其在股票市场上卖空。在掌握足够的该种货币之后，投机者即在外汇现货市场上集中猛烈抛售。若能引起该货币强烈的贬值预期，并引起跟风性抛售，则该货币迅速贬值。待其贬值后，投机者在即期外汇市场以较贬值前少的外汇买进原借款数额的该货币并偿还各类贷款或股票。其间的差价即为投机利润。见图7-2。

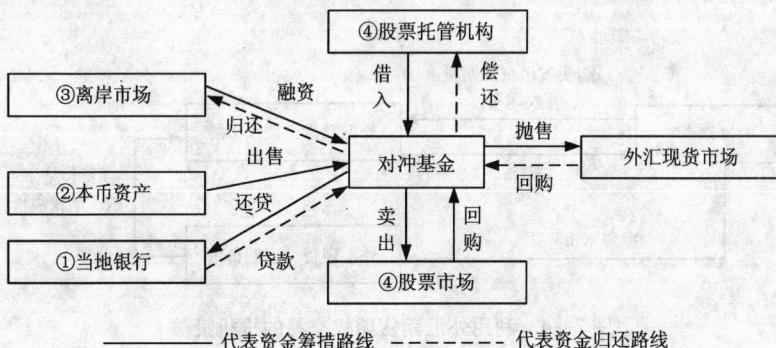

图7-2　利用即期外汇交易的投机策略

（2）利用远期外汇交易在远期外汇市场的投机性冲击

如果投机者预期某种货币的远期汇率偏离未来的即期汇率水平，即趋于贬值，就会向当地银行购买大量远期合约，约定未来的某一时间以一定数量的软货币交割硬货币。远期合约会产生不平衡的货币头寸，为了规避风险，与投机者签订远期合约的银行将通过对冲远期合约来弥补头寸，即在现货市场上售出本币、购买外币，这样现货市场上本币供给增加，造成本币的贬值压力。投机者可以本币贬值之前就签订与空头远期合约到期日相同、金额相同的多头远期合约作对冲，或在贬值时通过现货市场以强币兑弱币，再以弱币交割空头远期合约。见图7-3。

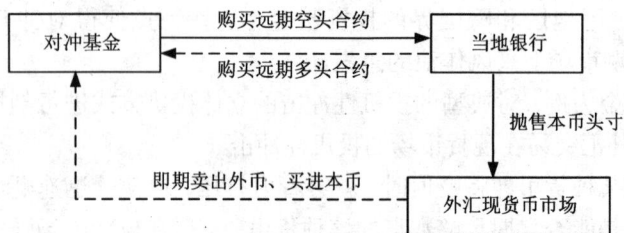

图7-3　利用远期外汇交易的投机策略

(3)利用外汇期货、期权交易在期货期权市场的投机性冲击

如果某种货币走势趋于贬值，投机者还可以利用外汇期货、期权交易进行投机。即投机者可以先购入空头弱币的期货或看跌期权，若预期的弱币在现货即期打压、远期打压下被迫贬值，则期货价格下跌、期权溢价，投机者可以在期货、期权市场上进行对冲交易，以赚取汇率差价。见图7-4。

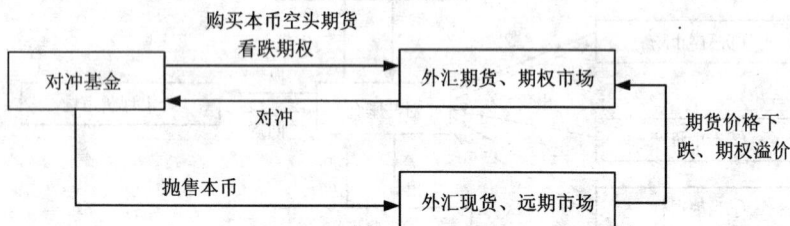

图7-4　利用外汇期货期权交易的投机策略

(4)利用货币当局干预措施的投机

这种投机策略主要是针对实行固定或钉住汇率制的国家，其政府或中央银行有使本国货币汇率不变的承诺。中央银行维护本币汇率平价最常见的两种外汇市场干预措施是：①动用外汇储备，买入本币，以缓解本币贬值压力；②提高本币利率，以提高投机性冲击的借款成本。若投机者预料到中央银行直接入市干预行动将受其外汇储备规模所限而提高本币利率，还可以利用利率上升进行投机从中获利。

投机者如果预期利率大幅上升，可直接利用利率互换合约投机获利。投机者购入利率互换合约，一般而言是固定对浮动利率互换合约，即投机者以固定利率形式支付利息，以浮动利率形式收取利息。由于投机者在外汇市场的抛售打压和中央银行的干预,若市场利率如投机者所预期的那样大幅上升,则投机者以浮动利率收取的利息就会高于以固定利率支付的利息,所持有的此类利率互换合约也就会溢价。见图7-5。

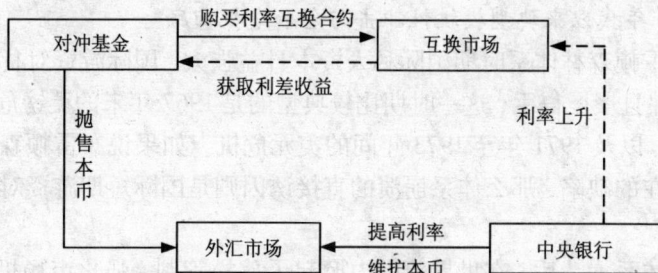

图7-5　利用货币当局干预的投机策略

此外,由于利率上升会引起股市下跌,投机者还可以在该国股票市场投机盈利。具体操作是,投机者先从股票托管机构借入股票,然后在股票市场抛售。外汇市场上本币贬值压力使中央银行提高利率后,市场恐慌会使股票价格下跌。投机者低价位补回股票,价差即为其收益。同理,投机者还可以通过事先购入空头股票指数期货或看跌期权,并通过对冲交易赚取投机利润。见图7-6。

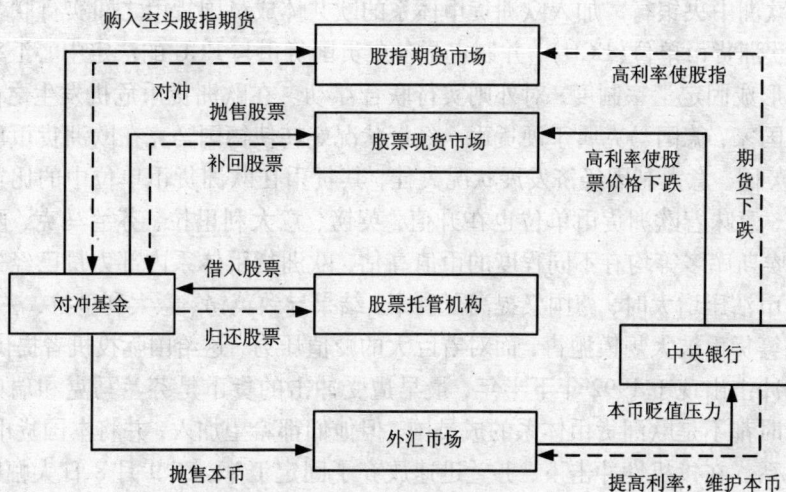

图7-6　利用股票市场的投机策略

在实践中，上述分解的各种投机方式几乎是同时发生的。在投机冲击成功后，往往伴随着货币危机的是全面的金融危机，于是被冲击的货币的汇率和国内资产价格可能调整过度，投机者还可以顺势获利。这样的投机策略可谓精善，也是 20 世纪 90 年代以来投机性冲击频频得手的重要原因。

3. 20 世纪 80 年代以来典型投机性冲击与金融危机回顾

二战后的布雷顿森林体系时期国际私人资本日益强大，国际游资对货币的投机性冲击力度越来越强，并且屡屡得手，这一时期比较典型的是 1967 年末的英镑危机，1969 年 8 月的法国法郎危机，以及 1971 年至 1973 年间的美元危机。如果说布雷顿森林体系崩溃的根本原因是体系内在的缺陷，那么体系崩溃的直接诱因则是国际短期游资对基准货币美元的投机性冲击。

布雷顿森林体系崩溃后，在世界范围内掀起了放松管制、强化市场机制、推动经济自由化和金融深化的浪潮。相应的，国际金融市场日益自由化和全球一体化，加之现代化通讯手段和计算机网络技术的应用，金融衍生工具和交易手段层出不穷，国际资本流动更得到了空前的发展。在投机性冲击频频发生的情况下，20 世纪 90 年代国际金融领域发生了影响范围广、程度深的三次大的金融危机：欧洲货币危机、墨西哥金融危机和亚洲金融危机。

(1)欧洲货币危机(1992—1993 年)

1991 年 12 月《欧洲联盟条约》在荷兰签署(即《马斯特里赫特条约》，简称《马约》)。欧共体各国向着货币一体化方向迈出了关键一步。《马约》就货币联盟制定的目标是统一货币、建立欧洲中央银行。加入欧洲货币体系的欧共体成员国货币之间实行联合浮动汇率制，创立了欧洲货币单位(ECU)，并制定了各成员国货币与 ECU 的法定中心汇率。于是各成员国之间形成固定汇率制度，对外则实行联合浮动。在欧洲货币危机发生之前，德国状况好于其他国家，德国马克属于硬货币。经济状况好转使德国马克在欧洲货币单位中的比重上升，而英国、意大利因经济发展状况欠佳，其货币在欧洲货币单位中的比重下降。德国马克升值，意味着欧洲货币单位也在升值，英镑、意大利里拉、芬兰马克、西班牙比赛塔、葡萄牙埃斯库多等均有不同程度的币值高估，欧洲货币体系内部力量已经失衡。在外汇市场上弱币沽压增大时，德国又提高了利率，结果导致英镑、意大利里拉、法国法郎、西班牙比赛塔等货币被大规模抛售，面对着巨大的贬值压力，这给国际投机者提供了机会。

投机性冲击出现于 1992 年下半年，最早遭受冲击的货币是芬兰马克和瑞典克朗。芬兰和瑞典当时都不是欧洲货币体系的成员国，但他们都希望加入，并将本国货币与 ECU 中心汇率相联系。在投机性冲击下，芬兰迅速放弃了固定汇率，于 9 月 8 日大幅贬值，瑞典政府则坚决保卫克朗，将短期利率提高到年率 500%，最终击退了投机性冲击。同时，英镑和里拉也持续遭到冲击。9 月 11 日欧洲货币体系同意里拉贬值 7%，尽管德国中央银行花费了 240 亿马克支持里拉，但 3 天之后，里拉还是退出了欧洲货币体系。此时英格兰银行为保卫英镑已损失数十亿美元，但在 9 月 16 日还是被迫允许英镑自由浮动。法国法郎也遭受投机性冲击，但通过法德两国的共同干预，以及法国大幅度提高利率，使法郎币值得到回升。1993 年 8 月，作为欧洲货币单位的构成货币，除德国马克和荷兰盾之外，其他货币汇率波动幅度扩大到 15%（原定为 2.25%），欧洲货币体系处于半瓦解状态。欧洲货币危机加剧了西欧各国经济的衰退，证券市场也走向低迷。

（2）墨西哥金融危机（1994—1995 年）

1994 年底，中美洲的墨西哥爆发了严重的金融危机。墨西哥在 1982 年发生债务危机以后，在 IMF 的监督下实行了全面的经济市政和改革政策，紧缩经济并大幅度削减财政赤字。1987 年重新固定比索与美元的汇率，1989 年 1 月改为爬行钉住汇率制，1991 年 12 月又变为移动目标区域汇率制，并逐步扩大比索允许波动的范围。这一系列经济改革措施收到一定成效，国民经济稳步回升，逐步发展成为世界上经济最具活力的地区之一。但是到了 1994 年 1 月 1 日，墨西哥的恰帕斯省发生了暴乱。紧接着该年 2 月 4 日美联储将联邦基金利率提高 25 个基点（由 3% 升至 3.25%），这引起全球加息的风潮。此后，美国曾 4 次提高官方利率，利率提高给墨西哥金融市场带来很大压力，因为短期资本很可能为寻求高利率而抽逃。之后的日子墨西哥国内政治局势也日趋紧张，在内焦外困下，比索贬值的预期和传闻不断加强，资本纷纷外逃。1994 年 12 月 20 日墨西哥政府被迫宣布新比索对美元汇价的干预上限放宽 15%，其目的是将新比索币值稳定在一定幅度内，并允许每天上浮 0.000 4 新比索。这一举措引起了资本市场恐慌，外资大规模撤出，股市暴跌。中央银行的干预措施使市场利率急剧上升，同时国家外汇储备不断降低。12 月 30 日墨西哥政府不得不宣布比索贬值。然而贬值后的新汇率立即受到投机性冲击，墨西哥政府不得不转而实行浮动汇率制。此后的经济状况和政治局势使外国投资者极度恐慌，资金继续外逃，银行受到挤兑，经济陷入危机。在浮动汇率下比索持续贬值，到 1995 年，比索在外汇市场上连创新低，股票市场价格也持续下降。

（3）亚洲金融危机（1997—1998 年）

1997 年东南亚"四小虎"的泰国、马来西亚、印度尼西亚、菲律宾和东亚"四小龙"的韩国都发生了较为严重的金融危机，新加坡、中国台湾、中国香港以及日本也受到金融危机不同程度的打击。在 20 世纪 80 年代和 20 世纪 90 年代初，东南亚各国加快金融自由化的步伐，形成快速的经济增长，被称为"东南亚奇迹"。但进入 20 世纪 90 年代中期以后，劳动力成本的上升使产品的国际竞争力有所下降，一些国家出现经常账户的逆差。由于不能够及时地提升产业结构，提高产品竞争力，继续涌入的外部资金及国内投资普遍形成泡沫经济和房地产投资过热。以泰国为例，1996 年的外债余额已达 900 亿美元，其中短期外债就高达 400 亿美元，超过其 1997 年初的外汇储备水平。另外，由于投资过热，特别是房地产投资过度，1997年初泰国金融机构的坏账已超过300亿美元。于是公众及外国投资者对泰国的经济状况和金融秩序开始担忧，货币贬值的预期不断凝聚。国际投机者也不断积蓄能量，准备大规模的投机性冲击。2月，以索罗斯为首的国际对冲基金开始接连地对泰铢发动攻击，从4月下旬开始，对冲基金开始大量抛售泰铢，买入美元，并引起投资者的跟风。泰国中央银行不惜血本入市干预，经过反复较量，有200多亿美元外汇储备的泰国中央银行终感力不从心。7月2日，泰国宣布泰铢和美元脱钩，实行浮动汇率制，放弃了自1984年以来实行了13年的固定汇率制，泰国即开始大幅度贬值，泰铢兑美元汇率当即下跌了20%。国际炒家冲击泰铢的手法是直接打压现货，基本策略是先在资金市场上借钱，然后在现货市场大肆抛售，并引起其他投资者的跟风，中央银行进行干预，运用外汇储备，买入本币；同时提高本币利率，增加投机资金的成本，但提高利率会对本币股市产生较大负面影响。而中央银行一旦抵挡不住货币贬值，投机基金所借的钱已变得十分便宜，则它自然就赚钱了。泰国的金融危机迅速波及到周边国家和地区，菲律宾、马来西亚、印度尼西亚，连曾被国际评级机构誉为最能防御外来冲击的新加坡货币也未能幸免，在3个月内贬值13%。10月以后，危机扩散到韩国，韩元对美元大幅度贬值，同时韩国经济也陷入深度经济危机。

可以看出，国际游资在三次危机中均扮演了点燃"导火索"的角色，并在危机发展中起了推波助澜的作用。

4. 金融全球化与投机性冲击的新特点

（1）金融全球化

金融全球化是20世纪90年代以来国际金融界谈论最多的话题，它是指全球金融活动和风险发生机制联系日益紧密的一个过程。金融全球化是一种长期趋势，与经济全球化相比，金融全球化的程度更深，具有以下几个特征：

1）汇率体制趋于一致

20世纪70年代中期，牙买加体系确立了浮动汇率制度的合法地位，国际货币汇兑制度发展进入新的阶段。到90年代中期，实施管理浮动汇率制的国家增多，管理浮动汇率制成为最普遍的汇率制度。随着市场化的加深，管理浮动制必然会被自由浮动汇率体制所取代。

2）各类金融市场的界限逐渐消失，金融产品价格趋于一致

国际资本借贷市场、证券市场、外汇市场之间的界限正在消失，金融业也没有严格的业务范围，金融机构的典型代表银行正逐步演变成包罗万象的金融超市。各类市场界限的消失主要源于市场主体可以自由进出每一个市场，而且金融产品的价格之间有着很强的内在联系，如：汇率与利率，利率与股票，债券价格即期交易与远期交易等。金融市场的投资者已不再单纯从事某一种金融资产交易，而是充分利用市场空间，采用外汇市场、证券

市场、信贷市场的立体式交易策略，运用远期、期权、期货的多种衍生工具进行组合式投资。在亚洲金融危机中，国际炒家便实施了这样的投资策略，赢得巨额利润，也使不同类型的金融市场呈现出"联动"的特点。

3）国际金融统一规则不断产生

现行的国际货币制度——牙买加体系正是金融全球化统一规则之一。欧洲联盟就统一货币制定的规则正在检验和完善中。欧洲货币一体化的前途虽不明朗，但它给国际货币制度的改革提供了经验和启示。与此同时，全球多边金融贸易规则由 WTO 拟定。随着 WTO 成员队伍的扩大，金融全球化程度会不断加深。

4）金融市场动荡会更加频繁

金融危机的根源不在于金融一体化，而在于经济一体化组织内部各成员之间经济发展的不平衡。经济全球化有利于实现资源的优化配置，创造更多的社会财富和就业机会，但发达国家从中获得的利益远远高于发展中国家，南北贫富差距日益拉大。同时，全球金融业增长正在超过工业增长，收租息者胜过投资生产者，国际金融市场买卖金融资产所获得的利润常常多于通过用于投资生产所创造的财富，增加了市场的不稳定因素。所以，未来金融市场的动荡将更频繁，而且金融危机一旦爆发将是全球性的危机。

（2）20 世纪 80 年代以来的投机性冲击的新特点

80 年代以来的投机性冲击显示出许多新特点，主要表现在冲击的规模和势力日益庞大、策略日益立体化、冲击面越来越区域化以及冲击活动日益公开化等。

1）投机性冲击的规模和势力日益庞大

①国际投机资本的规模日益庞大。据国际货币基金组织统计，目前在各市场中频繁出入的国际投机资本大约有 7.2 万亿美元，相当于全球每年经济总产值的 20%。另据历史资料分析，国际和地区间的商品和资金流通量增长速度比生产增长速度快一倍以上。1997 年，世界 8 个主要的外汇市场外汇交易量高达 1.3 万亿美元，若按世界经济增长 3% 的一倍来算的话，1997 年国际资本流动的规模将会有 6% 的增长，每天约有 1 万亿美元的资金在全球各类市场中寻求出路，相当于实物交易的数百倍。

②国际投机资本日益形成"集体化"倾向。随着信息技术日新月异和互联网的延伸，全球外汇市场每天 24 小时营运系统已经形成，外汇市场资金可以瞬间从一个市场转移到另一个市场，国际投机者已不是散兵游勇，发展为实力强大的投机集团而有别于各国货币当局和国际金融组织的第三种力量，已经对国际汇率制度的稳定以及国际货币制度的正常运行构成了极大的威胁。

③金融衍生品的发展为投机者提供了杠杆化的交易方式。投机者只要用较少的资金就可以买卖几十倍甚至上百倍于投资金额的金融产品，从而牵动整个国际金融市场。

2）投机性冲击策略日益立体化

传统的投机者只是简单的利用即期和远期交易赚取汇差或利差，而当今的投机性冲击策略要复杂得多，可以利用各种金融资产价格在各个市场之间的内在联动性作全方位的投机。

3）投机冲击面日益区域化

传统的投机性冲击是孤立的，并且地域分散而近年来，国际投机资本的流向区域明显，主要是流向发展中国家，尤其是亚洲和拉美这两个地区。因为这两个地区经济增长率高，投资回报率也高，许多国家纷纷开放贸易投资领域，而法律及管理不健全，投机机会较发达国家成熟的市场要多得多。投机均由矛盾集中的市场震荡开始，进而扩散到与之相关的周边市场，期间呈现为一种交互式的动态过程。

4）投机性冲击活动日益公开化

传统的投机活动是隐蔽的或半公开的套汇和套利活动。而20世纪90年代以来，随着国际金融市场的放松管制和金融自由化，以及信息网络技术的广泛应用，投机活动逐渐发展到公开或有意表示向某种货币发动攻击，这种公开性可以加剧投机目标货币的贬值预期。例如，1997年底，索罗斯公开发表文章宣称，他们将再次向港币发动攻击。此后又对报界说，下一个发生货币危机的国家是俄罗斯，其后果然应验。之后，索罗斯又称巴西货币定价过高，并扬言下一个攻击目标是雷亚尔，结果也未"食言"。

5）投机者越来越注重利用贬值的预期和市场的信心危机

传统的投机主要是利用市场的支付渠道来传导市场的信心危机。而在当今的投机性冲击过程中，由于电子技术的应用，交易信息传播的速度极快，普通投资者的心理预期和由此引发的信心危机已经成为重要的传导机制。投机者也非常注重对这一环节的利用，以引导跟风者，从而加速目标货币的贬值。

四、美国次贷危机

2007年，美国次级抵押贷款市场爆出空前的危机。随后，这股从美国刮起的"金融飓风"迅速袭遍全球，演变成为世界性的金融危机，在国际范围内引发了剧烈的动荡，给国际金融市场带来了巨大的冲击。随着"房利美"、"房地美"被美国政府接管与"雷曼"的破产，国际金融市场再次迎来了一个惊心动魄的时刻。尽管各国政府采取了大规模的救市行动，但各国的金融体系仍然面临着巨大的威胁。

1. 次级抵押贷款概述

美国抵押贷款市场的"次级"（Subprime）及"优惠级"（Prime）是以借款人的信用条件作为划分界限的。根据信用的高低，放贷机构对借款人区别对待，从而形成了两个层次的市场。信用低的人申请不到优惠贷款，只能在次级市场寻求贷款。两个层次的市场服务对象均为贷款购房者,但次级市场的贷款利率通常比优惠级抵押贷款高2%～3%。

次级抵押贷款是指一些机构向信用程度较差和收入不高的借款人提供的贷款。次级抵押贷款具有良好的市场前景。由于它给那些受到歧视或者不符合抵押贷款市场标准的借款者提供按揭服务,所以在少数族裔高度集中和经济不发达的地区很受欢迎。

次级贷款对放贷机构来说是一项高回报业务,但由于次级贷款对借款人的信用要求较优惠级贷款低,借款者信用记录较差,因此次级房贷机构面临的风险也天然地更大。对借款者个人而言,违约会使其再融资难度加大,丧失抵押品的赎回权,无法享有房价上涨的利益。而且,任何一个借款人的违约对借款者所居住地区也有不良影响。据芝加哥的一项调研,一个街区如果出现一起违约止赎,则该街区独立式单一家庭住房平均价值将下跌10%,而一个地区如出现较为集中的违约现象,将会严重降低该地区的信用度。

美国次级按揭客户的偿付保障不是建立在客户本身的还款能力基础上,而是建立在房价不断上涨的假设之上。在房市火爆的时候,银行可以借此获得高额利息收入而不必担心风险;但如果房市低迷,利率上升,客户们的负担将逐步加重。当这种负担到了极限时,大量违约客户出现,不再支付贷款,造成坏账。此时,次级债危机就产生了。自2005年第四季度以来,美国的住房市场出现低迷,新开量、新建房和存量房的销售量开始下降,房价也开始走低,住宅市场的周期波动不仅影响着美国经济,也给银行和金融业带来不小的冲击,其中,次级债危机成了影响美国及全球金融市场的导火索。次级抵押贷款的基本特征可归纳为:

(1)个人信用记录比较差,信用评级得分比较低

美国的信用评级公司(FICO)将个人信用评级分为五等:优(750～850分),良(660～749分),一般(620～659分),差(350～619分),不确定(350分以下)。次级贷款的借款人信用评分多在620分以下,除非个人可支付高比例的首付款,否则根本不符合常规抵押贷款的借贷条件。

(2)贷款房产价值比和月供收入比较高

美国的常规抵押贷款与房产价值比(LTV)多为80%,借款人月还贷额与收入之比在30%左右。而次级贷款的LTV平均在84%,有的超过90%,甚至100%,这意味着借款人的首付款不足20%[①],甚至是零首付,那么,在没有任何个人自有资金投入的情况下,银行就失去了借款人与银行共担风险的基本保障,其潜在的道德风险是显而易见的。借款人还贷额与收入比过高,意味着借款人收入微薄,还贷后可支付收入有限,其抗风险的能力也比较弱。

---

① 张明,中国社会科学院世界经济与政治研究所国际金融中心研究报告,Working Paper No.0809.

（3）少数族群占比高，且多为可调利率，或只支付利息和无收入证明文件贷款

据美国抵押贷款银行协会的调查表明：37.8%次级抵押贷款借款人是拉美移民，53%是美籍非洲人。这些少数种族的居民基本没有信用史料，也无收入证明文件。次级抵押贷款90%左右是可调整利率抵押贷款；30%左右是每月只付利息，最后一次性支付的大额抵押贷款或重新融资。这类抵押贷款开始还贷款负担较轻、很诱人，但积累债务负担较重，特别是当利率走高、房价下跌时，重新融资只能加剧还贷负担。

（4）拖欠率和取消抵押赎回权比率较高

由于次级抵押贷款的信用风险比较大，违约风险是优级住房贷款的7倍，因此，次级贷款的利率比优级住房抵押贷款高350个基点，且80%左右为可调整利率。当贷款利率不断下调时，可以减轻借款人的还贷负担；但是当贷款利率不断向上调时，借款人债务负担随着利率上调而加重，导致拖欠和取得抵押赎回权的风险加剧。2007年，次级抵押贷款的拖欠率（拖欠30天）和取消抵押赎回权的比率分别高达13.33%和4%，远远高于优级抵押贷款2.57%的拖欠率和0.5%的取消抵押赎回权比率。

2. 次贷危机产生的原理

次级债危机始于美国房地产市场。"9·11"事件后，在宽松货币政策、积极减税政策的刺激下，美国的住房消费需求迅速增长，而全球流动性过剩亦使得房贷市场供大于求，消费者和金融机构的风险偏好普遍增强，房屋抵押贷款快速增长，并推动了房价格迅猛上涨。但随着美联储货币政策的紧缩和油价不断上涨，美国经济复苏放缓和居民收入增速下降，消费者还贷压力不断加大，违约风险开始集中暴露，房价也开始下跌。

具体来看，在美国已实施证券化的次级抵押贷款中，大约75%属于可调整利率抵押贷款，而从2004年6月到2006年6月，美联储连续17次上调联邦基金利率，基准利率从1%上调至5.25%。因此，基准利率上调导致次级抵押贷款借款人的还款压力不断上升。在房地产价格不断上升的背景下，如果次级抵押贷款借款人不能还款，那么他们可以申请房屋重新贷款（Refinance），用新申请贷款来偿还旧债。如果房地产价格上涨显著，则借款人在利用新债偿还旧债之后还可以获得部分现金以作他用（Cash Out）。然而，如果房地产价格持续下降，即使借款人申请房屋重新贷款，也不能完全避免旧债的违约。如果房地产价值下跌到低于未偿还抵押贷款合同金额的水平，很多借款人就干脆直接违约，让贷款机构收回抵押房产。而一旦次级抵押贷款的整体违约率上升，就会导致次级抵押贷款支持证券的违约风险相应上升，这些证券的信用评级将被独立评级机构显著调低，市场价格大幅缩水。在总额约1.4万亿美元的次级抵押贷款支持证券中，投资银行、商业银行和对冲基金大约持有其中的56%，价值约7830亿美元。次级抵押贷款的违约率上升将导致上述机构持有的次级抵押贷款支持证券的市场价值大幅缩水。截至2008年4月，在跨国金融机构中资产减记规模前10位中，有9位均为商业银行和投资银行。其中资产减记规模最大

的前三位分别为花旗集团、瑞银和美林，资产减记规模分别为 391 亿、377 亿和 291 亿美元。

美国的商业银行投资了大量的次级抵押贷款支持证券。次贷危机的爆发造成次级抵押贷款支持证券的市场价值下跌，给实施以市定价会计记账方法的商业银行造成了巨额的资产减记与账面亏损。由于次贷危机造成商业银行的资本金发生亏损，在不引入新增股权投资的前提下，为满足自有资本充足率规定，商业银行不得不降低风险资产在资产组合中的比重，这也会导致商业银行的"惜贷"行为。换句话说，资产价格下跌导致信贷市场出现持续紧缩，这表明危机从资本市场再度传导至信贷市场。

最后，在经济全球化与金融全球化日益加深的背景下，次贷危机也迅速从美国金融市场传导至全球金融市场，从美国实体经济传导至全球实体经济。主要渠道包括：第一，美国经济减速将导致美国进口需求下降，美联储降息导致美元相对于主要货币大幅贬值，从而将对贸易伙伴国的出口行业构成冲击。对中国等出口导向的新兴市场经济体而言，美国经济下滑一方面将直接减少美国本国的进口，另一方面将通过影响全球其他国家的宏观经济增长而影响到其他国家的进口。对于出口导向经济体而言，这将显著拖累其宏观经济增长；第二，次贷危机将造成全球短期资本流动的波动性加剧。在 2008 年上半年，新兴市场国家股市与美国股市同步下跌，很大程度上是由跨国金融机构在全球范围内降低风险资产比重的调整行为所致。美国政府应对危机的宽松货币政策加剧了全球流动性过剩的格局，这将会导致流入新兴市场国家的热钱从 2008 年下半年起急剧增长，从而吹大这些国家的资产价格泡沫。而最终热钱的突然撤出则可能刺破资产价格泡沫，导致下一轮金融危机的爆发；第三，美联储持续降息造成美元大幅贬值，推动了全球能源和初级产品价格大幅上涨，为其他国家注入了通货膨胀压力。在经济增速放缓的前提下，这可能导致全球经济陷入滞胀困局；第四，美元大幅贬值造成其他国家持有的外汇储备资产的国际购买力显著缩水，这减轻了美国的对外债务负担，但却造成了其他国家的国民财富损失。

3. 次贷危机对我国的影响

（1）政府方面

截至 2007 年 6 月，政府持有超过 4 000 亿美元的机构债、公司债等非政府债券。因为没有中国持有债券类型的详细分类数据，无法具体计算其损失情况。如果以 3% 的损失计算，中国这些持有的 MBS、ABS 和公司债的损失应该在 120 亿美元左右。另外，投资黑石的 30 亿美元损失最多时高达 10 亿美元，投资巴克莱银行的投资目前损失情况不明。而根据高盛、摩根斯坦利、巴黎银行等国际投行的计算，目前为止，中国在债券市场的损失约为 100 亿美元，其中主要是央行持有的债券损失。

（2）银行方面

国内银行由于国际化程度有限，以及人民币升值的影响，对外投资数量非常有限。按外行最不乐观的测算，在本次次级债危机中，中行亏损额最大，约为 38.5 亿元，建行、工行、交行、招行及中信银行依次亏损 5.76 亿元、1.20 亿元、2.52 亿元、1.03 亿元、0.19 亿元。损失总额 43.44 亿元，相当于利润总额 1141 亿元的 3.8%。针对这种猜测，各个银行的高层纷纷表示，并没有如此大规模的损失，即使有损失也不会对银行的盈利带来大的影响。

（3）资本市场方面

原本相对孤立的中国资本市场逐渐融入到全球资本市场，最大的表现就是中国股市的走势一定程度上受到国际资本市场的影响。自 2008 年 1 月 14 日，美国大型金融机构纷纷宣布巨亏之后，其股市相应出现一定程度的下跌，但是中国上证指数则从 1 月 14 日的 5 500 点一路暴跌，2008 年最低跌至 1 664 点，成为中国股市历史上又一次大灾难。

（4）房地产市场方面

美国次级债危机的发生给中国的房地产市场具有一定的警示作用，这个世界上没有只上涨不下跌的产品，房地产也是一样。特别是在中国的房价在最近的两年内疯狂的上涨之后，如此巨大的房产泡沫不仅让购房者觉得无力负担，连房地产开发商都觉得"胆战心惊"，这样的背景之下，美国次级债危机的发生，给国内相关的政府部门、房地产从业人员、相关投资者以及潜在的购房者心理冲击可想而知。具体表现，从 2007 年 7 月份以来，各大城市的房地产市场尽管价格仍然保持稳定增长，但是成交量却逐渐萎缩，大量的房产中介机构由于生意清淡，裁员或倒闭的现象屡屡发生。进入 2008 年初，房地产市场供给双方进入观望期，部分城市的房价都出现松动。

第四节　中国的利用外资、对外投资和对外债务问题

一、中国的直接利用外资

1. 中国直接利用外资状况

改革开放以来，中国直接利用外商直接投资取得了长足进步，目前已成为世界瞩目的投资市场。随着中国引进外商直接投资流量的逐年增加，利用外商直接投资规模不断扩大，外商直接投资成为中国利用外资的主要渠道，对国民经济的发展起了极为重要的作用。

（1）直接利用外资数量逐年增加

在中国吸引外资的力度方面，随着中国市场开放程度的提高，中国吸引外商直接投资的数量不断增加（见表 7—1）。截至 2007 底，全国共批准外商投资企业 62.5 万个，合同外资 16 616.22 亿美元，实际使用外资 9 545.65 亿美元。其中，2006、2007 年，中国利用外

商直接投资的数量分别达到了 630.21 和 747.68 亿美元，已经成为全球吸引外资最多的发展中国家。如果剔除近两年来由于跨国并购引致的 FDI 流入量，中国吸收的 FDI 将位居世界第二。可以说，近十年来，无论国际经济环境如何变化，全球外商直接投资(FDI)总流量如何波动，中国吸引 FDI 一直都稳步增长。

表 7 - 1　改革开放以来中国利用外商直接投资状况　　　　　单位：亿美元

年份	项目(个)	协议外资金额	实际利用外资金额
1979—1984	3 248	103.93	30.6
1985	3 073	59.31	16.58
1990	7 273	65.96	34.87
1995	37 011	912.82	375.21
2000	22 347	623.8	407.15
2001	26 140	691.95	468.78
2002	34 171	827.68	527.43
2003	41 081	1 150.7	535.05
2004	43 664	1 534.79	606.30
2005	44 001	1 890.65	603.25
2006	41 473	1 937.27	630.21
2007	37 871	2 014.98	747.68

资料来源：根据中华人民共和国国家统计局网站(http://www.stats.gov.cn)、中华人民共和国商务部网站(http://www.mofcom.gov.cn)公布数据整理。

(2)直接利用外资贡献增大

中国成功地利用直接外资促进国内经济增长主要表现在三个方面：一是外商直接投资总额在国内生产总值中所占的比重年年提高；二是直接外资在全国固定资产投资总额中所占的比例越来越高；三是外商企业的工业生产值占全国工业总产值的份额越来越大(见表 7 - 2)。这表明，直接利用外资已越来越成为推进中国经济增长的一支重要力量。

表7-2 1999—2007 年直接外资对中国国民经济增长的贡献 单位: %

年份	1999	2000	2001	2002	2003	2004	2005	2006	2007
FDI/GDP	30.86	32.08	30.07	31.97	32.46	33.58	35.25	34.13	35.69
外资/固定资产投资额	11.17	10.32	10.51	10.1	7.97	7.2	7.0	6.97	6.51
外资企业产值/工业产值	15.03	27.39	28.52	29.3	31.18	32.26	34.87	36.22	36.57

注: FDI 为直接外资累计总量, 即从 1979 年起累计额; GDP 为当年国内生产总值, 根据当年人民币美元汇率折算成美元。资料来源: 根据中华人民共和国国家统计局网站(http: //www. stats. gov. cn)公布数据整理。

2. 外商直接投资的方式

中国利用外商直接投资有五种方式: 合资经营、合作经营、独资经营、合作开发和外商投资股份制企业。在 20 世纪 80 年代前半期, 中国利用外商直接投资的基本格局是合作经营占优势, 合资经营次之, 独资经营刚起步, 合作开发则很少。1986 年情况发生变化, 合资经营的比重超过合作经营, 成为外商直接投资的主要方式。进入 20 世纪 90 年代, 中国利用外商直接投资的方式向多元化方向发展, 独资经营的比重不断提高, 与合资经营成为利用直接外资的主要形式(见表 7-3)。

表7-3 中国利用外商直接投资流量中各方式的构成 单位%

年份\指标	1986	1991	1997	2000	2001	2002	2003	2004	2005	2006	2007
合资经营	67	65	42.9	37.5	34	30.4	30.5	27	24.3	22.8	20.9
合作经营	39	4	11.3	7.86	6.08	4.67	3.77	5.13	3.03	3.08	1.47
独资经营	1	27.1	45.7	54.6	59.8	64.9	65.6	66.3	71.2	73.4	76.6

资料来源: 根据中华人民共和国国家统计局网站(http: //www. stats. gov. cn)公布数据整理。

3. 外商直接投资存在的问题

(1)投资结构不合理

外商直接投资结构不合理, 表现在两方面: ①外商投资产业结构不合理。以 2003 年协议签订外商直接投资额在各行业的分布为例, 在国民经济三大产业中, 第一产业吸收外商投资无论是项目数还是金额都较低, 而第二产业比重甚高, 保持在 70% 左右, 技术密集型和基础产业偏少, 大多集中于一般劳动密集型的加工产业。第三产业内部发展也不平衡, 房地产业、金融保险业的外商投资近期发展甚快, 而交通运输、科教文体卫的发展迟缓。②外商投资地区分布不平衡。沿海地区较早享有吸引外商直接投资的政策优惠, 再加上沿海地区自身地理位置和经济发展上的特殊优势，使得外商投资主要集中于东部沿海地区。例如，西部地区在 1997 至 2006 年间实际利用外商直接投资额占全国的比例年平均只有4.91%。在此期间，西部地区 1997 年利用 FDI 情况所占的比重最高，为 5.58%，2005 年所占的比重最低，为 2.68%。1997 至 2006 年间，西部地区吸引 FDI 所占全国比重呈逐步下降趋势，在 2006 年出现回升。目前中国利用外商直接投资仍存有"东重西轻"的不合理格局，中西部地区引进外资困难重重。

（2）吸收外商成本较高

由于各地普遍存在的投资饥渴症，导致外商资本要素价格被高估，以致在利用外商资本中付出了一定的代价。主要表现在以下三个方面：①外商投资的资金到位率不高。②外商利用中方引资心切、急于求成的心情，乘机提高投资要素的价格，牟取不正当利益。③使用外资机会成本高。1994 年以来，中国出现金融机构存款高于贷款的现象。同时中国外汇储备持续增长，2009 年 3 月底达到 19 537.41 亿美元，这种内部资金大量闲置的状况，相应提高了使用外资的机会成本。

（3）投资环境亟待完善

1）政策法规环境不尽如人意

具体表现在：①政策法规缺乏透明度，相互有出入，各地方为了吸引外资，优惠政策层出不穷，随时在变，使外商难以适从。②政策法规特别是地方的政策法规缺乏统一的解释和实施，随意性较大。③重要法规的制定颁布大大滞后于利用外资实践的发展。

2）知识产权保护制度还不健全

改革开放以来，中国在知识产权保护方面做了许多努力并积极向国际惯例方面靠拢，但这是一个长期的过程，目前还存着在许多不够完善的地方。这种状况自然也会减少外商对高新技术方面的投资。

上述问题的原因是：一方面我国投资环境欠佳，另一方面我国在引进外资方面缺乏长期总体规划，某些地区和部门存在短期行为，单纯追求见效快、出口汇率高。今后要着力改善投资的"硬"、"软"环境，加强法制建设，进一步完善投资法规，同时加强对外商的产业导向工作，实现直接投资产业的总体优化和技术层次的高新化。

二、中国的对外投资

从根本上说，生产的国际化与资本的国际化是世界经济发展的必然趋势。由于国际贸易竞争的加剧和贸易保护主体抬头，使争夺世界市场的主要手段由商品输出转为技术和资本输出，由进出口贸易转为国际投资生产。在跨国公司激烈竞争的同时，世界经济区域化、集团化趋势日益明显。我国经济是世界经济的重要组成部分，面对当今国际经济发展趋势，我国应积极参与国际分工和国际交换，不仅应大力引进外资，同时也应积极开展对外投资。

1. 中国对外投资的现状

据我国商务部统计，到 2007 年底，中国近 7 000 多家境内投资主体在全球 173 个国家（地区）设立直接投资企业超过 1 万家，对外直接投资累计净额 1 179.1 亿美元。对亚洲、非洲地区的投资覆盖率分别达到 91% 和 81%。

我国对外投资的主要形式是跨国企业，这些企业有三种类型：

（1）金融型跨国集团

以中国国际信托投资公司、中国银行等为代表，他们在海外的分支企业的业务内容主要是在国际资本市场为国内企业筹措资金，通过这些分支机构向我国海外企业发放贷款，并进行一系列非信贷业务的投资。

（2）工业型跨国集团

以首都钢铁等大型国有工业企业为代表，这些企业集团在国内经营状况良好，很有余力，为了增强本企业在市场经济中的竞争力，它们走出国门，直接对外投资，开办了许多海外企业。如：中铝集团在澳大利亚开办铝厂，首钢在秘鲁开办铁矿，广州珠江外资建设总公司在美国、瑞士、澳大利亚开办了十几家独资或合资企业。

（3）外贸型跨国集团

以中化、五矿等专业外贸公司为代表，它们主要从事进口贸易业务，同时也兼营一些直接投资业务。

2. 中国对外投资存在的问题

尽管我国的海外企业发展较快，取得了一定的成绩，但同时也存在很多问题，需要进一步加强宏观管理。这些问题是：

（1）投资规模小，实力弱

我国海外投资企业以中小型项目为主，平均投资额只有 100 万美元左右，有的甚至只有几十万美元或几万美元，远远低于国外同类型跨国公司的投资规模。据联合国跨国公司中心有关资料统计，发达工业国跨国公司的平均投资规模为 600 万美元，新兴工业国为 260 万美元。中国海外企业正处于创业阶段，规模不大无可厚非，但若长此以往一直保持小规模生产和经营，不可能取得规模效益，必然导致高成本、低收益。而且，这种散兵游勇式的经营格局极易被对手"个个击破"，而丧失国际竞争力。

（2）管理不善，漏洞甚多

目前我国的海外投资缺乏统一的宏观规划和有效的协调机构，也没有控制与保证海外国的资产增值保值的法规体系和相应的手段。各部门按本部门的工作特点，自行制定有关规定，由此常常政令不一，使海外企业无所适从。一些服务部门仍然按照一般程序对待海外投资企业，如出国审批手续繁、效率低、周期长，致使一些企业失去不少好的机遇，给企业和国家带来损失。加上一些境外企业的主管或经理人员自恃"天高皇帝远",未善待"家业",财务管理混乱,甚而因漏洞多而损公肥私,由此造成海外企业亏损累累。

(3)缺乏科学的调查研究

海外投资的首要工作是做好东道国的综合投资环境分析(如经济金融、政治法律、社会文化等环境),以降低海外投资的风险。由于我国企业界对外直接投资起步晚,草率定项及仓促上马之事常有。如果未做好投资前的可行性研究,往往会造成严重的经济损失,这是应该引以为戒的。

三、中国的外债与外债管理

1. 中国的外债

据国际货币基金、经济合作与发展和世界银行 1988 年联合发表的《外债定义、范围和统计方法》中关于外债的基础定义,结合我国的实际,我国的外债可定义为:中国境内的机关、团体、企业(包括外商投资企业)、事业单位、金融机构、境外企业、个人或机构以及在我国境内的非居民借用而尚未偿还的、用外国货币表现的具有契约性偿还义务的全部债务。

我国的外债主要包括:

①外国政府贷款:指外国政府向我国提供的双方政府贷款,日本海外协会基金贷款、丹麦、科威特政府贷款等。

②国际金融机构贷款:指 IMF 和世行、亚行等全球性或区域性金融机构对我国的贷款。

③境外银行和金融机构贷款:指国外银行及其他金融机构、银团组织等提供的现汇贷款。

④境外发行的债券:指在国外资本市场发行的票面金额以外币表示的债券。在国内市场发行的外币债券,由境外机构、外籍私人购置的部分也包括在内。

⑤买方信贷和延期付款。

⑥国际金融租赁:指国外非银行机构提供的商品形式的租赁,在分期付清租金后,用象征性的代价将所有权移交给租赁方。

⑦补偿贸易中直接以现汇偿还部分:指合同签订时规定以现汇偿还的债务;由于某种原因中途将商品偿还更改为以现汇偿还的债务。

⑧向国外企业或私人的借款及他们在我国境内的存款。

⑨其他:包括与外国银行间的同业拆放;已在境外注册的驻外机构调入境内并需境内机构实际偿还的借款;中方替外方担保,由中方实际履行偿还义务的债务等。

向在中国境内注册的中外合资银行借入的资金不作为我国的外债。

我国借用外债从"六五"起步,"七五"发展较快。近 20 年来,我国已和几十个发达国家及一些发展中国家建立了贷款业务联系。借用外债建设的项目已遍及全国各个省市。1979—1992 年我国借用中长期国外贷款 600 多亿美元。"六五"期间,我国借用中长期国外贷款相当于同期全民所有制固定资产投资的 6%,"七五"期间借用 300 亿美元(包括国际租赁、卖方信贷等),相当于同期全民所有制固定资产投资的 10%。"八五"期间累计借用外资约 560 亿美元,到 1997 年外债余额已达 1 200 余亿美元。"九五"、"十五"、"十一五"期间,我国借用外债规模继续扩大,截至 2003 年底外债余额达到 1 936.34 亿美元,但年增长速度呈下降趋势。截止 2007 年底我国外债规模为 3 736.18 亿美元。

2. 中国的外债管理问题

(1)管理的目标

我国外债管理的目标是,在保证外债规模适度的宏观控制下,积极有效地利用国外资金,降低筹资成本,以满足国内经济建设对外资的需求;建立健全外债经营管理,保持较为合理的债务规模和债务结构,有效地防范和控制外债风险;发挥外债的最大经济效益,以期具备还本付息的充分能力,促进国民经济的持续、快速、健康发展;维护国家对外信誉。

我国对外债实行严格而灵活的管理,现行的外债管理体制包括三项内容:计划管理、归口管理和登记管理。

①计划管理。计划管理是指借用外资项目均纳入国家计划,由国家统一制定中长期和年度利用外资计划,统筹安排、综合平衡。中长期计划是国家根据国民经济发展战略目标和对外方针政策等制订的。年度计划是中长期计划的实施,逐年调整。

②归口管理。归口管理是指在国务院统一领导下,按有关部门的相关管理职能,实行外债归口管理,分别对利用国外贷款的规模、外债资金来源和投向实行宏观指导。此外,有关职能部门还分别负责筹借外资,并对所筹资金的使用和偿还进行监督。

③登记管理。登记管理是指从 1987 年起我国实行外债登记制度,登记方式有两种:定期登记和逐笔登记。

(2)规模管理

在规模管理上,我国外债规模主要取决于以下因素:①经济发展对外汇资金的需求。一般来说,经济增长速度越快,对外汇资金的需求越大。②对外债的承受能力,即我国对外债的偿还能力和消化吸收能力。③国际资本市场的资本供求状况。

观察中国的外债规模是否合理,可采用国际通用的偿债率与负债率两个指标来评价(见表 7 - 4)。

表 7-4 1999—2007 年中国外债风险指标 单位：%

指标 \ 年份	1999	2000	2001	2002	2003	2004	2005	2006	2007
偿债率	11.3	9.2	7.5	7.89	6.9	3.2	3.1	2.1	2.0
负债率	15.3	13.5	14.7	13.6	13.7	13.9	12.6	12.3	11.5
债务率	68.7	52.1	56.8	46.1	39.9	37.8	33.6	30.4	27.8
外债规模增长率	4	-4		0.73	13	18.6	13.6	14.9	15.7
GDP 增长率	7.1	8	7.5	8.3	9.5	10.4	10.4	11.6	11.9
外汇收入增长率	6.5	26.5	7.1	22.0	32.7	35.1	27.8	30.2	40.3

资料来源：根据中华人民共和国国家外汇管理局网站（http://www.safe.gov.cn）公布数据整理。由于 2001 年外债规模采用了新的统计口径，所以未计算外债规模增长率。

从表 7-4 可知，中国这两项指标均在国际公认的警戒线之内，说明中国目前的外债总体规模和结构是基本合理的。亚洲金融危机爆发后，中国的出口增长速度显示出减缓态势，国民经济增长速度也受到一定的影响。因此，中国加强了外债的规模管理，参照国际指标值，科学地测算和确定外债规模，适度调整对外借款。1999 年以来，中国外债余额增长速度逐年下降，有的年份还出现负增长。但从 2003 年开始，这一指标又开始呈现上升的趋势。

（3）结构管理

在结构管理上，中国的外债结构管理是在外债规模基本确定的前提下，对外债的利率结构、币种结构、期限结构、来源结构等要素的构成比例合理配置，以达到降低成本，减少风险，保证偿还的目的。

1）利率结构管理

利率结构管理在外债结构管理中占相当重要的地位。进行利率结构管理就是要合理安排并适时调整债务利率结构，以降低或稳定外债成本。这包括：①争取优惠利率贷款，降低外债成本。具体地说，应尽量争取国际金融组织贷款、外国政府贷款和出口信贷等利率水平较低的贷款；②根据市场总体水平和利率趋势固定利率和浮动利率，在国际金融环境欠稳定、资金供应出现紧缩趋势时，应选择固定利率；当国际金融市场稳定且资金供应充足时，可选择浮动利率。

2）币种结构管理

币种结构管理是指合理搭配币种比例，使债务币种多样化，以避免债务集中于某一种货币或少数几种货币而承担较大的汇率风险，增加还本付息额。1985 年以前，我国借用外债的币种只有日元、美元、德国马克和港币几种，目前已发展到 20 多种货币，呈现多样化债务币种结构。

3）期限结构管理

期限结构管理的目的在于合理安排短期债务和中长期债务的比例。以保证到期如数还本付息。期限结构管理一般应把握三个原则：①以中长期债务为主，力争将短期债务控制在25%以下；②保持短期债务的增长低于中长期外债的增长；③保证债务偿还的均衡分布，尽量避免借入大量相同的外债，防止还本付息过于集中。

4）来源结构管理

来源结构管理是外债管理的重要内容之一，对于发展中国家尤其重要。来源结构是指一国债务来源的机构和市场构成，通过来源结构的管理降低借款成本和汇率风险。在来源结构上，政府贷款、国际金融组织贷款等利率较优惠的贷款应保持较高的比重。

（4）效益与偿还管理

效益与偿还管理是外债管理必不可少的环节。只有高效率地运用外债资金，使之投入能产出较高的经济效益和社会效益，才能达到利用外资的目的，并保证债务的偿还。按不同的划分标准，外债效率既可分为项目效益和社会效益，也可分为外汇效益和人民币效益。外汇效益是指外债项目直接产生外汇利润。人民币效益指外债项目直接产生以人民币为衡量标准的经济效益。我国利用外资首先强调产生外汇效益. 这是实现外债良性循环的保证。

我国外债偿还管理实行谁借谁还的原则。根据这一原则。将偿还方式分为三种：统借统还、统借自还和自借自还。为了维护国家对外偿债的能力和信誉，加强外债偿还管理十分必要。首先要加强外债规模管理，将外债总量和增长速度控制在适度的水平上；其次是加强结构管理，合理配置和调整债务的利率、币种和期限结构，防范债务风险；再次要加强效益管理，按国家产业政策合理安排资金，提高外债效益，为外债偿还打下基础。

从近20年的实践来看，中国外债的筹措与使用总体上是成功的，管理也趋于完善，但仍存在一些需要注意和改进的问题。如外债规模增长较快。特别是短期债务和商业性借款增长较快；存在短贷长用的现象；在对外借款提供担保上还有不完善的地方，个别企业和政府机构也随意提供贷款担保，以致外债效益不理想，到期无力偿债；有的借款企业和机构对外汇风险和利率风险的防范措施不力或不及时，从而蒙受汇率和利率损失。因此，为进一步完善我国的外债管理，今后要着重解决的问题是：①研究并完善外债规模和结构管理；②进一步加强外债效益和偿还管理；③建立健全外债偿还保障体系；④建立健全外债管理法规制度。

本章小结

1. 国际资本流动是指资本从一个国家或地区转移到另一个国家和地区。主要反映在一国国际收支平衡表的资本与金融账户中。它包括资本流出和资本流入两个方面。正确理解国际资本流动的含义，要注意区分国际资本流动与资本输入、对外资产负债、国际收支和资金流动等几个概念的联系和区别。

2. 国际资本流动按照期限来划分，可分为长期资本流动和短期资本流动，其中长期资本流动包括直接投资、证券投资和国际贷款，短期资本流动按照资本流动的不同动机有贸易性资本流动、金融性资本流动，保值性资本流动和投机性资本流动。

3. 以两次世界大战为临界点，20 世纪 90 年代以前国际资本流动在资本规模、资本流向、输出方式、资本结构等方面都发生了一系列变化；20 世纪 90 年代以后，由于国际经济、政治的巨大变化，尤其是中期国际金融发展的重大影响，使得国际资本市场资金的需求大大增加，资金供给相对趋紧，且流入发展中国家的资金迅速回流发达国家，加大了资金不均衡的发展趋势，投机性资金的流动伴随私人资金融入资本市场趋势上升。

4. 国际资本流动在性质上是生产要素的国际化配置和配合。国际资本流动的大规模发展对资本输出国、资本输入国以及对国际经济势必产生深远的影响。一般地讲，这种影响是双重的，既有积极的作用，也不乏消极影响。

5. 金融危机是指一个国家或几个国家与地区的全部或大部分金融指标急剧、短暂和超周期的恶化。通常所说的金融危机分为货币危机、银行业危机、系统性金融危机以及债务危机。金融危机的特征是人们基于对经济发展的悲观预期，区域内出现整体性的货币大幅度贬值，经济总量与经济规模出现较大损失，经济增长受到打击，并且企业大量倒闭，失业率提高，社会出现普遍的经济萧条，有时甚至伴随着社会动荡或国家政治局面动荡。近年来发生的金融危机越来越呈现出成混合形式的危机。

6. 外债是指在任何特定的时间，一国居民对非居民承担的已拨付尚未清偿的具有契约性偿还义务的全部债务。债务危机就是指债务国不再具备还本付息的能力，可以用若干指标来衡量一国的债务状况。国际债务危机的形成原因，应从债务国国内的政策失误和世界经济外部环境的冲击两方面加以分析。国际社会采取了一系列措施来缓解或解决债务危机。

7. 在国际资本流动得到空前发展的同时投机性冲击活动也十分活跃，投机者利用各类金融工具同时在各类市场做全方位的投机。20 世纪 80 年代以来，国际游资对货币的投机性冲击力度越来越强，并且屡屡得手，在国际金融领域频频发生货币金融危机。金融全球化是 20 世纪 90 年代以来国际金融界谈论最多的话题，投机性冲击 20 世纪 80 年代以来呈现了一系列的新特点。

　　8.次级抵押贷款是指一些机构向程度较差和收入不高的借款人提供的贷款，次级市场的贷款利率通常比优惠级抵押贷款高2%～3%，但由于次级贷款对借款人的信用要求较优惠级贷款低，借款者信用记录较差，因此次级房贷机构面临的风险也天然的更大。次级债危机始于美国房地产市场，在经济全球化与金融全球化日益加深的背景下，次贷危机也迅速传导至全球金融市场，从美国实体经济传导至全球实体经济。

　　9.改革开放以来，中国在直接利用外资方面，尽管还存在许多不足之处，但无论是在外商投资规模方面，还是在外商投资方式上，都取得了很大的成绩，对促进中国经济增长做出了贡献。同时，中国的对外投资从无到有也取得了较大发展。中国借用外债从"六五"起步，"七五"、"八五"发展较快，"九五"、"十五"、"十一五"期间规模继续扩大，但年增长速度呈下降趋势。中国的外债管理已取得较好成绩，但应进一步完善。

本章重要概念

　　国际资本流动　金融危机　直接投资　证券投资　出口信贷　债务危机　偿债率　负债率　国际游资　投机性冲击　次级贷危机

复习思考题

　　1.如何理解国际资本流动的含义？
　　2.试述国际资本流动发展的特点。
　　3.简述国际资本流动的主要类型及其特征。
　　4.试分析国际资本流动的利益与风险效应。
　　5.简述发展中国家债务危机的形成原因。
　　6.简述当代国际投机者实施投机性冲击的立体投机策略。
　　7.试述金融国际化的特点。
　　8.试析20·世纪80年代以来投机性冲击的新特点。
　　9.简述次级贷危机的传染过程。
　　10.简述中国利用外资概况。

案例分析

中国平安投资富通巨额亏损

美国次级债风波席卷全球,也给进行跨国并购的中国金融企业带来了惨重的损失。

富通集团(Fortis)是一家活跃于世界保险,银行和投资领域,享誉全球的国际性金融服务集团,是欧洲最大的金融机构之一。作为一家以经营银行及保险业务为主的国际金融服务提供商,中国平安保险(集团)股份有限公司希望通过收购富通集团股份来壮大自身的规模,拓展相关业务。2007年底,中国平安以每股19.05欧元购买了富通集团4.99%股份,并为此付出了18.1亿欧元。随后,2008年6月底,富通宣布计划为公司增资超过80亿欧元,这一计划公布后,中国平安为保住最大单一股东的权益,立即斥资7500万欧元,购入增发股份的5%。但是受到次级贷危机的影响,富通集团的股价一路下跌,截至2008年10月17日,富通的股价已狂泻至1.16欧元,依此计算,中国平安的亏损已超过上百亿元人民币。而公布的2008年中期业绩显示:中国平安上半年的净利润达到71.02亿元——因投资富通集团而"蒸发"的价值,已经足以抵消其全年的净利润。根据中国会计准则编制的2008年半年度报告,平安的净资产为人民币833.78亿元(国际准则的净资产是904.20亿),已反映了投资富通集团股票的公允价值变动损失人民币105.24亿元。

思考:

1. 试根据以上材料分析中国平安保险(集团)股份有限公司投资失利的原因。

2. 我国企业在对外投资中应注意哪些问题?

第八章　国际货币制度

本章重点：国际货币制度的基本概念及其具体形态；国际金本位制；布雷顿森林体系的内容、特点和作用；《牙买加协定》的内容；区域货币一体化的特征和表现；"最适度货币区理论"中各派理论的主要内容及评价；欧元的运作机制；国际货币制度改革方案及其评价。

第一节　国际货币制度的变迁和发展

一、国际货币制度的概念及分类

国际货币制度(International Monetary System)，又称国际货币体系，是指为了适应国际贸易和国际支付的需要，使货币在国际范围内发挥着世界货币的职能，各国政府都共同遵守的有关政策规定和制度安排。

国际货币制度主要包括三个方面的内容：①国际储备资产的确定，即用什么货币作为国际间的支付货币，一国政府持有何种资产用以维持国际支付原则和满足调节国际收支的需要。②汇率制度的确定。一国货币与其他货币之间的汇率应如何决定和维持，能否自由兑换成支付货币，是采取固定还是浮动汇率制度。③国际收支调解的方式。当出现国际收支不平衡时，各国政府应采取什么方式弥补这一缺口，各国之间的政策又如何协调。

理想的国际货币制度应能够促进国际贸易和国际资本流动的发展，它主要体现在能够提供足够的国际清偿力并保持国际储备资产的信心，保证国际收支的失衡得到有效而稳定的调节。

国际货币制度按不同的分类标准可分为不同的类型，根据汇率伸缩性或僵硬程度，国际货币制度可以分为：永久性的固定汇率制、可调整的固定平价汇率制、宽幅波动汇率制、爬行钉住汇率制、管理浮动汇率制和完全自由浮动汇率制；按国际储备资产的性质，国际货币制度可分为：纯商品本位制，即所有储备都是商品储备，如金本位制；纯信用本位制，即所有储备都是信用储备，如不兑现的纸币本位制；混合本位制，即储备是由商品与信用储备混合而成，如金汇兑本位制。按国际货币制度的历史演进过程以及国际上的习惯称谓，国际货币制度大体可分为金本位制、全汇兑本位制、布雷顿森林体制（美元本位制）以及当前的管理浮动汇率体制。

二、国际金本位制

国际金本位制(Gold Standard)是在英国、拉丁货币联盟(含法国、比利时、意大利、瑞士)、荷兰、若干北欧国家及德国和美国实行国内金本位的基础上形成的,它盛行于19世纪70年代至1914年第一次世界大战爆发期间,是历史上第一个国际货币制度。

1. 金本位制度的特征

(1)金本位条件下的固定汇率制

汇率波动幅度很小的汇率制度即为固定汇率制。在金本位制下,每对货币汇率的法定平价决定于它们之间的铸币平价,市场汇率的波动以黄金输送点为界限。黄金输送点和铸币平价之间的差异决定于黄金在国家间运输的各种费用。

在金本位制下,汇率的波动幅度是自动而不是靠人为措施维持的。只要外汇市场上汇率超过了黄金输出点,如美元/英镑汇率 >2.414 4,在外汇市场上英镑需求大于供给,对美国债务人来说,偿还同样数量的英镑债务,直接输出黄金将比在外汇市场购买英镑更便宜,这使外汇市场上英镑需求下降,从而汇率下降,这种行为将一直持续到市场汇率 =2.414 4。类似地,当外汇市场汇率低于黄金输入点,如美元/英镑汇率 <2.385 6,在外汇市场上英镑供给大于需求,对本国债权人来说,了结同样数量的美元债权,直接输入黄金比先收取英镑再在外汇市场兑换美元获利更大,这使外汇市场上英镑供给下降,从而汇率上升,直到市场汇率 =2.385 6。可见,在金本位制下,由于黄金可以自由地在国家之间运送,外汇市场上外汇供求之间的差距不会很大,外汇汇率虽可能偏离铸币平价,但不会超越黄金输送点的界限。

(2)金本位制下的储备资产和国际结算

在金本位制下,由于各国货币的金平价是法定的并且保持不变,因此国家间货币汇率是稳定的,不存在外汇风险。在这种情况下,各国货币可以自由兑换,实行多边自由结算,黄金作为唯一的储备资产,是最后的国际结算手段。

尽管如此,在1880—1914年这段时期内,黄金的国际流动并不是唯一的和最重要的国际债权债务清算方式。由于当时英国经济实力堪称世界第一,是全球最大的贸易国和金融资产的供给者,伦敦是世界金融中心,因此英镑成为代替黄金的世界货币。国际贸易通常以英镑计价,并且90%以上用英镑结算,许多国家中央银行的主要国际储备是英镑而非黄金。所以,这一时期的金本位制有时也被称为英镑本位制。

(3)金本位制下国际收支的调节

金本位制下国际收支可以实现自动调节,即英国经济学家休谟所谓的价格—铸币流动机制。在金本位下,一国国际收支赤字意味着本国黄金的净输出,从而国内黄金储备下降,货币供给减少,物价水平下降。物价水平下降后,本国商品在国际市场上的竞争能力增强，外国商品在本国市场上竞争能力减弱，于是出口增加，进口减少，国际收支改善。同样，当出现国际收支盈余时，由于盈余引起的黄金净流入会扩大国内货币供给，造成物价水平上升，使出口减少、进口增加，盈余趋于消失。

2. 金本位制的优缺点

在金本位制下，各国中央银行必须固定货币的黄金价格，这样货币供给就会自动与货币需求保持一致。金本位制限制了中央银行的扩张性货币政策，从而使一国货币的真实价值保持稳定和可预测。稳定的价格水平和货币比价，以及较为平稳的世界经济环境（如没有发生大规模战争），极大地促进了世界各国的经济增长和贸易发展。

但是，国际金本位制度也存在许多缺陷。从根本上讲，它过于"刚性"，这表现在：①国际间的清算和支付完全依赖于黄金的输出入；②货币数量的增长主要依赖黄金的增长。由于各资本主义国家发展的不平衡和经济实力的悬殊差异，较发达的国家通过贸易顺差的持续积累和其他特权，不断的积累黄金。结果，到1913年，英国、美国、法国、德国、俄国五个国家的黄金存量达到了世界黄金存量的2/3，使得其他国家国内的金本位制难以继续维持。另一方面，世界经济的发展要求货币的数量也相应增长，然而，世界黄金产量跟不上世界经济的增长，使世界金本位制的物质基础不断削弱。

第一次世界大战前夕，欧美各国为应付战争，一方面尽量将黄金集中在中央银行，限制黄金输出，另一方面大量发行银行券以应付军费开支增加出现的巨额财政赤字，自由铸造和自由兑换已不复存在。至此，金本位制的竞赛三原则，即自由铸造、自由兑换、自由输出输入均难以为继，金本位制于是陷入瘫痪。

一战时和一战后初期，大多数欧洲国家经历了恶性通货膨胀，想在原汇率下恢复金本位制实在力不从心。只有美国未受战争破坏，只经历了轻微的通货膨胀，从而在1919年6月恢复了金铸币本位制。战争使美国取代英国成为世界金融霸主。1925年英国不顾价格水平的巨大上升，在战前的英镑/黄金兑换水平上勉强恢复了金本位制，但同时规定英镑兑换黄金的数量至少为400盎司，即1 700英镑。德国、奥地利、意大利等国家则实行了"金汇兑本位制"。实行这种制度的纸币不能直接兑换黄金，但可兑换实行金本位制的外国货币，从而间接与黄金挂钩。但从根本上讲，国际金汇兑本位制下，黄金数量依然满足不了世界经济的增长和维持稳定汇率的需要。

1929年世界性的经济危机使原本脆弱的国际金本位制最终崩溃。在欧洲，德国首先于1931年7月宣布实行外汇管制，放弃了金本位制。接着同年9月和1933年4月，英国和美国相继放弃了金本位制。法国、比利时、荷兰、瑞士、意大利和波兰六国组成的"黄金集团"，坚持到1935年也先后被迫放弃了金本位制，从而宣告了国际金本位制的彻底瓦解。金本位制彻底崩溃后，20世纪30年代大萧条期间全世界被所谓的"汇率战"所笼罩。为了扩大出口，刺激国内经济复苏，各国货币竞相贬值，外汇管制也越来越严格。

三、布雷顿森林体系

第二次世界大战即将结束时，一些国家深知，国际经济的动荡乃至战争的爆发与国际经济秩序的混乱存在着直接或间接的联系。因此，重建国际经济秩序成为促进战后经济恢复和发展的重要因素，在国际金融领域中重建经济秩序就是建立能够保证国际经济正常运行的国际货币制度。

1. 布雷顿森林体系的建立

所谓布雷顿森林体系(Bretton Woods System)，是指 1944 年 7 月 1 日在美国新罕布什尔州的布雷顿森林由 44 个国家参加会议，并商定建立的以美元为中心的国际货币制度。

1944 年 7 月 1 日至 22 日，在美国新罕布什尔州的布雷顿森林城举行了由 44 个国家参加的"联合国货币金融会议"，围绕战后国际货币制度的结构和运行等问题，会议通过了以"怀特计划"①为基础的《国际货币基金组织协定》和《国际复兴开发银行协定》，总称《布雷顿森林协议》，协议确立了新的国际货币制度的基本内容。该协议的宗旨是：①建立一个永久性的国际货币机构以促进国际货币合作；②促进汇率稳定，防止竞争性的货币贬值，以促进国际贸易的发展和各国生产资源的开发；③向成员国融通资金，以减轻和调节国际收支的不平衡。根据上述宗旨，协议还就战后国际货币制度的具体内容作了规定。

2. 布雷顿森林体系的内容

布雷顿森林体系包括五方面的内容，即本位制度、汇率制度和汇率制度的维持、储备制度、国际收支调整制度及相应的组织形式。

(1) 本位制度

在本位制方面，布雷顿森林体系规定美元与黄金挂钩。各国确认 1934 年 1 月美国规定的一美元的含金量为 0.888 671 克纯金，35 美元为换一盎司黄金的黄金官价。美国承担向各国政府或中央银行按官价兑换美元的义务。同时，为了维护这一黄金官价不受国际金融市场金价的冲击，各国政府需协同美国政府干预市场的金价。

(2) 汇率制度

在汇率制度方面，它规定国际货币基金组织的成员国货币与美元挂钩，即各国货币与

---

① 1943 年,美国财政部官员怀特和英国财政部顾问凯恩斯分别从本国利益出发,设计战后国际货币金融体系,提出了两个不同的计划。"怀特计划"是从当时美国拥有大量的黄金储备出发,强调黄金的作用,并竭力主张取消外汇管制和各国对国际资金转移的限制,以便于美国对外进行贸易扩张和资本输出。它主张在战后设立一个国际稳定基金组织,基金组织发行一种国际货币,各国货币与之保持固定比价,基金组织的任务主要是稳定汇率,并对会员国提供短期信贷以解决国际收支不平衡问题。实际上这是为美国输出过剩资本、控制和掠夺其他国家服务的。"凯恩斯计划"是从当时英国黄金储备缺乏的困境出发,尽力贬低黄金作用,主张建立一个世界性中央银行,称"国际清算联盟",各国的债权、债务通过它的存款账户转账进行清算。两个方案反映了美、英两国经济地位的变化和争夺世界金融霸权的目的。

美元保持稳定的汇率。各国货币与美元的汇率按照各自货币的含金量与美元含金量的比较确定或者不规定本国货币的含金量，只规定与美元的汇率。这意味着国际货币基金组织成员国之间的汇率是固定汇率，各国不能任意改变其货币的含金量。如果某种货币的含金量需要做10%以上的调整，就必须得到国际货币基金组织的批准。国际货币基金组织允许的汇率波动幅度为正负1%。只有在成员国的国际收支发生根本性不平衡时，才能改变其货币平价。

（3）储备制度

在储备制度方面，美元取得了与黄金具有同等地位的国际储备资产的地位。

（4）国际收支调整制度

在国际收支调整机制方面，成员国对于国际收支经常项目的外汇交易不得加以限制，不得施行歧视性的货币措施或多种货币汇率制度。

（5）组织形式

为了保证上述货币制度的贯彻执行，1945年12月建立了国际货币基金组织。该组织的职能主要有两个：一是当成员国出现短期性经常项目逆差，而紧缩性货币政策或紧缩性财政政策会影响国内就业水平时，国际货币基金组织随时准备向他们提供外币贷款，以帮助他们渡过难关。用于这种贷款的黄金与外币由该组织成员国交纳的基金提供。二是可调整的货币平价。尽管该货币体系规定成员国之间的汇率保持固定，但是当该组织认为一国的国际收支处于"根本性不平衡"状态时，该国可以调整其汇率。

国际货币基金组织的基本职能是向国际收支失衡的成员国提供临时性贷款，以解决成员国暂时性的国际收支失衡问题。但是对于发展中国家而言，由于这些国家处在经济发展的过程中，他们国际收支的基本特征是收支长期逆差，因此其汇率将难以保持不变。要维持他们的汇率必须从基础入手，解决其经济发展问题。

1945年12月，国际复兴开发银行（世界银行）成立。其宗旨是：为发展中国家用于生产目的的投资提供便利，以协助成员国的复兴与开发，并鼓励发展中国家征税与资源的开发；通过保证或参与私人贷款和私人投资的方式，促进私人对外投资；用鼓励国际投资以开发成员国生产资源的方法，促进国际贸易的长期平衡发展，维持国际收支平衡；在提供贷款保证时，应同其他来源的国际贷款进行配合。世界银行作为国际货币制度的辅助性机构在促进发展中国家经济发展，摆脱长期贸易收支或国际收支逆差方面起到了非常重要的作用。

3. 布雷顿森林体系的作用和局限性

布雷顿森林体系的形成结束了战前货币金融领域里的混乱局面，维持了战后世界货币体系的正常运转。美国通过赠与、信贷、购买外国商品和劳务等形式，向世界散发了大量美元，客观上起到扩大世界购买力的作用。同时，固定汇率制在很大程度上消除了由于汇率波动而引起的动荡，在一定程度上稳定了主要国家的货币汇率，这有利于国际贸易的发展。据统计，世界出口贸易总额年平均增长率，1948—1960 年为 6.8%，1960—1965 年为 7.9%，1965—1970 年为 11%；世界出口贸易年平均增长率，1948—1976 年为 7.7%，而战前的 1913—1938 年，平均每年只增长 0.7%。基金组织要求成员国取消外汇管制，也有利于国际贸易和国际金融的发展，它可以使国际贸易和国际金融在实务中减少许多干扰或障碍。

　　布雷顿森林体系形成后，基金组织和世界银行的活动对世界经济的恢复和发展起了积极作用。一方面，基金组织提供的短期贷款暂时缓和了国际收支危机。二战后初期，许多国家由于黄金外汇储备枯竭，纷纷实行货币贬值，造成国际收支困难，而基金组织的贷款不同程度地解决了这一难题。20 世纪 50 年代中期至 20 世纪 60 年代中期，由于在减少限制方面有了较快发展，许多国家国际支付地位的加强，也促进了支付办法上的稳步自由化，基金组织的贷款业务迅速增加，重点也由欧洲转至亚、非、拉第三世界。另一方面，世界银行提供和组织的长期贷款和投资不同程度地解决了会员国二战后恢复和发展经济的资金需要。世界银行成立初期，贷款主要集中于欧洲国家。后来，世界银行的贷款方向主要转向发展中国家，以解决开发资金的需要。此外，基金组织和世界银行在提供技术援助，建立国际经济货币的研究资料及交换资料情报等方面对世界经济的恢复与发展也起到了一定作用。

　　二战后国际货币体系是以美元和黄金为基础的金汇兑本位制。它必须具备两个基本前提：一是美国国际收支能保持平衡；二是美国拥有绝对的黄金储备优势。但是进入 60 年代后，随着资本主义体系危机的加深和政治经济发展不平衡的加剧，各国经济实力对比发生了变化，美国经济实力相对减弱。1950 年以后，除个别年度略有顺差外，其余各年度都是逆差，并且有逐年增加的趋势。至 1971 年，仅上半年，逆差就高达 83 亿美元。随着国际收支逆差的逐步增加，美国的黄金储备也日益减少。1949 年，美国的黄金储备为 246 亿美元，占当时整个资本主义世界黄金储备总额的 73.4%。此后，逐年减少，至 1971 年 8 月，尼克松宣布"新经济政策"时，美国的黄金储备只剩下 102 亿美元，而短期外债为 520 亿美元。美元大量流出美国，导致"美元过剩"，1973 年底，游荡在各国金融市场上的"欧洲美元"就达 1 000 多亿。由于布雷顿森林体系前提的消失，也就暴露了其致命弱点，即"特里芬两难"①。美元国际信用严重下降，各国争先向美国挤兑黄金，而美国的黄金储备已难于应付，这就导致了从 1960 年起，美元危机迭起，货币金融领域陷入日益混乱的局面。为此，美国于 1971 年宣布实行"新经济政策"，停止各国政府用美元向美国兑换黄金，这就使

---

　　①　布雷顿森林体系建立之后，美国经济学家特里芬在 1960 年发表了《黄金与美元之危机》一书，提出了著名的"特里芬两难问题"，即无论美国的国际收支是顺差还是逆差，都会给这一货币体系的运行带来困难。在这一制度下，如果美国要保持国际社会有足够的美元用于国际支付，那么人们就会担心美国持有黄金能否兑换各国持有的美元，从而导致对美元的信心，进而是对布雷顿森林体系的信心发生动摇；另一方面，如果美国力图消除国际收支逆差，以维持人们对美元的信任，美元的供应就不可能充足。因此，在这个货币体系中存在着"美元灾"或"美元荒"的双重威胁。

西方货币市场更加混乱。1973 年美元危机中，美国再次宣布美元贬值，导致各国相继实行浮动汇率制代替固定汇率制。美元停止兑换黄金和固定汇率制的垮台，意味着布雷顿森林体系的基础发生动摇，标志着战后以美元为中心的货币体系瓦解。

第二节　当前的国际货币制度

一、《牙买加协定》的主要内容

布雷顿森林体系瓦解以后，重新建立，至少是改革原有货币体系的工作成了国际金融领域的中心问题。

1971 年 10 月，国际货币基金组织理事会提出了修改《国际货币基金协定》的意见。1972 年 7 月，理事会决定成立"20 国委员会"，具体研究改革国际货币制度的方案。该委员会及后来替代这个委员会的"临时委员会"为改革作了大量的准备工作。1976 年 1 月，成员国在牙买加首都金斯敦举行会议，讨论修改国际货币基金协定的条款，会议结束时达成了《牙买加协定》。同年 4 月，国际货币基金组织理事会又通过了以修改《牙买加协定》为基础的《国际货币基金协定》第二次修正案，并于 1978 年 4 月 1 日起生效，实际上形成了以《牙买加协定》为基础的新的国际货币制度。

新的国际货币制度的主要内容包括三个方面，即汇率制度、储备制度和资金融通问题。《牙买加协定》认可了浮动汇率的合法性。它指出，国际货币基金组织同意固定汇率和浮动汇率的暂时并存，但成员国必须接受基金组织的监督，以防止出现各国货币竞相贬值的现象。该协议明确提出黄金非货币化，成员国可以按市价在市场上买卖黄金。取消成员国之间、成员国与基金组织之间以黄金清偿债权债务的义务，降低黄金的货币作用。逐步处理基金组织持有的黄金，按市场价格出售基金组织黄金总额的 1/6，另有 1/6 归还各成员国。确定以特别提款权为主要的储备资产，将美元本位改为特别提款权本位。特别提款权是国际货币基金组织 1969 年为解决国际清偿能力不足而创立的一种国际储备资产和计账单位，代表成员国在普通提款权之外的一种特别使用资金的权利。普通提款权是基金组织提供的最基本的普通贷款，用以解决受贷国因国际收支逆差而产生的短期资金需要。特别提款权按照成员国在基金组织认缴份额比例进行分配。分配到的特别提款可通过基金组织提取外汇，可同黄金、外汇一起作为成员国的储备，故又称"纸黄金"。其设立时的价值相当于 1 美元。1974 年 7 月 1 日以后改用一篮子 16 种货币定值。1981 年 1 月 1 日以后又改用美元、马克、法郎、英镑和日元 5 种货币定值，扩大对发展中国家的资金融通。基金组织用出售黄金所得收益建立信托基金，以优惠条件向最贫穷的发展中国家提供贷款。将基金组织的贷款额度从 100% 提到 145%，并提高基金组织"出口波动补偿贷款"在份额中的比重，由占份额的 50% 增加到 75%。

二、《牙买加协定》后国际货币制度的运行特征

牙买加会议后，国际货币制度进入了一个新时期。它体现在国际储备走向多元化、汇率制度多元化、国际收支调节多样化三个方面。首先，尽管牙买加协定提出了用特别提款权代替美元的方案，但是由于特别提款权只是一个计账单位，现实中需要有实在的货币作为国际经济交往的工具，因而客观上形成了国际储备多元化的结构。其次，各国的具体情况不同，所选择的汇率制度也不同。牙买加协定的精神在于避免成员国竞争性货币贬值的出现，因此只要各国的汇率制度是相对稳定或合理的，它就可以合法存在。这是牙买加协定能够获得广泛认可的重要因素之一。再次，从国际收支的调节看，在允许汇率调整的情况下，各国国际收支调节的政策选择余地加大了。各国既可动用本国储备，又可借入国外资金或货币基金组织的贷款，也可以通过调整汇率调节国际收支，所以在新的国际货币制度下，成员国具有较大的灵活性。整齐划一的国际货币制度消失了，代替它的是多样化、灵活的体系。正是由于这一点，每个国家自我约束、自主管理的责任也日趋重要了。

三、对当前国际货币制度的评价

当前的国际货币体系(牙买加体系)仍然存在许多问题，主要表现在以下三个方面：

第一，汇率纪律荡然无存。在西方学术界，固定汇率和浮动汇率孰优孰劣的争论是一个长期性的话题。鉴于布雷顿森林体系的弱点，"牙买加协定"明确规定，国际合作的基本目标是经济稳定(即物价稳定)而不是汇率稳定，于是更具弹性的浮动汇率制在世界范围内逐步取代了固定汇率制。倾向浮动汇率制经济学家认为：浮动汇率会给予各国宏观经济决策者以更大的自主权；会消除布雷顿森林体系下的不对称性；可以调节国际收支，促使国际收支平衡，解决固定汇率制下的根本性不均衡。

但从各国实行浮动汇率的实际经验来看，在浮动汇率制下，汇率波动频繁而急剧，因而国际贸易和金融市场受到严重影响；浮动汇率加剧了世界性通货膨胀，因为浮动汇率总的来讲是提高了各国物价；基金组织对国际储备的控制被削弱了，浮动汇率使一些国家可以长期地实行膨胀政策，而不必考虑国际支付问题；汇率经常变动，不仅影响对外贸易和资本流动，而且使发展中国家的外汇储备和外债问题也变得复杂化了；世界经济全球化和一体化趋势的发展，使各国在浮动汇率制下也不能充分实行独立的政策。为此，主要工业国都采取了一些措施来稳定汇率，实施所谓的"管理浮动"，对外汇市场进行必要的干预。

但不论是自由浮动还是管理浮动，存在的现实问题都不少，特别是国际金融市场的不稳定问题在 20 世纪 90 年代以来日渐突出，许多西方经济学者又开始主张恢复固定汇率制。可是，从目前各国经济增长率、通货膨胀率、利率和对外收支等方面存在很大差异的

条件来分析，实行固定汇率制是缺乏基础的。因而，更多的经济学者主张保持目前的混合体制，要求主要工业国协调协调政策，联合干预，以使汇率趋于稳定。

第二，造成储备货币管理的复杂性。国际储备货币的多样化产生具有必然性。本来，根据修改后的《国际货币基金协定》，基金组织在取消了黄金的货币作用后，希望以特别提款权作为主要的国际储备，通过新储备资产的创造来解决各会员国的支付问题。但一方面，特别提款权本位难以建立，另一方面，美元本位也难以维持，国际储备才出现了分散化的趋势。国际储备多样化对美元是一种制约，在调节不同货币的供应方面具有一定的灵活性，同时还相对降低了单一中心货币(如美元)对世界储备体系稳定性的影响。此外，多种货币储备体系为一国进行外汇管理提供了更多的手段，减少了单一货币本位下汇率变动带来的危险。外汇供给来源的增加相对缓和了国际清偿能力的不足，使世界清偿力的增长能摆脱对美元的过分依赖，对缺少资金的发展中国家也有一定的好处。

但是，多种储备体系又具有内在的不稳定性。首先，由于实行了浮动汇率制，主要的储备货币(不论是美元，还是德国马克或日元)的汇率经常波动，这对于发展中国家是很不利的。发展中国家的经济基础薄弱，又缺乏应对金融动荡的经验和物质准备，所以，它们在国际贸易和储备资产方面遇到重大的困难，并往往成为各种游资冲击的最早、最直接的攻击对象。另外，储备货币的多样化增大了国际金融市场上的汇率风险，致使短期资金移动频繁，增加了各国储备资产管理的复杂性。最后，多种储备货币并没有从本质上解决储备货币同时担负世界货币和储备货币所在国本币的双重身份所造成的两难。当维护世界金融秩序和支付能力目标与维护国内经济平衡的目标发生冲突时，这些国家必然侧重于后者，从而对别国乃至世界经济带来负面影响。

第三，缺乏有效的国际收支调节机制。在布雷顿森林体系中，各国的暂时性国际收支差额可以通过国际货币基金组织来调节。当发生所谓的基本不平衡时，理论上也可以用调整汇率的办法来调节。但实际上，由于国际货币基金组织的影响力有限、可用资金有限，而汇率又鲜有调整，该体系下的国际收支调节没有达到预期的效果，最终导致整个体系的瓦解。针对上述情况，牙买加体系寄希望于通过汇率的浮动来形成一个有效的和灵活的国际收支调节机制。

首先，汇率的过度浮动只是增加了市场上的不稳定性，甚至恶化了各国的国际收支状况，就连大力支持浮动汇率制的主要储备货币国(美、日、德等国)之间的贸易不平衡都无法通过汇率变动来调节。

其次，国际货币基金组织的贷款机制并不能很好地促进国际收支的平衡。基金组织的主要任务是维护多边支付体系和货币的自由兑换。但是，除非国际收支失衡已经或即将导致债务或金融危机并危及以上两个目标，基金组织不会轻易出手。反倒是国际私人银行对收支起到了相当大的调节作用，而且目前庞大的国际收支不平衡往往还要依靠国际货币体系以外的力量来进行调节。例如，美国要想缩减其庞大的外贸逆差，除了降低美元汇率以外，还要大幅度削减国内预算赤字，减少由于国内消费扩张而引起的大量进口，通过调整贸易和产业结构、提高劳动生产率来扩大出口。此外，还可能在必要的情况下，采取保护贸易政策来限制进口等。同样，日本的巨额对外贸易顺差，也要靠扩大国内需求、增加进口和减少出口来得到缓解。

其三，目前的国际收支调节任务仍然大部分落在逆差国家身上，牙买加体系并没有吸收布雷顿森林体系的教训，建立制度来约束或帮助逆差国恢复国际收支平衡。例如，美国在发生经常项目逆差时，通常总是通过引进短期资金来平衡，而不愿意调整汇率或紧缩国内经济，于是各国纷纷效尤。但人们忽略了非常重要的一点：美国是储备货币发行国，只要发行美元就可以偿还外债，而其他国家，尤其是非储备货币发行国则不能这样做。因此，借债还债只会造成债台高筑，并不能从根本上解决问题。由于近年来发生经常项目逆差的国家大多是发展中国家，外汇短缺的问题本来就很严重，如果不想发生债务危机就只能紧缩国内经济，但这样一来就会使刚刚起步的经济陷于停滞，所以又只得依靠外债来应付局面，从而沦落为重债国。

最后，由于储备货币多样化和汇率安排多样化，货币危机和国际金融危机的来源点也多样化。但牙买加体系缺乏有效的主观或客观危机预警指标，从而使防范危机无从下手。20 世纪 90 年代开始，国际市场上危机四起，牙买加体系的缺陷日益凸显，改革现行国际货币体系的呼声不断高涨。

第三节　欧洲货币一体化

欧洲货币一体化的演进被认为是自布雷顿森林体系崩溃以来在国际货币安排方面最有意义的发展，是迄今为止最适度货币区最为成功的实践结果。在欧洲货币一体化的发展过程中，成员国建立起一个"货币稳定区域"，使它们免受区域外金融不稳定的影响，区域内的固定汇率安排更是方便了成员国间的经济交往和合作。

一、欧洲货币体系的产生

1969 年 12 月在海牙召开的欧盟首脑会议标志着欧洲货币统一改革的开始，会上指定皮埃尔·温纳（卢森堡的总理和财政部部长）组织委员会制定具体措施，消除欧盟内部汇率的波动，集中欧盟货币改革决定权，减少彼此间的贸易壁垒。

欧洲国家为什么从 20 世纪 60 年代末开始努力寻求货币政策的一致性和汇率的更大稳定性呢？主要有三个原因：一是影响世界经济的政策形势发生了变化，另一个是人们希望欧盟能发挥更大的作用，还有就是汇率的变动给欧盟带来了不少管理上的问题，这些原因具体表现为：

①为了提高欧洲在世界货币体系中的地位。1969 年的货币危机使得欧洲对美国在将其国际货币职责放在其国家利益之前的可靠性失去信心。面对美国越来越自私的政策，欧盟国家为了更加有效地维护它们自己的经济利益，决定在货币问题上采取一致行动。

②为了把欧盟变成一个真正的统一市场，尽管 1957 年《罗马条约》的签订使欧盟建立了关税同盟，但在欧洲内部商品和要素的流动仍存在很大的官方障碍，欧盟的长远目标就是要消除所有这些障碍，以美国为模式把欧盟变成一个巨大的统一市场。欧洲的官员们认为汇率的不确定性像官方贸易障碍一样，是减少欧盟内部贸易的主要原因之一。在他们看来，只有在欧洲国家之间建立起固定的相互汇率，才能形成一个真正的统一的大市场。

③为了避免欧盟共同农业政策的失衡，因为汇率的变动给欧盟共同农业政策带来了调整难题。而共同农业政策保证了农产品的最低支持价格。为了使欧盟内所有农民都享受平等待遇，共同农业政策规定予以一篮子欧盟国家货币为单位的农产品支持价格。

二、欧洲货币体系的主要内容

欧洲货币联盟（European Monetary Union，EMU）的第二阶段是欧洲货币体系的建立与发展，它是欧洲货币联盟进程中的一个新阶段。建立欧洲货币体系的动议是 1978 年 4 月在哥本哈根召开的欧共同体首脑会议上提出来的。同年 12 月 5 日，欧共体各国首脑在布鲁塞尔达成协议，自 1979 年初正式实施欧洲货币体系协议。

欧洲货币体系主要有三个组成部分：①欧洲货币单位（European Currency Unit，ECU）；②欧洲货币合作基金（European Monetary cooperation Fund，EMCF）；③稳定汇率机制（Exchange Rate Mechanism，ERM）。

1. 欧洲货币单位

欧洲货币单位类似于特别提款权，其价值是欧共体成员国货币的加权平均值，每种货币的权数根据该国在欧共体内部贸易中所占的比重和该国国民生产总值的规模确定。以这种方式计算出来的欧洲货币单位具有价值稳定的特点。该计算方法也决定了在 ECU 的组成货币中，德国马克、法国法郎和英镑中为最重要的三种货币，其中又以德国马克所占的比重最大，马克汇率的上升或下降，对欧洲货币单位的升降往往具有决定性的影响。根据规定，ECU 中的成员国货币权数每 5 年调整一次，但若其中任何一种货币的变化超过 25% 时，则可随时对权数进行调整。

欧洲货币单位的创设是欧洲货币体系与联合浮动的最大区别所在，其发行有着特定的程序。在欧洲货币体系成立初始，各成员国将它们 20% 的黄金储备和 20% 的外汇储备交付给欧共体的欧洲货币合作基金，该基金则以互换的形式向成员国发行数量相当的欧洲货币单位，其中，黄金储备按 6 个月前的黄金平均市场价格或按前一个营业日的两笔定价的平均价格计算，美元储备则按市场汇率定值。

欧洲货币单位的作用主要有三种：①作为欧洲稳定汇率机制的标准。成员国在确定货币汇率时，以欧洲货币单位为依据，其货币与欧洲货币单位保持固定比价，然后，再由此中心汇率套算出同其他成员国货币的比价；②作为决定成员国货币汇率偏离中心汇率的参考指标；③作为成员国官方之间的清算手段、信贷手段以及外汇市场的干预手段。

2. 欧洲货币合作基金

为了保证欧洲货币体系的正常运转，欧共体于 1979 年 4 月设立了欧洲货币合作基金，集中起成员国各 20% 的黄金储备和外汇储备，作为发行欧洲货币单位的准备。由于各国储备数量以及美元和黄金价格处于变动之中，该基金每隔一段时间便要重新确定其金额。欧洲货币合作基金的主要作用是向成员国提供相应的贷款，以帮助它们进行国际收支调节和外汇市场干预，保证欧洲汇率机制的稳定。欧洲货币合作基金给成员国提供的贷款种类因期限而有所不同：期限最短的 45 天以下（含 45 天），只向稳定汇率机制参加国提供；一般的 9 个月以下的短期贷款，用于帮助成员国克服短期国际收支失衡问题；中期贷款的期限为 2～5 年，用于帮助成员国解决结构性国际收支问题。欧共体通常在向成员国提供贷款时附加一定的条件。

3. 稳定汇率机制

稳定汇率机制是欧洲货币体系的核心组成部分。根据该机制的安排，汇率机制的每一个参加国都确定本国货币同欧洲货币单位的（可调整的）固定比价，也即确定一个中心汇率，并依据中心汇率套算出与其他参加国货币相互之间的比价。

需要指出的是，并不是所有欧共体成员国都参加了稳定汇率机制。德国、法国、比利时、丹麦、意大利、荷兰、卢森堡和爱尔兰是该机制的初始参加国。英国虽然于 1973 年就加入了欧共体，但直到 1990 年 10 月才加入稳定汇率机制。而 1992 年 9 月它又与意大利一同退出这一汇率机制。西班牙和葡萄牙于 1986 年加入欧共体，但它们进入稳定汇率机制的时间则分别推至 1989 年 6 月和 1992 年 4 月。

稳定汇率机制通过各国货币当局在外汇市场上的强制性干预，使各国货币汇率的波动限制在允许的幅度以内。也就是说，如果两种货币的汇率达到允许波幅的上限或下限时，弱币国货币当局必须买入本币以阻止其进一步贬值，相应地，强币国货币当局必须卖出本币以阻止其继续升值。通过这种对称性的市场干预，欧共体得以实现汇率机制的稳定。

三、欧洲货币一体化的进程

欧洲货币一体化的起源可以追溯到 20 世纪 60 年代以前，如 1950 年建立的欧洲支付同盟及其替代物——1958 年欧洲经济共同体各国签署的欧洲货币协定。但这些组织或协定在内容上虽有以后货币一体化的形式，却无其实质。它们的出发点在于，促进成员国贸易和经济在第二次世界大战后的发展,恢复各国货币的自由兑换,而不涉及各国的汇率安排和储备资产的形式。因此,人们一般将 20 世纪 60 年代的跛行货币作为欧洲货币一体化进程的开端①。

跛行货币区虽然开始了欧洲货币一体化的尝试,但由于其内部缺乏支持其稳定存在的基础,在整个货币一体化的发展进程中,它的地位并不重要。尽管欧洲经济共同体在 20 世纪 60 年代已首次提出建立欧洲货币联盟的概念,有关的巴尔报告(Barre Report)也强调各国应采取更有效的措施,以实现区域内各国间的政策协调,并倡议建立使逆差国能从顺差国获取信贷资助的体系,但在实践中,欧洲货币一体化并没有取得实质性的进展。

从实质性取得进展角度而言,欧洲货币一体化经历了以下几个演变阶段:

1. 第一阶段(1972—1978 年):魏尔纳计划

布雷顿森林体系瓦解之际,欧洲经济共同体国家为了减少世界货币金融不稳定对区内经济的不利影响,同时也为了实现西欧经济一体化的整体目标,于 1969 年提出建立欧洲货币联盟的建议。1970 年 10 月,以卢森堡首相兼财政大臣魏尔纳(Werner)为首的一个委员会,向欧共体理事会提交了一份《关于在共同体内分阶段实现经济和货币联盟的报告》,即魏尔纳计划。该计划建议从 1971 年到 1980 年分三个阶段实现欧洲货币一体化(见表 8 - 1)。然而 70 年代动荡的金融形势以及欧共体国家发展程度的巨大差异,使得魏尔纳计划几乎完全落空。20 世纪 70 年代一体化取得的唯一的重大成果是创设了欧洲计算单位(European Unit of Account, EUA)作为确定联合浮动汇率制的换算砝码,这实质上也是共同货币的萌芽。

表 8 - 1　1971 年的欧洲货币联盟计划

阶　段	时　间	主　要　目　标
第一阶段	1971 年初至 1973 年底	缩小成员国货币汇率的波动幅度,着手建立货币储备基金,以支持稳定汇率的活动,加强货币与经济政策的协调,减少成员国经济结构的差异
第二阶段	1974 年初至 1976 年底	集中成员国的部分外汇储备以巩固货币储备基金,进一步稳定各国货币间的汇率,并使共同体内部的资本流动逐步自由化
第三阶段	1977 年初至 1980 年底	使共同体成为一个商品、资本、劳动力自由流动的经济统一,固定汇率制向统一的货币发展,货币储备基金向统一的中央银行发展

① 当时,国际上共存在三个跛行货币区,即英镑区、黄金集团和法郎区。英镑区是较正式的货币区,区内各成员国储备资产的形式主要是英镑,各国的货币也盯住英镑。但是,由于英镑本身是盯住美元的,所以该货币区是跛行的。黄金集团是由西欧各国组成的一个不太正式的货币区,区内各成员国的主要储备资产是黄金。但是,因为区内各国货币还同美元保持着固定比价,所以它也是一个跛行的货币区。

根据表 8-1 的计划,欧共体建立了欧洲货币合作基金和欧洲货币计算单位,并于 1972 年开始实行成员国货币汇率的联合浮动。所谓联合浮动,又称可调整的中心汇率制。对内,参与该机制的成员国货币相互之间保持可调整的钉住汇率,并规定汇率的波动幅度;对外,则实行集体浮动汇率。按照当时的规定,参与联合浮动的西欧 6 国,总货币汇率的波动不得超过当时公布的美元平价的 ±1.125%,这样,便在基金组织当时规定的 ±2.25% 的汇率波动幅度内又形成一个更小的幅度。欧共体 6 国货币汇率对外的集团浮动犹如"隧道中的蛇",故又称其为蛇形浮动(Snake)。这种联合浮动机制为随后产生的欧洲货币体系稳定汇率机制提供了参考依据。

2. 第二阶段(1979—1998 年):欧洲货币体系

为了制止汇率剧烈波动,促进共同体国家经济的发展,在法、德两国推动下,1978 年 12 月欧共体各国首脑在布鲁塞尔达成协议,决定建立欧洲货币体系。1979 年 3 月,欧洲货币体系正式启动。其主要内容有:①继续实行过去的联合浮动汇率机制。除了维持原有的 ±2.25% 波动幅度以外,还规定了汇率波动的警戒线,一旦货币波动超出此线,有关国家就要进行联合干预。②创设 ECU,即埃居。ECU 实际上是 EUA 演变而来的,是欧洲货币体系的中心。在欧共体内部,ECU 具有计价单位和支付手段的职能。③成立了欧洲货币基金,以增强欧洲货币体系干预市场的力量,为共同货币 ECU 提供物质准备以及给予国际收支困难的成员国更多的信贷支持。

3. 第三阶段:"德洛尔报告"与《马斯特里赫特条约》

1989 牛 6 月,以欧共体委员会主席雅克·德洛尔为首的委员会向马德里峰会提交了德洛尔计划。该计划与魏尔纳计划相似,规定从 1990 年起,用 20 年时间,分三阶段实现货币一体化,完成欧洲经济货币同盟的组建。

"德洛尔报告"继承了 20 世纪 70 年代"魏尔纳报告"的基本框架,认为货币联盟应是一个货币区,区域内各国的政策要受统一管理,以实现共同的宏观经济目标。报告指出,货币联盟建立须具备三个条件:①保证货币完全和不可取消的自由兑换;②在银行和其他金融市场充分一体化的基础上,实现资本的完全自由流动;③取消汇率的波动幅度,实行不可改变的固定汇率平价。该报告虽然没有明确提出在货币联盟内部必须有单一的货币,但把单一货币看作是"货币联盟的一个自然和理想的进一步发展",并提出了建立一个欧洲中央银行体系(European System of Central Banks,简称 ESCB)的设想(如表 8-2 所示)。

表 8 – 2 "德洛尔报告"的欧洲货币联盟计划

阶 段	主 要 目 标
第一阶段	1990 年 7 月 1 日开始,在欧共体现行体制的框架内加强货币、财政政策协调,进一步深化金融一体化,使成员国货币全部加入欧洲货币体系,消除对私人使用欧洲货币单位的限制,扩大成员国中央银行行长委员会的权力和权限
第二阶段	建立欧洲中央银行体系,由其接管原存在的体制性货币安排,随着经验的取得,逐步扩展欧洲中央银行体系在制订和管理货币方面的职能;只有在特殊情况下才可使用汇率调整
第三阶段	推行不可改变的固定汇率,实施向单一货币政策的转变,由中央银行体系承担全部职责,发行统一的共同体货币,集中并管理官方储备,对外汇市场进行干预,为过渡到单一共同体货币作制度和技术准备

注:"德洛尔报告"强调,货币联盟和经济联盟是一个整体的两个不可分割的部分,在每一阶段上,货币领域的措施必须与经济领域的措施平行地予以实施。

鉴于各成员国对"德洛尔报告"的反应各不相同,为实现欧洲经经济和货币联盟,推进欧洲的统一,1991 年 12 月,欧共体在荷兰马斯特里赫特峰会上签署《关于欧洲经济货币联盟的马斯特里赫特条约》,简称《马约》。《马约》目标是:最迟在 1999 年 1 月 1 日前建立"经济货币同盟"(Economic and Monetary Unit, EMU)。届时将在同盟内实现统一货币、统一的中央银行(European Central Bank)以及统一的货币汇率政策。为实现上述目标,《马约》规定了一个分三阶段实现货币一体化的计划(见表 8 – 3)。《马约》还规定,只有在 1999 年 1 月 1 日达到以下四个趋同标准的国家,才能被认为具备了参加 EMU 的资格条件:①通货膨胀率不得超过三个成绩最好的国家平均水平的 1.5 个百分点;②当年财政赤字不得超过 GDP 的 3%,累积公债不得超过 GDP 的 60%;③政府长期债券利率不得超过三个最低国家平均水平的 2 个百分点;④加入欧洲经济货币同盟前两年汇率一直在欧洲货币体系汇率机制规定的幅度(±15%)内波动,中心汇率没有重组过。经过不懈努力,欧共体各成员国议会于 1993 年 10 月底通过了《马约》,1993 年 11 月 1 日,欧共体更名为欧盟。1995 年芬兰、奥地利、瑞典加入欧盟,欧盟成员国增至 15 个。同年的《马德里决议》将单一货币的名称正式定为欧元(EURO)。欧洲货币一体化自此开始进入了稳定的发展阶段。

表 8－3　《马斯特里赫特条约》的三阶段计划

阶　段	时　间	主要目标
第一阶段	1990 年 7 月 1 日至 1993 年底	实现所有成员国加入欧洲货币体系的汇率机制,实现资本的自由流动,协调各成员国的经济政策,建立相应的监督机制
第二阶段	1994 年 1 月 1 日至 1997 年	进一步实现各国宏观经济政策的协调,加强成员国之间的经济趋同;建立独立的欧洲货币管理体系——欧洲货币局(European Monetary Institute, EMI),为统一货币作技术和程序上的准备,各国货币汇率的波动在原有基础上进一步缩小趋于固定
第三阶段	1997 年至 1999 年 1 月 1 日间	最终建立统一的欧洲货币和独立的欧洲中央银行

注:意大利、西班牙和英国货币汇率的波动幅度为 ±6%,其他成员国货币汇率的波动幅度均为 ±2.25%。

4.《马约》签订后的一体化进程与欧元的产生

根据《马约》规定,当三个阶段性工作完成后,从 1999 年 1 月 1 日到 2002 年 1 月 1 日,拟订"欧元"过渡阶段。"欧元"一经启动,便锁定各参加国货币之间的汇率。各国货币仅在本国境内是合法支付手段。在此阶段,没有有形的欧元流通,但新的政府公债可以用欧元发行。另外,将由欧洲中央银行制定统一的货币政策。从 2002 年 1 月 1 日起,欧元开始正式流通。欧洲中央银行将发行统一货币的硬币和纸钞,有形的欧元问世,并且各参加国原有的货币退出流通,欧元将成为欧洲货币联盟内唯一的法定货币。欧元实施时间表如表8－4 所示。

表 8－4　欧元实施时间表

时间	内容
1998 年 5 月	决定参加国
1999 年 1 月 1 日	欧元正式启动
2002 年 1 月 1 日	欧元现金投入市场流通
2002 年 7 月 1 日	各参加国货币完全退出流通

1996 年底,欧洲货币联盟的发展取得了重大的突破。12 月 13—14 日,欧盟首脑会议在爱尔兰首都都柏林举行。经过各国财长的反复磋商,终于打破僵局,欧元国与非欧元国之间就建立新汇率机制、欧元使用的法律框架、货币稳定与经济增长的原则及主要内容等

达成妥协，并原则同意了欧洲货币局提供的欧元纸币的"样币"。至此，都柏林首脑会议获得成功，欧洲单一货币机制框架基本形成。

1997年6月，欧盟首脑会议第1103号条例正式对过渡期结束后的欧元的法律地位作了规定，明确指出，1999年1月1日作为成员国范围内一种具有独立性法定货币地位的超国家性质的货币，开始启用，至2002年7月1日，创始国货币全部退出流通领域，欧元正式成为唯一的法定货币。在这三年半的过渡期内，欧元以记账单位、银行贷款、债券、旅行支票、信用卡和股票等形式使用，同时，发票、工资、单据、商品目录将实行欧元和本国货币的双重标价。

1997年10月2日，欧盟15国代表在荷兰首都正式签订了6月达成的《阿姆斯特丹条约》，这是一个在《马约》基础上修改而成的新欧盟条约。新条约及先前已获批准的《稳定与增长公约》、《欧元的法律地位》和《新的货币汇率机制》等文件，为欧元与欧洲经济货币联盟于1999年1月1日的如期启动，又奠定了坚实的基础。

1998年5月2日，欧盟15国在布鲁塞尔召开特别首脑会议，决定接受欧盟委员会和欧洲货币局的推荐，确认比利时、德国、西班牙、法国、爱尔兰、意大利、卢森堡、荷兰、奥地利、葡萄牙和芬兰等符合《马约》条件的11个国家为欧元创始国，首批加入欧洲单一货币体系。欧盟的其余4个国家，即英国、丹麦、瑞典和希腊，因暂时不愿加入欧元体系或未能达标，没有成为首批欧元国家。同时决定在原有的欧洲货币局基础上成立欧洲中央银行，由荷兰人杜伊森贝赫出任欧洲中央银行行长。欧洲中央银行行长之争由此也暂告一个阶段。1998年12月3日，首批加入欧元体系的11个国家宣布联合降息，除意大利（利率3厘半）外，其余10国均把利率降至3厘，此举显示了这些国家准时启动欧元的决心和强烈的政治意愿。

1999年1月1日，欧元准时启动。欧洲货币单位以1∶1的比例转换为欧元，欧元与成员国货币的兑换率锁定，欧洲中央银行投入运作并实施统一的货币政策，欧元可以支票、信用卡等非现金交易的方式流通，各成员国货币亦可同时流通，人们有权选择是否使用或接受欧元。从2002年1月1日起，欧元纸币和硬币开始全境流通，欧洲中央银行和成员国将逐步回收各国的纸币和硬币，届时人们必须接受欧元。至2002年7月1日，各成员国货币完全退出流通，欧盟货币一体化计划完成，欧元国际化启动。

四、欧元的产生对国际货币体系的影响

欧元所代表的经济实力决定了欧元在国际货币体系中的地位，这种地位使欧元与美元构成了国际货币的两强格局，从而对国际货币体系产生巨大的影响。

欧元对国际货币体系的影响主要体现为权力效应和示范效应。欧元的权力效应首先是欧元改变美元在国际货币体系中的权力地位，一种货币在国际使用范围有多大取决于经济

实力、币值稳定、对外经济关系的密切程度和金融市场的结构。由于美国和欧元国拥有的这些决定要素十分相似，因此，欧元的引入将造成国际货币体系的两极格局，美元在此前所发挥的显著作用将逐渐削弱。由于欧元所代表的经济实力以及欧元作为国际货币地位的确立决定欧元在国际货币体系中的权力，同时也就决定了欧元对国际货币体系的影响力，欧洲将会凭借强大的统一货币来参与国际货币体系规则的制定，遏制美元的主导地位。由于欧元区经济实力的支持和欧洲各国货币在世界货币体系中的实际地位决定了欧元的崛起和强大是不可避免的，虽然这个过程需要一定的时间。当然也不排除出于共同利益的需要，在许多场合欧元与美元将会进行合作。

欧元的示范效应是世界其他地区有可能模仿欧元的成功而尝试进行地区性的货币合作，因为区域性的货币合作是为了加强参与合作的国家货币的安全地位。示范效应的另一个机制是货币合作能够降低经济交往的成本，从而对参与各方的经济增长都会带来好处。不过在现阶段，货币安全的需要是欧元示范效应发挥作用的主要机制，这最明显地体现在亚洲货币合作上。1999年1月在欧元启动后不久，香港货币管理当局就提出建议，认为在亚洲实行共同货币不仅可以给这个地区带来稳定的货币，而且可以降低亚洲的成本。由于亚洲金融危机使得亚洲国家认识到国际资金的流动可以迅速地把一国货币压垮，如果亚洲只有一种货币，那么它的国际分量使它几乎不可能出现大的货币波动。此外，亚洲实行统一的货币还可以明显地降低那些在亚洲地区做生意的企业的成本，因为它们不必再考虑汇率的波动。而在两年后的亚欧财长会议上，日本和法国联合发出倡议，呼吁亚洲国家采纳一种不太受美元支配的货币体系以避免金融危机，这表明亚洲对美元有了更清醒的认识，而且亚洲希望能拥有自己的单一货币，就像欧洲的欧元一样。亚洲金融危机对于所有亚洲国家都是一个深刻的教训，因此，开展亚洲区域内的货币与金融合作就成为有关国家在危机后的一个自然选择。欧洲货币合作的成功经验表明，区域性的货币合作可以为国际货币体系改革朝着正确的方向前进创造有利条件。亚洲货币合作是对以国际货币基金组织为中心的国际货币体系的重要补充，将在促进本地区经济合作与发展的基础上，最终为全球货币稳定做出自己的贡献。除了亚洲货币合作之外，非洲也出现了类似的发展，在2000年9月的苏尔特非洲特别首脑会议上，利比亚提出全非洲"联合计划"，要求建立"非洲合众国"；在2001年3月的苏尔特首脑会议上，非洲国家计划改造于1963年成立的非洲统一组织，建立非洲联盟。2001年5月生效的非洲联盟将遵循欧洲联盟的模式，建立议会、中央银行、货币基金和法院。当然，无论是亚洲还是非洲，要想达到欧洲货币一体化（共同使用统一货币）的程度，还必须经历一个艰难而又漫长的过程，不过从目前的情况看，这一进程毕竟已经开始了。

第四节　国际货币制度改革

一、现行国际货币制度的基本困难

当前，国际现行的国际货币关系格局形成于1976年，即前面提到的"牙买加体系"，该体系以国际储备多元化和浮动汇率制为特点，诞生之初曾被认为是一种较为理想的国际货币体系。但实际上，过去20年来，该体系始终在极其脆弱的环境下运行，尤其在亚洲金融危机中，其理论缺陷和潜在的危险暴露无遗。

1. 国际汇率变幻莫测

牙买加协定承认了浮动汇率的合法性。自此浮动汇率制取代固定汇率制成为大多数国家的选择。但是，实际上从牙买加协定以来，所谓的汇率自由浮动只是一种理想，就连欧美这些极力鼓吹自由市场经济的国家事实上实行的也是有管理的浮动。综观世界各国的汇率安排，采用"钉住"汇率政策的有67个国家，其中钉住美元的有26个国家，钉住法国法郎的有14个国家；根据单一货币或一组货币有限浮动的有110个国家，其中实行有管理的浮动有34个国家，实行独立浮动的有57个国家（1995年3月31日数据）。面对这样一个汇率制度多样化的世界，IMF在放弃固定汇率制的同时，也放弃了对成员国的汇率提供干预的责任和义务，因而竞争性贬值或竞争性升值经常发生，国际汇率处于经常性的变动之中，成为国际金融领域引发争端和动荡的一个重要因素。

2. 完全由逆差国自我调节的国际收支调节机制无法维持稳定和平衡

现行体制继承了布雷顿森林体系的原则，完全由逆差国自行调节国际收支的失衡，在制度上无任何设计和约束来敦促或帮助逆差国恢复国际收支平衡。这样，越来越多的逆差国像美国一样，在经常项目出现逆差时，不是采取国内紧缩措施或调整汇率，而是借助于短期资本的流入来平衡逆差。在大多数国家这样做时，忽略了一个重要的事实，即美国是主要的储备货币发行国，它可以长期借助于吸引短期外资来弥补经常项目的赤字，其他国家则不能。外债长期积累的后果是这些国家偿债压力越来越大，当国际游资闻风而动时，原来被缓解的国际收支和货币贬值之间的矛盾便一发不可收拾。

3. 出于政治、经济双重目的，西方国家急于将一些弱小的后市场国家纳入其市场体系，并且"成果显著"

1997年亚洲金融危机爆发前，世界银行对当时的国际金融形势满怀自豪地总结道："世界各国的金融市场迅速整合为单一的全球化市场，发展中国家尽管各自起点和速度有所差异，但无一例外地被融入这一全球化进程"。即便危机发生后，美国等发达国家仍刻意回避资本监管，片面强调资本交易自由化的好处。事实上，加入世界市场后，资本流入固然可以带来不少好处，但其易变性所招致的巨大损伤力也是难以克服的，许多国家在尚未建立起一个足够强大的、能够应付短期资本撤离的金融体制之前，就盲目开放了其短期资本市场，最终遭受了灾难性的损失，至今尚未恢复元气。

4. 国际市场对美元高度依赖，从而导致发展中国家的汇率安排仍以美元为核心

尽管布雷顿森林体系解体后，各国基本实现了储备货币的多元化，但从实际情况看，虽然几经沉浮，美元主导国际储备货币的基本格局并未明显改变；在国际贸易中，美元更是极为重要的交易货币。这使得各国尤其是大多数发展中国家经济政策的制定与执行效果在很大程度上受制于美元的汇率变动，并进而导致这些国家汇率制度安排的实际操作与名义安排相背离。

5. 现行的国际经济秩序不存在能够独立执行经济政策的国际机构

比如，国际货币基金组织是一个旨在稳定国际汇价、消除妨碍世界贸易的外汇管制，并通过提供短期贷款解决成员国国际收支不平衡问题的国际机构。在实际操作中，IMF 对危机国家进行资金援助的同时，迫使其按照自己开的"药方"进行调整和改革。这些"药方"被称作"华盛顿共识"，主要内容有：实行双紧的经济政策，提高利率；整顿金融机构，实行更严厉的破产法，以消除道德风险；采取更加审慎的监管规则；加速市场开放并迈向自由化，取消不平等的补贴等。且不论其救援目的为何，就政策本身是否恰当，已遭到了斯蒂格利茨在内的许多经济学家的抨击。尽管如此，大多数发展中国家无论经济实力还是政治地位均无法改变现行国际货币体系，尤其是危机中国家非常需要援助，被迫与 IMF 合作，不得不忍受经济紧缩和高失业率。当然，也有些国家如马来西亚权衡利弊后，拒绝了 IMF 的援助和结构调整计划，依靠自身力量克服困难，渡过危机。

二、亚洲金融危机之前的国际货币制度改革的主要方案和建议

自 20 世纪 60 年代美元危机爆发以来有关国际货币制度改革的方案和建议就不断涌现，下面主要介绍几种有重要影响的方案。

1. 最优货币区理论与货币体制集团化

最适度货币区理论产生于 60 年代初西方经济学家关于固定汇率和浮动汇率优劣的争论。1961 年国际货币基金特别研究处的经济学家罗伯特·蒙代尔最先提出了"最适度货币区"的概念。蒙代尔设想将世界分为若干货币区，各区域内采用共同货币或固定汇率制，不同货币区域之间实行浮动汇率制。但关键是最优货币区内的国家间经济发展水平应当接近，通货膨胀率大体相同，更重要的条件是要素的自由流动。当货币区中局部地区受到不均衡的冲击后，需有三种解决办法：①劳动力自由流动；②工资与物价必须灵活，企业可以通过降低成本，降低价格来恢复市场占有额，进而恢复经济增长；③必须有一种财政转移支付的手段，使没受冲击的地区把财富向受冲击的地区转移，以缓解受冲击地区遭受的

经济压力。

最适度货币区形成后，由于在区内国家之间消除了汇率浮动对相互贸易和投资产生的不确定性，从而可以促进区内国家的生产专业化、区内贸易和区内投资，进而刺激区内国家的经济增长和规模经济。蒙代尔的最适度货币区理论提出以后，在西方经济学界引起了广泛讨论。美国经济学家罗那德·麦金农、詹姆斯·伊格拉姆、凯南、哈伯勒和弗莱明等从不同侧面修正、补充和进一步阐述了蒙代尔最初提出的最适度货币区的概念。

欧盟正是在上述理论基础上，分阶段逐步实现货币统一的。欧洲统一货币的实践，对国际货币格局的意义非常深远。从长期的发展趋势来看，欧元未来势必与美元在国际货币领域平分秋色，这对于稳定汇率和国际货币秩序具有显著的作用。欧盟单一货币的实践，还可以对其他区域组织展开货币合作活动起到示范的作用，为国际货币体制改革提供一整套可供参考借鉴的经验。即国际货币制度改革将是一个长期与渐近的过程，必须立足于世界政治、经济发展的现实，遵循先易后难、先区域后全球和先松后紧的原则，以设立世界性的单一货币与相应的管理机构和货币政策作为改革的最终目标，先创造出若干个相对稳定的货币区域，并不断强化 IMF 的监督协调职能，加强国际协调，在实践中推进国际货币制度的改革。

2. 建立以国际合作为基础的信用性国际清算手段

如果说浮动汇率制度的实行是为了用储备货币多元化的方式，借助国际收支自动调节机制来回避建立新型国际货币制度时面临的货币本位问题，而最适度货币区理论的提出也只是为了探索一种最优的汇率制度，那么以国际货币基金组织为代表在创立特别提款权方面的努力，则代表了国际货币改革中力图解决未来国际货币制度中货币本位的一种尝试。

20 世纪 60 年代中期，国际货币基金组织的经济学家已经注意到布雷顿森林体系中国际清偿能力及其调节和对国际储备手段的信心问题。由于国际贸易量和金融交易量的增长，清偿能力和国际储备问题日渐明显。在金汇兑本位条件下，越来越多的国家使用美元作为国际清偿手段和国际储备的现实已使美国多次发生国际收支赤字。如果一些国家的货币当局对美元失去信心，并决定将其持有的美元换成黄金，那么，布雷顿森林体系就会面临崩溃的危险。于是，他们开始讨论解决国际清偿能力以及人们的信心问题，并建议创立一个新的储备单位来充当货币本位，解决美元面临的"特里芬两难"。为摆脱两难问题，特里芬在其名著《黄金与美元危机》中提出让国际货币基金组织向世界银行的方向转化，并成立世界银行。由它来发行一种有国际管理的国际货币，以满足世界各国对清偿力增长的需求。SDRs 也正是在这样的背景下产生的。

特别提款权与普通提款权在设立和使用上均有所不同，普通提款权是各国根据自己的经济规模向基金组织交纳份额并在需要时向基金组织借出外汇，因此普通提款权账户属于真实账户。而基金组织在创立特别提款权账户时，并没有设立相应的共同基金，没有要求成员国交纳基金份额，而只是根据各国在基金组织原有份额的倍数确定了特别提款权的总规模，然后分配给各国自行使用，所以是一种虚拟账户。这正是特别提款权能够解决国际清偿力的原因。

SDRs 产生后，很多经济学家对它在未来国际货币制度的改革的作用寄予厚望。1982年，美国经济学家特里芬教授在《2000 年国际货币制度》一文中指出国际货币制度改革的根本出路在于建立超国家的国际信用储备制度，并在此基础上创立国际储备货币。国际储备货币不应由黄金、其他贵金属和任何国家的货币来充当，SDRs 应成为唯一的国际储备资产。特里芬建议目前各国应将其持有的国际储备以储备存款形式一同交 IMF 保管，IMF 成为各国中央银行的清算机构。如果 IMF 能将所有的国家都吸收为成员国，那么国际间的支付活动就反映为 IMF 的不同成员国家储备存款账户金额的增减。

IMF 所持有的国际储备总量应由各国共同决定，并按世界贸易和生产发展的需要加以调整。储备的创造可以通过对会员国放款，介入各国金融市场购买金融资产，或定期分配新的储备提款权来实现，而不受黄金生产或任何国家国际收支状况的制约。

特里芬关于国际货币制度的改革方案提出后，在经济学界产生了重大影响。但是他的方案要求各国中央银行服从于一个超国家的国际信用储备机构，这需要很密切的国际货币合作，这一点目前看来还无法做到，并且将来用统一的世界货币来取代现有其他储备货币，也会遇到来自各储备货币发行国的阻力。

3. 目标货币区方案与世界复合货币

所谓汇率目标区是指以某个特定的汇率水平为基准，上下各留有一定幅度的汇率浮动区间，这个特定的汇率水平成为目标区的中心汇率，浮动区间的上下限称为目标区的边界。以欧洲货币体系的"汇率目标区"为例，它是以欧洲各国货币兑德国马克及欧洲货币单位的汇率平价为中心，上下限各 2.25% 的浮动汇率区间。实际汇率在这一区间内可以自由浮动，但一旦超过了上下限度，有关国家就必须采取相应的措施，对外汇市场进行干预。汇率目标区的产生根源是为弥补固定汇率制和投资的不确定性、实际汇率水平的持续失调造成资源配置的扭曲、各国的宏观经济政策缺乏必要协调导致浮动汇率下政策效果的"溢出效益"等。从汇率目标区的特性来讲，它兼有固定汇率制度和浮动汇率制度的优点：首先，其中心汇率和上下边界均相对固定，实际汇率的波动也基本上局限在一个相对稳定的范围内，这一类似固定汇率制度的特点使得汇率的变动范围比较稳定，大大降低了汇率波动的不确定性，在很大程度避免了国际经济交往中结算和支付时的币种风险；其次，它还有浮动汇率的长处——在区间内汇率水平可以较为自由地波动从而减少了人为的干预，使得货币的真实价值与名义汇率之间不致出现大的偏差，从而在很大程度上避免了因价格信号扭曲导致的资源配置不当，也降低了因无法维持固定汇率而产生的信心危机；这种兼具固定与浮动汇率性质的汇率制度安排还能够有效地防止货币替代，是因为它的这一特点恰好符合反替代的政策要求——在汇率水平保持较大灵活性的同时，也对汇率波动的幅度和频率实施一定的限制。

这种方案的目的是为了在保证各国维持各自货币政策和经济政策的独立性的同时，允许汇率在一定区间内灵活波动，但又不至于使其威胁到稳定的范围。事实上，汇率目标区方案在一定程度上避免固定和浮动汇率制度的片面性。

"汇率目标区"管理体制存在的历史并不长，即使在西方发达国家也不过是近二十几年的事情，但它却有着相当坚实的理论基础。尤其是 20 世纪 90 年代以来，对"汇率目标区"理论的研究日益完善，其中集大成者是美国经济学家保罗·克鲁格曼。1998 年的七国集团财长会议期间，法国、德国和日本联手提出此项议案，建议在美元、欧元和日元之间建立浮动汇率"目标区"，实行汇率挂钩，允许一定目标范围内实行浮动，一旦浮动超过界限，即由美国、欧盟和日本对货币市场进行干预，由此避免金融市场出现动荡。

4. 其他方案

在确定本位货币和储备货币上，法国经济学家吕埃夫主张恢复金本位制。他建议在提高金价以刺激黄金生产并保证世界黄金储备的增长的同时，必须废除美元的特权地位。金价提高后，美国可以用黄金兑换各国的美元，以后各国的国际收支逆差全部用黄金清算。英国学者哈罗德、瑞士学者拉兹等提出了改进金汇兑制的建议。美国学者金德伯格等建议实行美元本位制，即美元与黄金脱钩，让市场力量决定世界各国美元量的增长。美国推行稳定的财政货币政策。一国想增加其美元的持有量，就应对美元贬值；相反，则升值。关于汇率制的改革，美国经济学家弗里德曼等认为固定汇率制具有调节的刚性的缺点，他们主张实行浮动汇率制，以浮动来代替储备的作用，由此减少美元的输出，有利于自由竞争和国际贸易的发展。英国学者威廉姆森建议实行爬行钉住制。爬行钉住制实际上是一种短期稳定、长期灵活的汇率制度。从长期看，汇率随宏观经济和国际收支状况阶段性调整，以避免汇率制度的刚性和国际收支的逆差。从短期看，汇率又有相对稳定性，可以避免汇率剧烈波动。这是一种有影响的汇率改革建议，在发展中国家具有较强的适应性。

三、亚洲金融危机之后出现的新问题及改革的新方案

1997 年爆发的东南亚金融危机，可以说是发展中国家走向经济开放，实行钉住汇率制后所发生的对发展中国家冲击最为猛烈的一次金融危机。它也暴露了现行国际货币制度在经济全球化的过程中的种种缺陷。

1. 新问题

（1）大量投机性短期资本快速而无序的流动使国际货币体系的监管体系面临考验

20 世纪 90 年代以来，资本全球流动的规模急剧扩大、速度大大加快。1994 年全世界通过国际金融市场进行的融资总额为 9 676 亿美元，而 1996 年则大大超过万亿美元，其中

私人资本成为全球流动资本的主体。在这些巨额的流动资本中只有极小部分是由贸易和投资引起的,其中的绝大部分是投机性资本。据国际清算银行统计,全球外汇市场日平均交易1989年为5 900亿美元,如今已超过15 000亿美元,而目前由贸易、投资引起的资金流动只占全球资金流动总规模的10%。这些投机性资本完全以追逐利润为目标,来得快,去得也快,哪里有利可图就涌向哪里,一有风吹草动又迅速撤离,往往对一些国家和地区造成突破冲击,使其陷入经济、金融动荡。而国际货币体系和以自由化为目标的IMF不仅对这种快速而无序的资本流动缺乏有效的监督机制,而且基本上采取放任自由的态度。

(2)巨额的国际资本流动容易造成发展中国家的经济泡沫,使IMF和世界银行等国际金融机构对成员国经济发展进行指导和提供咨询的专业能力受到考验

在金融全球化和金融自由化的过程中,一些国家盲目开放资本账户。由于国内资本的相对短缺和金融管制、利率水平较高,一些外资尤其是一些投机性短期资本蜂拥而至,由于国家利率较低,银行、企业便大量借入外资,甚至是短期资本,然后投入房地产、股票市场,引起房地产和股票价格暴涨,形成虚假繁荣。虚假繁荣的结果是严重误导一国的财政货币政策,也严重误导了IMF和世界银行等国际金融机构的决策,为危机埋下祸根。

(3)危机蔓延和传播的速度大大加快,使IMF的快速反应能力和行为能力受到考验

由于微电子技术、信息技术,尤其是国际互联网的发展,使资金能在瞬间完成在世界范围内的调动,这不仅加大了各国监管的难度,而且使危机蔓延和传播的速度大大加快。1997年7月发端于泰国的货币危机迅速传染了东南亚的其他国家,其后又冲击了俄罗斯,并在一定程度上扩散到拉丁美洲,同时也影响到美国。这说明,在全球化背景下,任何一国的问题都是"大家"的问题。这就要求IMF不仅要具有处理一国危机的能力,而且要具有处理多国甚至世界性危机的能力;不仅要具有达成广泛国际共识的快速反应能力,而且要具有提供足额资金以应付危机的能力。

(4)经济主权交付IMF,IMF难负其责

在全球化背景下,即使一国具有良好的宏观经济基本面,国际投机炒家也可能利用传媒造市,制造错误信息,在国际投机资本冲击下产生"羊群效应",从而对货币政策产生误导。同时,由于国际流动资本的数额特别巨大,一国的宏观经济调控能力也大大削弱了。目前全球国际游资高达7万亿美元左右,据IMF估计,投机者可以筹集和动用6 000亿至1万亿美元的投机资金去攻击一种货币,显然,任何国家都没有能力来应付这样的冲击。在国际资本自由流动的今天,几百、上千亿美元的外汇储备对巨额的国际投机资本而言仍然是杯水车薪。这意味着一些国家在某种程度上把自己的经济主权交付于IMF等国际组织,因而IMF等国际组织在维护全球经济金融稳定方面也就肩负着更多的责任。

2. 新改革方案

目前,作为现行国际货币体系载体的国际货币基金组织、发达国家集团、发展中国家

集团、各国际经济政治组织和著名学者都提出了改革货币体系的方案。这些方案大体可以分为以下两种：

（1）在现行的牙买加体系上进行调整和改造

在这方面，基金组织、发达国家和发展中国家分别提出了自己的观点。从整体看，对现行体系的改革过程充满了利益之争。

基金组织方案的主旨可以概括为：加强基金组织在国际货币体系中的地位。1998年2月，基金组织总裁康德苏在该组织的年会上提出了旨在强化基金组织作用的六项建议：①通过披露所有相关的经济和财政资料，对各国的经济政策进行更加有效的监测；②实行地区性监测和政策协调；③由基金组织和世界银行制定金融系统的监管方案以实施更为有效的监管；④建立有效的债务处理方法，防止债务危机；⑤加强国际金融组织的作用，并增强其资金实力；⑥继续推进资本自由化。为了担负起以上的责任，应当将目前基金组织的临时委员会升格为具有决策功能的委员会。但是，这一意见受到了来自美国、英国和加拿大等国的反对。

发达国家虽然一致认为新的国际货币体系应当以开放、稳定和有序为特征，但至于如何实现具体目标则意见不一。美国不愿放弃自己在国际货币体系中的霸权地位，提出应当进一步推行金融和经济自由化并在更大范围内实行浮动汇率；欧盟和日本则希望削弱美国的势力，提出对市场实行国际干预和监督，并限制汇率波动范围，在各主要货币间设定参考汇率。

发展中国家在金融危机中饱受其害，因此大声疾呼要加强对短期国际资本的监管，并提出应当循序渐进地开放资本市场，希望发达国家能够担负起一部分责任。

（2）建立新的国际货币体系

这一意见主要是由理论界提出的，共可分为以下三类方案：

第一，成立新的更有约束力的国际金融协调机构。这类方案的倡导者认为，目前的国际国际金融市场缺乏完善的监管体系，各国各自为政，彼此之间没有形成有效的合作，不足以维护国际金融秩序。因此，各国应当让渡更多的主权，成立一个新的具有权威性的国际金融组织（例如国际金融法庭）负责对全球金融事务实施监管、仲裁和协调，解决债务危机、货币危机，并在法律上对各国具有绝对的约束力。

第二，重新回到布雷顿森林体系。布雷顿森林体系以严格的汇率为国际收支纪律著称，而这正是牙买加体系所欠缺的，所以应当重新回到金本位制度，以维护国际金融市场的稳定。

第三，实行全面的浮动汇率制。这种观点正好是第二类方案的相反极端。持该观点者认为，亚洲金融危机之所以爆发，就是因为亚洲各国实行僵化的钉住汇率，如果早些实行浮动汇率，就不会出现这样的问题。但是，要新建一个国际货币体系不仅头绪众多、成本巨大，而且国际金融界目前迫切希望以最小的成本实现最大的收益，在最短的时间内恢复市场秩序。所以，以上三类方案都仅限于理论上的探讨。

四、国际货币制度改革的前景

2008 年美国次贷危机发生及其全球范围内迅速蔓延并步步恶化，反映出当前国际货币体系的内在缺陷和系统性风险，金融危机使世界经济蒙受了重大损失，也使人们看清了当前国际货币体制的不合理性。鉴于现行国际货币体系在本次全球金融危机中所暴露出的一系列问题，国际经济学界对以美元为中心的当前国际货币体系提出了越来越多的批评。摩根士丹利亚洲有限公司主席史蒂芬·罗奇认为，在当前的国际货币体系下，如果美元严重贬值，全球经济可能会面临失控的风险。

20 世纪 40 年代凯恩斯就曾提出采用 30 种有代表性的商品作为定值基础建立国际货币单位"Bancor"的设想，遗憾的是未能实施，而其后以怀特方案为基础的布雷顿森林体系的崩溃显示凯恩斯的方案可能更有远见。早在布雷顿森林体系的缺陷暴露之初，基金组织就于 1969 年创设了特别提款权 SDR，以缓解主权货币作为储备货币的内在风险。遗憾的是由于分配机制和使用范围上的限制，SDR 的作用至今没有能够得到充分发挥。但 SDR 的存在为国际货币体系改革提供了一线希望。

斯蒂格利茨认为，货币体系改革应该解决三个问题。第一，储备资产的积累必须和储备货币国的经常项目逆差相分离；第二，对经常项目顺差国必须有所约束；第三，应该提供一个比美元更为稳定的国际价值贮存载体。为了解决上述三个问题，一个最为现实的方法是大量增加 SDR 的发放。由于 SDR 的发放同任何国家的经常项目逆差无关。同时 SDR 的价值由一篮子货币决定，当篮子中各货币的汇率发生相对变化时，其价格比美元更为稳定。

提高特别提款权（SDR）的地位和增加使用范围是国际货币体系改革中非常重要的一部分。事实上，业内有不少声音呼吁将 SDR 用于国际贸易的结算，并使其成为各国储备的主要形式，以取代因国际金融危机导致信用严重受损的美元。中国人民银行行长周小川（2009）提出"国际货币体系改革的理想目标"即"创造一种与主权国家脱钩、并能保持币值长期稳定的国际储备货币"（又称超主权国际储备货币），其目的是使储备货币同储备货币国的国内政策相脱离，从而避免主权信用货币作为储备货币的内在缺陷。作为改革的第一步，周小川也建议扩大 SDR 的发行。此建议得到俄罗斯、巴西、委内瑞拉、阿根廷、印度尼西亚等国的支持，也得到了联合国和国际货币基金组织等国际组织的呼应。

SDR 具有超主权储备货币的特征和潜力。同时它的扩大发行有利于基金组织克服在经费、话语权和代表权改革方面所面临的困难。因此，应当着力推动 SDR 的分配。这需要各成员国政治上的积极配合，特别是应尽快通过 1997 年第四次章程修订及相应的 SDR 分配决议，以使 1981 年后加入的成员国也能享受到 SDR 的好处。在此基础上考虑进一步扩大 SDR 的发行，拓宽 SDR 的使用范围，从而能真正满足各国对储备货币的要求。

重建具有稳定的定值基准并为各国所接受的新储备货币可能是个长期内才能实现的目标，建立凯恩斯设想的国际货币单位更是人类的大胆设想，并需要各国政治家拿出超凡的远见和勇气。而在短期内，国际社会特别是国际货币基金组织应当承认并正视现行体制所造成的风险，对其不断监测、评估并及时预警。

本章小结

1. 国际货币制度是指规定国与国之间的金融关系的有关法规，规定及协议的全部框架。一般包括三个方面的内容，国际交往中使用什么样的货币——金币还是不兑现的信用货币；各国货币间的汇率安排以及各国外汇收支不平衡的调节；国际货币制度的主要功能是促使国际生产与分工的基本经济过程尽可能顺利而有效地运行。按照国际货币制度的历史演进过程可以大体分为金本位制，金汇兑本位制，美元本位制，以及当前的管理浮动汇率体制。

2. 第二次世界大战后建立的国际货币体系又称为布雷顿森林体系，其基本内容可概括为以黄金为基础，以美元为中心，各国货币与美元保持固定汇率制的所谓"双挂钩"制度。该体系对当前的世界经济起到过积极的作用，但本身却存在着致命的缺陷，这一缺陷被称之为"特里芬难题"。

3. 当前的国际货币体系是牙买加体系。它是对布雷顿森林体系的改革结果，主要内容是黄金非货币化，汇率制度多样化及储备货币多样化。

4. 欧洲货币一体化是最令人注目的是通货区演进。欧洲联盟各成员国达成的《马斯特里赫条约》是关于欧洲货币一体化的里程碑，同时它是国际货币体系发展演变史上的一个重要事件。1999 年 1 月 1 日欧元的成功问世对国际货币体系的影响主要体现在权利效应和示范效应。

5. 现行国际货币制度在经济全球化的今天存在困难，主要表现为：(1)国际汇率变化莫测；(2)完全由逆差国自我调节的国际收支机制无法维持稳定和平衡；(3)国际市场对美元高度依赖，发展中国家的汇率安排以美元为核心；(5)现行的国际经济秩序不存在能独立执行经济政策的国际机构；(6)国际货币制度的改革主张包括：在现行的买加体系上进行调整和改造；建立新的国际货币体系。

本章重要概念

国际货币制度　金本位制　布雷顿森林体系　牙买加体系　特里芬难题　联合浮动　蛇行浮动　德洛尔报告　欧洲货币体系　欧洲货币单位　欧元　最适度货币区理论

复习思考题

1. 简述金本位制的内容。
2. 简述布雷顿森林体系的内容和局限性及其崩溃的原因。
3. 简述牙买加体系的内容和其运行特征。
4. 简述欧洲货币体系的内容和欧洲货币一体化的进程。
5. 简述现行国际货币体系的基本困难。
6. 简述现行国际货币体制的改革方向以及当前的一些主张。

案例分析

中信银行副行长曹彤谈构建以"亚洲人民币"为中心的全新货币制度

构建美、欧、亚三足鼎立的国际货币新格局，需要在亚洲形成一个统一的、并共同以此参与国际货币合作的全新的亚洲货币制度体系。就目前亚洲各国的政治经济情况看，有三种可能的发展方向：一是以日元为中心，日元成为亚洲各国普遍承认和接受的结算和储备货币，并推动"亚洲日元"参与国际货币金融体系的重建；二是以人民币为中心，人民币成为亚洲各国普遍承认和接受的结算和储备货币，并以此参与国际货币金融体系的重建；三是产生"亚元"，以中、日为主体，亚洲各国共同创建一个全新的并最终替代全部亚洲参与国家货币的亚洲统一货币制度，并推动其参与国际货币金融体系的重建。

由于日本自身的历史遗留问题，以及其与美国特殊的政治经济关系，尽管日元早已实现可自由兑换，但亚洲各国对日元的信任度和接受度仍普遍较低，因此，在可预见的时间范围内，第一种发展方向可能性非常小。而第三种"亚元"的方案，也是日本曾经明确提出来的，其目标是要建立类似于"欧元"的"亚元"。从亚洲长期的发展进程来看，"亚元"的产生也是有可能的。但由于亚洲各国间相互独立的政治经济发展取向（与欧元区有着巨大差异），同时中国崛起以后，如何安排内部的货币机制，也很难按照日本一相情愿的想法达成一致，因此，"亚元"的产生尽管最终可能符合亚洲各国的利益，但中短期来看，可能性也比较小，应属于长期构建的目标。

现实来看，中国在亚洲的影响力，无论是经济、文化、外交还是军事，都处在领先地位。尤其是1997年亚洲金融危机时，中国坚持人民币不贬值的负责任的做法，赢得了很多亚洲国家的信任。以"亚洲人民币"作为构建亚洲区域货币体系的主体，并以此参与国际间金融格局的重建，无疑是区域货币构建中可能性最大的。再加上中国不断增长的大国实力（GDP和进出口总额均已列全球第三，GDP将于两年内成为第二）和与亚洲各国间迅速增长的国际贸易往来（中国进出口总额的53.3%是与亚洲国家间的往来，并占东盟全部对外贸易总额的10%以上），相信在十到三十年的时间跨度内，这一目标的实现是完全有可能的。

所谓"亚洲人民币"，是指在未来的某个时间，亚洲地区各国普遍接受以人民币作为亚洲地区间经济与贸易往来的主要计价和结算货币，作为亚洲各国存款、贷款和金融市场交易的主要货币，作为亚洲各国外汇储备的主要货币。需要特别强调的是："亚洲人民币"代表亚洲，并不只代表中国。我们知道，现代大国崛起普遍伴随着在金融领域规则制定权和话语权的迅速提高，伴随着该国的货币为国际间贸易和货币储备接受度的提高。但同时，这种金融影响力的提升，也对既有的国际秩序构成重大影响，一方面会导致既有大国的坚决抵制，恰如当年欧元产生时，就面临着美国的强大压力；日元在国际和亚洲的影响力也是美国始终遏制的对象；另一方面，周边国家也会对此非常敏感，担心成为新型经济体或货币的附庸。对此我们必须要看到，当前亚洲各国共同面对的问题是，巨额美元计价的外汇储备的贬值危险（亚洲占全球外汇储备的42%），非正常波动的美元汇率导致的国际结算的损失，美元本位制固有的缺陷所导致的周期性的重大金融危机等。要解决这一系列问题，根本点就在于要构建"多元化的国际货币金融体系"，"亚洲人民币"的产生与发展正是为了这一目标的实现，为了在国际货币体系中有来自亚洲的影响力和利益分配载体，能够代表亚洲国家获取平等的国际金融利益。

（资料来源：金融时报，2009年8月10日）

思考：

1. 中国在国际货币制度改革与重建中应该如何发挥作用？
2. 构建多元化的国际货币金融体系难点在哪里？
3. 构建以"亚洲人民币"为中心的国际货币制度需要具备哪些条件？

第九章　国际金融协调与机构

本章重点：全球性国际金融协调、区域性金融协调与合作、国家间的双边与多边协调；金融服务贸易与《全球金融服务贸易协议》；全球金融监管协调与《巴塞尔协议》；国际货币基金组织；世界银行集团；国际清算银行；亚洲开发银行。

第一节　国际金融协调与实践

随着经济国际化和金融市场一体化的发展，世界经济相互依存空前加强，各国认识到有必要在经济和金融方面采取协调的步骤与措施，管理国际经济、金融的运行。本书将金融领域内国际间相互合作称之为国际金融协调。

一、国际金融协调及其作用

1. 国际金融协调的涵义

国际金融协调（International Finance Coordination）是指世界各国政府和有关国际金融机构为促进国际金融体系和金融市场的稳定与发展，在国际磋商和国际协议的基础上，在国内政策方面相互进行的配合，或对国际金融活动进行的联合行动。从狭义来讲，国际金融协调是指各国在制订国内金融政策的过程中，通过各国的磋商等方式对某些金融政策进行共同的设置。而从广义来讲，凡是在国际范围内能够对各国国内金融政策产生一定程度制约的行为均可视为国际金融协调。本书所说的国际金融协调是指广义的国际金融协调，它既包括全球性的常设机构所进行的国际协调，也包括世界各国及各地区进行的对国际经济形势产生重大影响的协调。

实施国际金融协调的主体是各国政府和主要的国际金融组织，目的是保持国际金融市场的稳定与发展，维护各国的经济利益。国际金融协调的对象是国际金融活动，其特征是各国保持一致的立场或采取联合的行动，协调成败的关键是各国能在多大程度上对国内的金融政策作出牺牲，以及政府愿意动用多少国内资源进行干预。

2. 国际金融协调的作用

（1）国际金融协调可以促进国际经济的发展

第二次世界大战以后，经济与金融全球化的趋势日益增强。经济金融全球化极大地促进了国际经济的发展。但与此同时，经济金融全球化也给金融市场稳定带来了极大的波动和风险，一旦整个金融体系的某个环节发生问题就可能引发一场全球性的危机，1992 年的西欧金融风暴、1997 年的东南亚金融危机就是例证。尽管这些危机与全球化和信息化极强的传导性不无关系，但最主要的原因应当说是各国行动上的非协调性以及国际金融体系太不完善的表现。加强国际金融协调，就可以避免这种国际金融危机的发生，或减轻国际金融危机的影响，促进国际经济的发展。

（2）国际金融协调是有效解决国际金融领域内各种矛盾的重要途径

随着全球化的发展，各国之间在货币金融领域的依赖性也在加强，但矛盾和冲突也在所难免，如汇率和利率变动、国际收支失衡导致的各种矛盾等。这些矛盾和冲突有时会激化，而矛盾的激化则会对整个国际金融体系造成严重的冲击，从而损害各方的利益。为避免各国在货币金融领域内各种矛盾的产生与激化给各方利益造成严重影响，就有必要进行国际金融的协调与合作。

（3）国际金融协调是协调各国货币金融政策的有效方式

世界各国的货币金融政策效果是相互作用、相互牵制的，所以国家之间就有必要在金融政策方面进行广泛的合作与协调，任何国家都不能自行其是，尤其不能采取有损于他国经济利益的政策，而应该在金融政策方面进行广泛的磋商、协调与合作。这种磋商与协调包括制度性的、经常性的磋商与协调，也包括非制度性的磋商与协调，以利于共同对付金融市场的动荡，维持市场的稳定与发展。

二、国际金融协调的内容与形式

1. 国际金融协调的内容

（1）国际收支失衡的国际协调

国际收支失衡不仅影响各国的经济发展，也会危及世界经济的正常运行，因而始终是国际金融协调的一项重要内容。从布雷顿森林体系时代开始，国际货币基金组织就设有多种贷款，为各成员国克服国际收支失衡提供资金融通。更主要的是，各国之间经常通过各种磋商与对话（如西方七国财长会议）来协调各国的经济政策，以便调节国际收支。

（2）汇率的国际协调

汇率的不稳定不仅会造成国际货币和经济关系的紊乱，而且也会给有关国家的国际收支和经济增长带来危害。因此，当汇率出现大幅度波动，严重偏离均衡汇率时，就有必要进行国际协调。汇率的国际协调是指国际社会在货币经济政策方面采取有针对性的步骤和措施，协调管理和干预主要货币的汇率变动。

（3）国际金融体系本身的国际协调

国际金融体系指支配各国金融政策关系的规则、机构以及国际金融交易所依据的惯例。为维持国际经济与金融的正常秩序，就有必要根据形势的变化，加强国际金融协调与合作，改革国际金融体系。

2. 国际金融协调的形式

(1)全球性国际金融协调

全球性国际金融协调是世界各国通过签订国际协议、成立有关国际金融组织、建立和完善有利于国际经济交往的国际金融体系等方式来解决那些仅靠少数几个国家或个别地区无法解决的国际金融问题的一种国际金融协调方式。全球性国际金融协议和国际金融组织的形成是世界范围内国际金融协调的一种结果和表现形式。反过来，全球性国际金融协议和国际金融组织的形成又对解决全球性的国际金融问题，促进各国间的国际金融协调发挥着巨大的作用。二战后，全球性金融协调的主要成果及表现形式是达成了布雷顿森林协议，建立了国际货币基金组织和世界银行集团。

(2)区域性国际金融协调

区域性国际金融协调是一个地区内的有关国家在货币金融领域内所实行的协调与合作。区域性国际金融协调的典型是欧洲货币联盟。目前，欧洲货币联盟内部已经统一了货币，设立了统一的中央银行，实行了货币市场与资本市场的统一、货币政策的统一。

(3)国家间双边或多边国际金融协调

国家间双边或多边国际金融协调主要包括两大类，一类是发达国家间的金融协调，另一类是发展中国家间的金融协调。发达国家间在国际金融领域的协调主要体现在完善制度、政策协调与信息交换等三个方面；发展中国家间的国际金融协调主要是通过建立合作银行、设立发展基金、创建汇兑机制、协调财政货币政策来实现。

三、国际金融协调的实践

国际金融协调的历史可以追溯到金本位制时代。在金本位制下，由于黄金是货币体系的基础，因而它在稳定汇率、调节国际收支、促进国际资本流动和国际贸易发展等方面起到了重要作用。但这一时期的国际金融协调仅局限于自发的国际货币合作，没有也不可能对主要国际金融市场进行监控，对宏观经济进行全面协调，因此最终无法防范 1929—1933 年这样特大的世界性经济危机。第二次世界大战以后建立的布雷顿森林体系，统一了各国的货币关系，稳定了国际金融秩序，这是一次全面的国际金融合作与协调，对当时的世界经济发展起到了巨大的推动作用。1973 年布雷顿森林体系崩溃以后，主要发达国家普遍实行浮动汇率制，各国开始探讨浮动汇率制下的国际金融协调问题。简单说来，浮动汇率制下的国际金融协调可分为四个阶段：

第一阶段是 1974—1978 年。1973 年第一次石油危机引发了经济的衰退，并且使许多国家出现经常账户赤字。各主要工业国家政策制定者为维持实际经济变量和稳定物价，每年举行经济首脑会议进行政策商讨并形成制度。1977 年的伦敦首脑会议就将宏观经济政策协调列为主要议题，在 1978 年的波恩首脑会议上，前联邦德国和日本同意增加政府开支，而美国则同意采取降低通货膨胀率的政策。同时，针对跨国银行过度投机活动对国际金融市场的稳定所造成的隐患，西方主要工业国家成立了巴塞尔委员会，以加强对跨国银行的监管。

第二阶段为 1980—1985 年。这一时期，持续的高通货膨胀率成为各国经济的头号敌人，各国政策制定者的首要目标是抑制通货膨胀，这个时期可以称为非协调的政策制定时期。例如，美国采取高赤字、低税收、高支出政策和紧缩性货币政策导致美元连续五年升值，这些政策完全不同于其他工业化国家，美国要求其他国家分担美元升值的压力，但其他主要工业国家拒绝这一建议，并且希望美国改变其政策。

第三阶段是 1985—1996 年。鉴于美元汇率高估已严重影响国际金融体系的稳定，1985 年 9 月 22 日，西方五国财政部长在美国纽约的广场饭店召开会议，讨论美元币值问题，发表了将采取联合干预措施以使美元汇率下降的《广场宣言》。1986 年东京会议上，西方七国财长决定，每年至少举行一次会议进行经济政策磋商和政策回顾。1987 年的巴黎卢浮宫会议就经济政策磋商达成一致意见，选择七种主要经济指标，即经济增长、通货膨胀、经常账户均衡、汇率、货币政策和财政预算作为各国制订政策目标的基础。在此次会议上，各国还承诺将使美元汇率基本上稳定在当时的水平上，描绘了以汇率目标区为基础的汇率合作的雏形，同时也制定了合作性货币、财政政策的目标：美国削减财政赤字、前联邦德国减税、日本通过货币扩张来降低利率并扩大政府预算支出。从此以后，各国政策合作一直向着协定所建议的方向迈进。

第四阶段是 1997 年以后。1997 年亚洲经济危机后国际金融协调与合作超出了传统的七国集团，工业化国家和发展中国家共同讨论和制定解决危机和促进世界经济发展的措施，已经成为国际金融协调的新趋势。

第二节 金融全球一体化与国际金融监管协调

一、金融全球一体化与《全球金融服务贸易协议》

服务贸易是现代国际经济领域中的重要组成部分，是世界贸易组织体系中的重要调整对象。而金融服务贸易是国际服务贸易的极为重要的组成部分，也是世界贸易组织在服务贸易领域谈判中取得的巨大成就。1999 年 3 月 1 日《全球金融服务贸易协议》正式生效，至此，国家间开放银行、保险、证券和金融信息市场在一定范围内获得正式认可。《全球金融服务贸易协议》的达成是全球金融开放的一个阶段性成果，标志着全球金融一体化迈开了可喜的一步，对全球金融服务业的开放必将起到极大的推动作用。

1.《全球金融服务贸易协议》的达成背景

国际服务贸易在第二次世界大战以后迅猛发展，但与此同时，各国服务贸易的摩擦也日益激烈。20世纪80年代以来，推进服务贸易自由化成为发达国家的强烈要求。当时，美国、欧共体与其他少数几个发达国家极力主张将服务贸易列为《关税与贸易总协定》乌拉圭回合谈判的议题，但遭到发展中国家的强烈反对。因此，1993年底，"乌拉圭回合"最终协议文本形成时，金融服务贸易并没有达成最终共识。世界贸易组织成立后，各国便立即着手筹备谈判的有关事宜。1995年7月28日，世界贸易组织金融服务贸易委员会达成一项有90余个国家参加的金融服务协议，该协议是各国在乌拉圭回合谈判中作出实质性承诺和其后一半以上成员国应允新承诺的基础上形成的。有关谈判原定于1995年6月30日结束，然而在该期限到期前一天，美国谈判代表公开指责一些国家对开放国内金融市场的承诺仍不充分并因此退出谈判。缺少美国这样的金融大国签字，这一协议便成为过渡性的协议。1997年初，全球金融服务贸易谈判重新在日内瓦拉开，在这轮谈判中，谈判者分为两方，其他成员国为一方，美国为另一方，在金融市场开放程度上讨价还价。美国凭借其强大的经济实力作出了对本国金融市场积极开放的姿态，要求其他成员国响应。在这种情况下，其他许多成员国都先后修改了原先所作承诺。到1997年12月13日凌晨，谈判各方达成一致意见，70个国家签署了以56项金融开放承诺为基础的《全球金融服务贸易协议》。

2.《全球金融服务贸易协议》的主要内容

《全球金融服务贸易协议》主要包括一个核心文件以及成员国提交的承诺表和豁免清单，这些承诺主要包括以下内容：

（1）关于国民待遇和市场准入

发达国家因其金融业的高度发达而普遍愿意开放金融市场，只对市场准入和国民待遇规定了极少的限制。发展中国家虽然也保证给予外国金融机构以国民待遇，但对市场准入规定了很多条件和限制。

（2）关于提供服务的方式

发达国家允许其他国家以一切可能的方式在本国设立金融机构和向本国消费者提供金融服务，同时也保障本国公民在境外消费金融服务。发展中国家以保护本国消费为由，在许多部门禁止或严格限制外国金融机构跨境提供金融服务，而只允许其以在国内设立分支机构的方式提供服务，以便于监管和控制。

（3）关于开放的具体金融部门

绝大多数国家愿意开放再保险服务和银行业中的存款和贷款业务，而对于保险业中的人寿保险、银行业中的清算和票据交换、证券业中的衍生金融产品交易等，许多发展中国家不做具体承诺或加以严格限制。

在金融服务协议的最后承诺中，发达国家主要将内部或双边及区域待遇多边化。如欧盟承诺不限制外国金融机构准入其市场，并在完全的最惠国待遇基础上提供国民待遇；日本将 1994 年日美达成的双边金融服务协议中规定的给予美国的待遇多边化；加拿大则承诺把北美自由贸易协定中有关好处给世界贸易组织的所有成员。发展中国家，特别是韩国、印度、泰国、菲律宾、巴西、南非等也承诺不同程度地开放金融市场，例如允许外资在本国金融机构参股、允许外资在本国设立保险公司等。

《全球金融服务贸易协议》只是规定各国在将来某一时刻所应达到的开放程度，至于以何种方式以及以什么样的速度达到这一程度，则取决于各国不同的承诺安排。

3.《全球金融服务贸易协议》对世界经济的影响

《全球金融服务贸易协议》是第一个规范国际金融服务贸易的多边协议，对未来全球金融体系、世界经济的发展必然产生深远的影响。首先，世界各国将以前所未有的速度推进金融市场的对外开放。世界贸易组织的 102 个成员国在该协议中作出了在金融服务贸易领域开放市场的承诺。其中，有 58 个成员国承诺在保险市场上允许外资可以较以前更大的市场准入范围进入，有 59 个成员国承诺外资可以在银行业上拥有全资附属公司或分行，有 44 个成员国允许外资券商在当地设立全资附属公司及分支机构。由此可见，全球金融市场将会以前所未有的速度进一步对外开放；其次，《全球金融服务贸易协议》将促进世界经济的进一步发展。金融服务贸易开放是国际贸易发展的必然要求，同时又为国际贸易的进一步发展提供了便利条件，从而促进国际贸易的发展，对世界经济的发展起到重要的推动作用。同时，《全球金融服务贸易协议》的达成，有利于稳定世界金融体系，提高各国投资者的信心，促进国际经济的发展；再次，《全球金融服务贸易协议》提供的连续不断的多边谈判机制，使金融自由化迈向更高层次，有助于推动更广泛深入的国际经济合作。

二、国际金融监管协调与《巴塞尔协议》

20 世纪 70 年代以后，全球经济一体化的趋势不断加强，金融领域的创新活动也日益活跃，一些发达国家的政府和国际社会都深感必须加强对金融，尤其是对银行的监管。在促进国际金融监管协调合作方面，巴塞尔银行监管委员会发挥着重要作用，它所制定的指导性文件不仅为其成员国监管当局所接受，而且成为其他发达国家和众多发展中国家共同遵循的标准。在其制定的众多文件中，最为重要的是三个：《巴塞尔协议》、《巴塞尔核心原则》和《巴塞尔新资本协议》。

1.《巴塞尔协议》产生的历史背景

在 20 世纪 60 年代，西方国家银行国际化有了迅速发展。迅速发展的银行国际化给传统的银行经营带来了巨大的变化，许多国家银行纷纷在国外设立分支机构或附属机构。为逃避各国金融当局的监管，产生了许多境外市场。各跨国银行对外币的依赖日益严重，银行的国际竞争日益激烈，银行经营风险也随之加大。1973 年布雷顿森林体系崩溃，各主要发达国家纷纷实行浮动汇率制，使得银行国际经营的风险更加增大，银行破产倒闭事件时有发生。1973 年美国圣地亚哥国民银行倒闭、1974 年美国富兰克银行和前联邦德国的赫斯塔特银行宣布破产，引起了国际金融界的震撼。谋求建立适度的国际银行业协调监督管理，保证银行业在激烈的竞争中保持稳定成为人们关注的热点。1974 年 9 月，西方十国（即美国、英国、法国、联邦德国、意大利、日本、荷兰、加拿大、比利时、瑞典）和瑞士、卢森堡的中央银行行长在瑞士的巴塞尔举行会议，讨论跨国银行的监督与管理问题。1975 年 2 月，经英格兰银行总裁查理森提议，在国际清算银行主持下成立了监督银行国际活动的协调机构——"银行管理和监督活动常设委员会"（简称"巴塞尔委员会"），负责对国际银行的监管。

巴塞尔委员会是由十二国金融当局的银行监督官组成的，它是一个常设组织，每年召开三次例会，讨论有关银行国际监督的事宜。该委员会的第一任主席是英格兰银行的乔治·布鲁顿。自 1977 年以来，该组织的主席长期以来由英格兰银行业务监督处主任彼得·库克担任，所以国际上又把巴塞尔委员会称为库克委员会。巴塞尔委员会的宗旨是使国际银行机构受到充分的监督，其会员相互合作以便协调对国际银行制度的监督，并担任制定适应各自国内监督制度的计划，以便有效地应付银行业务的变化。

2.《巴塞尔协议》的产生与演变

巴塞尔委员会最早和影响最深远的倡议之一，是创立了各种关于监督机构之间分担责任的主要准则。这些准则通称为《巴塞尔协议》。1975 年 9 月 26 日，即巴塞尔委员会成立不久，它就形成了第一个对银行的国际监管条例，即《对银行的外国机构的监管》，1975 年 12 月，十国集团和瑞士的中央银行批准了这个文件，将其称之为第一个《巴塞尔协议》。第一个《巴塞尔协议》的主要内容有：①协议的宗旨是制定国际合作监督的指导原则，按股权原则确定分行、多数股子银行、少数股子银行的定义，监督银行的流动性、清偿力、外汇活动和外汇头寸；②任何银行的国外机构都不能逃避监督，母国与东道国共负监督责任，东道国有责任监督其在境内的外国银行；③东道国为主监督外国分行的流动性和外国子银行的清偿能力，总行为主监督其在外国分行的清偿能力，外国子银行的流动性主要向东道国负责；监督当局之间应互通情报，克服银行保密法限制，允许总行直接检查海外机构，否则，东道国当局代为检查。

第一个《巴塞尔协议》存在严重不足，如合作范围过于狭窄、各国监督仍缺乏有效的协调统一等。1982 年意大利最大的私人银行——安布鲁西亚银行及其设在卢森堡的附属机构——安布鲁西亚控股公司宣布破产，由于意大利和卢森堡互不愿承担责任，此银行的破产殃及到 200 多家银行，损失共达 4.5 亿美元，西方银行体系再次出现危机，国际银行监管的缺陷暴露无遗。针对危机中暴露出的问题，十国集团和瑞士于 1983 年 5 月又通过了第二个《巴塞尔协议》，即修改后的《巴塞尔协议》——《对银行国外机构监督的原则》。第二个《巴塞尔协议》规定：任何银行都不能逃避监督，如果母国当局对其海外银行监督不充分，东道国有权力禁止这些银行在其境内活动；分行的清偿力监督由母国当局负责，子行的清偿力监督由母国和东道国共同分担，合资银行的清偿力监督则分属于合资的国家；分行和子行的流动性监督由东道国当局负责，但母国管理当局应对整个银行集团的流动性负责。

虽然第二个《巴塞尔协议》对第一个《巴塞尔协议》作了较大修改，但它仍旧回避了最后贷款人的问题，而且没有提出具体可行的监督管理标准。1987年12月16日，巴塞尔委员会在瑞士巴塞尔召开了"国际清算银行对银行进行管制和监督常设委员会"会议。1988年7月，西方"十国集团"各成员国中央银行行长们聚会于巴塞尔，原则上通过了巴塞尔委员会制定的《关于统一国际资本衡量和资本标准的协议》(Proposal for International Convergence of Capital Measurement and Capital Standards)，简称为《巴塞尔协议》，也就是第三个《巴塞尔协议》。现在我们经常提到的《巴塞尔协议》就是这个协议。《巴塞尔协议》是国际银行业统一监管的一个划时代文件，该协议对银行的资本比率、资本结构、各类资产的风险权数等都作了统一规定，其主要目的有两个：一是通过制定银行的资本与风险资产的比率，规定出计算方法和标准，以保障国际银行体系健康而稳定地运行；二是通过制定统一的标准，以消除国际金融市场上各国银行之间的不平等竞争。

3.《巴塞尔协议》的主要内容

《巴塞尔协议》的主要内容分四个部分：资本的组成、风险权重的计算标准、标准比率规定、过渡与实施安排。

《巴塞尔协议》把资本分为两级，即核心资本与附属资本。巴塞尔委员会认为核心资本作为资本基础的第一级，是银行资本中的最重要组成部分，它包括股本和公开储备，核心资本占银行资本的比例至少要占银行资本基础的50%。附属资本作为资本基础的第二级，包括非公开储备、重估储备、一般储备金或普通呆账准备金、长期次级债务和带有债务性质的资本工具，其总额不得超过核心资本总额的100%。

银行的管理层需要防备各种不同的风险，对大多数银行来说最主要的风险是信贷风险。《巴塞尔协议》根据资产的相对风险程度，将资本与资产负债表上的各类资产以及表外项目所产生的风险挂钩，以评估银行资本所应具有的适当规模。银行的资产，根据其风险程度的大小分为五类：即0%风险的资产、10%风险的资产、20%风险的资产、50%风险的资产、100%风险的资产，风险越大，加权数就越高。银行的表外业务也应按"信用换算系数"换算成资产负债表内的相应项目，然后按同样的风险权数计算法计算。

为长期保证国际银行拥有一个统一稳健的资本比率，巴塞尔委员会要求，从文件公布之日起，银行要逐步建立起所需的资本基础，到1992年年底，银行的资本对加权风险资产的比例应达到8%（这一比率又称为资本充足率），其中核心资本至少应达到4%。

为了保证顺利、平稳地过渡到新的监管体系，巴塞尔委员会同意设置一个过渡期，让各银行调整和建立所需的资本基础。《巴塞尔协议》规定，从1987年底到1992年为过渡期，1992年底必须达到8%的资本对风险加权资产的比率目标。

三、《巴塞尔新资本协议》及其特征

《巴塞尔协议》突出强调了资本充足率的标准和意义，建立了全球统一的风险管理标准，强调了国家风险对银行信用风险的重要意义，它对国际银行业的发展和各国的银行监管必然产生深远的意义。但《巴塞尔协议》也存在明显的不足，于是巴塞尔委员会于1997年4月提出了《有效银行监管核心原则》，2002年10月1日，巴塞尔委员会发布了新资本协议的最新版《资本计量和资本标准的国际协议：修订框架》，即《巴塞尔新资本协议》。

1.《巴塞尔核心原则》

1988年《巴塞尔协议》在促进各国银行间的公平竞争和增强国际金融体系的安全性方面发挥了巨大作用。但随着时间的推移，其缺陷也越来越明显。20世纪70年代以来，为了逃避金融管制，大规模的金融创新开始成为一股潮流，20世纪80年代，金融衍生工具成为最重要的金融创新内容，新的金融产品，特别是金融衍生工具刺激了越来越多的国际银行从事投机交易。进入20世纪90年代，金融创新、衍生金融产品发展依然很快，银行业也越来越深入地介入金融创新与衍生金融工具的交易，金融市场的动荡对银行业的影响也越来越大，不少银行因市场风险管理失控而破产倒闭。如1995年2月，具有233年历史的英国皇家银行——巴林银行因经营日经指数期货而被国际荷兰集团以1英镑的价格收购，同年日本大和银行纽约分行因舞弊经营国债期货而破产倒闭，法国里昂信贷银行发生信用危机，1997年在泰国金融危机过程中有56家金融机构关闭。特别需要指出的是，这些银行基本上都是在银行资本与风险资产基本正常的情况下遭遇风险损失或破产的。如1994年底，巴林银行的资本充足率远远超过8%。到1995年倒闭前，人们还认为巴林银行是安全的。国际银行业"事故银行"数目之多、损失之巨，显示出传统的监管方式已经走到了尽头，实践要求新的监管方式出台。于是，巴塞尔委员会在1996年年初推出了《〈巴塞尔资本充足协议〉的补充协议》，在1997年4月提出了《有效银行监管核心原则》，并于同年9月下旬在香港举行的国际货币基金组织和世界银行的年会上正式通过，要求世界各国金融监管当局在1998年10月之前进行认可。巴塞尔银行监管委员会将与其他有关组织一起，督促各国加快实施银行业有效监管核心原则的进程。

《银行有效监管核心原则》包括25条原则，主要从有效银行监管的先决条件、发照与审批等五个方面提出了基本要求：①有效银行监管的先决条件。《巴塞尔核心原则》在原则1中提出了有效银行监管的先决条件是：稳健可持续的宏观经济政策、完善的公共金融基

础设施、有效的市场约束、高效率解决银行问题的程序、适当的系统性保护机制、适当的银行监管法律框架、建立监管者之间分享信息及信息保密的各项安排；②发照程序和对机构变化的审批。在原则2—5中，强调要对银行在市场准入及银行业务方面进行有效的监管，必须明确监管者在市场准入方面监管的权限及具体监管内容，监管者必须有权审查和拒绝银行收购，有权审查银行的大笔收购与投资；③持续银行监管手段。原则16—20条明确了监管者有权制定并利用审慎法规和要求来控制风险，银行监管体系必须包括某种形式的现场检查和非现场检查，监管者必须要有能力对银行进行综合报表监管；④监管者的正式权力。在原则22条中，强调银行必须掌握完善的监管手段，以便在银行未能满足审慎要求或当存款人的安全受到威胁时采取纠正措施；⑤跨国银行业。原则23—25条要求母国银行监管者必须实施全球性报表监管，对银行在世界各地的所有业务进行充分的监管。东道国银行必须要求外国银行按东道国国内机构所同样遵循的高标准从事当地业务，而且从报表监管的目的出发，必须有权分享其母国监管当局所需的信息。

2.《巴塞尔新资本协议》的新要求

1988年《巴塞尔协议》发布以后，全球银行业经历了重大的变化，促使巴塞尔委员会着手对其进行全面的调整与修订。2001年1月16日，巴塞尔银行监管委员会经过长期研究和探讨，发布了新资本协议草案第二稿，在全球范围内征求意见。2002年10月1日，巴塞尔委员会发布了新资本协议的最新版。2004年6月26日，十国集团的中央银行行长一致通过《资本计量和资本标准的国际协议：修订框架》，即《巴塞尔新资本协议》的最终稿，并决定于2006年底在十国集团开始实施。此后，25个欧盟成员国、澳大利亚、新加坡和中国香港等发达国家和地区也表示将利用新协议对商业银行进行监管，部分发展中国家如南非、印度、俄罗斯等也表示将采取积极措施克服困难实施新协议。新的资本协议对银行风险管理的整体思路、方法作了新的总结与规范，将对国际银行业及全球所有银行的业务、风险管理体系、业务报告路线以及与投资者的关系、与监管者的沟通等等带来深远的影响。

新资本协议在全面继承以1988年《巴塞尔协议》为代表的一系列监管原则成果的基础上，继续以资本充足率为核心、以信用风险控制为重点，着手从单一的资本充足率约束，转向突出强调银行风险监管从最低资本金要求、监管部门的监督检查和市场约束三个方面，进而提出了衡量资本充足率的新的思路和方法，以使资本充足率和各项风险管理措施更能适应当前金融市场发展的客观要求。因此，新协议由三大内容组成：最低资本充足要求、资本充足率的监管要求、市场约束。

最低资本充足要求：最低资本充足率要求是新资本协议的重点。资本的定义和最低资本充足率仍保留1988年协议的要求不变(即8%)，但明确了应包括市场风险和操作风险。在信用风险的衡量和计算方法上改变了原协议主要根据债务人所在国是否是经合组织成员国来区分的方法，而是按外部出口信用评级结果核定，在此基础上提出了三种可供选择的方案，即标准化方案、初级内部评级方案及高级内部评级方案。在衡量最低资本充足率时，引入了市场风险（主要指市场波动、经济周期等因素导致的风险）和操作风险（主要指内部处理程序上失误、系统错误、内部员工的错误行为等因素导致的风险），以期实现全面风险管理。

资本充足率的监管要求：新资本协议认为，为了促使银行的资本状况与总体风险相匹配，监管当局有责任利用现场和非现场稽核等方法审核银行的资本充足状况。有效的监管约束应遵循四个基本原则：①监管当局有权根据银行的风险状况及外部的经营环境，要求银行保持高于最低水平的资本充足率；②银行应建立严格的内部评估体系，使其资本水平与风险度相匹配；③监管当局应检查和评价银行内部资本充足率的评估情况及其战略，以及银行监测和确保资本充足率的能力；④在银行资本下滑或有此类迹象时，监管当局要争取及早干预，以避免银行的资本低于抵御风险所需的最低水平。

市场约束：《巴塞尔新资本协议》充分肯定了市场约束有利于加强监管和提高资本充足率，有利于提高金融体系的安全性和稳固性。为了确保市场约束的有效实施，银行应提高透明度，建立信息披露制度。协议要求，银行在半年内至少披露一次财务状况、重大业务活动、风险度及风险管理状况。同时，新协议要求银行应披露特定业务领域以及风险管理操作中的损失等方面的数据。

3.《巴塞尔新资本协议》的主要特征

（1）新资本协议使资本水平能够更真实地反映银行风险

新资本协议提出，银行资本储备除要反映其信用风险以外，还必须同时反映市场风险和操作风险；要借助外部信用评级确定资产风险权重，使风险衡量更为客观；在评估资产风险权重和资本充足率时，要考虑抵押品价值和质量、担保人信用和能力；在确定资本充足水平时，要充分考虑各种风险缓解技术、工具的影响。这些规定扩大了银行风险管理的范围，风险计量更为谨慎、周密。

（2）进一步强调了银行内控机制建设的重要性

新资本协议放弃了1988年《巴塞尔协议》中单一化的监管框架，提出银行和监管当局可以根据业务的复杂程度、本身的风险管理水平等灵活选择监管方式，提出综合考虑各种风险因素的充足的资本储备是银行风险管理的第一支柱，外部评级与内部评级体系是确定最低资本充足率的依托；在资产评级方面，除了继续保留外部评级这一方式外，更多地强调银行要建立内部的风险评估体系，并提供了标准化方案、初级内部评级方案、高级内部评级方案等三种可供选择的方案。这些规定既强化了银行建立内控机制的责任，又增加了银行风险管理手段的灵活性。

（3）强化了对银行风险管理的监管约束

新协议强调了监管当局的严格评估与及时干预，提出了监管当局要准确评估银行是否达到最低资本要求，评估银行资本水平是否与实际风险相适应，评估银行内部评级体系是否科学可靠；提出监管当局要及早干预，防止银行资本充足水平低于实际风险水平。这些规定强化了监管当局职责，硬化了对银行风险管理的监管约束。

（4）第一次引入了市场约束机制

新资本协议充分肯定了市场具有迫使银行有效而合理地分配资金和控制风险的作用，提出了银行应当及时向社会披露关键信息，如对银行的资本结构、风险结构、资本充足率、内部评估系统及风险资产计量法、风险资产管理的战略与制度、管理过程等提出了定性和定量的信息披露要求；提出了银行应具有经董事会批准的正式披露政策，包括公开披露财务状况和经营状况的目的和战略，并规定了披露的频率和方式。这些规定有助于强化对银行的市场约束，提高外部监管的可行性和及时性。

第三节　国际货币基金组织

一、国际货币基金组织的建立

在第二次世界大战即将结束时，英、美等国家为了整顿、重建战后世界经济，感到世界各国的合作是十分必要的。因此，1944 年 7 月，在英、美等国策划下，美、英、中、苏、法等 44 个国家在美国新罕布什尔州的布雷顿森林召开了联合国货币与金融会议。在这次会议上，决定成立国际货币基金组织与国际复兴开发银行。1946 年 3 月国际货币基金组织正式成立，1947 年 3 月正式开始办理业务。国际货币基金组织是联合国专营国际金融业务的一个专门机构，它与世界银行集团、关税与贸易总协定（现在的世界贸易组织）共同构成战后国际经济秩序的三大支柱。到 2008 年底，国际货币基金组织共有会员国 185 个。按照规定，一个国家（或地区）只有首先成为国际货币基金组织的会员，才有资格成为世界银行集团的会员。我国是国际货币基金组织的创始国之一，并于 1980 年 4 月 18 日正式恢复了在基金组织的合法席位。

1. 组织机构

国际货币基金组织的机构是由理事会、执行董事会、总裁和若干业务职能机构组成。

国际货币基金组织的最高权力机构是理事会，由会员国各国派理事和副理事一人组成，任期五年（可以连任）。担任理事一职的通常是各国中央银行行长或财政部长，副理事只在理事缺席时才有投票权。理事会的主要职能是接纳新会员、决定或调整会员国的份额、分配特别提款权及处理国际货币制度的重大问题。理事会每年秋季举行一次定期会议

（即 IMF 年会），必要时可举行特别会议。由于理事会过于庞大，1974 年 10 月设立了由 22 个部长级会员组成的临时委员会，每年举行 3～4 次会议。临时委员会具有管理和修改国际货币制度和修改基金条款的决定权，因而成为事实上的常设决策机构。

理事会下设执行董事会。执行董事会是 IMF 负责处理日常事务的常设机构，除接纳新会员国、调整基金份额和修订协定条款等重大事项以外，基金组织的一般事务及政策事务均由执行董事会行使权力。执行董事会初期由 12 人组成，目前由 24 人组成，由持有基金份额最大的美、英、德、法、日、沙特阿拉伯六国各派一人担任常任执行董事，其他执行董事由其他会员国按国家集团或按地区分组推举产生（中国和俄罗斯为单独选举集团，各指派一名执行董事）。

基金组织设总裁一人，副总裁三人（原设一人），总裁由执行董事会选举产生（每五年选举一次），总管 IMF 的业务工作，是基金组织的最高行政领导人。总裁兼任执行董事会主席，平时无投票权，只有在执行董事会投票表决出现双方票数相等时，才可投决定性的一票。总裁可以出席理事会，但没有投票权。通常，总裁由西欧人士担任，而世界银行集团总裁由美国人担任。

基金组织的一切重大问题由投票决定，只有 80% 的票数，有些特别重大的问题要有 85% 的多数票同意才能通过。会员国的投票权主要取决于它们的份额：①每个会员国都有基本票数 250 票；②每增加 10 万特别提款权（原为 10 万美元）的份额，在基本票数的基础上增加 1 票；③IMF 贷出的会员国货币每达 40 万特别提款权（原为 40 万美元），则该会员国增加投票权 1 票；④会员国从 IMF 借款，每借 40 万特别提款权（原为 40 万美元），则减少该会员国的投票权 1 票。

2. 宗旨

根据《国际货币基金组织协定》第一条，国际货币基金组织建立的宗旨主要包括：①为会员国在国际货币问题进行磋商和协作提供所需的机构，促进国际货币合作；②促进国际贸易的扩大与均衡发展，借以提高和维持会员国的高水平就业和实际收入，并增强会员国的生产资源开发能力；③促进汇率的稳定，保持会员国之间有条不紊的汇兑安排，避免竞争性的货币贬值；④为会员国经常性交易建立一个多边支付和汇兑制度，并设法消除妨碍国际贸易发展的外汇管制；⑤在适当的保障下，向会员国提供临时性资金融通，以增强其信心，使其有机会在不采取危害本国和国际经济繁荣措施的情况下，纠正国际收支的失衡；⑥争取缩短会员国国际收支失衡的持续时间，减轻其程度。

从上述宗旨可以看出，国际货币基金组织的主要职能是：为会员国提供国际货币合作与磋商的场所；为会员国的汇率政策、与经常账户有关的多边支付以及货币的汇兑确立一项行为准则，并实施监督；为会员国提供短期资金融通，以调整国际收支的失衡，维持汇率的稳定；消除"竞争性的货币贬值"与"阻碍国际贸易发展的外汇管制"，促进国际贸易的发展；督促会员国执行相应的基金协定条款。

二、国际货币基金组织的份额

1. 份额的含义

国际货币基金组织为了贯彻其宗旨，必须有资金。与联合国其他专门机构不同，国际货币基金组织实行份额制度，这就是说，其资金来源主要是会员国所缴纳的份额。份额类似于股金，凡参加基金组织的会员国都必须认缴一定的份额，份额一旦认缴，就成为基金组织的资产（资本），构成基金组织的主要资金来源（基金组织的资金来源还有借款和信托基金）。按基金组织的规定，会员国的份额每五年左右调整和扩大一次，1946 年基金组织成立之初的份额总量为 76 亿美元，到目前为止，已经过九次调整和扩大。截至 1998 年 2 月 6 日，基金组织份额总计为 1 460 亿特别提款权。

2. 份额的确定

每个会员国的认缴份额的多少，是根据会员国国民收入、黄金外汇储备总量、平均进口额、出口变化率、出口占国民收入的比例等变量所构成的复杂的公式计算而得出的。基金组织成立之初，其计算分式为：

$$Q = (0.02Y + 0.05R + 0.10M + 0.1V)(1 + X/Y)$$

式中　　Q——份额；

　　　　Y——1940 年的国民收入；

　　　　R——1943 年的黄金和外汇储备；

　　　　M——1934—1943 年的年平均进口额；

　　　　V——1934—1943 年出口的最大变化额；

　　　　X——1934—1943 年的年平均出口额。

按上述公式计算所提份额以后，还要乘以 90% 才是会员国一国确定应缴的份额，余下的 10% 作为基金组织的机动份额，用于追加小国的份额或向某些国家提供特别的附加份额。在 20 世纪 60 年代以前，这一公式一直被用作确定会员国最初份额的工具。在 20 世纪 60 年代和 70 年代，基金组织对上述公式作了某些修改并补充了一些公式，修改和补充的主要之处在：①把进出口额改为经常账户的支出与收入；②增加了经常账户变化额的权重，减少了国民收入和国际储备的权重。利用修改和补充的公式所计算出来的结果，从 20 世纪 60 年代以来，被理事会用作确定新会员最初份额的依据。

3. 份额的认缴办法

在《牙买加协定》生效以前，份额的 25% 是以黄金缴纳的，其余的 75% 以本国货币缴纳。《牙买加协定》生效后，黄金地位发生了变化，份额的 25% 不再以黄金支付，而以 IMF 规定的储备资产（特别提款权或可兑换货币）缴纳，其余的 75% 仍以本国货币缴纳（可以以会员国凭券支付的、无息的国家短期有价证券代替本国货币缴纳份额）。会员国缴纳的基金份额原以美元为计算单位，1969 年以后，改以特别提款权为计算单位。一般每五年进行一次调整和检查。截至 1999 年底，会员国认缴的份额总数为 2 120 亿特别提款权，美国的份额占到 18% 左右，因而实际上对基金组织的方针政策享有否决权。1980 年 4 月我国恢复在基金组织的合法席位以后，认缴份额 23.91 亿特别提款权，占总份额的 2.66%。2009 年 4 月 29 日 IMF 理事会投票批准了关于份额和投票权改革的方案。这一方案将适当增加发展中国家在该组织中的代表性和发言权。根据这一方案，发达国家在该组织的投票权比例将从目前的 59.5% 降为 57.9%，发展中国家的投票权比例则从目前的 40.5% 上升为 42.1%。中国在国际货币基金组织的份额增加到 3.997%，投票权增加至 3.907%，中国在该组织中的代表性列 185 个会员国中的第六位（前五位是美国、日本、德国、法国、英国）。对于一个会员国来讲，份额不仅决定了加入基金组织时应缴纳的款项数额，还决定了它在基金组织的投票权的多少、从基金组织分得的特别提款权的多少及从基金组织借款或提款权的多少。

三、汇率监督与协调

1. 汇率监督

对会员国汇率进行监督，维持汇率稳定是基金组织的一项重要职能。为了使国际货币制度能够顺利运行，保证金融秩序的稳定和世界经济的增长，基金组织要检查各会员国以保证它们与基金组织和其他会员国进行合作，以维持有秩序的汇率安排和建立稳定的汇率制度。为此，基金组织要求会员国做到：①努力以自己的经济和金融政策来达到促进有秩序的经济增长这个目标，既有合理的价格稳定，又适当照顾自身的境况；②努力通过创造有秩序的基本的经济和金融条件和不产生反常混乱的货币制度去促进稳定；③避免操纵汇率或国际货币制度来妨碍国际收支的有效调整或取得对其他会员国不公平的竞争优势；④奉行同基金组织所规定的不相矛盾的外汇政策。

在不同的国际货币制度下，基金组织汇率监督的侧重点是不同的。在布雷顿森林体系下，全球实行固定汇率制度，基金组织对会员国的汇率进行直接管理与监督，各会员国按规定确定本国货币的金平价，其汇率的波动应维持在基金组织所允许的范围之内（最初是金平价上下 1%，后改为 2.25%）。会员国要改变金平价时，必须与基金组织进行磋商并得到它的批准。布雷顿森林体系崩溃以后，各国普遍实行浮动汇率制，不再负有维持统一平价的义务，会员国调整汇率不要再经过基金组织的批准，但基金组织汇率监督的职能并没有丧失。它仍然对会员国各国及全球的汇率和外汇管制情况进行监督与全面评价。它主要通过下述办法对汇率进行监督：①如基金组织提出要求，会员国需向它提供必要的资料，并同它就汇率问题进行磋商；②基金组织工作人员也为汇率监督工作收集所需资料，以全面评估会员国的汇率政策。汇率监督不仅运用于那些经济上软弱的国家，而且更重要的是运用于那些经济实力强大的国家。因为，这些国家的国内经济政策和国际收支状况会对世界经济产生重大的影响。

基金组织是在多边基础上和个别基础上对会员国汇率政策实行监督。多边监督主要是分析主要发达国家国际收支和汇率政策的相互作用，并评估这些政策在什么程度上能促进一个健康的世界经济环境；个别监督是基金组织对个别会员国汇率政策和有关经济政策进行的监督，其主要内容是检查会员国的汇率政策是否与基金协定所规定的义务和指导原则相符。基金组织要求所有会员国将其汇率安排的变化通知基金组织，从而使基金组织能够及时进行监督与协调。

近年来，尤其是墨西哥金融危机、东南亚危机以来，基金组织扩大了汇率监管范围，更关注会员国经济数据的质量和这些数据的适时公布，关注会员国金融制度的效率和能力以及私人资本的流动，并通过对可能出现的问题提出警告来防止金融和经济危机的发生。

2. 磋商与协调

为了能够履行监督会员国汇率政策的责任，了解会员国的经济发展状况和采取的政策措施，以便及时向会员国提出有关的政策建议和劝告，基金组织与会员国进行磋商与协调。磋商分为定期磋商与不定期磋商两种，定期磋商每年举行一至两次，不定期磋商视情况而定。这种磋商在基金组织专家小组与会员国政府官员之间进行，磋商的具体形式是由基金组织工作人员组成一个磋商团访问会员国，搜集会员国有关统计资料，如贸易收支、物价水平、失业率、利率、货币与财政政策等，然后与政府高层官员讨论其宏观经济战略和政策的效果及欲进行的调整措施，预测国内外经济发展的前景。讨论后，专家小组写出报告，供执行董事会磋商、讨论与分析会员国经济时使用，并发表在一年两期的《世界经济展望》和年度报告《国际资本市场》上。

20 世纪 70 年代石油危机使许多国家的国际收支出现危机，20 世纪 80 年代爆发了发展中国家的债务危机，90 年代连续爆发了西欧金融风暴、墨西哥金融危机、东亚金融危机等。这些全球性的问题更需要会员国，特别是主要发达国家从国际的角度来协调国内经济政策。因此，基金组织的监督与协调作用就显得更为重要。为此，基金组织每年都要同一些国家进行特别磋商。同时，从 20 世纪 80 年代以来，基金组织都把协调会员国经济政策和货币政策作为年会的主要议题。事实证明，基金组织在协调各国政策，稳定国际金融形势，特别是在解决国际债务危机方面所起的作用是不容忽视的。

四、资金融通

国际货币基金组织最主要的业务活动是向会员国提供资金融通，以协助会员国改善国际收支状况。基金组织设有多种类型的贷款，根据不同的政策向会员国提供资金。基金组织的贷款具有以下特点：对会员国贷款不称借款而称提款或购买，仅以会员国政府为贷款对象，贷款无论用什么货币都以特别提款权计值，利息也以特别提款权支付，贷款与会员国的份额密切相关，贷款基本上都附加有使用条件。如基金组织 1997 年 8 月对泰国提供 180 亿美元贷款时，提出了要求泰国政府实施紧缩性财政政策，进一步削减财政开支，将增值税税率从 7% 提高到 10%，全面改革金融体制，关闭 56 家金融机构，进行自由化改革，发展外向型经济等条件。

基金组织主要对会员国发放以下几类贷款：

（1）普通贷款

普通贷款也称普通提款权，是基金组织最基本的贷款形式，主要用于会员国国际收支逆差的短期资金需要。贷款期限为 3～5 年，贷款额度最高为份额的 125%。普通贷款分为五个档次，第一档称为储备部分贷款，占总额的 25%（刚好等于会员国用可兑换货币向基金组织所缴份额），这部分贷款是无条件的，无需批准，也不要支付利息。其余贷款称为信用贷款，每档 25%，贷款条件逐档严格，利率逐档提高。

（2）补充和扩大贷款

补充贷款于 1977 年 8 月正式发放，用于补充普通贷款的不足，贷款资金由产油国及发达国家提供（产油国提供 48 亿，发达国家提供 52 亿，共 100 亿美元）。会员国的国际收支危机严重，需要比普通贷款更大数额和更长期限的资金时，可申请此项贷款。贷款期限 3～7 年，每年偿还一次，备用安排期为 1～3 年，最高借款额可达份额的 140%，利率前三年为基金组织付给资金提供国利率加 0.2%，以后另加 0.325%。补充贷款提供完毕以后，基金组织以同样的条件设立了扩大贷款，扩大贷款期限为一年，贷款额为不超过份额的 150% 或 3 年不超过 450%。

（3）中期贷款

这是为解决会员国较长时期的国际收支逆差于 1974 年 9 月设立的一种专项贷款。贷款期限为 4～10 年，备用安排期为 3 年，贷款额度最高额可达份额的 140%。会员国借取中期贷款的条件是：①会员国在使用普通贷款仍不能满足需要时，才能申请此项贷款；②申请国必须提出贷款期间有关改进国际收支的政策目标和实现目标的措施，以及在一年内准备实施的有关政策措施的详细说明，以后每年都要向基金组织提供有关工作进展的详细说明和实现目标的政策措施；③贷款根据会员国为实现目标执行有关政策的实际情况分期发放。

（4）补偿与应急贷款（其前身为 1963 年设立的出口波动贷款）

这是基金组织对初级产品出口国因出口收入下降或谷物进口支出增大，而发生国际收支困难时提供的一项专用贷款。这项贷款的额度为会员国份额的 122%，贷款的期限为 3～5 年。借取款项的条件是：①出口收入下降或谷物进口支出增大是暂时性的，且是会员国本身不能控制的原因造成的；②借款国必须同意与基金组织合作执行国际收支的调整计划。

（5）缓冲库存贷款

这项贷款用于支持初级产品出口国稳定国际市场初级产品价格建立国际缓冲库存的资金需要（基金组织用定的运用于缓冲库存贷款的初级产品有锡、可可、糖、橡胶等）。贷款可用于建立商品库存、为缓冲存货机构提供营运费、偿还因建立缓冲库存或进行业务活动所带来的短期债务等。贷款额度为份额的50%，期限为3～5年。

（6）信托基金贷款

基金组织废除黄金条款以后，在1976年至1980年期间将其持有的黄金的1/6（2 500万盎司）以市价卖出后，用所取得的利润（市价超过一盎司35美元的部分）于1976年设立了信托基金贷款。此项贷款按优惠条件提供给低收入的发展中国家（1973年人均国民收入不超过300特别提款权），期限为5年，贷款利率为0.5%，每半年归还一次。

（7）结构调整贷款

该贷款设立于1986年3月，旨在帮助低收入发展中国家通过宏观经济调整，解决国际收支长期失衡问题，贷款资金来源于信托基金贷款偿还的本息，贷款利率为1.5%，期限最长可达10年，且有5年的宽限期。1987年年底，基金组织又设立了扩大的结构调整贷款，贷款最高额可达份额的250%。

（8）体制转轨贷款

这项贷款设立于1993年4月，旨在帮助前苏联和东欧国家克服从计划经济向市场经济转轨过程中出现的国际收支困难，以及其他同这些国家有传统的以计划价格为基础的贸易和支付关系的国家克服因贸易价格基础变化而引起的国际收支困难。该项贷款的额度为份额的50%，期限为4～10年。借款时会员国须已取得普通贷款中的信用贷款或扩大的结构调整贷款，而且必须制定一项经济稳定与制度改革方案。

在上述贷款中，普通贷款、补偿与应急贷款、缓冲库存贷款和中期贷款的资金来源为基金组织的自有资金（即会员国认缴的份额），除储备部分贷款不收利息以外，贷款利率均为6%左右，另加0.5%的手续费；补充贷款和临时贷款的资金来源于基金组织的借款，贷款的利率为基金组织的借款成本另0.5%的手续费和0.2%～0.325%的加息率；信托基金贷款、结构调整贷款与扩大的结构调整贷款属于基金组织的优惠贷款。

第四节　世界银行集团

世界银行集团目前由国际复兴开发银行、国际开发协会、国际金融公司、多边投资担保机构和解决投资争端国际中心五个会员机构组成。国际复兴开发银行主要向发展中国家提供中长期贷款,国际开发协会专门向低收入国家提供长期贷款,国际金融公司是世界银行对发展中国家私人部门投资的窗口,以上三个都是金融机构。

一、国际复兴开发银行

国际复兴开发银行(International Bank for Reconstruction and Development,IBRD)简称世界银行(World Bank),于1945年12月建立,1946年6月开始营业,1947年11月成为联合国的一个专门机构,其总部设在华盛顿。根据布雷顿森林协定,只有国际货币基金组织的会员国才有资格申请加入世界银行。我国于1980年5月恢复在世界银行的合法席位。

1.世界银行的组织结构

(1)理事会

世界银行的组织结构与国际货币基金组织相差不大,其最高权力机构为理事会,由每一会员国委派理事和副理事各一名组成,理事和副理事任期五年,可以连任(副理事只有在理事不在时才有投票权)。会员国一般委派财政部长或中央银行行长担任理事。理事会的主要职责是:批准新会员、决定普遍地增加或者调整会员国应缴股本、决定银行净收入的分配及其他重大问题。世界银行与国际货币基金组织有紧密联系,是相互配合的国际金融组织,每年9月这两个机构的理事会联合召开一次年会。

(2)执行董事会

执行董事会是世界银行负责日常事务的机构,行使由理事会授予的职权。世界银行现有执行董事22人,其中由持有股份最大的美、英、德、法、日5国指派的5人担任常任执行董事,其余17人由其他会员国按地区分组推选(我国为独立选区)。执行董事会主席由世行行长担任。

(3)行长

行长是世界银行的最高行政长官,由执行董事会选举产生,负责领导世界银行的日常工作及任免世界银行的高级职员和工作人员。理事、副理事、执行董事和副执行董事不得兼任行长。行长无投票权,只有在执行董事会在表决中双方票数相等时,才可投下决定性的一票。

2.世界银行的宗旨

根据1944年布雷顿森林会议通过的《国际复兴开发银行协议》第一条,世界银行的宗旨是:①对用于生产性目的的投资提供便利,以协助会员国的复兴与开发;②以担保或参加私人贷款和私人投资的方式,促进私人的对外投资;③用鼓励国际投资以开发会员国生产资源的方式,促进国际贸易的长期的均衡发展,并维持国际收支平衡;④与其他方面的国际贷款配合提供贷款担保。

实际上,世界银行成立的最初目的是资助会员国,主要是西欧各国恢复其受到战争破坏的经济。1948 年以后，欧洲各国开始主要依靠美国的"马歇尔计划"的援助来复兴战后经济，世界银行便转而主要向亚、非、拉发展中国家提供中长期贷款。目前，世界银行的主要任务是向发展中国家提供开发性贷款，资助其兴办特定的长期建设项目，以提高其生产能力，促进其经济增长与资源开发。

3. 世界银行的资金来源

世界银行的资金主要来自四个方面：会员国缴纳的股本、借入资金、出让银行债权、净收益。

（1）会员国缴纳的股本

世界银行的会员国在加入时均需认购该行的股金，认购股金根据该国的经济实力，并参照该国在国际货币基金组织所缴纳的份额大小而定。世界银行成立之初，协定规定银行法定股本为 100 亿美元，分为 10 万股，每股 10 万美元（1978 年以后世界银行的股本以特别提款权计值），以后世界银行又经过了多次增资，到 1995 年理事会决定所规定的法定认缴股本已达到 1 840 亿特别提款权。但会员国并不是按认缴股本缴纳股额，而是在参加时先缴纳其应缴股本的 20%（其中 2% 以黄金或美元缴纳，18% 以本国货币缴纳），其余 80% 是待缴股本，只有当世界银行因偿还债务或保证贷款债务而催缴时才缴纳。但到目前为止，世界银行尚未发生过征集会员国待缴股本之事。

（2）借入资金

在实有资本极其有限而又不能吸收短期存款的情况下，世界银行主要通过在国际金融市场上发行债券来筹措资金。发行中长期债券，是世界银行的主要资金来源，在世界银行的贷款总额中，约有 80% 的资金依靠发行债券而来。世界银行发行债券，主要通过投资银行、商业银行等中间包销商向私人投资者出售的方式进行，债券的偿还期从 2 年到 25 年不等，利率随行就市。但由于世界银行的信誉较高，所以利率要低于普通公司债券和某些国家的政府债券。除了在国际金融市场上发行债券以外，世界银行也直接向会员国政府、中央银行等机构发行中、短期债券来筹集资金。

（3）债权转让

从 20 世纪 80 年代以来，世界银行常把一部分贷出款项的债权有偿转让给商业银行等私人投资者，以提前收回其资金，并转为贷款的一个资金来源。

（4）净收益

世界银行自 1947 年开办以来，除第一年略有亏损外，历年都有盈余。世界银行的净收益不分配给股东，除将一部分净利润以赠款的形式拨给国际开发协会及撒哈拉以南非洲地区特别基金以外，其余均留作准备金，充当银行的自有资金，成为发放贷款的一个资金来源。

4. 世界银行的贷款业务

世界银行的主要业务是贷款业务。成立之初，贷款重点是帮助发达国家复兴经济。1948 年以后重点开始转向为发展中国家提供开发资金，其中主要是对中等收入国家提供贷款。

(1) 贷款的条件

世界银行的贷款条件是相当严格的：①只向会员国政府或由会员国政府、中央银行担保的公私机构提供贷款。②贷款一般用于世界银行批准的特定项目，贷款项目必须是经世界银行审定在技术上和经济上可行，并且是借款国经济发展应优先考虑的项目。只有在特殊情况下，世界银行才发放非项目贷款。③申请贷款的国家确实不能以合理的条件从其他方面取得贷款时，世界银行才考虑发放贷款或提供担保。④贷款必须专款专用，并接受世行监督。世行不仅对款项的使用进行监督，而且还对工程的进度、物资的保证、工程的管理等方面进行监督。⑤世界银行贷款的资金主要来源于国际金融市场的借款。为保证贷款如期还回，贷款只发放给那些有偿还能力的会员国。

(2) 贷款的特点

①世界银行贷款的重点是各种基础设施，如交通运输、通信、能源开发、公用事业、文教卫生和农业等。②贷款期限长，贷款利率低。世界银行贷款平均期限为 20 年，并有 5 年的宽限期。世界银行贷款从 1976 年开始实行浮动利率，基本是按世行在金融市场借款的成本再加 0.5% 计算，承担费按 0.75% 征收。③贷款手续严密。一般来说，世界银行首先要对申请国的经济结构现状和前景进行调查，以确定贷款项目。然后还要派专家小组对已确定的项目进行项目评估，最后才举行贷款谈判，并签订贷款与担保协议等法律文件。④贷款数额不受认缴股份数额的限制，但借款国要承担汇率变动的风险。

(3) 贷款的种类

①项目贷款。又称为投资项目贷款，是世界银行最主要的贷款，用于帮助会员国某个具体的发展项目。世界银行对工农业发展、文教卫生、能源开发、交通运输、城市发展等方面的贷款都属于此类贷款。

②部门贷款。部门贷款由部门投资及维护贷款、部门调整贷款和中间金融机构贷款组成。部门投资及维护贷款用于改善部门政策和投资重点，加强借款国制订和执行投资计划的能力；部门调整贷款用于支持某一具体部门的全面政策和体制的改革；中间机构贷款是指世界银行将资金贷发给借款国的中间金融机构，再由中间机构转贷给借款国。

③结构调整贷款。此贷款用于帮助借款国在宏观经济、部门经济和结构体制等方面进行必要的调整和改革，更有效地利用资金和资源，从而能有助于中、长期实现更持久的国际收支平衡，和在严重不利条件下维持经济增长并为其在未来恢复增长势头打下基础。这类贷款从 1980 年开始发放，世界银行对使用结构调整贷款有较严格和苛刻的条件。

④联合贷款。这种贷款并不是世界银行的一个贷款种类，而是指进行贷款的一种方式，是指世界银行与借款国以外的其他贷款者联合起来，为世界银行贷款资助的某一项目共同融资。在这种贷款方式下，世界银行和其他借款人可以各自按照自身的贷款条件分别与借款国进行谈判并签订协定，然后根据协定贷款人分头提供融资，这种形式的联合贷款叫平行联合贷款；联合贷款还有一种形式，称为组合式联合贷款，即世界银行与其他贷款者，根据事先同意的比例出资，将资金混合起来，按照世界银行的贷款程序和商品劳务采购原则与借款国签订借贷协议。

⑤"第三窗口"贷款。是指世界银行和国际开发协会提供的两项贷款（世界银行的一般性贷款和国际开发协会的优惠贷款）之间的一种贷款。该贷款条件介于上述两种贷款之间，即比世界银行的一般性贷款条件宽，但不如国际开发协会的贷款条件优惠。这种贷款主要发放给低收入的发展中国家。

二、国际开发协会

国际开发协会（International Development Association，IDA）是一个专门从事对欠发达国家提供无息长期贷款的国际性金融组织。它成立于1960年9月，同年11月开始营业，会址设在美国首都华盛顿。只有世界银行的会员国才可成为协会的成员。根据《国际开发协会协定》的规定，它的宗旨是"为了帮助世界上欠发达地区的协会会员国促进经济发展，提高生产能力，从而提高生活水平，特别是以比通常贷款更为灵活、在国际收支方面负担较轻的条件提供资金以解决它们在重要的发展方面的需要，从而进一步发展国际复兴开发银行的开发目标并补充其活动"。

1. 国际开发协会的组织机构

国际开发协会是世界银行的附属机构，它的组织机构与管理方式与世界银行相同，它的经营管理由世界银行的人员负责，实际上是两块牌子、一套人马。但是国际开发协会又是一个独立的实体，它有自己的股本、资产和负债业务，有自己的协定、法规和财务系统。国际开发协会不能向世界银行借款。

国际开发协会在名义上也有理事会、执行董事会和经理、副经理，其最高权力机构是理事会，日常业务的组织由执行董事会负责，以经理、若干副经理和工作人员组成的办事机构负责处理日常业务工作。因此，世界银行的理事会、执行董事会和办事机构也就是该协会的理事会、执行董事会和办事机构。经理、副经理由世界银行行长、副行长兼任，办事机构的各部门负责人也都由世界银行相应部门的负责人兼任。世界银行每年向协会收取一笔管理费，弥补因兼营协会业务而增加的开支。

2. 国际开发协会的资金来源

（1）会员国认缴的股本

国际开发协会原定股本为 10 亿美元，其中一类国家 78 670 万美元，二类国家 23 700 万美元。以后由于会员国的增加，股本额随之增大，至 1995 年 6 月底止，会员国认缴股本额为 928.91 亿美元。国际开发协会的会员通过投票参与决策活动，会员国的投票权与其认缴的股本成正比。成立之初，每一会员具有 500 票基本票，另外每认缴 5 000 美元股本增加一票。会员国认缴股本数量按其在世界银行认股比例确定。第一类为发达国家和高收入国家，共 21 个，这些国家认缴股本应以黄金和自由外汇缴付；第二类国家为发展中国家，这些国家认缴股本的 10%，需以黄金或自由外汇缴付，其余 90% 以本国货币缴付，且这些货币在未征得货币发行国认可之前，国际开发协会不得使用。

（2）补充资金

由于会员国缴纳的股本有限，远不能满足会员国不断增长的信贷需要，而协会章程又规定协会不得在国际金融市场上发行债券来筹集资金。因此，协会不得不要求会员国政府不时地提供补充资金，以继续进行其业务活动。提供补充资金的国家既有第一类国家，也有第二类国家。目前，国际开发协会正在完成第 12 次补充资金工作。

（3）世界银行的赠款和协会本身的业务经营净收入

3. 国际开发协会的信贷业务

国际开发协会的贷款只提供给低收入国家。按 1993 年的新标准的规定，只有人均国民生产总值在 696 美元以下的成员国才有资格获得协会的贷款。协会的贷款称为信贷，以区别于世界银行的贷款，其最大的特点是具有高度的优惠性。协会对发展中国家提供的贷款是长期无息的优惠贷款，统称为"软贷款"（世界银行的贷款称为"硬贷款"），贷款主要用于发展农业、工业、运输和电力、电讯、城市供水以及文教卫生和计划生育等，从 20 世纪 70 年代开始，协会发放的最大信贷是用于农业和农村发展。

国际开发协会的贷款期限为 35～40 年，平均期限为 38.5 年，宽限期为 10 年，第二个 10 年每年还本 1%，以后每年还本 3%，偿还贷款时可以全部或部分用本国货币支付，贷款不收利息，只收取 0.5% 的手续费。从 1980 年开始，协会对信贷承诺额、计算费用、偿还本金，都按特别提款权计算。目前，国际开发协会是向低收入国家提供优惠贷款的最大多边国际金融机构，其贷款差不多占各类机构提供优惠贷款的 50%。以前，我国也是国际开发协会的贷款对象国。至 1989 年财政年度末，国际开发协会对我国承诺的软贷款金额达 33.37 亿美元。但从 1999 年开始，国际开发协会不再对我国发放贷款。

三、国际金融公司

世界银行的贷款是以会员国政府为对象的，这在一定程度上限制了世界银行业务的发展。为了促进对私人企业的国际贷款的发展,1956 年 7 月国际金融公司(International Finance Corporation, IFC)正式成立。国际金融公司是专门向经济不发达国家私营企业提供无需政府担保贷款和投资的国际性金融机构。根据《国际金融公司协定》,它的宗旨是"鼓励会员国,特别是不发达地区会员国的生产性私营企业的增长来促进经济发展,并以此补充国际复兴开发银行的各项活动"。1957 年,公司与联合国签订协议,成为联合国的一个专门机构。

1. 国际金融公司的组织机构

国际金融公司与国际开发协会在组织机构方面不一样,它除了一些机构、人员也由世界银行相应的机构和人员兼任以外,还设有自己的办事部门和工作人员。

国际金融公司的组织系统同世界银行一样,只有世界银行的会员才有资格成为公司的会员国,公司的最高权力机构是理事会,日常业务的组织机构是董事会,由总经理、若干副总经理和工作人员组成的办事机构负责处理公司的日常业务。公司的正副理事、正副董事也就是世界银行的正副理事和正副执行董事。公司的总经理由世界银行行长兼任。

2. 国际金融公司的资金来源

国际金融公司的资金来源一是会员国认缴的股本。公司最初的法定股本为 1 亿美元,分为 10 万股,每股 1 000 美元,会员国缴纳股本须以黄金或自由兑换货币缴纳,每个会员国有基本投票权 250 票,每增加 1 股,增加 1 票。此后,公司多次增资。二是从世界银行和通过发行债券从国际金融市场借入资金。三是公司历年经营业务所得利润收入。

3. 国际金融公司的贷款与投资

与世界银行和国际开发协会相比,国际金融公司的贷款与投资有如下特点:第一,国际金融公司主要向会员国的私人公司提供贷款或直接投资于私人企业。其中,贷款不需要会员国政府提供担保。第二,国际金融公司常常与私人商业银行等联合贷款,从而起到促进私人资本在国际范围流动的作用。第三,国际金融公司一般只对中小型私人企业提供贷款,贷款数额一般在 200 ~ 400 万美元。而直接投资的对象仅仅是不发达国家的私人企业,投资额不超过项目资金的 25%,最低的只有 2%。第四,国际金融公司在提供资金时,往往采取贷款与资本投资相结合的方式,但是公司并不参与投资企业的经营管理。第五,贷款具有较大灵活性,既提供项目建设的外汇需要,也提供本地货币开支部分。所贷资金既可以作为流动资金,也可作为购置固定资产之用。

国际金融公司的贷款期限一般为 7 ~ 15 年,还款时须用原借入的货币,贷款的利息率不统一,视投资对象的风险和预期收益而定,但一般高于世界银行的贷款利率,对于未提取的贷款资金,公司收取 1% 的承担费。国际金融公司在进行投资时,还向项目主办企业提供必要的技术援助,向会员国政府提供政策咨询服务,以协助创造良好的投资环境,从而达到促进私人资本投资的目的。

四、多边投资担保机构

多边投资担保机构（Multilateral Investment Guarantee Association，MIGA）成立于 1988 年，是世界银行集团中最新成立的一个机构，主要是为发达国家向发展中国家进行直接投资提供担保。

1. 多边投资担保机构的宗旨和组织机构

多边投资担保机构的宗旨是鼓励生产性的外国直接投资向发展中国家流动以及资本在发展中国家之间流动，从而促进国家的经济增长，并以此补充世界银行、国际开发协会的业务活动。为实现其目标，该机构的主要任务之一是经东道国批准，对外国投资者在该国的非商业性风险提供担保，包括再保和分保以及开展合适的辅助性服务，以促进向发展中国家和在发展中国家之间的投资活动。

多边投资担保机构与国际开发协会在组织机构方面完全不一样，它在财务上和法律上是一个完全独立于世界银行的实体，它有自己的业务和法律人员。多边投资担保机构设理事会、董事会、总裁。机构的一切权力归理事会，理事会由会员国按其自行确定的方式指派理事和副理事各一名组成。董事会负责机构的一般业务，董事人数可由理事会根据会员国的变动进行调整，但不应少于 12 人，世界银行行长兼任董事会主席，总裁在董事会的监督下处理机构的日常事务。

2. 多边投资担保机构的业务

（1）担保业务

多边投资担保机构对以下四类非商业性风险提供担保：①货币转移险。由投资所在国对货币兑换和转移的限制而造成的风险。②征用险。由投资所在国的法律或行动而造成的投资者丧失其投资的所有权、控制权的风险。③违约险。在投资者无法进入主管法庭，或这类法庭不合理地拖延或无法实施这一项已作出的对他人有利的判决时，政府撤销与投资者签订的合同而造成的风险。④战争和内乱险。武装冲突或动乱造成的风险。另外，多边投资担保机构公约规定，应东道国和投资者的申请，该机构董事会经特别多数票通过，可将公约的担保范围扩大到上述四项风险以外的政治风险。

多边投资担保机构提供的保险合同期限通常为 15 年，在特殊情况下为 20 年，保险费的收取依项目的类型和所需保险的类型而定，每项保险的年保险费通常在承保额的 0.5% ~ 1.25% 范围内，最高保险限额为 5 000 万美元。

（2）中介和咨询业务

多边投资担保机构除承保非商业性风险之外，还向其发展中会员国提供投资中介、对有兴趣的会员国提供有关投资的情报，使投资者及时了解发展中国家的投资机遇和商业运转情况，以便投资；提供技术援助和咨询服务，在发展中国家开展一系列培训，帮助东道国改变投资环境,加强对外来投资的吸引力,以促进向发展中会员国和在发展中会员国之间的投资流动。其主要渠道有:投资促进会议、执行发展计划、外国投资政策圆桌会议、外国直接投资法律咨询服务和外国投资咨询服务公司。

第五节 区域性国际金融机构

一、国际清算银行

第一次世界大战结束后,为了处理德国战争赔款问题,根据 1930 年 1 月 20 日签订的海牙国际协定,英、法、德、意、比、日等国的中央银行与代表美国利益的摩根银行、纽约和芝加哥的花旗银行,于同年 5 月联合组建国际清算银行。国际清算银行的总部设在瑞士的巴塞尔,刚组建时只有 7 个成员国,现有成员国 49 个(1996 年 9 月,我国参加国际清算银行)。

国际清算银行是出现最早的国际金融机构,作为历史最悠久的国际金融机构,国际清算银行在业务上不同于国际货币基金组织等其他金融机构,它是专门从事各国中央银行存放款业务的银行,被人们称为中央银行的银行。国际清算银行所主持的巴塞尔委员会在 1988 年通过的引人注目的《巴塞尔协议》为国际银行业的统一监管提供了一项划时代的重要文件。

1. 国际清算银行的宗旨

国际清算银行成立的宗旨,最初是处理第一次世界大战后德国对协约国赔偿的支付和处理与德国赔偿的"杨格计划"有关的业务。现在它的宗旨是促进各国中央银行之间的合作;为国际金融活动提供更多的便利;在国际金融清算中充当受托人或代理人。它是各国"中央银行的银行",向各国中央银行并通过中央银行向整个国际金融体系提供一系列高度专业化的服务,办理多种国际清算业务。国际清算银行的主要任务是"促进各国中央银行之间的合作并为国际金融业务提供新的便利"。因为扩大各国中央银行之间的合作始终是促进国际金融稳定的重要因素之一,所以随着国际金融市场一体化的迅速推进,这类合作的重要性显得更为突出。因此国际清算银行便成了各国央行进行合作的理想场所,中央银行家的会晤场所。

2. 国际清算银行的组织机构

国际清算银行的最高权力机构是股东大会,股东大会每年召开一次,由认购该行股票的各国中央银行派代表参加。股东大会审查年度决算、资产负债表、损益表和盈利分配办法。董事会是国际清算银行的实际领导机构,董事会由 13 人组成,其中 8 名由英、法、意、比、德、瑞士和瑞典等国中央银行董事长或行长担任。董事长兼行长由选举产生。董事会是主要的政策制订者，每月召开一次会议，审查银行的日常业务。董事会下设经理部，有总经理和副总经理及正、副经理十余人，下设四个业务机构：银行账号部、货币经济部、秘书处和法律处。

3. 国际清算银行的主要业务

(1) 办理各种国际清算业务

二战后，国际清算银行先后成为欧洲经济合作组织、欧洲支付同盟、欧洲货币合作基金等国际金融组织的代理人，承担着大量的国际结算业务。

(2) 为各国中央银行提供服务

包括办理成员国中央银行的存款和贷款，代理各国中央银行买卖黄金和外汇及可上市的证券，协助各国中央银行管理外汇储备与金融投资。

(3) 定期举办中央银行行长会议

国际清算银行于每月的第一个周末举行西方主要中央银行行长会议，商讨有关国际金融问题，协调有关国家的金融政策，推动国际金融合作。

(4) 管理各成员国中央银行，进行国际货币与金融问题的研究

二、亚洲开发银行

亚洲开发银行(Asian Development Bank，ADB，以下简称亚行)是个类似于世界银行，但只面向亚洲和太平洋地区的地区性国际金融机构。亚行是根据联合国亚洲及太平洋经济社会委员会在1963年12月召开的第一次亚洲经济合作部长级会议的决议于1966年正式成立的，总部设在菲律宾首都马尼拉。亚行规定，凡属于联合国亚太经济社会委员会的成员和准成员国，以及加入联合国或联合国专门机构的非亚太地区的经济发达国家均可加入亚行。因此，亚行的成员除了亚太地区的国家和地区以外，还有欧洲地区的国家。1986年2月17日，亚行理事会通过决议，接纳我国加入该行，台湾当局以"中国台北"名义继续留在该行。

1. 亚行的宗旨及其职能

亚行的宗旨是：向其成员国或地区成员提供贷款、进行证券投资，以促进其经济和社会进步；帮助协调成员国在经济、贸易和发展方面的发展政策和计划；促进以发展为目的的公共和私人投资；为成员国发展项目和规划提供技术援助和地区咨询；同联合国及其专门机构进行合作，以促进亚太地区的经济发展。此外，亚行在其中期战略框架中还确定了五个战略目标：促进经济增长、减少贫困、提高妇女地位、开发人力资源、促进对自然资源和环境的有效管理。

亚行的具体任务是：为亚太地区发展中的成员国经济发展筹集与提供资金，优先考虑最有利于整个地区经济协调发展的项目和规划；促进公私资本对本地区各成员的投资；根

据成员国的要求，帮助其进行发展政策和规划的协调工作，以更好地利用自己的资源和在经济上取长补短，并促进其对外贸易的发展，特别是本地区贸易的发展；为成员国拟定和执行发展项目与规划提供技术援助，包括编制具体的项目建议书；以适当的方式同联合国及其所属机构和向本地区发展基金投资的国际公益组织，以及其他国际机构、各国公营和公营实体进行合作，并向它们展示投资与援助的机会。

2. 亚行的组织机构

亚行的组织机构由理事会、董事会和亚行总部组成。理事会是亚行的最高权力机构，由每个成员国委派理事和副理事各一人组成，理事和副理事多由成员国的财政部长或中央银行行长担任。理事会设主席和副主席各一人，在每届理事会议结束时选举产生。理事会主要负责接纳新成员、增加或减少银行的核定股金、修改银行章程、批准与其他国际组织缔结合作协定、批准亚行的总资产负债表和损益报告书、决定亚行的储备金和纯利润的分配、选举董事和行长。理事会每年举行一次年会，对重大事项以投票表决方式作出表决（需有 2/3 以上的多数票同意才能通过）。亚行每个成员国有 778 票基本票，以后每增加认股 1 万美元可增加两票。

亚行理事会下设董事会负责亚行的日常运作，行使亚行章程和亚行理事会所授予的权力。董事会由理事会选举产生，任期两年，可以连选连任。董事会设 12 名董事，其中 8 名产生于亚太区内成员（美、日、中、印各 1 名），另 4 名产生于区外。亚行的行长，也是董事会的主席，由理事会选举产生，任期五年，可以连选连任。行长是亚行的合法代表及最高行政负责人，在董事会指导下处理亚行的日常业务并负责亚行官员和工作人员的任免。行长不得兼任正副理事或正副董事，而且必须是本地区公民。自亚行产生以来，行长一直由日本人担任。

3. 亚行的资金来源

亚洲开发银行的资金来源主要有普通资金和特别基金。普通资金是亚行开展业务的主要资金来源，它由股本、普通储备金、特别储备金、净收益等组成。亚行是股份制的企业性质的金融机构，凡成员国均须认缴该行的股本。亚行建行初期股本为 10 亿美元，分为 10 万股，每股 1 万美元。以后，亚行又经过多次增股，到 1995 年，亚行法定资本为 525.85 亿美元，认缴总股本为 384 亿美元，其中实缴股本为 33.7 亿美元。日本和美国是最大的出资者，我国排第三；亚行理事会根据亚行章程每年将净收益的一部分划作普通储备金，这也是亚行的资金来源之一；为了增加普通资金，从 1969 年起，亚行开始向国际金融市场借款。借款主要依靠在国际金融市场上发行长期债券筹集，也向有关成员国政府、中央银行及其他金融机构直接安排债券销售，有时还直接从商业银行借款。

亚行的特别基金包括亚洲开发基金、技术援助特别基金和日本特别基金。亚洲开发基金（Asian Development Fund, ADF）创设于 1974 年，由发达国家成员捐赠而来（最大认赠国是日本，其次是美国），至今已补充多次，主要用于对亚太地区贫困成员国发放优惠贷款。亚行于 1967 年建立的技术援助特别基金也由成员国捐赠而来，这笔基金主要用于资助发展中成员国聘请咨询专家、培训人员、购置设备的准备、制定发展战略、加强机构建设与技术力量等。亚行董事会于 1988 年 3 月 10 日作出决定，由亚行与日本政府签署设立日本特别基金协议，该基金以赠款的形式对成员的公私营部门进行技术援助或支持私营部门的开发项目。

4. 亚行的主要业务活动

亚行的主要业务活动是提供贷款、股本投资和提供技术援助。

按贷款条件划分，亚行的贷款可分为硬贷款、软贷款和赠款三类。亚行以普通资金提供的贷款称硬贷款，主要贷给本地区比较富裕的发展中国家。硬贷款严格按亚行有关的贷款要求执行，利率每半年调整一次，期限为 10 ~ 30 年，有 2 ~ 7 年的宽限期。以亚洲开发基金提供的贷款称为软贷款，仅贷给人均国民生产总值低于 670 美元（按 1983 年美元计算）且偿还能力有限的低收入成员国，贷款不收利息，仅收取 1% 的手续费，贷款期限为 40 年（含 10 年宽限期）。亚行的赠款用于技术援助，资金由技术援助特别基金提供。

亚行的贷款方式与世界银行相似，主要有项目贷款、规划贷款、部门贷款、开发金融机构贷款、综合项目贷款等。项目贷款是为成员国的具体建设项目提供的贷款，是亚行贷款的主要方式。项目贷款需要具备经济效益好、有利于借款国的经济发展和借款国政府有较好的资信等三个条件；规划贷款是对某个成员国要优先发展的部门或其所属部门提供的贷款，目的是为了促进成员国产业结构的调整和生产能力的扩大；部门贷款是为了提高所选部门或其分部门执行机构的技术和管理而提供的；开发金融机构贷款实际上是转贷款，由亚行贷款给成员国的金融机构，再由成员国的金融机构转贷给国内中小企业进行技术改造，如我国接受亚行的第一笔贷款就是于 1987 年 11 月 9 日签约，由中国投资银行承办的用于中小企业技术改造的贷款；综合项目贷款是将较小成员国的一些小项目捆在一起作为一个综合项目提供的贷款。

三、其他区域性国际金融机构

1. 非洲开发银行

非洲开发银行（African Development Bank，ADB，以下简称非行）是非洲国家在联合国帮助下于 1964 年 9 月成立的区域性政府间国际金融组织，1966 年 7 月正式开业，总部设在科特迪瓦首都阿比让。非行创建时只有 23 个成员国，目前除南非以外，非洲国家全部参加了该行。非行成立的宗旨是向非洲成员国提供贷款和投资，或给予技术援助，以充分利用该大陆的人力和资源，促进各国经济的协调发展和社会进步，尽快改变该大陆贫穷落后的面貌。

　　非行也是股份制的金融机构。最初，只有除南非以外的非洲国家才能加入非行。为了广泛吸收资金和扩大贷款能力，非行理事会在 1980 年 5 月通过决议，欢迎非洲以外的国家入股。目前，非行成员国除了区内国家以外，还有 25 个区外国家(1985 年 5 月，我国正式参加非行)。非行的最高决策与权力机构是理事会，由各成员国指派一名理事组成，理事一般由各国财政部长或中央银行行长担任，理事会每年召开一次会议。每个理事的投票表决权根据会员国缴纳股本的多少确定。理事会选举出 18 名成员组成董事会(其中非洲国家 18 名)，董事会负责非行的日常经营活动。董事会选举非行的行长，行长即董事会主席在董事会指导下安排非行的日常业务工作。

　　非行经营的业务分普通贷款业务和特别贷款业务。普通贷款业务是该行用普通股本资金提供的贷款和担保偿还贷款；特别贷款业务是用非行规定的专门用途的特别基金开展的优惠贷款业务。

　　为广泛动员和利用资金，解决贷款资金的来源，非行先后建立了以下四个机构：

　　①非洲开发基金。非洲开发基金设立于 1972 年 7 月，由非行和非行以外的 22 个发达国家出资，主要向非洲最贫穷的成员国的发展项目提供长达 50 年的无息贷款(其中包括 10 年的宽限期)。

　　②尼日利亚信托基金。这是由尼日利亚政府出资于 1976 年 2 月建立，同年 4 月开始营业的，由非行管理的一个基金。它与其他基金一起合作向非行成员国提供低息项目贷款，主要用于解决公用事业、交通运输和社会部门的建设。该基金贷款期限达 25 年，且有 5 年的宽限期。

　　③非洲投资开发国际金融公司。它是于 1970 年 11 月在非洲倡议和参与下组建的控股公司，其宗旨是动员国际私人资本建设和发展非洲的生产性企业。

　　④非洲再保险公司。非洲再保险公司是发展中国家建立的第一家政府间再保险机构，它成立于 1977 年 3 月，其宗旨是促进非洲保险和再保险事业的发展；通过投资和提供保险与再保险的技术援助来促进非洲国家的经济自立和加强区域合作。

　　2. 欧洲投资银行

　　1957 年西欧六国在罗马签订了《欧洲经济共同体条约》(即《罗马条约》)，作为欧洲经济共同体各国政府间的一个金融机构，欧洲投资银行(European Investment Bank，EIB)于 1958 年 1 月成立，总部设在卢森堡。根据《罗马条约》第 130 条规定，欧洲投资银行的宗旨是：利用国际资本市场和共同体内部资金，促进共同体的平衡和稳定发展。该行的业务重点是对共同体内落后地区兴建的项目，对有助于促进工业化和结构改革的计划和有利于共同代表或几个成员国的项目提供长期贷款或保证。从 1964 年开始，该行贷款对象扩大到与共同体有较密切联系或有合作协定的共同体以外的国家。

　　欧洲投资银行是股份制的企业性金融机构。其最高权力机构是由各成员国财政部长组成的董事会。董事会负责制订银行总的方针政策，董事长由各成员国轮流担任；理事会负责主要业务的决策工作，如批准贷款、确定利率等；管理委员会负责日常业务的管理。

欧洲投资银行的资金来源主要由两部分组成：一是成员国认缴的股本金。银行成立之初资本金为 10 亿欧洲记账单位，由德、法、意、比、荷兰和卢森堡六国分摊。二是借款。通过发行债券在国际金融市场上借款一直是欧洲投资银行的主要资金来源。

欧洲投资银行的主要业务活动包括：①为促进地区平衡发展的工业、能源和基础设施项目的兴建与改造提供贷款或贷款担保。提供贷款的种类有普通贷款和特别贷款。普通贷款主要向共同体成员国政府和私人企业发放，特别贷款是向共同体以外的国家和地区发放的一种优惠贷款。②促进成员国或共同体感兴趣的事业的发展。③促进企业的现代化。

3. 泛美开发银行

泛美开发银行是拉美国家，以及一些西方国家、日本及前南斯拉夫合办的区域性国际金融机构，1959 年 12 月成立，1960 年 10 月正式开业，行址设在美国首都华盛顿。泛美开发银行成立之初有成员国 21 个，包括 20 个拉美国家，均为"美洲国家组织"的成员国。1976 年以后，成员国扩大到欧洲和亚洲的一些国家和地区。

泛美开发银行的宗旨是组织吸收拉丁美洲内外的资金，通过为拉美成员国经济和社会发展项目提供贷款或为它们的贷款提供担保以及提供技术援助的方式，促进拉丁美洲各成员自身的和共同的经济与社会发展，协助实现泛美体系的目标。

泛美开发银行的最高权力机构是董事会，由所有成员国各派一名董事和副董事组成，董事和副董事任期五年。董事会讨论决定银行的重大方针政策问题。董事会下设执行理事会，负责银行的日常业务工作。执行理事由董事会选派，12 名理事的分配名额大致是拉丁美洲国家 8 名，美国和加拿大各 1 名，其余两名由美洲以外的国家提供。董事会选出行长 1 名，行长兼任执行理事会主席，在董事会指导下处理日常业务并主持董事会会议。

泛美开发银行法定资本金原定为 10 亿美元，分为普通资本和特种业务基金。普通资本金为 8.5 亿美元，其中美国出资 3.5 亿美元；特种业务基金为 1.5 亿美元，其中美国出资 1 亿美元。以后随着资本金的增加，资本金又分为普通资本、区际资本和特种业务基金。银行的资金来源除了资本金以外，还通过发行债券在国际金融市场上筹借资金。

泛美开发银行的主要业务活动是提供贷款。该行的贷款可分为普通业务贷款和特种业务基金贷款。前者贷款的对象是政府和公私机构的特定经济项目，后者的贷款对象主要为那些需要特别对待的经济和社会项目。除贷款之外，银行还向成员国提供技术合作援助，其方式有两种，一是为各项目阶段所需的一定数量的培训人员提供工资；二是通过提供技术培训，使当地人能够从事本国的发展项目。

本章小结

1. 在开放经济条件下，各国经济存在着紧密的相互依存性。因此，一国欲实现内外均衡目标必须要进行国际间的金融协调，以避免分散决策所给经济带来的损失。国际金融协调从地域范围和参加国的构成情况来看，可分为全球性国际金融协调、区域性金融协调、国家间的双边与多边协调等三种形式。

2. 金融服务贸易是国际服务贸易的极为重要的组成部分。1999 年 3 月 1 日，《全球金融服务贸易协议》正式生效，至此，国家间开放银行、保险、证券和金融信息市场在一定范围内被正式认可，它标志着全球金融一体化迈开了可喜的一步，对全球金融服务业的开放必将起到极大的推动作用。

3. 在国际银行业监管领域，最具影响力的组织是巴塞尔委员会，它所制定的指导性文件不仅成为其成员国监管当局所接受，而且成为其他发达国家和众多发展中国家共同遵循的标准。在其制定的众多文件中，最为重要的是《巴塞尔协议》、《巴塞尔核心原则》和《巴塞尔新资本协议》。

4. 国际金融机构包括国际货币基金组织、世界银行集团、国际清算银行、半区域性和区域性国际金融机构。国际货币基金组织和世界银行是规模最大、成员最多、影响最广泛的国际金融机构。

5. IMF 的主要职能是进行全球监督与资金融通。世界银行集团由国际复兴开发银行、国际开发协会、国际金融公司、多边投资担保机构和解决投资争端国际中心五个成员机构组成。国际复兴开发银行主要向发展中国家提供中长期贷款，国际开发协会专门向低收入国家提供长期贷款，国际金融公司是世界银行对发展中国家私人部门投资的窗口，多边投资担保机构主要是为发达国家向发展中国家进行直接投资提供担保。

6. 作为历史最悠久的国际金融机构，国际清算银行是专门从事各国中央银行存放款业务的银行，被人们称为中央银行的银行。

7. 亚洲开发银行是个类似于世界银行的，但只面向亚洲和太平洋地区的地区性国际金融机构。

本章重要概念

国际货币基金组织　世界银行集团　国际清算银行　亚洲开发银行　全球性国际金融协调　区域性金融协调　《巴塞尔协议》《巴塞尔新资本协议》《全球金融服务贸易协议》

复习思考题

1. 国际金融协调的过程可划分为哪几个阶段,每一阶段的特点各是什么?
2. 试述国际经济政策协调的主要方式。
3. 试比较 IMF 与世界银行的基本职能与业务活动。
4. IMF、世界银行、国际开发协会、国际金融公司的贷款对象、贷款条件各有什么特点?
5. 国际清算银行的主要职能有哪些?
6. 试述亚洲开发银行的资金来源与业务活动。
7. 试分析战后国际金融协调获得迅速发展的原因,并思考国际金融协调对世界经济和金融的影响。
8. 试述《巴塞尔新资本协议》的主要特点。
9. 试论述《巴塞尔协议》《巴塞尔新资本协议》对全球金融监管分别有什么意义。
10. 试述《全球金融服务贸易协议》对中国经济与金融发展的影响。

案例分析

2000 年 5 月东盟与中、日、韩(10 + 3)在泰国清迈达成"建立双边货币互换机制"的协议,即《清迈协议》(Chiang Mai Initiative)。2009 年 1 月 22 日,"10 + 3"财长特别会议决定,为增强亚洲货币抵抗金融风险的能力,同意扩大清迈协议,将筹建中的共同外汇储备基金规模从原定的 800 亿美元扩大至 1 200 亿美元。其中,东盟 10 国负责 20%,中日韩三国负责出资 80%(中国出资 384 亿美元,占 32%;日本出资 384 亿美元,占 32%;韩国出资 192 亿美元,占 16%)。

中国人民银行与韩国银行于 2008 年 12 月 12 日宣布签署了一项双边货币互换协议,该协议提供的短期流动性支持规模从 2000 年《清迈协议》的 40 亿美元,直接提升至 1 800 亿元人民币(约 38 万亿韩元),货币互换协议的有效期为三年,经双方同意可以展期。此后,从 2009 年 1 月到 2009 年 3 月,中国人民银行已先后与中国香港、韩国、马来西亚、印度尼西亚、白俄罗斯、阿根廷 6 个国家和地区的央行及货币当局签署了总额 6 500 亿元人民币的货币互换协议。此外,中国人民银行还表示,在条件成熟的情况下,将积极研究与其他国家和地区中央银行(或货币当局)建立类似的货币互换安排。

思考:

1. 何谓货币互换? 一国参与国际金融合作的主要方式有哪些?
2. 在金融海啸席卷全球的背景下,中国央行频繁与国外央行或货币当局签署货币互换协议的意义何在?

参考文献

[1] 国家外汇管理局国际收支分析小组,2008 年中国国际收支报告,2009

[2] 姜波克,国际金融学,北京:高等教育出版社,2001

[3] 姜波克,国际金融新编(第 3 版),上海:复旦大学出版社,2001

[4] 陈雨露,国际金融,北京:中国人民大学出版社,2000

[5] 陈雨露、涂永红,国际收支均衡分析,北京:中国金融出版社,1999

[6] 杨胜刚,国际金融(第 2 版),北京:高等教育出版社,2009

[7] 杨胜刚、姚小义,外汇理论与交易原理(第 2 版),北京:高等教育出版社,2007

[8] 杨胜刚,国际金融理论前沿,北京:经济科学出版社,2004

[9] 易刚,国际金融学,北京:北京大学出版社,2000

[10] 吴晓灵,中国外汇管理,北京:中国金融出版社,2001

[11] 王爱俭、王景武,中国外汇储备投资多样化研究,北京:中国金融出版社,2009

[12] 崔孟修,现代西方汇率决定理论研究,北京:中国金融出版社,2002

[13] 许承明,中国的外汇储备问题,北京:中国统计出版社,2003

[14] 田宝良,国际资本流动——分析、比较与借鉴,北京:中国金融出版社,2004

[15] 史燕平,国际金融市场,北京:中国人民大学出版社,2004

[16] 保罗·克鲁格曼,国际经济学(第 6 版),北京:中国人民大学出版社,2008

[17] 劳伦斯·S·科普兰,汇率与国际金融(第 3 版),北京:中国金融出版社,2002

[18] 王爱俭,20 世纪国际金融理论研究:进展与评述,北京:中国金融出版社,2005

[19] IMF,全球金融稳定报告:金融市场动荡起因、后果和政策,北京:中国金融出版社,2007

[20] IMF,全球金融稳定报告:金融压力和去杠杆化,北京:中国金融出版社,2008

图书在版编目(CIP)数据

国际金融学/杨胜刚主编. 一长沙:中南大学出版社,2009

高等院校经济、管理类专业"十一五"规划教材

ISBN 978 - 7 - 81105 - 694 - 5

Ⅰ.国.. Ⅱ.杨.. Ⅲ.国际金融学—高等学校—教材　　Ⅳ.F831

中国版本图书馆 CIP 数据核字(2009)第 237524 号

国际金融学

主编　杨胜刚

□责任编辑　唐少军
□责任印制　易建国
□出版发行　中南大学出版社
　　　　　　社址:长沙市麓山南路　　　邮编:410083
　　　　　　发行科电话:0731-88876770　　传真:0731-88710482
□印　　装　长沙利君滠印刷厂

□开　　本　787×960　1/16　□印张21　□字数452千字 □插页
□版　　次　2010 年 1 月第 1 版　□2015 年 6 月第 6 次印刷
□书　　号　ISBN 978 - 7 - 81105 - 694 - 5
□定　　价　38.00 元